しあわせ占星術

自分でホロスコープが読める本

まついなつき著
松村潔監修

新版

ホロスコープを
つくってみよう
ちゃんとした
ホロスコープ
つくるのって
すごく
めんどくさい
中学の時も
高校の時も
挫折しました
おもいっきり
ガーン
こんなに計算
しなくちゃ
いけないの？
室項表
時差
明石
天文暦
私が自分のホロスコープを
ちゃんと完成させたのは
大人になってからだ
めんどくさいこと
やりおえる
耐性がついて
きたのか…？
あっ
なーんだ
できる
もっと単純化した
やつでも
十分おもしろいのになー
だからこの本の
ホロスコープはかんたん式だ

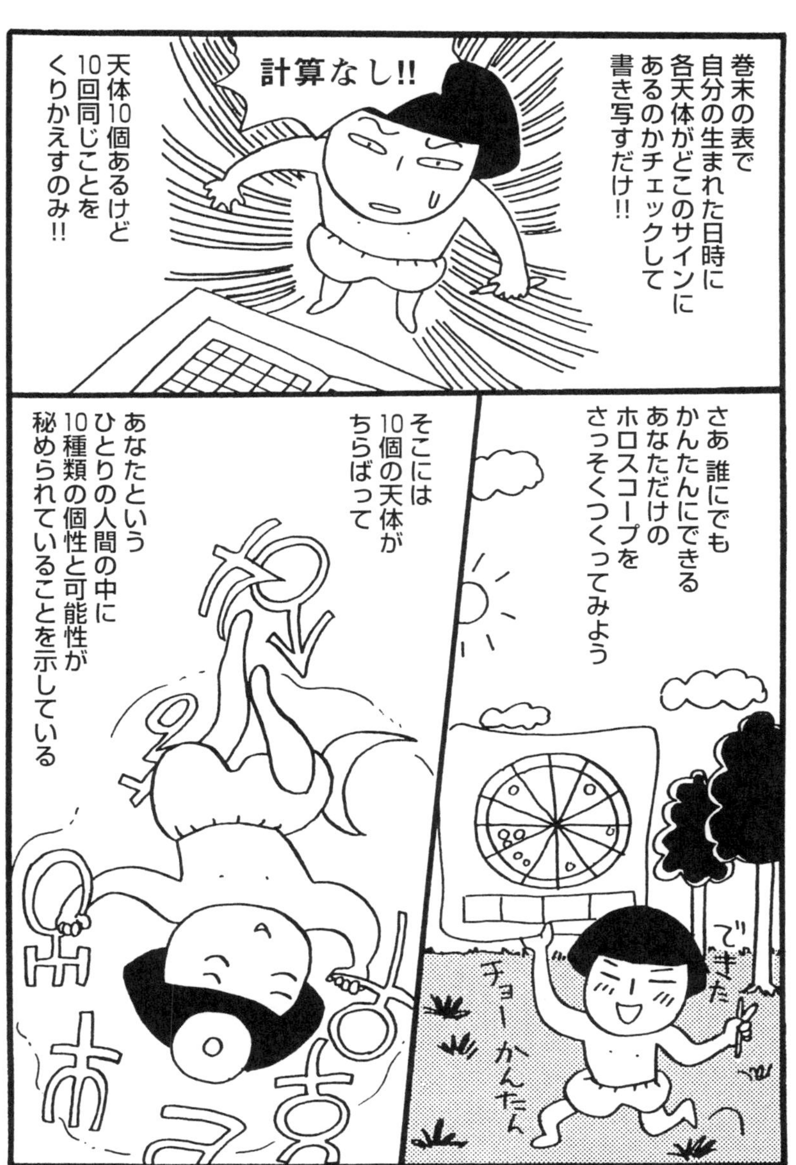
巻末の表で
自分の生まれた日時に
各天体がどこのサインに
あるのかチェックして
書き写すだけ!!
計算なし!!
天体10個あるけど
10回同じことを
くりかえすのみ!!
さあ 誰にでも
かんたんにできる
あなただけの
ホロスコープを
さっそくつくってみよう
できた
チョーかんたん
そこには
10個の天体が
ちらばって
あなたという
ひとりの人間の中に
10種類の個性と可能性が
秘められていることを示している

新版しあわせ占星術をお届けします

数ある占いの中でも覚えることが多く、複雑で難しい・習得に時間がかかると言われている「西洋占星術のホロスコープ」。

その入り口の「初心者用教則本」として、この本は誕生しました。

２０００年に情報センター出版局さんから出していただいた『しあわせ占星術』は、版元をＫＡＤＯＫＡＷＡさんに移籍させていただき、内容を一部変更して、『改訂版 しあわせ占星術』として、２０１５年に改めて出版されました。

改訂版のときに加筆したのが、ホロスコープを構成するパーツのひとつである、ハウスについての説明です。

今回の新版は、ご要望の多かった巻末の「惑星運行表」を、少し先の未来まで付け足して、１９６０年から２０３０年の分まで掲載しています。

ほかは、2015年の改訂版と内容変更はありませんので、引き続き、ホロスコープを読むための初級学習のために、お役立ていただければ幸いです。
長きにわたってお手に取っていただき、本当に感謝しています。
ということで、終わればよいのですが、以下は長い長い補足です。学習に重要なことは何もない本書成立の説明ですので、興味のある方だけお読みください。

マンガでわかる占星術の入門書

「2030年までの惑星運行表を収録した、新版を作りましょう」という話を今回いただき、この本を書いてから20年近い歳月が流れていることを、改めて確認しました。
2000年に『しあわせ占星術』を出版したときは、私はまだアマチュアの修業中の身分でした。監修していただいている松村潔さんの初級講座の受講生で、具体的にホロスコープを読み取る練習会に参加していました。
この本を出版した後の2002年ごろから、プロとして、活動をスタートしました。

アマチュアのくせに、なにを考えて「初心者用教則本」などを書いたのでしょうか。当時の私がなにを考えていたのか、２０００年に初版を出したときの「まえがき」から、抜粋してみますね。

＊＊＊＊

執筆者である私は、占星術研究家でも占い師でもありません。単なる訓練中の身ですから、占星術に興味を持って、「さあ、勉強しよう！」と入門書を手にとったときの、「なにこれ、わかんないよ」というショックが、まだ生々しいわけです。「もっと、わかりやすいものはない？」とジュニア向けの入門書を手に取り、「恋のチャンスに強いのは積極的なおひつじ座さん」「おいしいものが大好きな牡牛座さんは太り過ぎに気をつけて」という記述が延々と続くさみしさも味わいました（私が本格的に勉強を始めたのは38歳のとき）。

ようするに、自分で勉強し始めたときは、出回っている書籍が頼りなわけですが、すご～く子どもっぽいか、異常に難しいかの両極体しかなく、中間の感じの本が見つかりにくかったんです。

＊＊＊＊

なるほど。あれから20年ほどの月日が流れ、占星術の入門書の景色もずいぶん変わってきました。私があのころ欲しかった感じの、とっつきやすくわかりやすい、大人のための「占星術の入門書」が２０１９年の現在では、たくさん出ています。

けれど当時から、私と同じような気持ちでいた初学の方が意外に多くいらしたようで、占星術を教える各地の教室などが、教科書として採用してくださったとか、プロの活動を続けるうちに知り合った同業者の方たちから、（たとえお世辞であっても）「あの本で勉強した」「理解できていなかったことが腑に落ちた」と、声をかけていただき、本当にうれしい気持ちになったことを、改めてここでお知らせしておきます。

さらに、２０００年当時の「まえがき」から、少し長くなりますが抜粋します。

＊＊＊＊

人の悩みのほとんどは、人間関係や自分本来の姿を、どう世間とすり合わせていくか、ということなんでしょうけど、占いの世界はそういう根源的なことを解決するヒントとして、とても役立つ道具でもあると思います。

恋人のできないことに悩む人が、自分のホロスコープを見て、できない原因をそこに発見してしまったとします。自分自身のカタチを自分で知れば、そこから抜け出すことができるかもしれません。「ちょっと気をつけよう」ということが可能になるからです。

さらに「恋人のいる人生だけが、幸せな人生じゃないわ」と発想を切り替えられるかもしれません。

私は占いというものは、もっと実用に値するものと、認知されていいと思っています。

一般に占いが、実用ではなく、あやしげになるのは、自分で考えるべき部分を、他人である占い師にゆだねてしまうからなんです。

「何を幸福とするか」は、その人その人が自分で決めることであって、他人に口出しさせることじゃありません。善悪の基準は、自分の親や地域社会、ふだんつきあっている友人たちの間で決めていくことで、たとえ「占い師」といえども、最後の決定権だけは、他人に口をはさませちゃいけないんです。

＊＊＊＊

この本が占星術を学び始めた人たちに、たくさん読まれているというお知らせを受けて、このような「自分のことは自分で考えるための材料やヒント」に利用して欲しいという、私の気持ちが少しでも伝わったのなら本望です。
もちろんこの気持ちは、当時も20年たった今も、なにひとつ変わっていません。

2015年に出版された『改訂版　しあわせ占星術』には、12ハウスの解説を書き足しました。本来、西洋占術のホロスコープは、生まれた場所と時間を特定して、経度緯度から、その人の地上での現場である「ハウス」というシステムも利用します。
2000年の時点では、その複雑さと面白さをどのように簡易に説明するかについて、未熟でしたので見送りましたが、15年の月日の間に、たくさんの初級講座やレクチャーを受け持ち、説明能力も多少は上がったような気がしたので、改訂版を出させていただくにあたり、ハウスの説明を追加しました。
2015年の「まえがき」より、そのあたりの事情を抜粋します。

＊＊＊＊

細密ホロスコープのハウスは、出生時間と出生場所の経度緯度を使い、算出する方法が一般的です。本書では、雑誌の原稿を書くためによく使われる、イコールハウスシステム

＝太陽のあるサイン（星座）を1ハウスとする、という方式で読んでみる構成にしました。
これで、自分が生まれた時間がわからなくても、細密なホロスコープが作れなくても、気軽に自分のホロスコープで、12ハウスの意味を楽しみながら学習できると思います。

＊＊＊＊

この改訂で、ホロスコープ学習に必要な要素である、「12サイン」「10天体」「アスペクト」「12ハウス」の説明がすべてそろいました。すると、さらにこの本は、ホロスコープを学びたい人たちに広がるようになりました。

今回、2030年までの「惑星運行表」を付け足し、『新版　しあわせ占星術　自分でホロスコープが読める本』として、みなさまにお届けできることになり、本書の内容が、自分で自分のことを決断していくための第一歩として機能すれば、こんなにうれしいことはありません。

2019年11月　まついなつき

第1章 ホロスコープを読む　はじめの一歩

第2章 ホロスコープを読む　月　水星　金星　太陽

第7章

ホロスコープを読む　ハウス

惑星運行表作成★芳垣宗久
編集協力★町田空知
ブックデザイン★伊地知明子

本書に出てくる言葉の解説

★ホロスコープ

ホロスコープとは天球図のこと。ある時間に、ある場所から見たときに天のどの方向に〝惑星〟があったかを描いたものです。通常「〇〇さんのホロスコープ」という場合は、生まれた時刻のホロスコープを言います。札幌と那覇では同じ時刻でも太陽のある方向が違うように、厳密には同じ時間でも場所が違えばホロスコープも異なります。

★惑星

占星術では、太陽系の天体がどの位置にあるかがいちばん大切です。学校で太陽系の惑星は「水星、金星、地球、火星、木星、土星、天王星、海王星、冥王星」と習ったのを覚えていますか？　占星術では自分のいる場所である地球は除き、太陽、月を加えた10の天体が重要です。本書では太陽、月も含めて「惑星」または「天体」と表記します。

「月（☽）水星（☿）、金星（♀）、太陽（☉）、火星（♂）、木星（♃）、土星（♄）、天王星（♅）、海王星（♆）、冥王星（♇）」といった具合に占星術業界では（　）の中の記号を通常使います。使い慣れると書くのに便利ですが、慣れない皆さんが無理に使う必要はありません。

★太陽星座占い

占星術では10の惑星の位置はすべて同じように重要と考えますが、日本で一般的に「星占い」として取り上げられているのは、そのうちの太陽だけを取り出したものです。「私はさそり座」「彼はうお座」と通常言われるのは太陽がその星座（サイン）だという意味。他の9つの惑星がどこにあるかで、意味は大きく異なります。

たとえば太陽と月の2つを組み合わせただけでも144のパターンがあります。太陽星座だけではわからなかった自分を本書で発見してみてください。

★サイン

太陽星座占いでもおなじみのおひつじ座～うお座を占星術では「サイン」と呼びます。「水星〝サイン〟はおひつじ座」「太陽〝サイン〟はさそり」といった具合に使います（この「～座」というサインは360度の天球を理論上12分割したものなので、実際の夜空の星座とは違うものです）。

サインは12個あり、次のような記号がありますが、惑星の記号と同様、無理に使う必要はありません。記号は次のとおりです。おひつじ（♈）、おうし（♉）、ふたご（♊）、かに（♋）、しし（♌）、おとめ（♍）、てんびん（♎）、さそり（♏）、いて（♐）、やぎ（♑）、みずがめ（♒）、うお（♓）。

★ハウス

12サインと同じ数で12ハウスという分け方で、ホロスコープは区切られています。ハウスは、その人が地上に立っている現場そのものを表します。天体がそれぞれ特有の現場にあることで、その場所に気持ちが向きます。天体が入っていなくても、その現場は12サインがそれぞれ担当しているので、その人特有の感覚を持っていることがわかります。同じ場面に遭遇しても、人が違えば違う感覚を持つということを知るのが、ハウスの役割です。

本書を読む4つのコース

★
手っ取り早く
概略だけでも
知りたい人は……

①まずは自分のホロスコープを書いてみよう【20ページ】
②3区分、4元素を参考に、
自分の星の傾向を読んでみよう【28ページ】

★★
さらに、自分の
ホロスコープの意味を
知りたい人は……

（①〜②をした上で、）
③それぞれの惑星の位置が持つ意味を読んでみよう【49ページ〜】

★★★

さらに、占星術のことをじっくり知りたい人は……

（①〜③をした上で、）

④サインの説明についてよくよく読んでみる

⑤アスペクトも考えながらホロスコープを読んでみる

⑥惑星とサインの意味を考えながら、自分のホロスコープを読み直してみる

★★★★

さらにさらに、占星術のことを深く知りたい人は……

⑦友だちや家族のホロスコープを書いて読んでみる

⑧惑星やサインの意味をさらに考えてみる

⑨本書を最初から3回くらい読んでみる（簡単そうに見えて、3回読んでも発見があるほど濃い内容が入っています！）

⑩他の入門書や解説書を読んだり、講座へ通ったりする

ホロスコープを書くには？

❶ 22ページの「めちゃくちゃ簡単！　ホロスコープ書き込み表」を使います。最初にⒶ欄に名前と生年月日と生まれた時間を記入しましょう。

❷ 巻末の惑星運行表（243ページ）を使って、それぞれの惑星サイン（星座）を探し、Ⓑ欄に書き込みます。

例：1977年　9/24 12:45 生まれの人の月サイン（星座）

9/20	（20:04）やぎ	6/9	（23:34）おひつじ
9/22	（23:12）みずがめ	6/12	（10:56）おうし
9/25	（3:30）うお	6/14	（23:50）ふたご
9/27	（9:40）おひつじ	6/17	（12:28）かに

左の場合9/22（23:12）から9/25（3:29）までは月がみずがめ座にあり、それ以降はうお座にあることを示しています。

❸ Ⓑ欄の太陽の項から自分の太陽サイン（星座）をⒸ欄のⓐの場所に書き込みます。

❹ Ⓒ欄のⓐに書き込んだ太陽サインを先頭にして、反時計回りに順番に12サイン（星座）を書き込みます。

〈12星座の順番〉
おひつじ→おうし→ふたご→かに→しし→おとめ→てんびん→さそり→いて→やぎ→みずがめ→うお→（おひつじに戻る）

❺ Ⓑ欄を見て、Ⓒ欄のサインのある番号のところに惑星全てを書き込みます。
これがあなたのホロスコープです。

❻ Ⓒ欄を見ながらⒹ欄を埋めてみましょう。この数字で大まかな自分の星の傾向を見ることができます。

※生まれた時間がわからない場合は、昼12：00として探します。（朝か夜か等がわかれば特定できる場合がほとんどです）。
※もし計算ソフトやアプリなどで、ご自身の細密なホロスコープをお持ちであれば、本書の簡易版のホロスコープではなく、細密ホロスコープの方でのハウスと対応させて、本書の解説部分のみを活用して下さい。

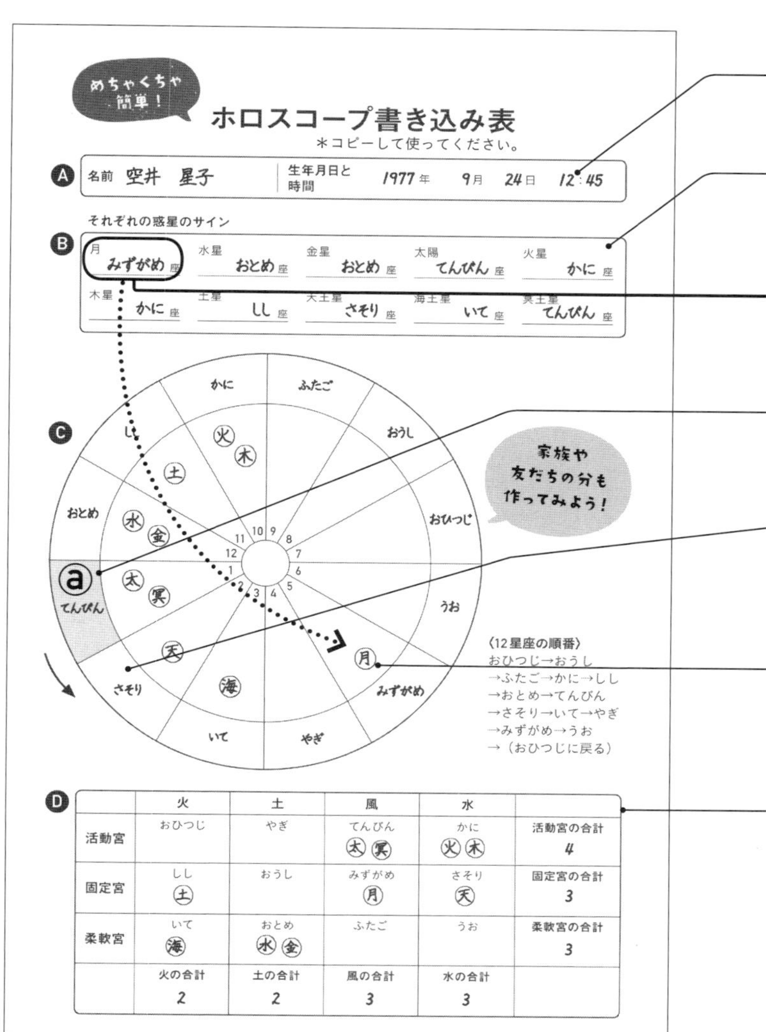

めちゃくちゃ簡単！

ホロスコープ書き込み表

＊コピーして使ってください。

A 名前 空井　星子 ｜ 生年月日と時間 1977 年 9 月 24 日 12：45

それぞれの惑星のサイン

B

月	水星	金星	太陽	火星
みずがめ 座	おとめ 座	おとめ 座	てんびん 座	かに 座
木星	**土星**	**天王星**	**海王星**	**冥王星**
かに 座	しし 座	さそり 座	いて 座	てんびん 座

C

〈12星座の順番〉
おひつじ→おうし
→ふたご→かに→しし
→おとめ→てんびん
→さそり→いて→やぎ
→みずがめ→うお
→（おひつじに戻る）

D

	火	土	風	水	
活動宮	おひつじ	やぎ	てんびん 太 冥	かに 火 木	活動宮の合計 4
固定宮	しし 土	おうし	みずがめ 月	さそり 天	固定宮の合計 3
柔軟宮	いて 海	おとめ 水 金	ふたご	うお	柔軟宮の合計 3
	火の合計 2	土の合計 2	風の合計 3	水の合計 3	

ホロスコープ書き込み表

＊コピーして使ってください。

A

名前		生年月日と時間	年　月　日　：

B それぞれの惑星のサイン

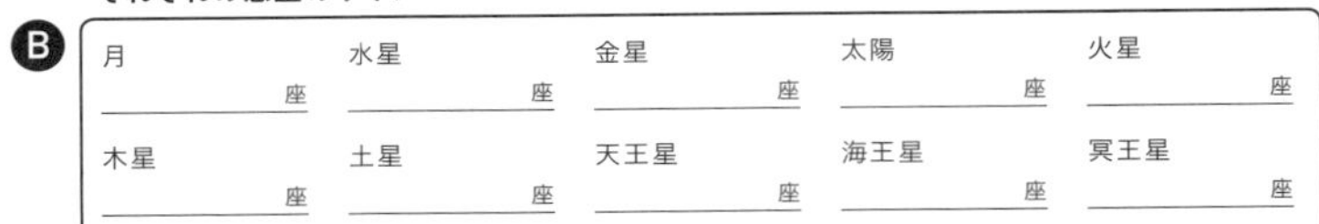

月	水星	金星	太陽	火星
座	座	座	座	座
木星	土星	天王星	海王星	冥王星
座	座	座	座	座

C

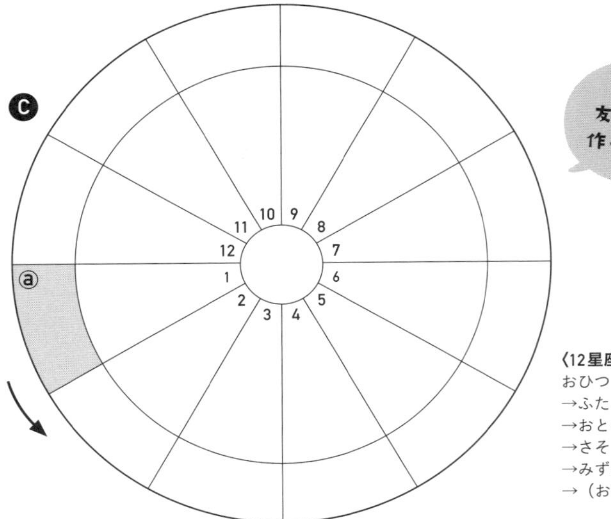

家族や
友だちの分も
作ってみよう！

〈12星座の順番〉
おひつじ→おうし
→ふたご→かに→しし
→おとめ→てんびん
→さそり→いて→やぎ
→みずがめ→うお
→（おひつじに戻る）

D

	火	土	風	水	
活動宮	おひつじ	やぎ	てんびん	かに	活動宮の合計
固定宮	しし	おうし	みずがめ	さそり	固定宮の合計
柔軟宮	いて	おとめ	ふたご	うお	柔軟宮の合計
	火の合計	土の合計	風の合計	水の合計	

第1章

ホロスコープを読む

はじめの一歩

★まず初めに「ホロスコープ占星術ってなあに？」

さて占星術と一口にいっても、それがいったい何なのか？　そこから説明しなくちゃいけませんね。この本で扱うのは、西洋占星術、俗にいう「星占い」というものです。

雑誌の巻末などに「何月何日からは何座生まれ」という12星座占いがよく載っていますが、雑誌の占いは、太陽の位置だけで占っています。本来の占星術は、太陽系にある10個の惑星（太陽や月は惑星ではありませんが便宜上、この本では惑星として表記します）の位置を全て調べて、ホロスコープというものを作り読むものなのです。

太陽は確かに重要な惑星であるけれど、10ページある自分についてのパンフレットの表紙だけくらいの意味しかつかむことができません。その中身を読みたければ他の9個の惑星の位置も調べる必要があります。

雑誌に載っている、生まれたときの太陽サインひとつだけでは、その人の10分の1の性格や状態を示すだけなのだということをまず理解しましょう。そうすれば、ホロスコープを作るための少し面倒な作業も楽しくできるのではと思います。

自分が何座生まれであるのかという「太陽サイン」は、たいていのみなさんはご存じでしょうけど、月や金星、火星、水星、木星というような他の天体が、どのサインに位置しているのかまでは、知らない人の方が多いのではないでしょうか。

ぜひ、22ページを利用して、自分の10惑星全てのサインを調べて、いろんな角度から自分を見てください。自分の隠された才能や、思ってもみなかった未来を読み取るための扉は、全てここをクリアすることで始まるわけです。

この本で扱う内容について説明しましょう。

◇太陽、月、水星、金星、火星……というような10個の惑星（太陽系の天体）の意味。

◇おひつじ座やおうし座……というような12サイン（いわゆる〝星座〟）の意味。

◇それと惑星と惑星がどういう角度で位置しているのかで、その性格の出方が変わるので、そのことについても触れました（アスペクトといいます）。そのような意識がどんな現場で発揮されるのかというハウスについても今回追記しました。

他にも、ひとつのサインを30個に分けてその象意を読むサビアン占星術、10惑星以外の小惑星を使う方法、調子のいい時期やチャンスを見るトランジット占星術、あるできごとが発生した時点のホロスコープをつくり結果を見るホラリー占星術……などがあります。サビアン占星術はおひつじ座だけでも30種類の読み方があり、トランジット占星術は未来予測だけではなく、現状、自分が何に力を入れると良いのか、どんなことに注意するべきかがわかります。

この本でとりあげたアスペクト占星術も、本来は惑星位置の細かい度数で見るのが本式ですが、今回は大ざっぱ（でも当たるよ）な手法で説明いたしました。

こんな具合に、占星術の世界はものすごく深い体系があって、その中でいうとこの本は、ほんのほんの入り口です。

占星術を「ちゃんとやろうとして」いきなりむずかしくなり、めげてしまうことがないように大幅に「きちんと簡単化」した入り口です。

この本の内容を理解することで、自力でかなりの〝翻訳〟ができるようになる上に、他の中級、上級の本を読みこなす基礎体力がつくと思います。学習の仕方は、何通りもあります。その手がかりの第一歩にこの本を活用してください。

また、この本で作成した簡易版ホロスコープではなく、生まれた場所の経度緯度などを入力して作るイコールハウス式ではない他のハウスシステムで細密版のホロスコープをお持ちの方は、ぜひ185ページからの解説をお読みください。

	火	土	風	水
活動宮	♈ おひつじ	♑ やぎ	♎ てんびん	♋ かに
固定宮	♌ しし	♉ おうし	♒ みずがめ	♏ さそり
柔軟宮	♐ いて	♍ おとめ	♊ ふたご	♓ うお

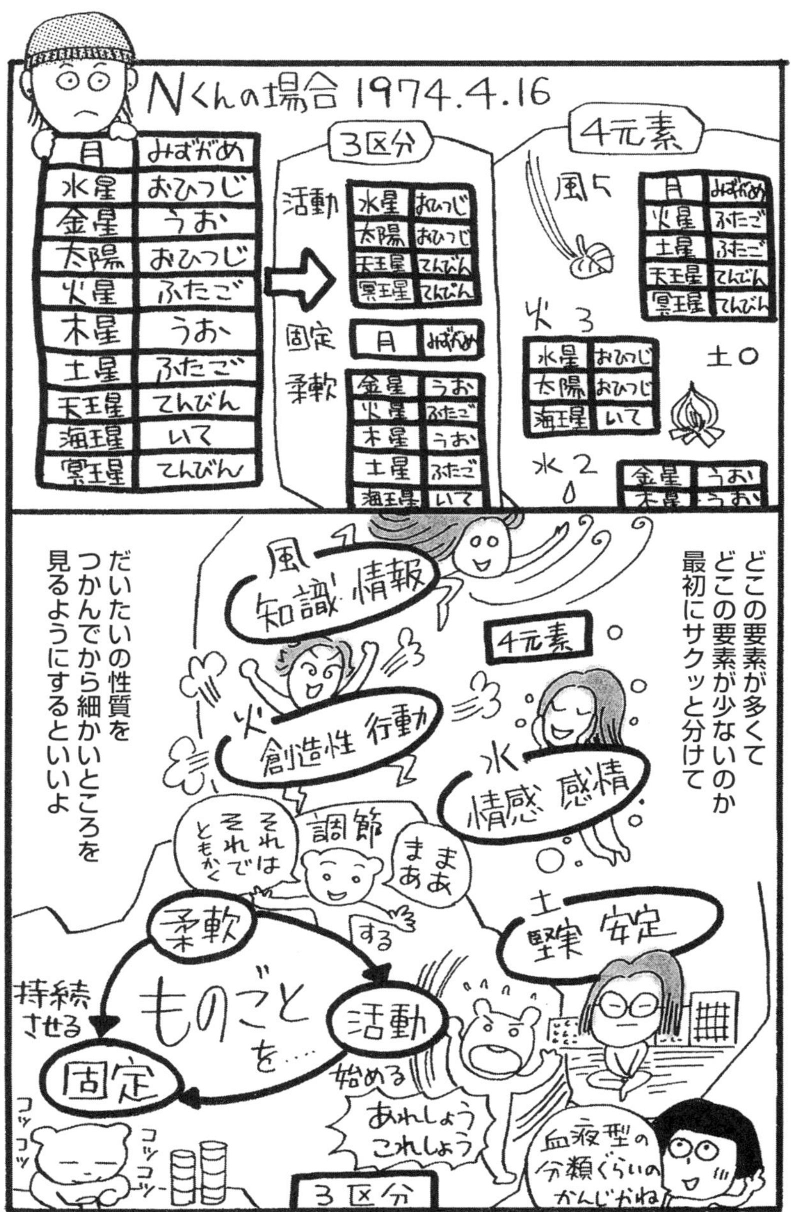
Nくんの場合 1974.4.16
月 みずがめ
水星 おひつじ
金星 うお
太陽 おひつじ
火星 ふたご
木星 うお
土星 ふたご
天王星 てんびん
海王星 いて
冥王星 てんびん
3区分
活動 水星 おひつじ 太陽 おひつじ 天王星 てんびん 冥王星 てんびん
固定 月 みずがめ
柔軟 金星 うお 火星 ふたご 木星 うお 土星 ふたご 海王星 いて
4元素
風5 月 みずがめ 火星 ふたご 土星 ふたご 天王星 てんびん 冥王星 てんびん
火3 水星 おひつじ 太陽 おひつじ 海王星 いて
土0
水2 金星 うお 木星 うお
どこの要素が多くてどこの要素が少ないのか最初にサクッと分けて
だいたいの性質をつかんでから細かいところを見るようにするといいよ
風 知識 情報
4元素
火 創造性 行動
水 情感 感情
調節
それはそれでともかく
まあまあ
土 堅実 安定
柔軟
する
持続させる
ものごとを……
活動
固定
始める
あれしょうこれしょう
コツコツ
コツコツ
3区分
血液型の分類ぐらいのかんじかね

Nくん
4元素
風 5
火 3
水 2
土 0
※情報・流行に強く
行動力がある
人の気もちを理解する
能力はふつう
実生活の安定性に欠ける
貯金が苦手
火
風
水
ふーん
活動
柔軟
固定
3区分
活動 4
固定 1
柔軟 5
※その場に合わせて
うまく立ちまわる能力有
固定1が月(心)
なので内面はガンコ
おおまかなところ
こんなかんじ
貯金
できないっ!?
楽しい
使い方を
知りすぎている
ってことさー
まついの場合
風 0
火 2
水 4
土 4
火
水
土
※情報 流行
だめちゃん人間
実はNくんは
私のパソコンの
先生なのだ
3区分
活動 4
固定 3
柔軟 3
バランスふつう
あまり深入りせず
かんたんにサクッと
楽しむと
よろしいでしょう
性格は
これだけでも
バッチリ

12サインの特性をマスターするのも 3区分、4元素が役に立つ

	火	土	風	水
活動宮	おひつじ 雷・火花 活動の火	やぎ 石 岩石 活動の土	てんびん 貿易風 偏西風 活動の風	かに 河川 活動の水
固定宮	しし たきび ろうそく 固定の火	おうし 山、山林 固定の土	みずがめ 気団 固定の風	さそり 地下水 湖 固定の水
柔軟宮	いて カマド ストーブの火 柔軟の火	おとめ 畑 整地 柔軟の土	ふたご 季節風 ビル風 柔軟の風	うお 雨 霧 柔軟の水

現実の物質や現象にあてはめると
12サインの特性がよくわかるよん

イメージ

★まずは大ざっぱに3区分4元素を読む

占星術では、惑星の位置がどのサインにあるか？　惑星と惑星の角度がどうなっているか？　という細かいところはもちろん大事ですが、まずは大ざっぱな性質を見ておくことも同じように大切です。

3区分4元素についてはまとめてみましたか？　ここからだいたいの感じをつかんでみましょう。

ひとつの区分やひとつの元素に片寄っていれば、片寄っている部分が発達している可能性があるということになり、話はとってもかんたんです。

〈3区分〉

柔軟宮が多い人／人に合わせて行動や考え方を臨機応変に変えていく能力がある。

活動宮の多い人／物事の判断が早く、状況を活性化させる能力がある。
固定宮の多い人／できあがった事柄を維持して持続させる能力がある。

〈4元素〉

火のサインが多い人／アイデア、熱意に溢れるタイプ。
風のサインが多い人／情報、流通に強いタイプ。
水のサインが多い人／情感、雰囲気を大切にするタイプ。
土のサインが多い人／実感、実質を重視するタイプ。

ところがたいがいの人は、これらの方法で分けても、ひとつの種類に片寄るということはあまりありません。マンガで例としてあげたNくんのように、バラつきがあるのが普通です。なかにはまんべんなくどこの要素にも同じように星がちらばっているという人もいると思います。そういう人は、ずばりまんべんなくバランスの良い、片寄りの少ない性質の人だと読むことができます。

片寄った要素への集中は、その要素のテーマに関しては、絶大な力を持ちますが、人生全体の応用力とか、柔軟性を考えると、ばらつきのある要素を持つ方が、臨機応変に物事をとらえるためのアンテナが随所にたっているということになるのです。

お店にたとえると、専門店と百貨店というふうに考えてもいいかもしれません。

ここでは、あまり深く考え込まず、性質についての大枠をサラリとチェックして先に進むようにしてください。

また、この3区分、4元素の考え方は、12サインの意味を詳しく考えるときに非常に有効な考え方となります。もし12サインの説明のところでつまずいてしまったなら、何度でもこの3区分と4元素のパートに戻ってきてください。

たとえば、おひつじサインの理解について考えるときは、『活動の火』の性質とは何かを考えることが有効になるし、ふたごとてんびんとみずがめの風の3つのサインの違いを理解しようとするときには、それぞれ『柔軟の風』『活動の風』『固定の風』というように性質と役割を分けて考えることが大きなヒントになります。

以下に簡単な性質のポイントをあげておきます。31ページでマンガで一覧表にしたものがありますので、合わせて読んでみてください。

活動の火（おひつじ）：雷／火花

生命は、宇宙的な雷や電気によりショック状態からはじまったと言われています。全ての物事や状況の出発は、火花のほとばしる着火状態が必要です。

固定の火（しし）：たきび／ろうそく

たきびやろうそくは、その場に固定されて美しく、ドラマチックに燃え盛ります。人が人として生きていく象徴としての火は、人の気持ちを暖め、なぐさめます。

柔軟の火（いて）：カマド／ストーブ／たいまつの火

カマド、ストーブの火は、役割をもつことを意識した火です。そのときの状況や状態に応じて、熱く燃え盛ったり、静かな熾火（おきび）となります。また人間の未来を照らす、理想のたいまつとしても燃えるのが柔軟の火です。

活動の土（やぎ）：土石／岩石

一見、静かに動かないように見える岩石は、地殻変動によって地表に盛上がったり、様々な要素によってこの世界を動き回り、場所や形を変える物質です。

形を変えることで、道具となったり建造物になったりもします。

固定の土（おうし）：山／山林

表面的には森林や果物、金属物質などを内蔵して、自然界の豊かな恵みを象徴するのが、固定の土である山や山林です。

柔軟の土（おとめ）：畑／整地／宅地

人間の手によって、整地され利用される土が、柔軟の土です。

利用の仕方、手の入れ方によって、いかようにも形を変えるのが特徴です。

活動の風（てんびん）：貿易風／偏西風

海上の船を動かし、ものや人を流通させるのが活動の風です。

大きな地域をまたにかけて吹く風が、地域と人間の集まりの架け橋になります。

固定の風（みずがめ）：大気／気団

大きな空気の固まりが固定の風です。異なる気温の気団と気団がぶつかる部分には前線ができて、季節の大きな変化を司ります。

柔軟の風（ふたご）：季節風／ビル風

狭い地域を、活発に吹くのが柔軟の風です。局地的な流行や細かいニュースを運んだりつくり出したりします。

活動の水（かに）：河川

淀みなく流れて、いつでもその場所を新鮮に保つのが、活動の水です。河川は流れてこそ河川としての意味があり、地下水や雨水を受け止めながら人の暮らしに必要な水を隅々まで運ぶ働きをします。

固定の水（さそり）：地下水／湖

深く溜め込まれることで、そこに特殊な生物を育成したり、神秘の力や枯れることない原初のパワーを隠し持つのが、固定の水の役割です。

柔軟の水（うお）：雨／霧／雲

形がない、つかめないのは水の要素、全て共通の性質ですが、柔軟の水は細かく空中にただよって、どこにでも入り込むという要素を合わせ持っています。

ホロスコープ読むには
さて 惑星ひとつひとつの意味
いみ
サインひとつひとつの意味がわかったら
惑星とサインを組み合わせて読もう
金星がうお？ どんな意味？
ところが同じサインに2つ以上の惑星があると混乱したり
いみムジュンしているじゃん
どっち？
木星と土星がししサイン
派手に広げる？ 制限する？
さらに惑星同士のアスペクトとかいうとどんどん複雑に——
おれたち着実に一歩一歩上にあがっていくのさ
みなりは派手だがね
180度
まてまて
ここに安定していてぇぇのオ！
これを
どうやってかんじつかむかというと

惑星はヒト
サインは衣服やヘアメイク
全部
同じ人物だけど
着ているものによって
フンイキがちがう
そーすると
同じサインに
いろんな惑星が
いっしょにあっても
それなりに
意味つかめる
ってもんです
てんびんだから
ラブ&ピース
おっっ
着たか?
同じ服の同じサイン
それからアスペクト
ちょっとケーハク
つつしんだらっ?
ああんっ
90度
こういう
服（サイン）着た
こういう人物（惑星）
同士ならこの角度で
こんな話
するんだろうな——とか
ホロスコープの物語を
読んでみるんですわ
さそり
てんびん
おとめ
し
かに
ふたご
おうし
おひつじ
おいっ
ゲラゲラ
めしでもくうか

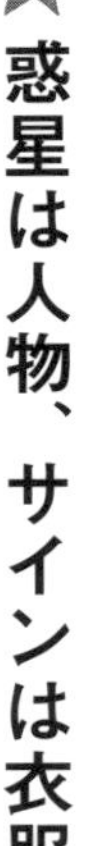

★惑星は人物、サインは衣服

さてホロスコープの用意はできたでしょうか？

12個に分かれたサインごとの区切りに10個の惑星がいろんな形でちらばっていると思います。これからこのホロスコープを解読していくわけです。

よく見て下さい。ひとつのサインの中に惑星がたくさん入っている所、まるで入っていなかったりする所があります。全部ばらばらになっていたとしても12のサインに惑星が10個なので、惑星が入っていないサインがかならずあります。2〜3個、いやそれより多くの惑星がひとつのサインに固まって入っていて、空いているサインがたくさんあるホロスコープの人もいるかもしれません。

ホロスコープを解読するとっかかりは、惑星がどのサインに位置しているかを見ることから始まります。

しかしここでまちがえないで欲しいのは、自分のホロスコープの上で、あるサインに惑星がひとつもなかったとしても、自分はそのサインの意味と全く関係ないわけではないということです。ホロスコープは、自分自身の全体を象徴しており、誰もが潜在的にすべてのサインを持ち合わせているのです。そして、それを引き出す際にリーダーシップをとるのが10個の惑星だと考えてください。

惑星があってもなくても、12サインの意味がきっちり自分の頭に入っていることが、惑星の入っているサインの意味を際立たせ、輝かせることになります。

また惑星自身にもひとつずつ、惑星自体の意味があります。

ホロスコープを読むためには、最低でも12サインの意味と10惑星の意味を覚えることが必要です（しかしこの最低限のことを覚えればかなり多くの情報を自分のホロスコープから得ることができます）。惑星の入っているサインは、自分自身で強くリアリティを感じられる場所だと思うので、最初は、天体の入っているサインから理解を深めるのがいいでしょう。ひととおりサインの意味をつかんだら、今度は惑星の意味をしっかりつかんで、サインと惑星の意味を組み合わせて読んでいく、そういう手順になります。

惑星●行動の機能
サイン●雰囲気や状態

この原則で読めば、ややこしいことはあまりありません。惑星を人物、サインをその人物が身にまとっている衣服として考えるといいかもしれません。

★惑星の『年齢域』を理解しておこう

ここから先は、いよいよホロスコープを具体的に読んでいきますが、まずは最初に10個の惑星について、簡単に特性をまとめておきます。

【月】 毎日繰り返すような自分になじんだ感情。
【水星】 知性の発達、情報の集め方・広め方。
【金星】 個人的楽しみ、趣味嗜好。
【太陽】 人生を統括する公的な目的意識。

【火星】　行動的、活性化、攻撃性。
【木星】　拡大、発展、寛容。
【土星】　制限、枠組み。
【天王星】　独立性、一部分の改革。
【海王星】　無意識、神秘。
【冥王星】　死と再生。徹底的な改革。

……とこう書かれていてもあんまりよく頭に入りませんよね。私もそうでした。

天体の意味を覚えるのには、月から順番に始まる『年齢域』という考え方がとても役立ちます。

0～7歳、7～15歳、15～25歳といった具合に区切られた年齢の範囲＝『年齢域』を10の惑星が象徴しているという考え方です。

0～7歳の年齢域を象徴する月は〝毎日繰り返すような自分になじんだ感情〟という特性を持っていて、これは人間が0～7歳に発達させる部分と対応しています。

同じように7～15歳の年齢域を持つ水星は〝知性の発達、情報の集め方・整理の仕方〟という特性を持っていて、これは人間が7～15歳に発達させる部分と対応しています。

『年齢域』の考え方を理解するためには、人間は段階を追って自分の中のいろんな部分を発達させていくという考え方に慣れる必要があります。そう考えて、もう一度惑星の年齢域と特性を合わせたものを見てみてください。

【月　→年齢域：0～7歳】 毎日繰り返すような自分になじんだ感情。

【水星　→年齢域：7～15歳】 知性の発達、情報の集め方。広め方。

【金星　→年齢域：15～25歳】 個人的楽しみ、趣味嗜好。

【太陽　→年齢域：25～35歳】 人生を統括する公的な目的意識。

【火星　→年齢域：35～45歳】 行動的、活性化、攻撃性。

【木星　→年齢域：45～55歳】 拡大、発展、寛容。

【土星　→年齢域：55～70歳】 制限、枠組み。

【天王星→年齢域：70～84歳】 独立性、一部分の改革。

【海王星→年齢域：84歳～】 無意識、神秘。

【冥王星→年齢域：死後】　死と再生。徹底的な改革。

こうしてみると、惑星それぞれが持っている特性が理解しやすくなるはずです。惑星の持つ意味は、人間の成長する段階にシンクロさせて整理していきましょう。

またそれぞれの惑星はいかに〝使う〟かがカギでもあります。おひつじに太陽がある人は『なにかの言いだしっぺになる』ことが人生の目的と本書では書いていますが（86ページ）、こういう星を自分で意識して自分自身の現実のために使うか使えないか、あるいは使わないかはそれぞれの人にゆだねられた部分です。

おひつじに太陽があるAさんが、太陽の年齢域に達する20代の半ば頃まで人前に出るのも苦手だったとして『なにかの言いだしっぺになる』太陽を活かすも殺すもAさん次第ということです。

惑星それぞれの意味を活かすことが〝惑星を使う〟ということであり、十分に使いこなすためには自分の中のその惑星が担っている部分を発達させることが必要です。

年齢域は、それぞれの惑星を発達させる段階という風にも考えられます。この年齢域の発達という考え方を利用すると、おおよその未来の出来事を予想することもできます。

《1996年9月28日生まれ　M子ちゃんの場合》

【月　↓おひつじ　年齢域：0〜7歳】↓幼少の頃は勢いとノリのいい家庭で育つ

【水星↓おとめ　年齢域：7〜15歳】↓義務教育中は整然と清潔な環境を好む

【金星↓しし　年齢域：15〜25歳】↓高校デビュー、
自己顕示と派手なアピールの青春

【太陽↓てんびん　年齢域：25〜35歳】↓社交的で精錬された社会生活を目指す

【火星↓しし　年齢域：35〜45歳】↓ドラマチックに演出された中年時代、
趣味生活活発

【木星↓やぎ　年齢域：45〜55歳】↓社会生活において確実な成果をあげる

【土星↓おひつじ　年齢域：55〜70歳】↓子どもの頃に返ったような
ノリのいい生活を楽しむ

※概念として天王星、海王星、冥王星の年齢域はありますが、実際に個人の年齢域として読む場合は、この3つの天体ははぶきます。

年齢域の惑星のサインを書き込んでいくのは、機械的にできる作業ですが、これを人生

の方向付けとして『読んでみる』というのは、ちょっとコツが必要です。

しかしこのあと出てくる12サインの意味を理解していけば、そうむずかしいことではありません（これだけだと、あまりにも大雑把な気もしますが、天体の細かい度数、それぞれのアスペクトなど勉強を続けていけば、この方法でもっと詳しく自分自身で自分の未来を比較的かんたんに解読することができるようになります）。

実例のM子ちゃんは、友人の娘さん。

とても明るく社交的な両親の家庭に生まれ、一緒に外遊びをしていると、パンツもはかずおしり丸出しのまま公園のベンチで眠ってしまうような楽しいお子さんです。

まだ幼稚園の年中さんなので、月の年齢域ではありますが、カソリックのおかあさんの影響で毎日曜日、教会に出かけ、清楚な制服の幼稚園に通っています。そろそろ水星おとめの影響か、町中やお店などで会うと非常におしとやかで「おじょうさま」の雰囲気がでてきました（月の領域全開の家庭内では、まだパンツもはかずひっくりかえっているらしいですが）。

未来などを、詳しく読むときも最初はこのように大雑把にだいたいの流れを把握しておくと細かい情報にとらわれてわけがわからなくなるという状態を予防することができます。

未来を詳しく読むには、その時点での天体の運行図と自分の生まれた時点での図を照らし合わせるという、かなり複雑な手続きが必要になります。勉強をガンガン進めて、この複雑さにめげてきた時、私はいつも、この年齢域というシンプルな方法に考えを戻し、情報の整理をすることにしています。

第2章

ホロスコープを読む

月 水星 金星 太陽

★人間の生活の基本部分の4惑星

月、水星、金星、太陽。この4惑星は年齢域でいうと0歳から35歳。自分の感情や生活の楽しみ、人生の方向や目的というようなことを示す、比較的理解しやすい惑星がこの4惑星です。

特に10～20代前半くらいの人にとっては、火星以降の年齢のことは、想像上でも現実の問題としてとらえるのがむずかしいものですが、この4惑星の部分は、自分の身近な問題として実感しやすい部分であると思います。

もちろんホロスコープ上にある10個の惑星のうちの10分の4の要素でしかないことは確かなのですが、この10分の4の要素が実生活の基礎を支えている部分であることに注目するようにしてください。

中でもこの本で一番、強調したかったのは月の部分です。

0〜7歳くらいまでの無意識のうちに刷り込まれている感情の基礎である月のサインをしっかり認識して満足させることによって、思春期や大人になってからの行動や生活を活性化させ、安定させることができるのです。

自分でも忘れていたり、押し殺してしまっていたりするかもしれない月の要素を、この本でチェックしてみてください。

特に状況的にプライベートな部分を意識することを忘れがちだったり、ままならなかったりする育児期間中の人や、仕事に追われている働き盛りの人には、有効なツールとなるはずです。

例えば、どうしても毎日繰り返さなくてはならない月の領分である家事や仕事の道具を、自分の月のサインを象徴するような道具やスタイルに変えて、気分良くこなすという方法もあります。

月が……

おひつじなら、アイデア雑貨や新製品をさまざまに試す。

おうしなら、色彩や質感をそろえることにこだわって収集したものを使う。
ふたごなら、テープでも流行を感じ取れるような道具を頻繁に買い替える。
かになら、子どもの頃から親しんだなじみの道具や方法に従う。
ししなら、一点だけでも本物を感じとれる豪華なものを取り入れる。
おとめは、ムダなものを排除して掃除と収納を徹底する。
てんびんは、世間で評判、評価の良いもので自分のセンスに合うものを取り入れる。
さそりは、アンティークや骨とうなど歴史を感じられるものを使ってみる。
いては、輸入品やユーモアを感じられるグッズを取り入れてみる。
やぎは、多少無骨でも、実用本位で本物の道具を長く使う。
みずがめは、短期で使うものはリースしたり、人材派遣など利用してみる。
うおは、ありとあらゆる良さそうなグッズや方法をかたっぱしから試してみる。
というようにサインの特徴をよく読んで自分で工夫してみましょう。

水星は、知性やコミュニケーションの星です。文房具や通信機器の種類やスタイルは水星のサインで考えてみるといいでしょう。

同じように金星は、魅力や感覚を楽しむ星。食べものやファッションのスタイルについては、金星のサインをチェックします。

このように身近なところで実感しやすい惑星を使って、自分の実際的な生活を振り返ってみることは、思い当たる部分も多くてとても楽しいことです。

占星術は、神秘的な部分も多く、理論では割り切れないことがたくさんあるということも、もちろん魅力なのですが、実生活の細かい部分にも、少なからず影響を落としているのだということを、自分のホロスコープで確認してみてください。

実生活の基本部分がしあわせで安定した上で、太陽が示す人生全体の目的を知れば、年齢を重ね、人生を歩んでいくことがとても楽しくなるはずです。

あなたのホロスコープにちらばる惑星は何ひとつ無駄がなく、あなたの人生を有意義な形にするために輝いています。

神秘な世界に惹かれて占星術の勉強を始めたとしても、実生活のささやかと思われた部分の豊かさや奥の深ささえも、惑星の配置は示しているのです。お得です。

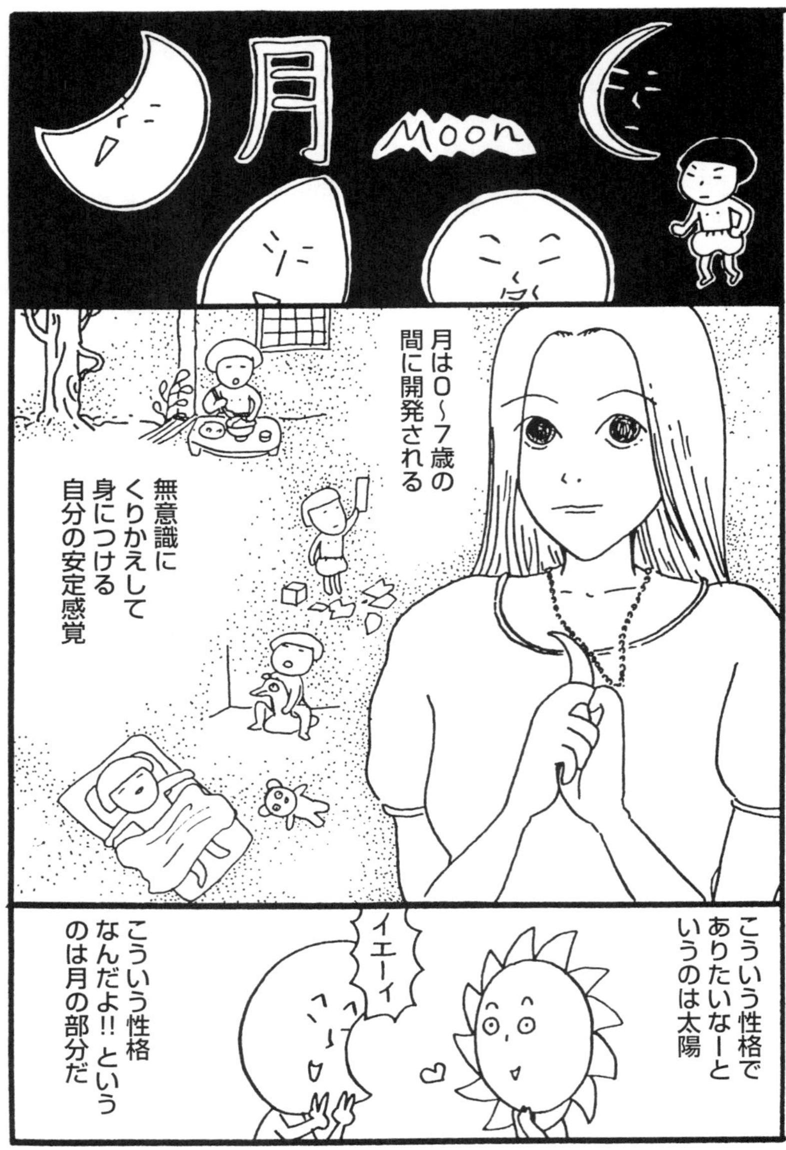
月
Moon
月は0～7歳の
間に開発される
無意識に
くりかえして
身につける
自分の安定感覚
こういう性格で
ありたいなーと
いうのは太陽
イエーイ
こういう性格
なんだよ!! という
のは月の部分だ

月は感情を支配する
喜
楽
怒
哀
無意識の時代
(7歳まで）に開発して
しまった部分なので
自分で
あんまり
わかっていない
太陽が「精神」なら
あちらへ
とおくへ
どこかへ
月は「からだ」だという
考え方もある
けだもの？
どすこい
本能とか欲望とかは
生きることの1番基本だ
自分が自分で
あるためには
このからだを
ここ（現実）に
とどめておく必要がある
自分の月の気質をチェックして大切にしよう
意識しよう
どんなくりかえしが安定をよぶのか
満ちては欠ける
くりかえし
へこんでは
やりなおす
くりかえし
生きる力の
基本だね

【月】

◎物心つく前からの感情や気質《年齢域0～7歳くらい》

月の意識が発達するのは7歳までです。

7歳までに吸収、刻印された家庭環境、家庭の近所の印象などが、その人の個人的な生活の送り方や、好き嫌い等の基礎的な感情パターンとして刷り込まれていきます。この月のパターンを満たせない生活を送ると、その人は精神を安定させることができません。

この世に産まれ落ちてから、ずうっと引き続く個人の癖、感情的傾向、気質などは、月によって表わされます。そして、これは物心つくまえから身についた癖なので、本人は全く無自覚に、その領域を扱っていることも多いです。

また月は占星術で使う天体の中で最も速度が速く、変化が目まぐるしいものです。つまり、個人の感情や日々の気分などを表しています。

また月は母親の影響や、男性にとっては妻像であり、女性にとっては、結婚後、自分がどのような家庭を作るのかを表しています。

月は、自分の感情の地盤を安定させる大事なサインです。

私はかにサインが太陽、水星、金星ととても強いのですが、月がおとめなので、かに的状況の場所には、それほど魅力を感じません。いろいろな占星術の本などに「かにがくつろげるのは水辺のレストランや常連の集まる小さな居酒屋」とか書かれていて「違う……」と思っていたのですが、月のサインを見ると「機能がいきすぎて無味乾燥な状態の場所」とあって、「ああこっちだ」と一安心した覚えがあります。ビジネスホテルや病院の病室が好きなんです。

あなたの月のサインはどこですか？

自分の真の意味のプライベートな空間は、その月の意味を満たして、心落ち着ける空間でしょうか？　または、ときどきそういう空間に出かけたり、夢想したりして、リラックスすることができていますか？

＼月から読む／

“リラックスできる空間”

月の入っているサインは、その人が気楽にリラックス状況になれる
空間や場所についてのキーワードも表します。

おひつじの月	活気があり新しいことにチャレンジできる空間。 興味があることに熱狂的にとり組めるとき。 大勢の人の中で、先頭に立って仕切れる場所。 サッカー場(Jリーグサポーター)、 未開拓な土地・荒地。
おうしの月	ゆったりと五感的な心地よさを楽しめる空間。 自分が気に入った物に囲まれた現実的な生活。 インテリアショップ、美容院、レストラン、庭、音楽、 美術鑑賞。
ふたごの月	好奇心を刺激されるおもしろいことがある空間。 雑多な情報が飛び交う場所。次々と変化したり、 複数の物事が同時進行する状況。 流行スポット、書店、路上、車中電話、TV、雑誌、 おしゃべり。
かにの月	生活感にあふれた場所。身内に囲まれて、安心して 笑ったり泣いたり情緒的な交流ができる空間。 家庭、台所、スーパー、なじみの喫茶店・居酒屋・ レストラン。
ししの月	遊び心や創造性が発揮できる空間。 自分が目立つ場所。自分のドラマを華やかに 演じられる恋愛シーン。 遊園地、ゲームセンター、スポーツクラブ、映画館、 コンサート会場。

おとめの月	機能的に整頓された実務的な空間。 清潔な環境。日常的な作業が淡々と繰り返されているとき。 制服のある職場、事務所、文房具店、病院、洗濯・掃除などの家事。
てんびんの月	人との社交を穏やかに楽しめる空間。 美的な満足感が得られる場所。 誰かと共同で、物事を起こしているとき。 スポーツクラブ、コンパ、デパート、ショップ、共同経営。
さそりの月	親密な人と一緒で、黙っていても気持ちが通じているとき。好きな音楽、本、映画などの世界にどっぷりと浸れる濃密な空間。 秘密が守れるプライベート空間。会員制クラブ、ライブハウス、占い館、ラブホ。
いての月	知的な冒険心や、闘争心が満足できる空間。 未知の世界を自由に放浪できるとき。 スポーツ観戦、競馬、図書館、知らない土地や外国への一人旅。
やぎの月	常識にのっとって、規律通りに物事が進んでいくとき。社会的な場所。 伝統が感じられる空間。 官公庁、学校、由緒正しい神社・史跡、老舗の旅館、料理店、茶道・華道。
みずがめの月	自分の独自性を保てるユニークな空間。 個々のプライバシーを重んじたグループ活動。 電脳空間。プラネタリウム・科学館、パソコンショップ、インターネットによる交流。
うおの月	夢やロマンのある場所。 感受性豊かで繊細な内面世界に閉じこもれる空間。 神秘世界にひたっているとき。 水に関する場所。水族館、海辺・川岸・湖畔、酒場、オカルトショップ、夢の中。

水星くん
Mercury
ねえねえ少しお話しない？
あれ見た聞いた？
今、そんな本読んでいるんだへえ！
おっす♪
うおーわかったぜー
……
あちこちとフットワーク軽いし
水星くんってさー頭いいんだってねー
まあねーわりとねーへっへっはーん♪
情報集めるだけじゃないぜ
整理したり分類したりも得意なんだ!!
ここがアンテナになっているし
それはあんまり得意じゃない
いいじゃんそんなの別にどーだって
考えるのは？

だっておれパシリだから!!
ムいってきて
頭いいっていうより要領がいいんだ
……
太陽が目的追求するためにおれのこと使ってくれれば幸せっす
これ使ってください
まきもの
おー
おれのこと意識して活用してくれればすっごく役に立つぜ!
なにしろ人生の二大事はおれの肩にかかっているのだ!!
コミュニケーション
もてる
バッチリ!
仕事できる
どんなにいい目的も伝える手段や現実化能力がないとムダになるからねー
でも水星くんの対処能力って中学生並みだよねー
パシリとして
中学生は実用面だけいえば大人だからいいんだよ

【水星】

◎コミュニケーションの星《年齢域7〜15歳くらい》

水星が発達する時期は、7〜15歳です。

小学校に入学して中学を卒業するまで、いわゆる義務教育の時期が水星の発達時期にぴたりとあてはまります。それまで家庭の中で母親や家族に寄り添われてぬくぬくと暮らしていた月の領域から抜け出し、自分が感じた事柄を他者に伝えるためにはどうしたらいいかなどの工夫や、自己表現するときの言葉の使い方などをこの時期に学びます。

まあいろんなタイプの家族がいるでしょうが、家族なら、ある程度の基本的な欲求に対してなにくれと世話を焼いてもらえます。しかし友人や学校や地域という、親と離れた世界では、水星の領域を使わなくては生き抜いていくことができないのです。

あ・うんの呼吸だけでわかってもらえる世界から少し広い世界に出ていって、コミュニケーションの方法をいろいろ試し、使えるように身につけていくのが水星の力なのです。

＼ 水星から読む ／

“情報収集法”の好み

水星のサインで、その人がどういう情報収集の仕方を好むかのキーワードを読み取ることができます。

おひつじの水星	人がまだ興味を持っていない分野での情報収集。頭の回転が早く、すぐ集めてすぐ忘れる。鋭い直感。
おうしの水星	実用的な情報収集。実際に体験して自分のものにする。五感に優れる。
ふたごの水星	ＴＶ・雑誌、人の噂など、雑多な情報収集。広く浅くの代表選手。機転がきく。
かにの水星	人から話を聞くことで情報を得る。噂話好き。相手の感情を読みとるのがうまい。記憶力が良い。
ししの水星	自分らしさをアピールできる情報収集。話を聞くより人に主張することに興味あり。話術にたける。
おとめの水星	正確さ・緻密さを要求する情報収集。情報の分析も得意。データベース志向。事務処理の達人。
てんびんの水星	人とのつきあいから情報を得る。情報を交換し合うことで他の人と関わるのが喜び。貴重な調整役。
さそりの水星	興味を持った分野を徹底的に掘り下げる情報収集。洞察力にも優れる。狭く深くのオーソリティ。
いての水星	興味の対象をひたすら追いかける情報収集。哲学的テーマに関心をもつ。若々しい向学心の持ち主。
やぎの水星	社会的に役に立つ情報収集。大新聞・ＴＶニュース。現実にもとづいた合理的な判断。良識・常識人。
みずがめの水星	既成概念にとらわれない方法での情報収集。パソコンなど情報機器の扱いも得意。ユニークさが売り。
うおの水星	人には理解しにくい直感的な情報収集。必要な情報はいつのまにか手にはいっている。詩的表現の人。

〈太陽と水星のサインの組み合わせで目的達成のスタイルを読む〉

水星は、天体の運行の関係で、太陽と同じか、太陽の前か後のサインに入っているはずです。

太陽は人生の目的を表す天体なので、情報収集の役割を持つ水星が、同じサインか近いサインに入っていることは、人生の目的をかなえるためには、とても都合がいいのです。

まずは下の欄に水星と太陽だけ書き込んでみましょう。

あなたはどのパターンですか？

水星と太陽のサインを組み合わせた次の3つのパターンで、もう少しくわしく読んでみましょう。

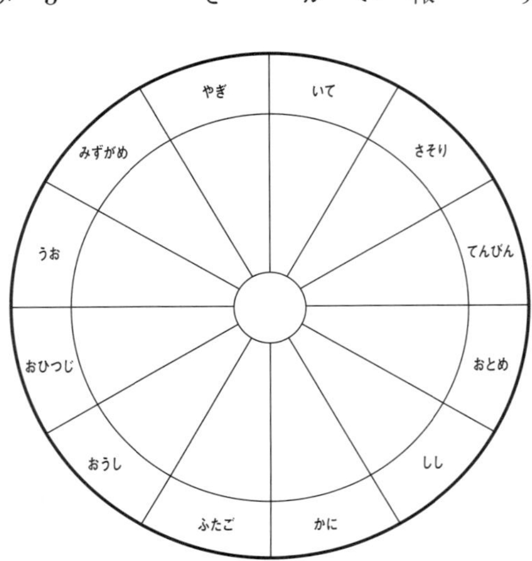

《水星と太陽が同じサインに入っている人》【68ページ参照】

水星も太陽も同じ目的で同じ方法をとろうとするので、無駄がはぶけ、目的に早く達するかのように見えるタイプです。

ただし、どうしても情報や他人に対する理解の仕方がひとつの色に片寄ってしまう傾向があるので、いざというときの応用力に弱い面があるかもしれません。

そこで水星と太陽が入っているサインの真向かいにあるサインの特徴をよく読んで、その部分を取り入れるようにすれば、もともとある集中力を活かして、大きな成果をあげることができます。

ただし、対向するサインの特性を激しく実行しすぎると、本来の自分の良さを失ってしまったり、自分が何をどうしたいんだったか、よくわからなくなってしまう場合もあります。

この部分が「自分に足りていないかもしれない要素だ」とな

んとなく意識できているだけで、情報の選択や他人とのコミュニケーションに新しい可能性を見つけることができると思います。また太陽と水星が一致して暴走すると、専門職として有能な人材をつくり出すことがあります。

《水星のサインが太陽よりひとつ前のサインに入っている人》
【70ページ参照】

太陽おひつじ／水星うお、太陽おうし／水星おひつじ、というように太陽のひとつ前のサインに水星が入っているタイプの人は、目的のための情報や手段を先に拾ってくるので、一を聞いて百を知るようなシャープな感覚で人生を切り開いていく可能性があります。

太陽の目的に対して、才気が先走る傾向があるので、ある意味早熟で機械的な雰囲気の傾向がありますが、年を取るにつれ

てバランスは取れてきます。

《水星のサインが太陽よりひとつ後のサインに入っている人》

【72ページ参照】

太陽おひつじ／水星おうし、太陽おうし／水星ふたごというように、水星のサインが太陽のサインのひとつ後にある組み合わせのタイプは、太陽が示す目的の達成のために、太陽が取りこぼしていった物事を、後から拾っていくために、後からでも、物事を確実に成し遂げる可能性を秘めています。

太陽の目的がどうしても先走るために、うまくいかない気分や挫折感をもつことも多いのですが、後から追い掛けてくる水星は決してあきらめていないのですから、物事の計画には時間をかけて取り組むようにしてください。

水星と太陽が同じサイン

太陽：おひつじ
水星：おひつじ

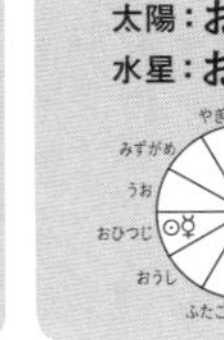

とりあえず思いついたことに一直線。マニュアルがあってもそれを読まずに自分なりのやり方でゼロからやろうとするので失敗も多い方ですが、誰にも真似できないオリジナルなものを作り出します。自分のひらめきが他者にも伝わる表現にする修行をしましょう。

太陽：おうし
水星：おうし

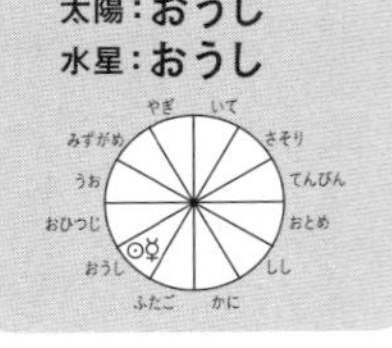

最初から固まっている自分の目的のために自分が信じる表現や使えることが確実な技術だけを使うので、時に融通の利かない頑固職人的な組み合わせです。自分の才能や能力を伸ばしていくことに疑いは持たず、好きなことはとことん集中していきましょう。

太陽：ふたご
水星：ふたご

身の軽さが愛くるしくにくめない言動の持ち主ですが、肝心な時にあてになるか疑われやすいので、常に他者の立場にいったん自分を置き替えて、周囲を許容していくことを心掛けてください。隠し事のできない性質です。陰日向のないシンプルな生き方をする方が合っています。

太陽：かに
水星：かに

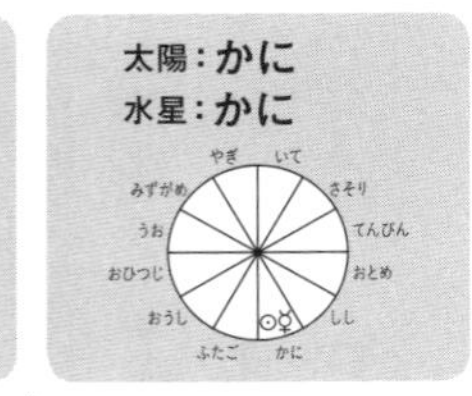

身近で親しみのある分野や身内の間では、頼りになる人という評価がつきやすいでしょう。感情で判断したり、広い視野で考えることをしないので、平等公平さに欠けることに注意して、決まり事やシステムにきちんと従うというやり方も意識すると良いでしょう。

太陽：しし
水星：しし

表現力豊かな知性の持ち主ですが、独りよがりな使い方が目立ちます。一拍おいて常に他者の視点を意識的に取り入れることを心がければ、集団の中でムードメーカーになり、重宝される存在になるでしょう。表現者としてのポテンシャルも高く可能性が無尽蔵な組み合わせです。

太陽：おとめ
水星：おとめ

鋭い分析能力を発揮し、どのような分野でも頭角を現しますが、行きすぎて融通の利かない冷たさが目立つこともあります。特に人間関係では、データでは割り切れない部分も認め、ゆるみや甘さの効能も計算に入れれば、いつでもあなたを必要とする人の役に立てるでしょう。

太陽：てんびん
水星：てんびん

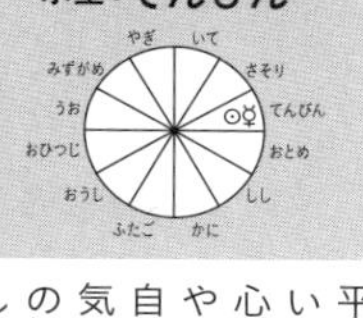

平和で愛想の良い社交能力により、いつでも周囲から愛されますが、肝心な部分で逃げ腰になるとみられやすいので、たとえ小さなことでも自分がリードを取って、先に進む勇気をときには見せましょう。あなたの提案や決断は、いつも人を幸せにします。

太陽：さそり
水星：さそり

深い集中力と洞察力が群を抜いています。専門職としての能力を身に付けると、確実な成果を上げるでしょう。仕事の場合、自分の納得にこだわり過ぎてチャンスを逃すことも多いので、報酬と自分の気持ちを切り分けて、割り切って社会に能力を提供することも考慮しましょう。

太陽：いて
水星：いて

知識の深さと豊富さは誰にも負けません。しかし目的もなく、知識を詰め込むだけになりやすいのが問題です。専門性が高くないことにも興味を向けて、一見ばらばらな事柄も全て関連し合っているという視点を持てば溜め込んだ知識を幅広く応用していくことができるでしょう。

太陽：やぎ
水星：やぎ

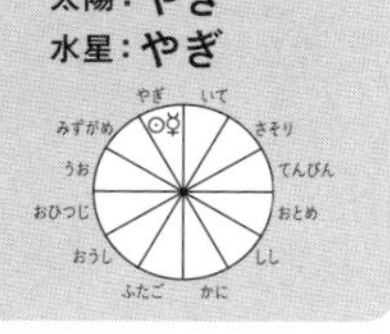

すでに確立されている分野で地道にやっていくことができますが、権威主義的で、情に欠ける対応になることがあります。社会に通用する情報も結局は個人の情報の集まりであることを認識して、ケースバイケースで対応できる技術も備えておくと日本社会では無敵でしょう。

太陽：みずがめ
水星：みずがめ

知性や情報を駆使して、平等と博愛を体現しようとする姿は、いきすぎると機械的で頑固な変人に見えかねません。平和を乱すものに心痛めるあまり、自分が紛争の中心に立つこともあるでしょう。時にユーモアで対応すると、あなたの理想がもっと広まるようになります。

太陽：うお
水星：うお

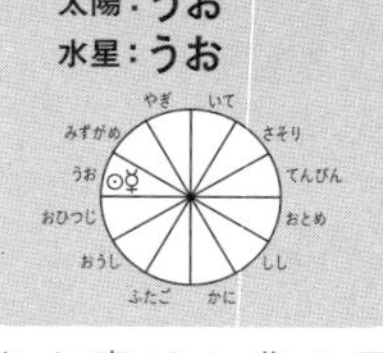

周囲に愛されるがゆえに、ただまわりの環境に溶け込んで時間だけを費やす傾向があります。進んでなにかひとつの役割を自分から引き受けるというより、全ての人たちや物事の緩衝材として、複雑なことも静かに受け入れていくような能力があります。

水星のサインが太陽より1つ前

太陽：おひつじ
水星：うお

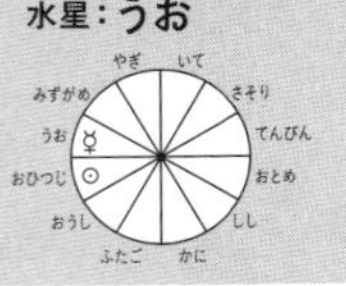

身体衝動とインスピレーションが強く結びついています。パフォーマンスやダンスや声楽など、瞬間を切り取るような表現活動に適性があります。一生の楽しみとしてダンスや音楽の演者としてレッスンを継続していくと良いでしょう。

太陽：おうし
水星：おひつじ

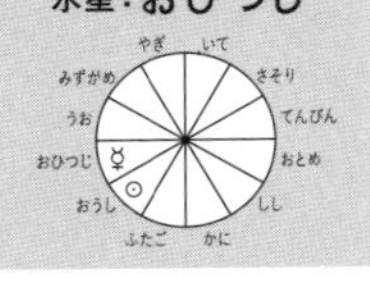

自分自身に必要なことがしっかり理解できているので迷いなく進みます。必要な情報の選択にまちがいが少なく、損をすることがありません。欲しいものには遠慮なく手を伸ばし、自分の直観で人生を切り開いていくでしょう。

太陽：ふたご
水星：おうし

興味のおもむくままいろいろなことにアクセスしますが、体感で納得しながら進もうとする組み合わせです。欲しいものを手に入れるために時間がかかるので、自分自身が納得する前に気が変わってしまうこともあるのですが、情報に説得力を持たせて流通させる能力があります。

太陽：かに
水星：ふたご

人懐っこく他人にアクセスして、たくさんおしゃべりをしながら、場を盛り上げていくことができます。話題が豊富で目の前の人を喜ばせるのが好きなので、人気者になります。接客の才能があり、商売をすると看板娘になる組み合わせです。

太陽：しし
水星：かに

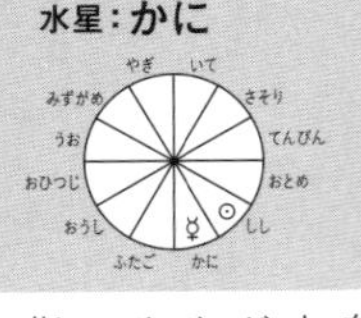

自己表現の達成のために、身近な人々を少しずつ巻き込んでいく能力があります。寡黙ですが、表現が細やかでいつの間にか自分の味方を増やしていくことが可能です。ホステスホストなどの水商売、美容師など指名が必要な技術職で有利な組み合わせです。

太陽：おとめ
水星：しし

ルールのある世界でもドラマチックな演出をする組み合わせです。運ばれてきた肉の塊をお客さんの目の前でわざわざ切り分けるような、普通のことにも印象の強さを残せる強みがあります。自分らしい表現を付け加えることで、日々自分のやる気を出していくのです。

太陽：てんびん
水星：おとめ

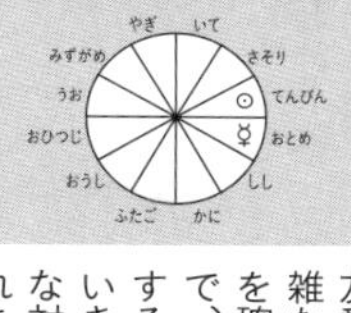

友愛に満ちた広い世界をめざし、複雑な交友関係を維持するための情報を確実に処理していく能力があるので、不特定多数のグループを運営することに適性があります。えこひいきはしませんが、常に冷静に親切な対応をするので、誰にでも信用されます。

太陽：さそり
水星：てんびん

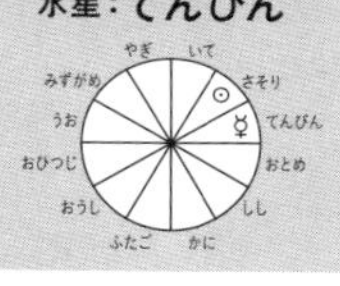

老若男女問わず、たいへんモテる要素を持った組み合わせです。私生活では、あらぬ誤解が多くなりがちです。どんな話題にでも合わせながら、出会ったことに意図を含むような態度は、深刻な問題を抱えた人に対するカウンセラー的能力として生かすと良いでしょう。

太陽：いて
水星：さそり

ルールや慣習ではない人間としての本質的な正しさのために、自分の損得を考えずにしつこくのめり込んでいく特性から、誰もがこの人に魅了されます。本質的に人たらしの才能を持っています。理想を掲げるだけでなく、そのために努力する姿には、誰も異論を唱えないでしょう。

太陽：やぎ
水星：いて

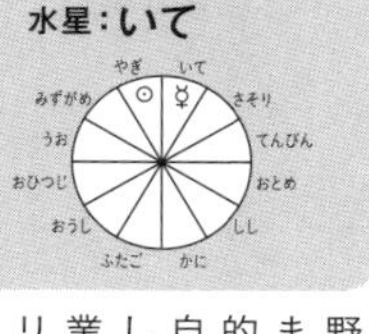

野望を持ち、そのための勉強を惜しまないという組み合わせです。具体的な社会スケールを設定し、そこに自由な方法論を途絶えることなく流し込めるので、企業の研究室などで業績を上げられるでしょう。チームリーダーにも向いています。

太陽：みずがめ
水星：やぎ

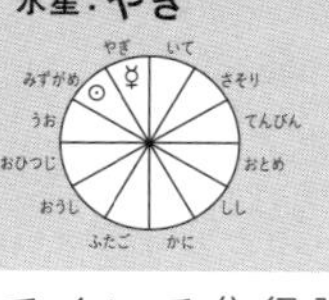

強い理想を持って革新的な目的を遂行しようとするときに、現実的な部分でしっかり裏付けを取っていくのでベンチャー的な分野で成功しやすいでしょう。時間がかかってもイライラせずに戦略的に確実にものにしていく大人の組み合わせです。

太陽：うお
水星：みずがめ

規定のコースからこぼれて、とっちらかった人やものごとを扱うにはうってつけの組み合わせです。わかりにくいジャンルのことを明瞭な言語にして説明する能力があります。福祉的分野で再生と育成に関わる仕事をすると成果をあげるでしょう。

水星のサインが太陽より

太陽：おひつじ
水星：おうし

自分がやりたい！と思ったことは時間がかかっても形にします。早いうちから、いろいろな体験をして、自分に合った世界をみつけることも必要でしょう。一般的に早熟で、人の指導には耳を貸さず、自分だけで好きなようにやりたがります。

太陽：おうし
水星：ふたご

アンテナをしっかり張って、時代の中を上手に泳ぎながら、自分の本質を見失わないという組み合わせです。目につくもの全てに興味を持つので、無駄な言動も増えますが、最終的には自分が損になることはせず、常に安全策を取るでしょう。

太陽：ふたご
水星：かに

他人のことに興味を持ちすぎる組み合わせです。ゴシップ的な情報をどこからか収拾して、その情報量で人に勝とうとするので自然とお喋りになるでしょう。パッとしない環境でも、人の気持ちをつなげ、場を明るく持ち上げるという特性があります。

太陽：かに
水星：しし

心情をドラマチックに伝えます。大振りな態度とは裏腹にこじんまりとした小さな世界で、人気者になる率が高いでしょう。共感のためのホラ話が上手いので、マンガやアニメなど架空の世界で遊ぶ趣味を持って、実社会とのバランスを取ると良いでしょう。

太陽：しし
水星：おとめ

自分が表現したい世界のために、たんたんと緻密な技能を使います。イラストレーターやマンガ家、アニメーターに多い組み合わせです。何事も自分が満足するまで根を詰めるので、完成度が高く、どのような世界に生きても人の目を引く生き方をするでしょう。

太陽：おとめ
水星：てんびん

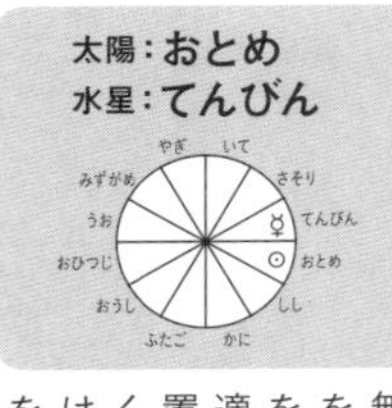

無駄のないスタイリッシュな生き方をする組み合わせです。特に気合いを入れて努力の汗を流さなくても、適切な指示が与えられる環境に身を置けば、どのような仕事でもそつなくこなします。平凡で広がりには欠けますが、補佐役として最高の働きをするでしょう。

太陽：てんびん
水星：さそり

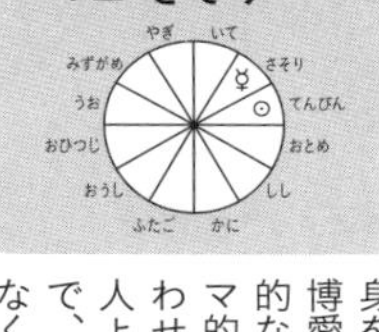

身を削り集中して手に入れた能力を博愛的に広い範囲で使うので、職人的な能力が必要な業種では、カリスマ的存在になる可能性が高い組み合わせです。自分の理想に届くまで、人より時間がかかる場合が多いので、これと決めたら軸をぶらすことなく進めると良いでしょう。

太陽：さそり
水星：いて

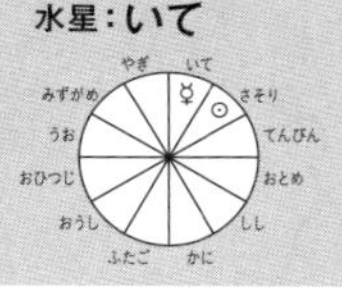

研究者に向く組み合わせです。自分の疑問に対して真摯に向き合い解決の方向を探るので、自分のライバルは自分しかいません。人間関係の調節に無駄な時間を使わず自分の求めるものを手に入れるためだけにエネルギーを使える人です。人からなんと言われても自分の道を進むでしょう。

太陽：いて
水星：やぎ

自分の理想のために現実的な手段を使う無敵の組み合わせです。有言実行の原則さえ守れば、社会の中で大きな仕事をします。ある程度具体的に目標を設定してそれを少しずつクリアして上に上がるような環境にいることが大切です。目上の人に可愛がられる特徴があります。

太陽：やぎ
水星：みずがめ

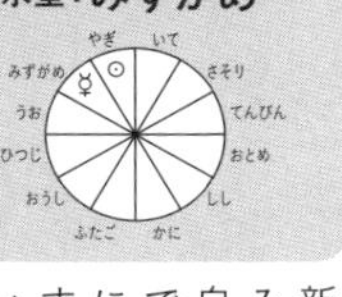

新しいシステムや機器類によくなじみ、常に新規の技術を磨くことで、自分の居場所を確保する組み合わせです。社会進化の流れを掴み、そこにうまく乗れる安定感を持っています。自分の技術が時代遅れにならないように勉強への投資は惜しまないようにしましょう。

太陽：みずがめ
水星：うお

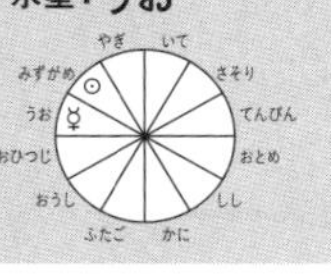

サブカルチャー的なジャンル分け不可能の混沌とした分野で仕事をすることに適性のある組み合わせです。既成概念にこだわらず、アイデアを生かして、少ない労力で大きな成果を上げたり、思いがけないチャンスに恵まれやすいでしょう。

太陽：うお
水星：おひつじ

直観と衝動が新しさを切り開いていく組み合わせです。集団の中にいて、硬直した状況を自然に解きほぐす役割をもっています。いわゆる天才型で、人ができる普通のことはできないのに、誰にも真似できない困難なことは、あっさりやり遂げたりします。

金星ちゃん
Venus
何これ
あたしだよ
マジ
こんなキャラクターじゃはずかしくって
ださすぎるよお年頃なのにさ
これは何？
おいしいごちそー

一見ムダに見えるものでも感性を豊かにして味わう趣味の世界
それが私金星ちゃんの世界なの♡
ミントのはっぱ
フルーツの細切れソース
アイス一個に大さわぎ
心のトキメキ幸福の時間
恋愛も欠かせない
ファッションセンスゼロ味覚が鈍くて音楽も嫌い趣味なんか一個もないし彼氏なんかいるはずもない
あ…これはちょっと好きかな？
プチプチ
人間嫌い
そんな人にも金星ちゃんはいる どこかにいる
ホロスコープで探してみてね
男の人の金星は？
単純に女の好み…ですかね

【金星】

◎思春期と快楽の星《年齢域15～25歳くらい》

15～25歳ぐらいに人は思春期を迎えます。

この時期には、恋愛や映画や小説など、自分の情感を使う事柄に興味を持ち始めます。

水星期の知性やコミュニケーションは、まだまだ機械的で反応的な部分が多かったのですが、金星期は、恋愛などの人間関係の体験から、さまざまな喜びや悲しみなど情操的な事柄が、かなり複雑に発達していきます。

ほんとうの喜びや幸せを他者に与えるためには、自分が幸せで幸福な気持ちを充分に体験しなければと言われていますが、金星期に味わう幸福は単なる反応ではなく、挫折や裏切りを含めて、それを乗り超えた部分で発達していくのが本来の姿です。そしてその幸福感が深みを持ち、複雑な感情経路を辿ってよく発達した金星は、その人の感性や芸術性の基礎を作りだしていきます。

また対人的な感情の幸福以外にも、おいしい食べ物や愉快に感じる事柄、心地良い音楽や環境など、肉体的な快楽に関係する部分も忘れてはいけません。

ホロスコープでの金星の状態は、その人が最も快いと感じる状況や、それに対するアプローチの方法として読むことができます。どことなく女性的で快楽の匂いのする事柄や、若い女性が好みそうな物事や印象は、金星の領分です。

まとめましょう。物事を楽しむ能力は金星に関係してきます。快適な生き方をするときは金星の力を最大限活用することになりますし、対人的な愛情、芸術・芸能を堪能する能力、金銭や物質なども表しています。

〈金星と月の違いについても覚えておきましょう〉

私が占星術の勉強で、はじめに混乱したのが（今でもまだまだいろいろなことに混乱している最中ですが）月と金星の意味の違いについてです。

【月】毎日繰り返す個人的な事柄。慣れ親しんでいて安心感のある場所、雰囲気。

【金星】身近な日常で行われる、楽しみや喜び。

＼ 金星から読む ／

“楽しみ方”の好み

あなたの金星のサインから、どんなことをして楽しむのが
好みなのかを読み取ってみましょう。

おひつじの金星	情熱をかきたてられるターゲットを夢中で追いかけること
おうしの金星	味わったり鑑賞したりして五感を満足させること 気に入った物を自分の所有物とし末長く愛用すること
ふたごの金星	知的な遊び心をかきたてられること
かにの金星	身近な人に守り慈しむ愛情を注ぐこと
ししの金星	何事もドラマチックに演出すること
おとめの金星	完璧な計画を描き、身辺を清楚に整えること
てんびんの金星	様々な人に出会い、多くの人から愛されること
さそりの金星	物事の裏側にひそむ真実を徹底的に追究すること
いての金星	新鮮さを感じる未知の対象を、気ままに追い求めること
やぎの金星	伝統的でフォーマルな美しさを形として表現すること
みずがめの金星	自分流のこだわりをユニークに表現すること
うおの金星	幻想的な美の世界や、愛におぼれること

両方とも「個人的に好きなこと、女性的」というように、共通の部分が多いような気がして、混同してしまったわけです。

しかしこのふたつは意味も使い方も大きく違います。ここをきちんと違う意味として、自分のホロスコープの中で自覚するのとしないのとでは、今後のしあわせ度が全く違ってくるでしょう。なぜなら月と金星は、恋愛と結婚を含む異性問題を読むときに大切な部分だからです。金星では恋愛、月では結婚の状態を見ます。

月と金星を混同しやすいのは、日本の女の子の育て方にもちょっと原因があるんですよね。本来なら金星の領分の個人的に楽しい快楽であるという部分を、毎日繰り返していくような月の領分として、しつけられたりしているんです。これ別に悪いことではないんですよ。なぜなら日本の男の人は月と金星を混合した姿を自分の理想の女性像だとみなすことが多いわけですから。お互いが勘違いしているなら、勘違いしたままのしあわせというのもあるわけで、他からとやかく言うことではないですからね。

でも男の子の育て方はあんまり変わっていないのに、女の子の育て方は近年ぐっと変わってきました。

「おいしいものを食べたいから↓料理をする」とか「かわいいものが好きだから↓育児をする」というようにしかあり得なかった金星が表す女性的な趣味が、「おいしいものが好きなら↓食べ歩く」し、「かわいいものが好き↓子ども以外にたくさん街に溢れている」のです。

ものが少なく貧しい時代なら金星の持つ意味を「家庭や育児」で満足させるしかあまり方法がなかったわけですね。だから、毎日繰り返していくような「家庭や育児の作業として」の月と、金星の意味が混同していても問題にならない確率は高かったんです。

男性が「おいしいお料理と子どもが大好き」というフレーズだけ聞いて、(自分にとって都合の)いい奥さんになるだろうと結婚したら、おいしいお料理を食べ歩いて、子どもを着飾らせるのが好きなだけだったということは、そんなにめずらしいことではないでしょう。

もう一度自分の月のサインと金星のサインの意味を見比べて、その違いをチェックしてみてください。月は、毎食繰りかえして食べてもアキのこない白米やパンのようなもの。金星はそのつどの変化をたのしむ、おかずやスープ、デザートのようなものだと考えてもいいかもしれません。金星部分で恋愛して、月部分で結婚生活を送っていくのです。

また女性が恋愛中の男性の結婚後の姿を見たいときも、男性のホロスコープの金星と月の部分に注目しましょう。金星のサインが自分にとって非常に「いいな」と思える感じで、恋愛中は楽しく過ごせても、月が金星とあまりにもかけはなれた意味を持っていると結婚後に、がらりと態度が違う、ということもよくあることです。これについては、他の天体とのアスペクトの状態などを詳しく見ないとなんとも言えないのですが、穏やかで結婚前はいい夫になりそうと思ったのに、結婚後、人が変わったように遊び好きになり、家庭を省みないとか、結婚前はほんとうにあちこち遊びに連れていってくれてファッションなどにも気をつかう人だったのに、結婚後はつまらないほどのマイホームパパに変身してしまったというときは、金星と月のサインが離れているということがままあります。

金星という恋愛の星の魅力でつかまえた相手と、結婚後は月の繰りかえしの部分でつきあっていくわけです。

月と金星が同じサインなら、結婚前と後、態度はそう変わらないと考えていいでしょう。

女性の場合も結婚前の異性に対する態度は金星、結婚後の夫に対する態度は月でみます。

太陽
Sun
はあ
あれー太陽じゃん
こんなところで
ゴロゴロ
していて
いいの？
いいに
決まってる
じゃん
人生の目的や目標って
バリバリするだけじゃねえぞ
生まれてきただけで
疲れている奴
なんかおもしろいこと
ないかなーと思いつつ
3年ぐらい何もせず
寝たきりの奴
目的を探すことが
目的で ひたすら
ウロウロしている奴
これみんな
太陽か？
おうよ

昔から疑問だったんだけどさー「人を殺す」とか犯罪が目的で生まれてくる太陽ってあるの？
おれの太陽が黄色かったから
あるわけねーだろ バカか？お前
そういうのは運命じゃなくて自分の調教の失敗だよ
無気力でも何も実現しなくても自分がその状態を納得できているなら
なにもないね
それはその人にとって正しい太陽の状態だ
ふつーまわりからとやかくいわれる
働けとか嫁に行けとか
けんめいに生きろとか
そーだなー
とりあえずは自分の太陽のサインを「性格」としてとらえないで
ふたご座だから情報収集がとくい？
あちこち歩きまわるのが大好き？
ウソー
?!
プレイガール？
「人生の目標」として読めばちょっとはラクになるかもな
映画
コンサート
ちょっと街へ
友だちとあつまる
うろうろと
ポン子さんどこへ？

【太陽】

◎人生の目的を教えてくれる《年齢域25〜35歳くらい》

太陽の年齢域は25〜35歳です。

この年齢は社会に出て、より広い世界で、自分の力を試してみる大人の年齢」です。

雑誌の太陽星座占いで、「しし座だから派手で目立ちたがりやです」とか書かれていても、すごいまじめで努力家で引っ込み思案だったりする人がいます。たぶん太陽サイン以外のサインがしし座っぽくない人なので、日常はそのしし座っぽくないほうがクローズアップされているのか、年齢域が太陽に達しておらず、しし座的特性を発揮する環境に恵まれていないのかもしれません。

そういう感じでいても、やっぱりどこかには、ドラマチックなヒロインっぽい人生を目指している太陽の本質があることを忘れてはいけません。

太陽の年齢域に達するまでは、太陽のサインの意味が希薄でも、その年齢域に入れば、デビューというか、太陽のサインがクローズアップされるようになるものです。

しかし太陽は自分の力で輝く天体です。

その力は受け身なものではありません。「自分でこれしよう」と自覚しないとその力は発揮できないのです。ちょうど25歳くらいから、親や身近な友人の庇護から離れて、社会の中で自分は何者なのかという模索を始める時期に入ることが、関係してくるのです。

社会的な役割を担う、という意味での太陽は、公的な生活を支えています。ホロスコープ上の太陽の配置を強く意識した人は、社会的な活躍に関して上手く行きやすいでしょうし、弱い人は社会的活動が認められにくい傾向にあるでしょう。

また女性の場合は、自分の太陽を夫など自分のパートナーに投影し、自分では使わない場合もあります。それは太陽のひとつ前の年齢域の金星がその女性のキャラクターとして機能している場合が多いからです。急に「目的を自分で開発する太陽の年齢域」を生きるより、「結婚」という状況で自分の金星の状態を守りながら、自分の太陽を相手の人生に投影してしまうほうが、心理的に急激な変化を受けなくてすむと考えるのは、当然のこと

＼ 太陽から読む ／

“人生の目的”

太陽のサインであなたの人生の目的がわかります。

おひつじに太陽	なにかの言いだしっぺになる
おうしに太陽	五感に関する喜びを追求する
ふたごに太陽	情報を集め自分の興味を活性化させる
かにに太陽	小さい集団を活性化させる
ししに太陽	ドラマチックで創造的な人生を歩む
おとめに太陽	ばらけていたものを整理して実用化させる
てんびんに太陽	人との交流で物事を平均化しようとする
さそりに太陽	人との関わりを深く掘り下げる
いてに太陽	自由奔放に移動したり、広げていったりする
やぎに太陽	社会的立場を確固たるものにする
みずがめに太陽	独創的な発想で固定させている分野を切り開いていく
うおに太陽	人が目を向けないものまですくいあげる

です。

しかし自分の力で自分の人生を切り開いていきたいと願うなら、太陽の力は自分で乗りこなし使いこなしていかなくてはなりません。逆に太陽の力の弱い男の人が、太陽の強い女性の人生にのっかって、自分の太陽を生きるのを「やめとく」場合もあります。

前ページにまとめたのが、太陽から読みとる人生の目的です。

一行ずつしか書いていないので、がっかりしましたか？

私の人生の目的は、こんな12パターンのうちのひとつであるおみくじみたいなちゃちなものでない。そういうふうに思えたら、ぜひ自分独自の詳細情報を自分自身で読めるように、学習をしていくことをお勧めします。人生といった漠然としたことほど、自分で見るほうが詳しくて確実です。

おおげさに言うならば、自分の予言書を自分の力で書いてみるのです。

それは自分の未来を完全に解きあかすものでもなく、単純なポジティブシンキングでもありません。自分の力はほんとうのところ何に向かおうとしているのか、そして今までの自分は何をしてきたのだろうか？　と思い返してみる時間を持つことなんです。いわゆる私、何者？　状態。

それは楽しい時間になること受けあいです。ぜひ自分でやってみましょう。

で、蛇足で付け加えていくと、占星術というのは変わり者の学問だったという歴史を忘れないでください。食うことにせいいっぱいだった時代は、私は何者？　なんて絶対考えなかったし、考える必要もなかった。一部の変わった人が効率よく食べ物を集めたい一心で（これは農耕や戦いの方法、政治、病気治癒というようにいろいろなジャンルに枝別れしていくのですが）発達させていった学問が占星術なんです。

だから、生活を苦しくしてまで、その道を追求しなければ、というアプローチの仕方は意味がないかもしれません。

占星術の勉強もお金がかかることはありますが、それが自分の生活の趣味の域を越える金額だなと思ったら、手を出さないこと。いくら自分の心を救ってくれると思っても、生活を破壊するような金額のかかる宗教やセミナーもおかしいです（これは自分にとってという金額ね）。お金がないなら、本などお金のかからない方法で地道に勉強を続けてもいいし、占星術は30歳40歳になってある程度自分の人生経験を積んでからのほうがわかる部分も多いので、あせることはないんじゃないでしょうか?
「どんな自分でいたいか、自分でありたいか」という解答には、かならずそのために「どこに目を向けて、何をするべきか」という部分がついてきます。占いをやる人の中には「自分がどうしたいのか」という部分を抜いて、「自分はどうなるのか」ということにばかり重きをおく人がいますが、それってかなりつまらないアプローチだと思います。
この本の監修者である松村潔さんの本に、いつもそうだよなあ、とうなづいてしまう一文があるのでここに書き写しておきます。

「来年試験に受かるかどうかは、占いの問題ではありません。ちゃんと学べば受かることが常識であり、このような日常的な事柄に占星術を持ち込む過ちを犯すことなく、適切な活用法さえ心がければ、私たちは大変大きなことを学ぶことができます」(『占星術のシクミがわかる本』松村潔著/シャングリラプレス刊)

自分がなんのために、試験に受かりたいのか、その解答はもしかして占星術で得ることができるかもしれません。そして自分の性格にあった効率の良い学習の方法などのヒントを得ることも可能かもしれません。ここの部分をあやふやにして「未来を自分で作る態度」を放棄することは、占星術を学ぶことと一番かけはなれた部分だと私も信じています。

第3章

ホロスコープを読む

火星 木星 土星

★社会の中で自分を活かすための3天体

火星、木星、土星、この3つの天体は、社会の中で自分がどんな役割を果たし、発展していくかを見るときにたいへん重要な天体です。

10代20代の頃にはまだ、自分の持ち物であるこの3つの天体の印象を自分で実感することはあまりないかもしれません。月、水星、金星で自分の立つ位置の土台をしっかり確認し、味わい、太陽でその目的と方向を自覚して、やっとこの3つの天体をどう使うのかという話になるわけです。人生ってけっこう長くて、やることいろいろあるんだよね。もちろん若いうちからでも、天体の役割を理解して、活用していくことはできるのですが、

◇火星は、対外的に物事を外に強く打ち出していくので、
対外的に『打ち出すもの』を自分が手にしていないといけません。

◇木星は、物事を容認しながら拡大させていく性質があるので、

『拡大させていくべきこと』が、ないと無意味にルーズになりがちです。

◇土星は、枠を作り、その中で物事を鍛えていこうとするので『鍛えるべきこと』を理解していないと単なるストレスになったりします。

３つの天体の意味をよく理解してから、この３つの天体が、他の天体と重なっていたり、影響を受ける位置（１６７ページのアスペクトの章参照）のサインにないか、チェックしてみましょう。

特に太陽や月などに、この３つの天体が関係している配置のときは、それぞれの天体の意味が重なるので、わりに早い時期から性格や意味を体感できる場合もあります。

また中には、４〜５つも同じサインの中に天体が入ってしまって、これどういう意味？となっている人もいるかと思いますが、あわてることはありません。

たとえば、火星と木星と土星が３つ同じサインにある場合などは「物事の可能性を限界なく引き出して（木星）、厳しく鍛練させ（土星）、外に打ち出していく（火星）」というふうに組み合わせて読むわけです。おちついてそれぞれの意味を見つめて下さい。最初はきれぎれの印象でもかならず、ひとつの意味にまとまってくるはずです。

一見、それぞれの天体にこの3天体がばらばらと意味なく散らばっているようにみえるホロスコープの人でも、その天体や位置に「意味がない」ということはありえません。20代前半の人にその人も持っている星の意味をひとつひとつ説明すると、たいていの人は、月、水星、金星くらいまでは「うんうん」とうなずいていています。太陽で「生きている目的はこんな感じだね～」といえば、「へえ！」と驚いて、火星、木星、土星あたりの説明にくると首をかしげてしまう人も多いのですが、「火星・木星・土星」社会天体の3つは、自分の意識というより、若くて経験値の低い人生の前半部分においては、外部からやってくるものとして認識することが多い天体なのです。

火星：攻撃や刺激してくる事件ややっかいめの出来事として

木星：甘やかしてくれる、引き立ててくれる存在として

土星：厳しい突っ込みや制限を与える存在として

これは本来自分が持っている性質なのに、自分のことだ、という認識ができないために、似た性質のものを外部から無自覚で招き入れてしまっているということが原因です。自分が認識できていない部分を、外部の似た性質のもので無自覚で補填してしまうと、他者や

外部のせいにできるので、自我は安全ですが成長することはなく、トラブルが起きた場合いつも同じ調子で振り回されるということになるでしょう。

特にある程度大人と認識される年齢になったら、この3つの天体について以下の性質を意識していくようにすると、自分のホロスコープの中にある天体が自分の人生の頼もしい味方として働くようになります。外部から持ちこまれるトラブルや難題も、自分の力が及ばない部分は、どのような助けを借りればよいかという、ひとりではなく集団や社会全体として解決していく能力として発達していくでしょう。自分の責任を果たすことで、他方からの庇護や援助が受けやすくなるのです。

火星：自分の目標を推進していく努力と判断力として実際に行動していく

木星：自分がこれまで受け取った善意や引きたてとして社会に還元していく

土星：社会的な立場としての責任を自分で引き受け計画的に人生を進める

この3つの社会天体を自分の良き道具として認識できていれば、個人天体とどのようなアスペクトを持っていても、自分という個性を社会に押し出し（火星）溶け込み（木星）責任を果たして地位を安定させる（土星）という組み合わせになるでしょう。

火星くん
Mars
あっ待って!!
火星くんはいつもはりきっている
やみくもに!!
よーするにおれっちはエンジンだからよー
なんかのっけてよーどこ行くか道ついてないとよー
ケガするぜ〜
……
崖っぷち
わあああああ

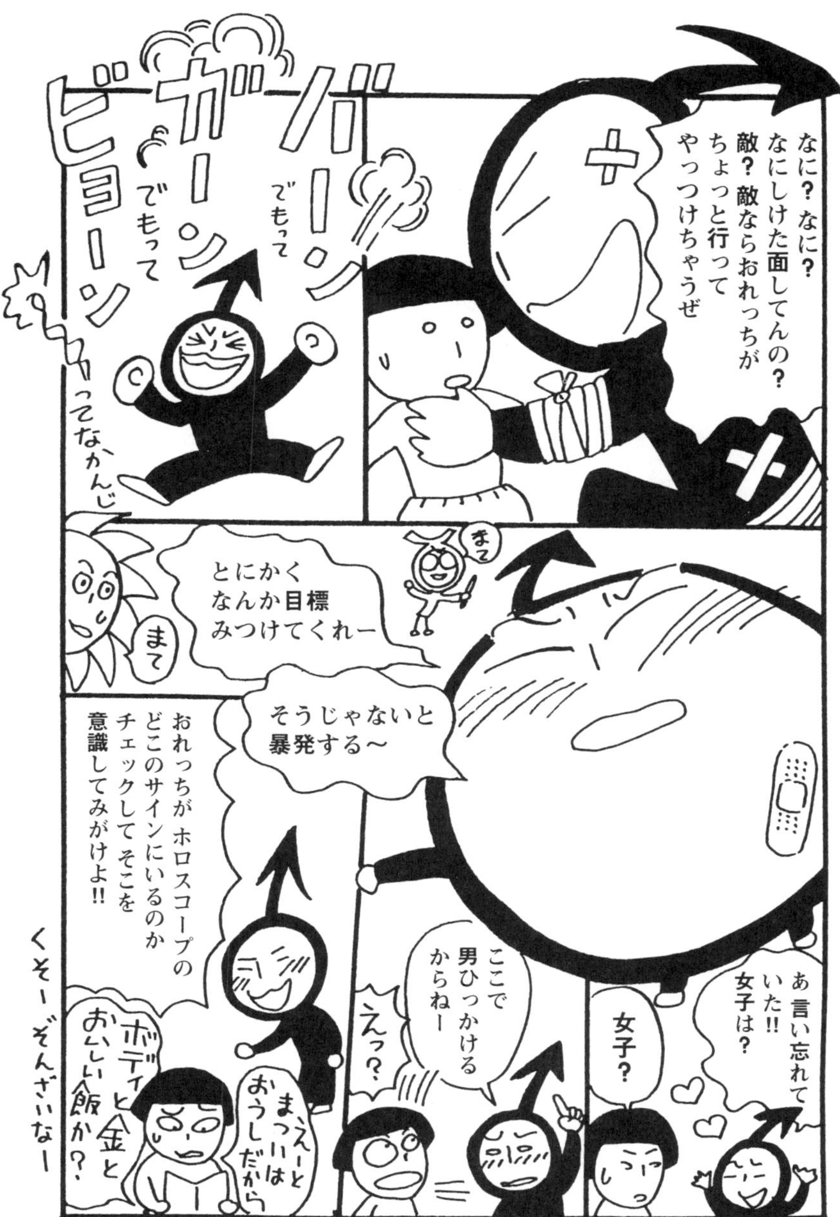

なに？なに？
なにしけた面してんの？
敵？敵ならおれっちが
ちょっと行って
やっつけちゃうぜ
ビヨーン
ガーンでもって
バーンでもって
ってなかんじ
とにかく
なんか目標
みつけてくれー
まて
まて
そうじゃないと
暴発する～
あ言い忘れて
いた!!
女子は？
女子？
ここで
男ひっかける
からねー
えっ？
おれっちがホロスコープの
どこのサインにいるのか
チェックしてそこを
意識してみがけよ!!
えーと
まっ!!は
おうしだから
ボディと金と
おいしい飯か？
くそー ぞんざいなー

【火星】◎活動の源泉《年齢域35～45歳》

25歳～35歳までの太陽の年齢域では、自分の生き方や人生の目的を主体的にとらえることがテーマでした。

それに続く35～45歳までの火星の年齢域では、いかに自分の活動を対外的に活かすことができるか？　どうやって自分の真の意図を社会に対して表現するか？　ということに興味が移ります。いわゆる働き盛りのテーマが火星なのです。

古い教科書では火星は凶星です。派手なアクションで、物事に波風をたてる、攻撃心、権力などに関係する星なので、事故や戦争、暴力や怪我などは火星のあつかう領分になっていました。武器、刃物、鉄、切断なんかも火星です。

なるほど火星の象徴を個別に見ていくと、ちょっとこわい感じ。なにか良くないことがおこりそうな緊張感がけっこうありますね。

しかし、火星それ自体は平和的でも好戦的でもありません。ただ活力がみなぎっているだけなのです。火星は暴走しがちではあるけれど、火星がうまく機能していないと、闘争心に欠けた人になります。火星は、太陽が打ち出した目的を、実現し広げていくためのエネルギーとして使われるわけです。

火星には、ライバルや競争心、瞬発力、物事を引き締め筋肉化する力という意味もあります。

火星をうまく使うには、何を外に押し出すのかという明確な目的が必要です。それがあいまいなまま火星を発達させると、単に押しの強い感情のゆれを爆発させて他人に押し付けるだけの迷惑な人になったりするので、注意が必要です。

また火星のサインから、活動をはじめるためには、どんなことがきっかけになるか、または楽しく思うのかを読むことができます。

また女性の場合、火星は好みの男性のタイプやどういうシチュエーションで恋愛状況に持ちこみたいかというような……ようするに男をひっかけるための針として見る場合があります。

恋愛は金星で見る方法もあるのですが、金星は自己満足の世界に近いので、「どんな男とどのようにつきあいたいか?」という具体的部分は、自分のホロスコープの中にひそむ男性の姿としての火星の状態を見る方が、辛らつに当たったりします（男性の場合は内なる女性である金星の状態で好みの女性像を読むことができます）。

＼ 火星から読む ／

“活発に活動する状況”

火星のサインで、その人がどのような状況で、
活発に活動するのを好むかを読んでみましょう。

おひつじの火星	新しい課題にチャレンジしているとき。 負けず嫌いなので、障害が大きいほど燃える。
おうしの火星	自分の欲求を満足させたいとき。争いは好まないが、 持続力があるのであきらめない。
ふたごの火星	好奇心が刺激されたとき。 次々と変わる興味の対象を追いかける。
かにの火星	自分や身内を守ろうとしたとき。 情緒的な交流が持てるとき。
ししの火星	自分の夢や感動を表現しようとするとき。 お祭り好きで派手に盛り上がる。
おとめの火星	実務的な能力を要求されたとき。 細かい作業や事務的な仕事にのめりこむ。
てんびんの火星	公平な権利が守られないとき。 平和主義者だが、人の争いごとにまきこまれがち。
さそりの火星	過酷な状況に耐え抜くとき。 執念深く、絶対に投げ出さない。
いての火星	哲学的な信念や進行に基づくとき。オープンマインドで、 意見の違いを戦わせるのをおもしろがる。
やぎの火星	社会的な野心を実現したとき。 目的実現のため、強い自制心で自分を厳しく鍛える。
みずがめの火星	未来の理想を描き、これまでの体制や組織を改革して 作り変えるとき。
うおの火星	自分の中にある神秘的で精神的な エネルギーや感情が刺激されたとき。

＼ 火星から読む ／

“男性の好み”

火星のサインで、あなた(女性) の男性の好みと
恋愛のシチュエーションを読んでみましょう。

おひつじの火星	行動力があり、なんでもリードしてくれる。新しい場所や経験に対してアグレッシブ。少年のようにはつらつとした態度の男性。
おうしの火星	育ちが良そうで、細かい物事には動じず、おっとりしている。持って生まれた才能を生かした職業についている男性。
ふたごの火星	頭の回転が良く、情報や話題が豊富でどんな話題にでもつきあってくれる。連絡がマメで友人知人が多い男性。
かにの火星	自分の友人や家族とも仲良くできる。面倒見が良く周囲の人たちから頼りにされたり、好かれている男性。
ししの火星	クリエイティブでナルシストなところがある。ふたりのときはさみしがりやなところもある。記念日やイベントを大切にする男性。
おとめの火星	スーツを着こなし、仕事をきちんとしているのが第一条件。清潔感があり、恋愛より目先の仕事を優先するタイプの男性。
てんびんの火星	おしゃれで如才なく、誰にでもやさしい。話しかけたときの反応が感じよく、争いごとには加わらず、人の悪口にも加担しない男性。
さそりの火星	口が堅く軽薄さがない。最初はとっつきにくくても、一度つきあったら絶対に浮気しない。好きな人一筋で、身持ちの堅い男性。

いての火星	がっしりした体つき、必要なことも必要でないこともよく知っていて、頼りがいがある。知らないところでもこの人となら大丈夫と思える男性。
やぎの火星	やり手で野心家。上昇志向を隠そうともせず、エネルギッシュに上を目指している。セクシーでもてる男性。
みずがめの火星	リベラルで誰に対してもやさしく温和。男性としてより、まず人間としての魅力があり、親友としてもつきあえるような男性。
うおの火星	ありきたりなタイプではなく、浮世離れしているムード。なんとなくぼんやりしているのでそばで面倒をみたくなるような男性。

木星さん
Jupiter
こんにちは
いやあ私今回勉強の途中なのにこんな本出してしまいまして
いいよ
いいよ
気にしない
大丈夫
発展
占星術キャリア2年
OK
一生勉強
good
なるほどねそういうのありだよね
かまうもんかー
ばーっといっちゃえ
めんどくさいからーここコマも大きくしたんだけどいい？
背景もないし
全然いいんじゃなーい
それより次のページ早く描きなよー

描くのもなー
めんどうでな
はあ
そうかもね
じゃ あとにすれば
でも描かないと
本にならんしね
じゃ描くといいよ
本になるんだーいいねー
……
……
木星さんとのつきあい方を
ちょっと変えてみた
1日30時間
原稿描く
足りない6時間は
両手で描く
今年中に10冊
本を出す
旅行も行く
デートもする
会社も
つくる
いいね
いいね
(どうでも
いいね)
で広げに
広げて
しゅーしゅーが
つかなくなったり
失敗したり
疲れはてて
病気になったら?
ゲ
ゲロ
もちろん
それは
自分の
責任ねー

うまく使ってね〜

【木星】

◎人生の幅を広げてくれる善意の星《年齢域45〜55歳》

木星の年齢域45〜55歳というと、いわゆる「中年」です。

木星がその人が本来持っている「善」のイメージを表すので、木星の意識が成長することで、ありのままの自分を許せるようになります。ついでにまわりのことも許せるようになっていきます。「まあ、そんなことはいいじゃないか」とあらゆることにめくじらをたてないのが木星なのです。

木星は火星と対立した意味を持ちます。火星が「積極的、否定的」ならば、木星は「受動的、肯定的」なのです。簡単にいうと「激しい火星」と「ゆるい木星」というように対立しています。

火星と木星は、ボケとツッコミなんですが、最近はそういう役割分担で成り立たせるお笑い、めっきり少なくなりました。爆笑問題でいえば、田中が火星で太田が木星です。

どっちが田中でどっちが太田かわからない人は、今の説明忘れてください。説明を簡単にしようとして、よけいわけがわからなくなったりしますが、それでもついついだらだら書いていってしまう、これが木星効果です。

雑誌の占い特集などで、12年に1度の幸運期の到来として木星が取り上げられていることがよくあります。あれは自分の太陽のあるサインに木星が時期的に移動してくる(自分のホロスコープの木星は場所を変えません) ことで起こる幸運期です。たとえば、さそりに太陽サインを持っている人は、木星がさそり座入りする時期を幸運とする、という考え方です。木星はひとつのサインにだいたい1年間滞在するので、自分の太陽を目的とか人生テーマというふうに考えると、12年に1度の1年間、あなたの目的や人生テーマを拡大して広げていくチャンスが訪れるということになります。

しかし木星の性質は、選択肢を広げる、可能性をもたらすという意味なので、なんでもかんでも棚からボタ餅的なラッキーが降って湧いてくるわけではありません。常日頃からコツコツとやっている人に対しては、思いがけない発展をもたらしてくれるというのも事実なのですが、ばくぜんと「なにか良いことあればいい」程度の生活には、たい

＼ 木星から読む ／

“物事を広げる”キーワード

その人がよかれと思って物事を広げていくときの
木星のキーワードを挙げておきます。

おひつじの木星	新しいこと、行動することは全て良い。 人生の浮き沈みも多いが、新しい分野で成功する。
おうしの木星	お金に関して幸運。経済的センスが発達している。 物質的な豊かさを楽しめる。
ふたごの木星	雑学博士。なんでも知っていて、マルチに活躍する。 知識も、生活の変化も多いほどいい。
かにの木星	愛情をたっぷりと受けて育ち、他の人にも愛情を注ぐ。 平凡な幸せの中で、円満な家庭生活を築く。
ししの木星	遊び大好き。人生はドラマチックな方がおもしろい。 陽気な気分でまわりを盛り上げ、自分も楽しむ。
おとめの木星	細かい作業を楽しめるので、ヒマを見てはいろいろできる。 自己管理がうまいので企業で重宝される。
てんびんの木星	人と交流することを心底楽しめるので、次々人間関係が 広がり、その出会いから社会性も学べる。
さそりの木星	他人の心に入り込めるので、人と深い関係を築ける。 また資産運用の才もあるので、財にも困らない。
いての木星	屈折のないナチュラルなキャラ。人に対して善意の 気持ちを持ち、知識を広める教育者に向いている。
やぎの木星	健全な常識人。当たり前であることがよいことなので、 一般社会への適応は抜群。
みずがめの木星	誰とでもフラットに親しめる人。テリトリー意識が薄く、 友情をキーにネットワークが広がっていく。
うおの木星	いわゆる「いい人」。他人の心がよくわかり、同情心も 厚いため、人助けで自分の仕事をするヒマもない。

した事は起こらなかったりします。下手をすると拡大したくないものまで拡大したり、目を背けてなかったことにしようと思ったことも、木星効果で拡散されたりする場合も考慮に入れておいたほうがいいでしょう。

木星の拡大発展を「こいつはラッキー！」と実感できるくらいに感じ取る出来事を手に入れたいなら、自分は何を手に入れたいのかという太陽の目的を明確にして、火星の活力で熱く行動に移して突き進んでいくという手順を踏んだうえで、木星の「大発展」を迎え入れなくてはなりません。けれど、そんなにわたしたち、人生上の目的とかがあるわけでもないし、日々努力しているわけでもないので、残念ながら12年に1度の幸運を受けとれる人はとても数が少ないのです。

けれど木星のある場所（ハウス・サイン）は、いつでもその人にとって、気楽で発展的な未知の世界を暗示する場所になります。その人の善意が宿る場所だと考えればいいでしょう。前ページのキーワードに沿った木星を意識して活動していくと、その人は物事を効率的に発展させていくことができます。12年に1度、木星が廻ってくるのを待たなくても、あなたの内側に発展を助けてくれる木星が、生まれながらにもうあるのです。

土星のおっさん
Saturn
ちょーっと待ったー
ひっ
お前マンガ家として一番苦手なのは何?
ん?
へろへろ
そりゃもうこういう作風でございますからきちんと背景描いてストーリーつくることでございましょうか
じゃそれやれ!!
資料とかもちゃんと使えよ!定規もな!
……
あなたはいつもそうだ私に苦手を押しつけてくる
何これ?
メカっぽい絵

だけど
土星のおっさんに会うと
自分でできることと
できないことがはっきりする
描けない…
それを見極めて
必要なことなら
できるように訓練していく
ちゃんと
ストーリーを
描けといってる
だろうがあ～
くるりんっ
ぎゃあっ!!
だいたいなー
おまえみたいな
スキルもクソも
ない人間が
20年もプロで
ございって
名のってる
方が
おかしいん
だよ
自分の
ことばっかダラダラ
描いて金もらおう
なんざ甘いんだよ
――というふうに
土星のおっさんは
きびしいのですが
のりこえると
白黒はっきりして
楽になります
絵が描けない
ならマンガ家
なんてやめ
ちまえ!!
私が描きたい
ものはメカも
背景も関係
なかった…
はっ

【土星】

◎制限を示し、トレーニングをうながす星
《年齢域55～70歳くらい》

土星は秩序やルールを表します。私達が生きているこの世の中での制度、法律など、基本的な約束事を決めるのは、すべて土星の役割です。

土星は、枠組みを作り、その中でおとなしくしていなさいよ、ということを言う星なので、そこからはみ出ようとする態度に対しては、きつく厳しい効果をもたらします。

木星がいいよいいよと広げていったものに、それはだめだめと制限をかけてくるため、しばしば不幸の星と言われています。

しかし、土星はトレーニングの星でもあります。トレーニングはつらくてめんどうくさいけれど、その果てには、トレーニング前とは違う技が使えるようになり、かえって自由に動ける範囲が広げられたりするのです。自分自身のエゴと、社会の要求、この2つのバランスをとることで可能になった事柄は、人生において本当の意味での自分の力となるわ

けです。土星があるサインは、誰もとっても不安な部分であることは確かです。でもそれには、ちゃんと意味があるのです。この不安定さをトレーニングによって克服し、安定させなくてはいけないことを表すのが土星です。

若いときには土星が入っているサインに関連した分野に苦手意識や欠乏感を持ちますが、その部分は年をとるにつれて身に付き次第に安定していきます。

苦手意識を抱けば、その分野に関して大きな努力と挑戦を何度も繰り返すことになり、結果として安定を手に入れることができるというわけです。土星のあるサインは、その人の拠り所となりうる、安定した能力を育む可能性がどんな分野にあるかを示しているのです。

苦手意識のある部分を甘やかされたまま年月が経ってしまったり、自分でも逃げ回っている状態の生き方だと、土星は次々と制限をかけてくるだけの凶星となってしまいます。

運の良さ悪さ、いわゆる「あの人はなんだか何もしないのにうまくいっている」と感じられるような人は、土星の働きを味方につけている人です。

土星の働きを味方につければ、土星は、その人にとって一番恒久的で、安定した資質と

＼ 土星から読む ／

“人生の制限と乗り越えるべきテーマ”

土星のサインをチェックすると、人生において、
どんな制限がかけられるのか
また乗り越えるべきテーマはどのようなことなのかがわかります。

おひつじの土星	“人より前に出てはいけない”、他の人とは異なる発言をしようとしたとき、あるいは一番はじめに行動を起こそうとしたとき、おひつじの土星はあなたの足をひっぱります。若い頃は、自分の個性を押し殺し、学校・会社などの集団の中で、平凡に、または優等生的に振る舞いがちです。しかし、時間をかけて土星を自分のものにしたとき、人真似でない個性を発揮して人生を選択できるようになります。率先して時代を切り開くキーマンになる可能性も十分です。
おうしの土星	“世の中、お金が一番”、おうしの土星に振り回されると、すべての価値観をお金やモノに換算して考えがちです。また、自分の価値観にこだわり続けるため、ガンコな人と言われることもあります。しかし、時間をかけて土星を自分のものにしたとき、お金や物の背後にある真の価値とは何かに気がつきます。それに気づいたとき、生活面においても本当の豊かさを身につけ、人格面においても安定感のある穏やかな人物となるでしょう。
ふたごの土星	“口下手だから”、“私って頭悪いの”、ふたごの土星の声に耳を傾けると、自分のことをつまらない人間だと思いがちです。おしゃべりの輪の中に気軽に入れなかったり、話上手で知的な人にコンプレックスを感じて、ますます萎縮したり。しかし、時間をかけて土星を自分のものにしたとき、そのコンプレックスが逆にあなたを知の達人にします。浅薄な知識を振り回すことなく、実用的に知の力を使うことで、現代という情報の洪水の中を泳ぎきる力を持った有能な人材となることでしょう。

かにの土星	“仲間はずれはいや”あなたの中には、こんなかにの土星がいませんか。嫌われたくないという不安感から、家族などの親しい関係の中でさえ、感情を表現するのを抑えて振る舞ってしまうのかもしれません。しかし、時間をかけて土星を自分のものにしたとき、他の人との間に、真のファミリーともいえる温かい人間関係を築くことができます。周囲をなごませる温もりをもった人物として、あなたはオアシス的な存在となることでしょう。
ししの土星	“なんだかつまらない”、“目立っちゃいけない”、ししの土星に頭をおさえられていると、自分の中にある感動や創造性を表現することに抵抗を感じます。人に認められたいのに、逆に自己否定してしまったり。しかし、時間をかけて土星を自分のものにしたとき、真の人生の晴れ舞台を見つけます。そこではあなたが主役。まわりを照らす太陽のような存在になっていくでしょう。具体的に演劇や芸能などスポットライトを浴びるシーンで、その力を発揮する人も多いです。
おとめの土星	“きちんとしなくちゃだめ”おとめの土星は、あなたに潔癖さを要求します。生活すべての面で発揮されるこの潔癖なこだわりは、気づかぬうちに、周りの人たちを窮屈にし、あなた自身もしばっています。しかし、この土星を自分のものにしたとき、有能な人材として、まわりから一目おかれる存在となるでしょう。潔癖さ・実際性へのこだわりは、仕事において思う存分発揮されます。専門性が要求される時代において、与えられた仕事を完璧にこなす使える人として、周囲から高く評価されます。

てんびんの土星	“人つきあいって苦手”、てんびんの土星は、対人関係への苦手意識をもたせます。相手との間で、どうバランスをとって自分を表現していいかわからず、人とつきあうのがこわくて引っ込んだり、全てまわりの行動に合わせるＹＥＳマンになってしまったり。しかし、時間をかけて土星を自分のものにしたとき、人間関係のエキスパートとなります。人間関係における絶妙なバランス感覚を身につけた結果、あなたは人と人の間をつなぐ潤滑油として、集団になくてはならない存在となるでしょう。
さそりの土星	“裏切りは許せない”さそりの土星は、そんな思いを抱かせ、心を開いて特定の関わりをもった相手に対し、ときには相手の自由を奪ってしまうほどの執着心をみせます。逆にそんな関わりに対する恐れから、他の人に心が開けなくなったり、特定の相手と深く関わる恋愛ができなくなってしまったり。また激烈な権力志向を抱くこともあります。しかし、時間をかけて土星を自分のものにしたとき、この特定の他者や組織に対する深いこだわりを武器に、周囲の人間の心を掌握し、組織管理者として成功者となるでしょう。
いての土星	“理想の世界を見つけたい”、いての土星は、あなたを宗教、哲学、思想分野での真摯な探求者とします。けれど自分の理想世界を夢中で追い続けるあまり、ひとりよがりな放浪者的な生き方をするかもしれません。しかし、時間をかけて土星を自分のものにしたとき、描いた理想を、現実世界の中で表現することができるようになります。長期的に取り組める研究テーマをみつけ、その分野での第一人者となり、また教育者としても尊敬を集める人物となるでしょう。

やぎの土星	“常識人であること”、“社会的に成功すること”、やぎの土星が押しつけてくるこの至上命令は、あなたに様々な我慢を強います。若い頃は、社会常識にしばられるあまり、思ったことを素直に口に出せないかもしれません。しかし、時間をかけて土星を自分のものにしたとき、義務感ではない、本物の常識感覚が身につきます。成功するための地道な努力が自然にできるため、社会的に認められる業績をあげることができ、どんな分野の仕事でも大成する可能性を秘めた大物となるでしょう。
みずがめの土星	“人と同じは嫌”、みずがめの土星は、自分流の生き方を要求します。それは一般社会を超越した普遍的な価値を探したいという思いからきます。ユニークな自分流を追及してまわりから浮いた存在になったり、論理的であろうとするあまり、人の感情を無視してしまうこともあるかもしれません。しかし、時間をかけて土星を自分のものにしたとき、一般社会から半歩離れた世界でのネットワーキングに活躍の場を見つけます。ひとりひとりが自分の個性を大事にしつつ連帯するユートピア。あなたはそのキーマンとなるでしょう。
うおの土星	“私はエゴイストかもしれない”うおの土星は、こんな声をささやき、人一倍の自己犠牲を強います。また目に見えない世界に安住の地を求めるあまり、目に見える常識や、合理的な事柄に反発を感じ、非現実的な幻想ばかりを追い求めるかもしれません。しかし、時間をかけて土星を自分のものにしたとき、自分への過少評価からではなく、真の奉仕の心を持って、愛情を全人類的にそそいでいきます。魂の癒し手として、周囲から必要とされる存在となるでしょう。

なるので、土星の示すサインに関連した職種についている人もめずらしくありません。

もしあなたが世の中や世間としっくりいっていないような気がしているのなら、ぜひ土星のサインをチェックして、その分野に目を向け、トレーニングを積むようにしてください。それは無理をしたり、決意を必要とすることではなく、最初からあなたの人生に組み込まれているメニューなのですから、きっと素晴らしい結果をもたらしてくれると思います。

そして土星は約30年毎に、空を巡ってあなたの土星の位置に戻ってきます。これを「サターンリターン」といって、人生目標の設定をしなおすべきという時期だと言われています。一回目のサターンリターンは28歳～31歳くらいの間に起こり、子ども時代に「こうなればおとな」という、自分の中にあるおとなのイメージを書き換えるような出来事があるでしょう。それまで人任せにしておいたことを、自分自身で考えて、自分の人生を自分で責任を取るというのはどういうことかを思い知り、人生の土台を今一度固め直すチャンスがサターンリターンになります。

不幸な出来事があるとは限らず、このタイミングで結婚したり、子どもを持ったりするお祝い事として迎える人もいます（内心はプレッシャーだと思いますが）。

第4章

ホロスコープを
読む

天王星 海王星 冥王星

★天王星、海王星、冥王星…はちょっとわかりにくいのです

ホロスコープを読むときに、あれ？　とよくわからなくなるのが、最後にひかえるこの3天体です。それはなぜかというとこれら3つの天体は、土星より外側にある天体だからです。

土星は現実の枠です。今ここにある現実の社会は、土星が示す規律やルールなどに従って、ひとつの社会として機能しています。土星の枠内に収まった月や火星、金星というような他の7つの天体は、日常的な事柄を扱うので、ホロスコープを見たときにも実際の行動や心理として、ピンときやすいのですが、土星より外のこの3天体は「じゃ、現実問題に置き換えるとどういうこと?」となってしまうんですね。なじみがあるものにたとえにくいので、よくわからなくなるんです。

しかし、土星のルールはあくまでも地域的なものにすぎません。ひとつの家族や集団、

国家では通用しても、世界各国を視野に入れなくてはならない事柄には通用しないのだということを踏まえて、土星の外側にある天体の意味を考えるようにしましょう。

天体が作り出すルールは、こんな順序で安定させていきます。

月　：自分の感情のルール。常に揺れ動き、家族やごく親しい者の間でしか通用しませんが、うまく使うと自分の個人的な情緒を安定させることができます。

金星：友情や愛情など狭い範囲の他人と作るルール。うまく働かせることで幸福感が得られ、まわりの人間にも幸福感を与えることができます。

土星：社会や秩序など不特定多数の人と作るルール。法律や伝統など、地域や国家の単位で使うルールです。うまく使うことで社会の中で安定した市民となります。

実際には、土星の象徴内の人生で、十分幸福に人生を生きるという人が大部分だと思います。

わたしもそうです。これ以上は「めんどくさい」ような気がしてしまうんですね。けれど現代社会では、天王星くらいまでは身近に感じて使いこなした方が、楽チンに生きていけるのかもしれません。天王星は、土星の枠に対して「部分的な改革」を加える天体ですので、家族という枠に関しては独立や夫婦の分離、地域に関してはライフスタイルの独創性、文化にはサブカルチャーを、社会の枠から考えると国際的な視野を与えます。

現代の生活では、天王星が具体的な形になったものをたくさん見ることができます。「インターネットも海外旅行も携帯電話も、私には関係ない」という人生だと、天王星の意味は気づきにくいかもしれません。ある程度の年齢になったら結婚して子どもを育て、夫の給料だけでやりくりし、年金や保険をきちんと払うだけで一生を終える、これだけで生きていると、リストラや年金支給年切り上げというような、いつおそいかかるかもしれない現代的な問題に対しては、対処しにくいかもしれません。いったん土星の枠からはずれて、すねて不良化してやり過ごすとか、海外に移住してゼロからなにかをやるというような、人生のもうひとつ大きな枠を自作する応用力が天王星の持ち味です。

家族のあり方の考え直し、ライフスタイルの多様化、インターネットの広がりで情報は世界中をかけめぐり、血の通う地域の範囲はどんどん狭められていきます。社会全体の制度やルールも、土星の示す伝統的なものでは間に合わず、天王星的な改革が必要になってきているわけです。

数十年前まで、ＳＦやおとぎ話みたいに思われていたことが現実化しているんだな、ということを実感できれば、天王星以降の３天体が何をしようとしているのかが、理解できるのではないでしょうか。

そして、この３天体は非常にゆっくりと動いています。

大きな改革や変化は、いきなり訪れるものではなく、時間の流れの中でゆっくりと形になっていくので、３天体は、世代間や社会的な事件として読むことに適しています。

土星外３天体の意味が自分のホロスコープにとって、どんな意味が個人的にあるのかは、サイン以外に天体同士のアスペクトやハウスシステムという区分で、自分の３天体の位置を見る必要があります。ここでくわしく述べられないのは残念ですが、興味がある方は、どんどん勉強して「なぜ、この時代に自分は生まれてきて何をしに来たのか」ということを考えるのもおもしろいかとも思います。

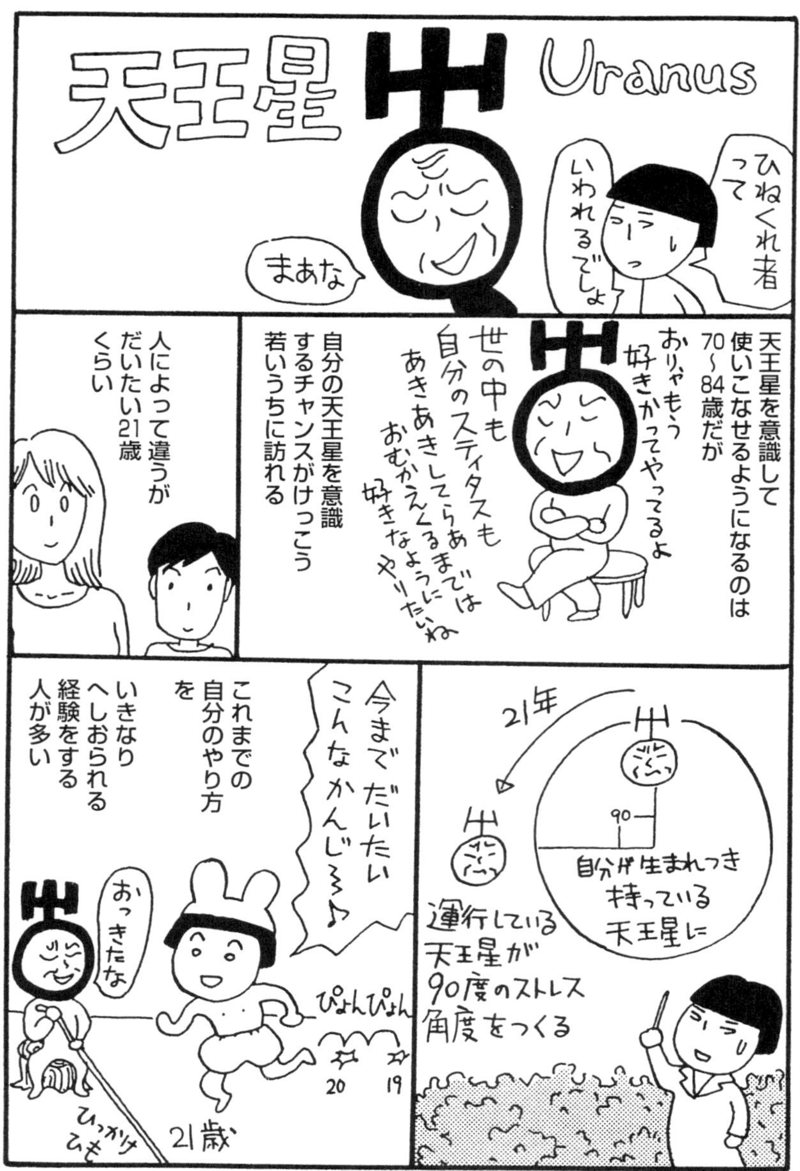

天王星 Uranus
ひねくれ者って いわれるでしょ
まあな
天王星を意識して使いこなせるようになるのは70～84歳だが
おりゃもう好きかってやってるよ
世の中も自分のスティタスもあきあきしてらあ
おむかえくるまでは好きなようにやりたいね
自分の天王星を意識するチャンスがけっこう若いうちに訪れる
人によって違うがだいたい21歳くらい
21年
90
自分が生まれつき持っている天王星に
運行している天王星が90度のストレス角度をつくる
今までだいたいこんなかんじ〜♪
これまでの自分のやり方をいきなりへしおられる経験をする人が多い
おっきたな
ぴょんぴょん
20
19
21歳
ひっかけひも

就職活動
男女問題
突然の発病
一見
嫌なことも
あるが
家庭崩壊
借金
友情にヒビ
海外で生活を
始めた
家出して
自活
職変え
引越し
そうでない
場合も多い
結婚・出産
How old you?
共通するのは
とにかく
これまでの生活や
気分が一新する
ということだ
まぁいもそういえば
いろいろ
あったよ
21…
その経験があると
日常に息づまった
時の自分なりの
解決法 息の抜き方
を自分で
コントロールできる
病気したなら
とにかく
休め
とか
?
社会のわくから
はずれても自分の
アイデアで楽しく
過ごせるだろう
これまでの
やり方にこだわら
んことじゃよ

【天王星】

◎常識を越えていく《年齢域70～84歳くらい》

天王星の意味は土星を超えることなので、土星の作り出した秩序ある性質（社会を統括する法律や、規律、常識）から、いかに抜けるかというのがテーマです。

国や地域、個人によって、常識やルールが違うというのが土星の限界なので、天王星は、その常識を超えていきます。そして複数の土星、すなわち複数の国家や、地域の思想、法を調停し、客観的に扱う方向へ進んで行きます。

それぞれ別の道具や機械で行なっていたことをひとつのシステムで行なうようにする、計算にワープロ、ゲーム機、電話機、音楽を聞くオーディオや、絵を書く画材にデザインのための製図、それら全てをひとつの機械でやってしまおうというパソコンも、天王星のイメージのひとつです。

天王星は、土星に対して破壊者として振る舞うこともあります。日常を突破して作り出される、新しい秩序をもたらそうとするので、伝統的な古い習慣に基づく安心感はこっぱみじんになったりします。新しいシステムを導入するためには、古いシステムを壊さなくてはならないのです。

そんな性格から、古い占星術の本を見ると「凶星」となっているかもしれませんが、気にすることはありません。天王星はどちらかというと、作り替えのための一時的なダメージなので、その波に乗って、広い視野に対する意識を手に入れることをお勧めします。引き出しの整理のためには一度中身を床にぶちまけることが必要なのです。

個人のホロスコープで天王星のある場所は、その人のオリジナリティを育成すべき部分です。

そのサインが示すテーマにおいて、常に新しい発見がなされなくてはなりません。天王星が個人のホロスコープで強く作用すると、独自性を重視するために、体制にとっては軽率で、反動的な姿勢を好むことになります。ようするに組織の中では、ちょっとめんどうと思われてしまうこともあるでしょう。

＼ 天王星から読む ／

“方向転換と改革”

天王星のサインからその人がどのようなときに方向転換や
改革をしようとするのかを読むことができます。

おひつじの天王星	独創的なアイデアで、大胆に新しいことをはじめようとしたとき
おうしの天王星	感覚的センスを生かした芸術的才能を発揮しようとしたとき
ふたごの天王星	知的な分野において、オリジナルなアイデアを表現しようとしたとき
かにの天王星	これまでにない家庭生活のありかたを作り出そうとしたとき
ししの天王星	独自の自己表現の方法を追求しようとしたとき
おとめの天王星	仕事環境をより実務的に改善しようとしたとき
てんびんの天王星	ユニークな対人関係のルール、結婚観を確立しようとしたとき
さそりの天王星	人の深層心理に対する考察を深めようとしたとき
いての天王星	21世紀的な進歩的思想・宗教観をとりいれようとしたとき
やぎの天王星	新しい伝統を自分自身の力で作りだそうとしたとき
みずがめの天王星	徹底した未来志向を実現しようとしたとき
うおの天王星	誰も思いつかないような斬新な発想を表現しようとしたとき

発見と発明で時代に改革を起こす天王星

時代のエポックになるような発明や発見も、天王星のサインの移動によって特色があります。歴史の教科書や理科社会の年鑑を片手に、みなさんもこの年表に記事を加えて、未来予測を立ててみてください。新しい発明や発見は未来を創造していきますが、これまでの安定を崩し無効化するという特徴もあるということがわかると思います。

1781～ かに	7月天王星発見
1787～ しし	フランス革命・人権宣言
1794～ おとめ	電気磁気の法則(仏)
1800～ てんびん	紫外線の発見(独)
1807～ さそり	間宮林蔵樺太発見
1813～ いて	鉄道開通(英)
1821～ やぎ	伊能忠敬日本地図完成
1828～ みずがめ	物理界の重要発見相次ぐ
1835～ うお	モールス通信機(米)
1843～ おひつじ	エネルギー保存の法則
1850～ おうし	ペリー来航
1858～ ふたご	横浜、長崎、函館で貿易開始
1865～ かに	ダイナマイト発明
1871～ しし	ベル電話発明
1878～ おとめ	東京大学など大学の設立
1885～ てんびん	東海道線全通
1890～ さそり	破傷風の血清療法発見
1897～ いて	キュリー夫人、ラジウム発見
1904～ やぎ	南満州鉄道会社
1912～ みずがめ	相対性理論
1919～ うお	アメリカTV実験
1928～ おひつじ	電子顕微鏡(独)
1934～ おうし	合成ゴム(米)→自動車産業
1941～ ふたご	原子爆弾 コンピューター
1948～ かに	NHKテレビ放送開始
1955～ しし	家庭電化製品・三種の神器
1961～ おとめ	スーパーマーケット
1968～ てんびん	アポロ月面着陸
1974～ さそり	遺伝子操作(米)
1981～ いて	スペースシャトル
1988～ やぎ	ウェブ技術発表
1995～ みずがめ	ウィンドウズ95発売
2003～ うお	はやぶさ小惑星
2011～ おひつじ	日本デジタル放送開始
2018～ おうし	石灰石からできる紙やプラスチックの代替素材
2025～ ふたご	後の世を変える発明？
2032～ かに	感情の共有装置？
2039～ しし	労働の解放？

海王星
Neptune
ホホホ
私をつかまえられる
ものならつかまえて
ごらんなさい
キャー!!
どんなかたちにでも
姿を変えられる
姿を持って
いないから
現実の生活に
何の役にも
たちはしない

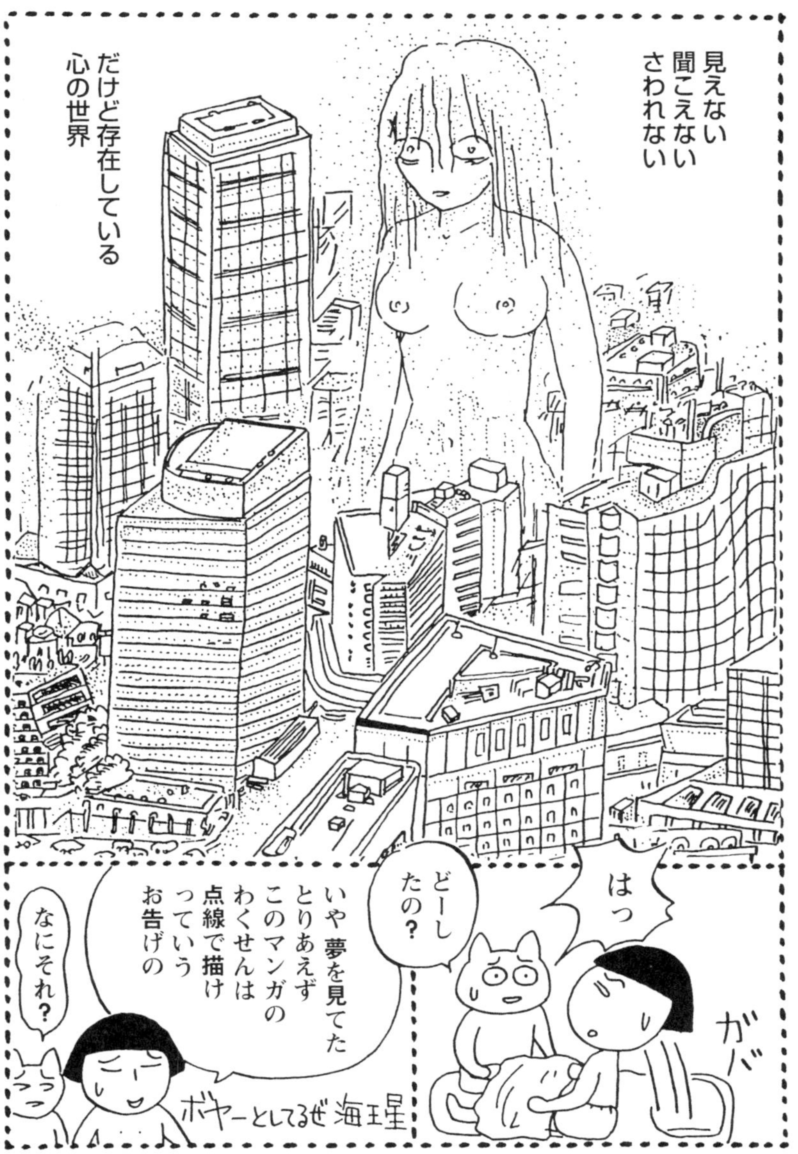

見えない
聞こえない
さわれない
だけど存在している
心の世界
はっ
ガバ
どーしたの？
いや夢を見てた
とりあえずこのマンガのわくせんは点線で描けっていうお告げの
なにそれ？
ボヤーとしてるぜ海王星

【海王星】◎インスピレーションの星《年齢域84歳〜》

夢、無意識、幻想……実体はないけれど、心や意識の世界を広げる役割をするのが海王星です。

日常の生活の中で、最も海王星の作用に近い状態とは、眠って夢を見ている状態だと言われています。忘我の状態で我を忘れて、夢うつつでいるのが、海王星の働きなのです。

仕事や生活に利用しようというのは、海王星の意味とはかけ離れていますが、時代に流れる共通のムードを表す働きがあるので、意味もなく大量に売れたり、ヒットしたりするものは、海王星でキャッチした要素が色濃く入っている場合が多いようです。

よりよい未来のために夢を見る、ここではないどこかに自分なりの可能性のある空間を想起する、人間は機械ではなく夢を見ることで調子を整えることもある複雑な魂を持つことを、海王星は教えてくれます。

それが何になるの？ と聞かれると「うっ！」と返答に困ったりもするのですが、いい夢を見てぐっすり眠ることが、実生活に活力を与えてくれたり、「なんとなく」とか「気分がそんな感じ」とかで、物事を決定して、ちょうどいい感じになったりする程度のことは、誰でも経験していることだと思います。

お酒を飲んでいい気分になったり、会話を交わさなくても相手の言おうとしていることがなんとなく伝わる、また夢を広げたり期待したりする、これらも海王星のイメージです。

海王星は神秘的な能力に関係している天体です。そして、こうした感受性はどのように活用されるか、ということが問題になります。神秘的な体験や印象も、それをうまく活用できなければ何の意味もありません。海王星が強く働くホロスコープを持つ人で、小説家や漫画家、イラストレーターなど、創作に関わる仕事についている人を多く見かけますが、これはうまく活用している例でしょう。

ホロスコープの中にある海王星、あなたはどのサインに入っていますか？ そのサインの分野において海王星意識を発達させれば、現実ガチガチの状況を思いがけないところから打開していく可能性を得ることができます。ぜひチェックしてみましょう。

＼ 海王星から読む ／
“インスピレーション”

海王星のサインからその人がインスピレーションを
どこから得るのか知ることができます。
また個人のインスピレーションの集合は、世代の特徴を作りだします。

おひつじの海王星 1861年～1875年生まれ	なにものにも影響されない純粋な直感力→ 文明開化、レンガ造りの洋式建築の流行
おうしの海王星 1874年～1887年生まれ	日常的に役立つ発明や発見への期待→ 産業革命、今日使われている機械、 道具の発明がされた時代
ふたごの海王星 1887年～1901年生まれ	人間の精神、好奇心の可能性を夢見る→ 学問と文学・芸術面での天才（野口英世、 夏目漱石、正岡子規など）が多く出現した時代。
かにの海王星 1901年～1915年生まれ	家族・会社・国家への 血縁幻想（家族愛）を持つ→ 明治維新、家族制度の始まり、同胞愛、 祖国愛への期待
ししの海王星 1914年～1929年生まれ	ドラマチックな冒険を夢見たり、 恋愛に幻想をもつ→ 満州に渡り、馬族になった民衆が現われた時代
おとめの海王星 1929年～1943年生まれ頃	健康、節約への期待→ 耐久生活、民間療法の流行、 暮らしの手帳的市民運動の広がり
てんびんの海王星 1943年～1956年生まれ頃	他者に対する信頼感　民主主義への期待→ 団塊の世代～学生運動

さそりの海王星 1956年～1970年生まれ頃	神秘的な事柄に深い関心を持つこと→ SF、オカルト好き、自分探しや 自己開発セミナー流行
いての海王星 1970年～1984年生まれ頃	海外、宇宙など遠い世界の自由への 憧れを抱くこと→ 不登校、パラサイト、留学、漂流世代
やぎの海王星 1984年～1998年生まれ頃	伝統や、自分が生きて生活している 足もとを見直すところ→ 専門性への憧憬、懐古趣味的な志向
みずがめの海王星 1998年～2011年生まれ頃	人と人との新しいネットワーキングの あり方を模索すること→ ネット社会、バーチャル文化に適応する世代
うおの海王星 2012年～2025年生まれ頃	制度からこぼれおちたもの。 社会的には役立たないものへの期待→ 福祉やゴミ問題への逆転発想的な解決。 資本主義的な労働の放棄

冥王星
pluto
P
ねーだまってないで何かいいなよー
……
冥王星無口なのでかわりに私が説明します
——と思ったけれど なにせ本人が無口なのでいろいろ勉強してもあんまりピンとこないのでした
なにしろキーワードが
「破壊と再建」
「極限」
「絶対権力」
いやなふんいきの漢字が並ぶなー
食いづらそー
P
個人的に使うとしたら
秘められたエネルギーや再生力として使うのが1番いいみたいだけど……
松村せんせー
まついさん火星と冥王星120度？どんなに仕事しても疲れないでしょ〜？
ダンプカーみたいだよね
疲れるわい!!立ち直りが早いだけで!!

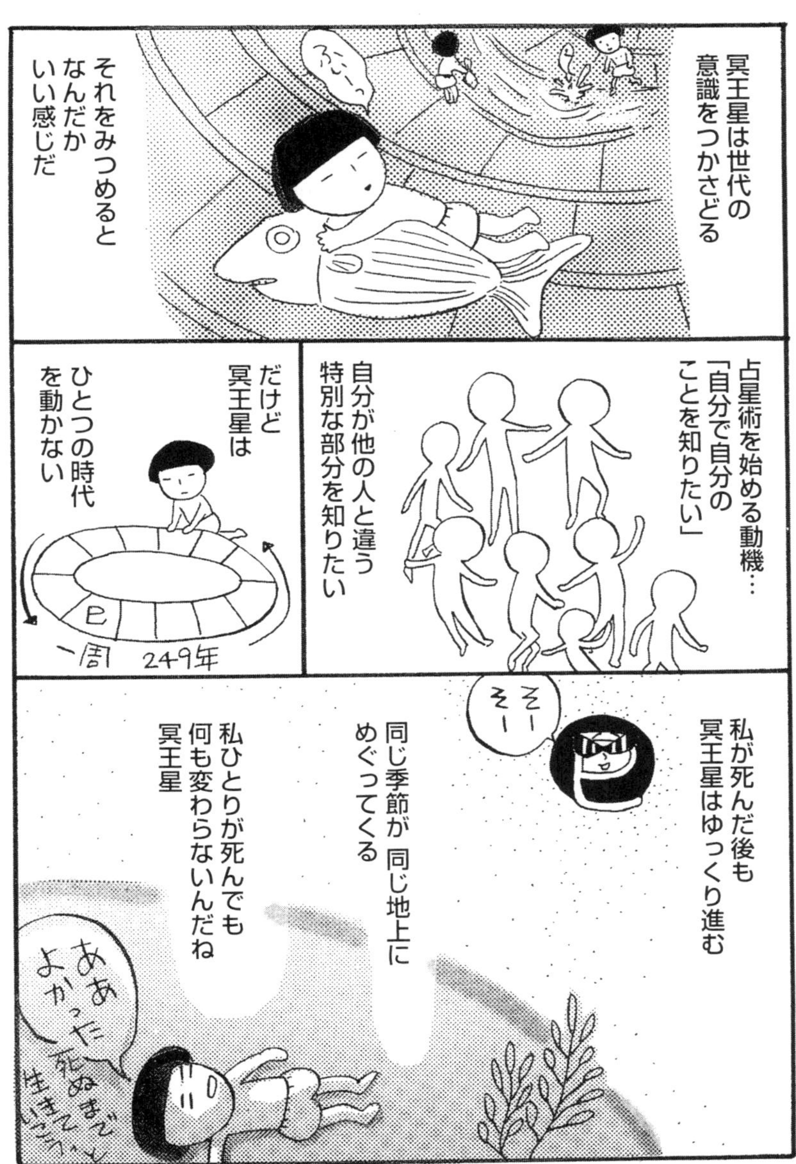
冥王星は世代の意識をつかさどる
ふ〜〜
それをみつめるとなんだかいい感じだ
占星術を始める動機…「自分で自分のことを知りたい」
自分が他の人と違う特別な部分を知りたい
だけど冥王星はひとつの時代を動かない
巳
一周 249年
私が死んだ後も冥王星はゆっくり進む
そーそー
同じ季節が 同じ地上にめぐってくる
私ひとりが死んでも何も変わらないんだね冥王星
ああよかった
死ぬまで生きていこうっと

【冥王星】◎極限からの再生力《年齢域　死後》

冥王星は10天体の中で最も外側の惑星です。影響力としては自分自身の力でなにかどうかできるというような感じのものではないです。

冥王星に与えられた意味を真に理解するには、人生をいったん終えて、あの世とこの世をつなぐ淵に腰掛けないとピンとこないと言われているんですが、なんだかホッとしますね。

死んでみなきゃわかんないことがある、って、じゃあ全部わかんなくて、それで終わってもなんとかなるってことですから。

自分自身を読み解くホロスコープでは、このなんだかわかんない力を「再生力」としてみます。

死と再生をつかさどる冥王星なので、いったんダメになったものを根本的に力で立て直していくことができるというように使うのです。もちろん、いったんダメにならないことには、宝の持ち腐れです。

再生に「死」の文字もついていますが、そのまま死ぬというふうには、読みません。気分としては重くつらい感じですが、どちらかというと現実の世界では「極端」という感じに物事に対しては表われます。

またどこかわからないところから湧いてくる絶対的なエネルギー源としても、冥王星は働きます。

冥王星が強く働く人は、仕事のうえでも周囲の人にお調子を合わせることができません。一方的な意志で突き進みます。絶対支配者、絶対君主などの言葉は、たいてい冥王星のシンボルに含まれるものです。誰でもホロスコープの中に冥王星はあります。これはその人の中のある特定の部位に、極端さがあるということです。

太陽が表の意志を表すならば、冥王星は裏の意志です。

裏の意志を確認するには、一度表の意志に退いてもらうことが必要です。つまり挫折体験を通して、冥王星の意志に耳をかたむける準備が始まるということです。

＼ 冥王星から読む ／

“活力の源”

個人の無意識活力の集合が時代を変えていきます。
冥王星の位置するサインによって
どんな時代がデザインされていったのかを見てみましょう。

かにの冥王星	1913年～1939年頃（1930年に冥王星発見） ◎ルーツ意識 大きな範囲での、種や同属、国家に対する強い執着心や排他性を表します。当時の日本人が示した民族的な幻想や、ナチスドイツが示した種に対するそれは、冥王星がもたらす極端性や支配力そのものです。占星術の世界では第2次世界大戦を発生させた意識の土壌は、冥王星の力が、民族性をギリギリまで追及した結果であると言われています。
ししの冥王星	1939年～1957年頃 ◎自分自身の内なるエゴの発揮 第2次世界大戦が始まったのは、冥王星がしし座入りする前後の時期です。誇大妄想的なロマンを盲信し、戦争の後は、焼け跡からの復興、高度成長、学生運動というようなロマンと激動の昭和史の中盤がこのしし座世代の特徴です。
おとめの冥王星	1957年～1971年頃 ◎実用性の追求 高度経済成長、複合汚染、オイルショックがこの時代のキーワードです。実質的に役立つ制度作りや環境問題やエコロジー問題へのとりくみは、冥王星おとめ座世代の仕事として現代にひきつがれました。しかしおとめサインの特徴として、枝葉にこだわりすぎて本質的な解決に目がいかないので、根本的な解決にはならないまま世紀末を迎えたのは記憶に新しいところです。

※天体の意味はその天体が発見されたところから始まるので、
かにの冥王星から説明しています。

てんびんの冥王星	1971年～1984年頃 ◎対等な他者との関係性への取り組み 枝葉ではだめ、もっと違うアプローチで作り替えていこうというのが、現在30歳以降の冥王星てんびん座世代です。てんびんサインの象徴である、婚姻、共同、裁判、それらが根本的に作り替えられる時代が今後予測されます。かにサインとちょうど90度で対立する意味のこの世代によって、戦後の家族制度や働き方に関することが、書き換えられていっています。この時代はものがあふれていました。
さそりの冥王星	1984年～1995年頃 ◎運命への幻想、支配・被支配 てんびん世代がこなしてきた、夫婦や家族のあり方の変更や自由な働き方を基礎に、既成の国家や地域社会の枠組みを超えて、自由な形で自分のルーツに帰属しようとする動きがあるでしょう。自分は何者でどこからきたのか、という命題が日本人というより、魂の段階までも問い直す、真の意味での宗教に帰依していく時代は、冥王星さそり世代によってもたらされるでしょう。
いての冥王星	1995年～2008年頃 ◎認識力の発達 本格的なWeb活動の時代の幕開けです。いて冥王星時代に生まれた世代の子どもたちが社会の中枢を担う時代は、おとめサインが枝葉にこだわってやりとげた保険制度の改革などが、意味をなさないものになってしまう可能性があります。現実観察から出されるおとめサインのアイデアは、いてサインの哲学的な思想の合理性の前に意味を失うでしょう。また学校制度、国際関係なども現実の状況より理念を優先させた根本的な改革がなされるでしょう。

やぎの 冥王星	2008 年〜 2024 年頃 ◎社会的活動への自己の統合 いてサインの理念により行われた改革後の社会で、どのようにふるまうかというのがテーマになる時代です。冥王星は変革の星なので、健全な社会生活のあり方の意識が、制度を変革した以上に急激に変化することが予想されます。ひとつの場所での 1 か月や 1 日というようなロット内での働き方より、数か所どこかを点々というような不規則な働きでも社会的にペイしていく時代が訪れるでしょう。また予想もしなかったようなビジネスが社会的に認知されたり、貨幣制度やカード社会以上の大きな改革もありそうです。
みずがめの 冥王星	2023 年〜 2043 年頃 てんびん冥王星とおとめ冥王星の世代が施政の中核を担う時代です。自由と平等というみずがめサインのプレッシャーが蔓延する世相の中で、今すぐに可能で人気がとれるという、一種軽薄な決定が大量になされることでしょう。古い因習の根絶と同時に、各地の開発と均一化は更に進みます。国内地方都市にかかわらず、人々は活躍と納税の場所を自由に世界に移していくので、国としての保障の範囲の枠組みは大きな転換期を迎えるでしょう。
うおの 冥王星	2043 年〜 2067 年頃 退廃と混沌の世相に対応して、生きるということは労働や生命維持ではなく、芸術と認識されるような時代になるでしょう。古い時代のイメージやフィルムなどがデータ化されたものを持っているということが、財産になり、自分の先祖や家系のようなものもコンテンツとして消費されていきます。経済は物々交換も幅を利かせ、データ管理できるものにしか課税しにくいという理由から、データ管理された個人の記憶や体験に課税される案も検討されるでしょう。

第5章

ホロスコープを読む

12サイン

12サインは
輪っかになっている
サインは全部で
12あるんだけど
自分に関係ある
サイン以外は
読まないいんだよねー
まついは7サインある
おうし かに しし
おとめ さそり いて やぎ
自分のホロスコープに
ない4サイン
おひつじ
ふたご
みずがめ
うお
敬遠!!
教科書読むとき
もとばしていた
もったいない!
――っていうのは
天体が入っていない
サインは 自分で
自覚しにくいって
だけで
もともとみんな
12サイン全部
持っているんだよねー
完全な心を持って
生まれてきたのに
使い方がわからないんだ

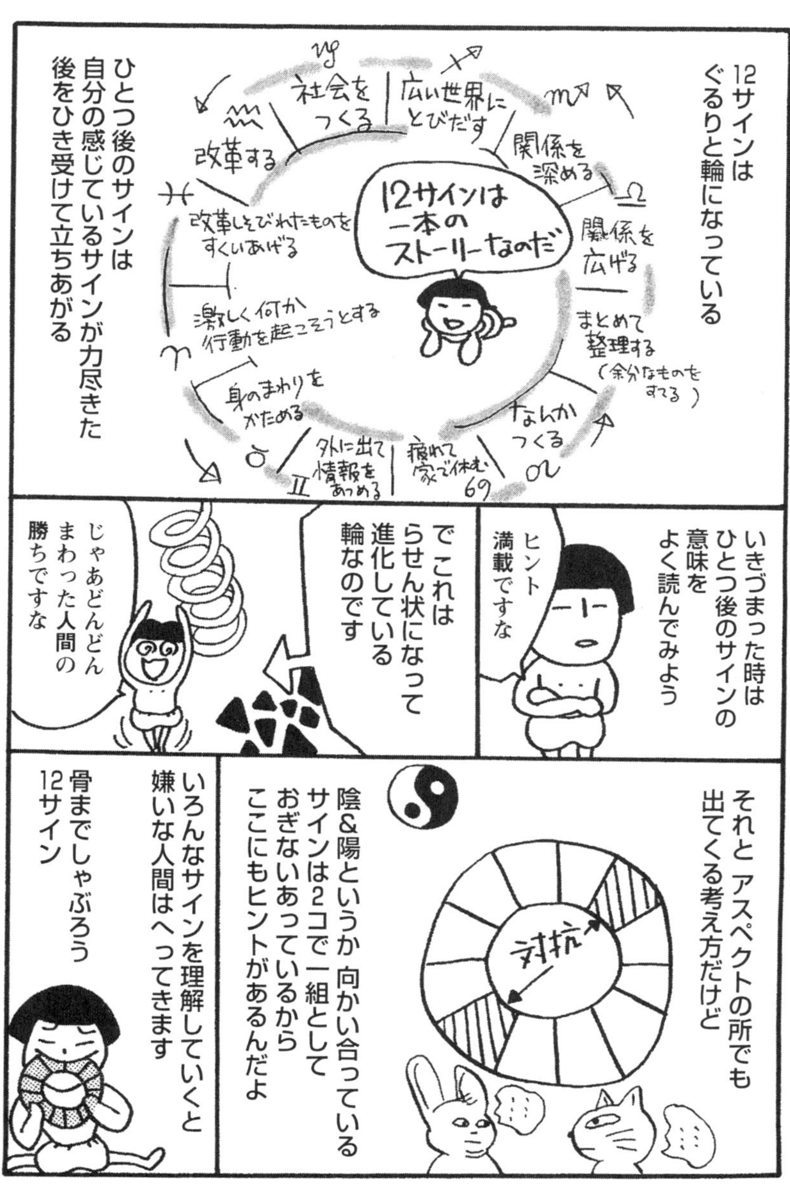
12サインは
ぐるりと輪になっている
12サインは一本のストーリーなのだ
関係を深める
関係を広げる
まとめて整理する（余分なものをすてる）
なんかつくる
疲れて家で休む
外に出て情報をあつめる
身のまわりをかためる
激しく何か行動を起こそうとする
改革しそびれたものをすくいあげる
改革する
社会をつくる
広い世界にとびだす
ひとつ後のサインは
自分の感じているサインが力尽きた
後をひき受けて立ちあがる
いきづまった時は
ひとつ後のサインの
意味を
よく読んでみよう
ヒント
満載ですな
でこれは
らせん状になって
進化している
輪なのです
じゃあどんどん
まわった人間の
勝ちですな
それとアスペクトの所でも
出てくる考え方だけど
対抗
陰&陽というか 向かい合っている
サインは2コで一組として
おぎないあっているから
ここにもヒントがあるんだよ
いろんなサインを理解していくと
嫌いな人間はへってきます
骨までしゃぶろう
12サイン

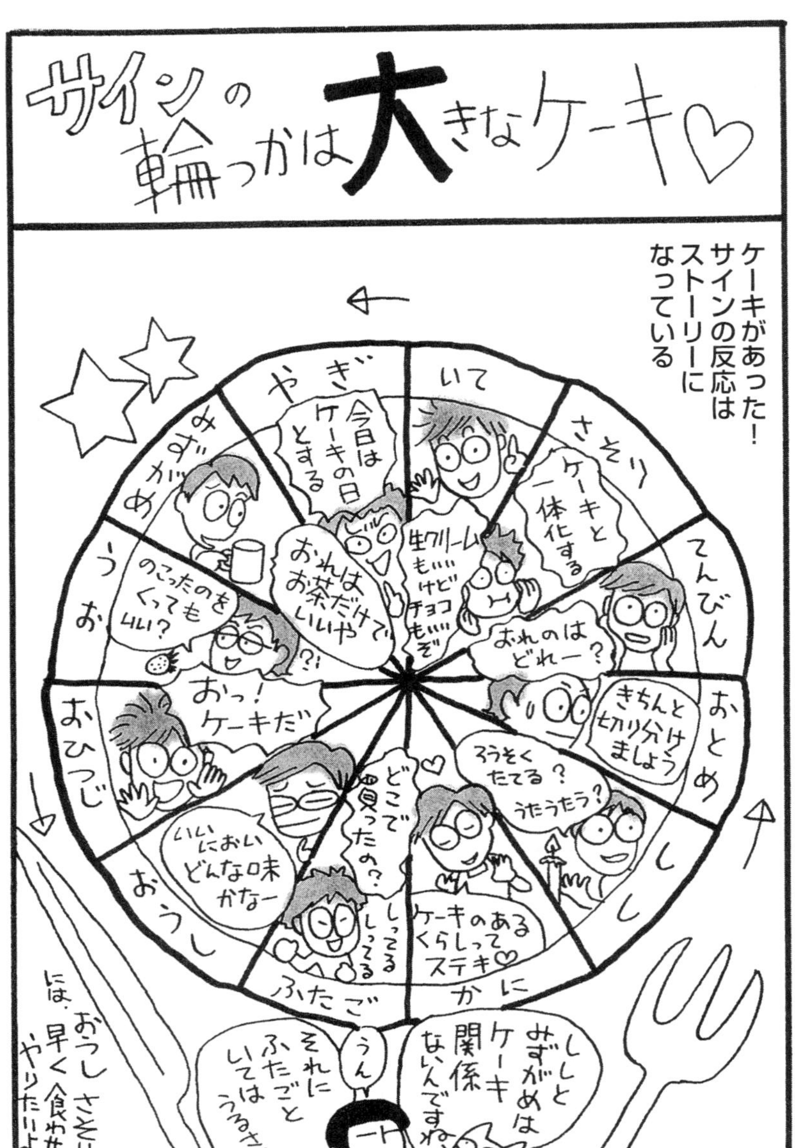

サインの輪っかは大きなケーキ♡
ケーキがあった！サインの反応はストーリーになっている
やぎ
今日はケーキの日とする
いて
さそり
ケーキと一体化する
みずがめ
おれはお茶だけでいいや
生クリームもいいけどチョコもいいぞ
てんびん
おれのはどれー？
うお
のこったのをくってもいい？
?!
おとめ
きちんと切り分けましょう
おひつじ
おっ！ケーキだ
ろうそくたてる？
うたうたう？
しし
どこで買ったの？
おうし
いいにおいどんな味かなー
しってるしってる
ケーキのあるくらしってステキ♡
ふたご
かに
ししとみずがめはケーキ関係ないんですね
うん
それにふたごといてはうるさいな
おうしさそりには、早く食わせてやりたいよ

★12サインは全部読むところから

ホロスコープを読むときに一番の判断基準になるのが、12サインの意味です。

雑誌の太陽占いは「おひつじ座は～です、おうし座は～です」というように、太陽のあるサインの解説をすることがほとんどなので、みなさんも自分の太陽サインについては、すでにいろいろ詳しいのでは？　と思います。

しかしこのような占星術の本を買い、一番もったいないのは、自分の関係するサイン以外の部分は読まないことです（あと、つきあっている彼とか片思いの彼とか、そのときのお友達に該当する部分を読んで話の種にする程度ですね、いや、もちろん私もそうでした）。

このような占星術の本は、実用書です（研究の本ももちろんたくさんありますが、だいたいがおそろしく退屈です）。ゆえにそのような読み方でもちろん正しいのです。夕食作りのために開かれたお料理の本を最初の1ページから読む人はいません。自分の作りたいもの、または料理したい素材の所だけをそのつど読むのが普通ですから。

しかし、この12サインの説明だけは、自分のホロスコープ上の惑星の有無はさておいて、是非ひととおりを順番に読んでください。自分がそこのサインに惑星を持っていれば、それなりにピンとくる記述はあるでしょうし、たとえ惑星を持っていなくても、惑星のあるサインのことを理解するために、前後のサインの意味をつかんでおくのは、とても重要なことなのです。

12サインは、ぐるりとひとめぐりでひとつの物語になっています。

おひつじで意識が目覚めた主人公が、おうしで肉体と武器を手に入れ、ふたごで外の世界に旅立つ、そのようにひとつの成長の物語として12サインを順番に読んでいくことで、よりいっそうひとつひとつのサインの意味が際立つでしょう。

ひとつ前のサインが意味を突き詰めて限界に達したとき、次のサインが現われて、その限界を突破していきます。

人がひとりで生きていけないように、12サインもひとつひとつ独立した意味を持ちながら、補い合っているのです。

12サインは、ひとつの完全に完成された物事を状況や役割別に12に分けて表現したものなのです。

あなたの状況や役割をホロスコープで読み進むとき、12サインの意味をぐるりと理解できていれば、理解はより深くなり、また問題が起こったときは解決も一緒についてくるということになります。ひとつのサインにこだわって次のステップに進めず苦しいときも、次のサインの意味が理解できていれば、そこ進んでいく勇気が出るかもしれません。

おとめサインの状態に強くはまり、何事も几帳面に進めなければ気が済まなかったある人は、自分のやり方以外の人間を批判し追い詰めていった結果、まわりに誰も信用できる人がいない孤立した存在になり苦しんでいました。頭ではもっと寛容にいろんなやり方をみとめなければと理解していても、自分の方法を改めるきっかけが訪れないのです。そこで12サインの説明をして、おとめの次のサインであるてんびんを意識してみることを勧めてみました。

てんびんは対人関係を寛容に広げていくサインです。

他人の性格をサンプルのように集めて、おもしろがるような考え方を取り入れることで、追い詰められていた気持ちは、ぐっと楽になり、また彼女のまわりには人が集まってくるようになってきました。12サインの物語、あなたがどこでどのように活躍するのかは、あなた自身で決められることなのです。

ホロスコープを読む前に12のステージを、ぜひ予習しておきましょう。

【おひつじ】◎未知の世界へ《活動宮／火》

おひつじはいきおいよく何かをはじめようとしたり、実際性はないけれど創造的なアイデアが次々湧いてくるような活動的な性質のサインです。

とてもアグレッシブで、チャレンジ精神旺盛。小さな子どものように単純で短気なところがあります。また行き当たりばったりで何でも手をつけようとします。

新鮮な力に満ちていますが、洗練されておらず、粗野で荒っぽいともいえます。

非常に単純なパワーを持っていることがおひつじサインの持ち味、何か物事をはじめるときにはなくてはならない要素です。

何をするにも実験的。前例や伝統にこだわらず、とりあえず行動することで、答えを見つけようとします。しかし、どんなことでも実験的に「まず動いて」確認しようとするので、失敗することも多いかもしれません。

つねに崖っぷちで、不安感の強いサインですが、それでもあえて前進していくイメージがおひつじなのです。スペースシャトルのジェットエンジンの炎のように、未知の世界へ突き進んで行くときが、おひつじサインの輝く瞬間です。

スタートダッシュは良くても、持続力がなく飽きっぽいのが難点とされています。

おひつじの世界は、まだ現実の世界に肉体を持っていない、インスピレーションだけの世界を生きているのです。

【おうし】◎五感を重視する《固定宮／地》

インスピレーション衝動の存在だけだったおひつじは、ここのおうしサインで肉体を手に入れます。おうしは手に入れた肉体的なものを手放すまいと抱え込むサインです。

その結果、持って生まれた才能や感覚的な資質、見る、聞く、味わう、嗅ぐ、触れるなどの五感の発達に関係する意味を持っています。

物事の判断も、自分の体を使って、実際に見たり、聞いたり、触れたり、味わったりすることで行います。その結果、色彩感覚や絶対音感など、ピュアに感覚的な才能が発達し、さらにこれが美意識や芸術的才能などにもつながります。

雰囲気的にガツガツせず、のんびりおっとりとして見えるサインですが、これは知識や体験、記憶や印象を確実に自分のものにするため。粘り強く、何度も何度も繰り返し対象にアプローチし、しっかりと自分の肉体に刷り込んでゆくためです。

こうやって身に染み込んだ体験やもともと持っている才能をおうしサインは駆使するので、自分の感覚を他人に理解してもらったり、譲歩したりするのはどうも苦手。ときとして融通が利かず、頑固者の烙印を押されることもしばしば見受けられます。

【ふたご】◎知識のアンテナ《柔軟宮／風》

ふたごは、常に外界にアンテナを張り、知識や情報・コミュニケーションなど移り変わっていくものに、次々興味を示すという性質のサインです。

頑固に自分の肉体に固執して頑固になったおうしサインの限界を、ふたごは超えていくのです。

フットワークは軽く、好奇心旺盛。クモの巣のように張り巡らせたアンテナに、ピンと来るものが引っかかれば、すぐさま飛んでゆく……ふたごサインの一番の特徴は機動力です。

また、ふたごには「純粋に個人的な能力を発達させる」という目的があります。個人としての肉体をおうしサインで獲得したふたごサインは、外界に飛び出て自分の能力をフル活用し、競争社会で生きていこうとします。

生き残るための「すぐ役に立つ知識」をかき集めるために、どんなことにも浅く広く関心を持ちますが、知識としては奥行きがなく薄っぺらなものになってしまうのは、いたしかたありません。

だから自分の本質をくつがえされてしまうような深い体験はどうも苦手。都合が悪くなるとその影響力から自分を守るために、一転、きびすを返して逃げに走るのです。何かに同化したり、共感したり、従ったりすることはふたごサインにとって本意ではありません。常に何にもとらわれない、風のように自由な立場であろうとします。

しかし、常に何ものにも帰属しないということは、一方で、孤独感・疎外感として襲いかかります。

【かに】◎身内意識と情感《活動宮／水》

かには、同情的で、愛情や思いやりが深く、家庭的で、家族や仲間を大切にします。自分の身内と思った人々との間を、常に新しく新鮮に保とうとするからです。生活用水のように、腐ったりかれたりしない水＝愛情をいつもたたえているのです。

手前のふたごサインは、個人の能力の発達を突き詰めるため飛び回り、へとへとになっています。そこで、次のかにサインでは、それまで育成してきた突出した個人の能力を捨て、「みんな一緒だね」という共感のもとに情感や思いやりの心を育てようとするのです。

さて、「みんな一緒」という地盤は、家族や身のまわりの仲間という意味だけではなく、国家や民族、また同じ宗教を信仰している人たち、ひいては「人類みな兄弟」的な広い意味での地盤もあります。共感できる価値観をひとつ決め、それを真似することで他の人との同一感と共感を得ることができるのです。このことからかにサインは模倣のサインであると言われています。

この「ある価値観」を一緒に模倣できない人は、かにサインにとっては仲間ではありません。そして、仲間ではない、異質な人がその中に入ってくることを嫌がります。かにサインの人なつっこさも突き詰めれば、なじまないものは認めない、排他的な攻撃性に転じるのです。やさしく情感にあふれながら、身内には甘くそれ以外には知らん顔という限界をかにサインは抱えています。

【しし】◎情熱と表現欲求《固定宮／火》

ししは「情熱の維持」、つまり、若い頃からの夢や信念や情熱をずっと持ち続けるサインです。

パワフルで、はっと目に付くゴージャスな雰囲気、人より目立つということはししサインにとってかなり重要なことです。それはひとつ前のサインであるかにサインへの反発で、「人と一緒ではいや」ということ。現実の横ならびになっている平凡な人生を生きるよりも、心の中にある情感の盛り上がりを大切にし、外に向かって働きかけようとします。

ドラマティカルに自分を演出し、自らを打ち出してゆくのがししサインなのです。ですから自己主張は強く、やり方はハデでやや大げさになります。しかし、ハデであってこそししなのです。

ししサインの場合、その手前のかにサインで仲間との共感を十分に学んでいます。仲間との同一性に反発する一方で、結局のところ、かにサインまででつちかった情感をベースに自己表現しようとします。したがって、かに的基盤の大きさによって、その人が打ち出せるもののスケールが決まってしまいます。基盤が家族レベルでしたら、自分の身内だけが喜んでくれるような学芸会レベルですし、民族レベルでしたら、民族全体が心を震わせ、感動するようなものを表現することができるのです。

しかし、スポットライトを浴びている本人には、逆光で観客が見えにくいように、ししサインは観客となる人々を本質的には必要としていません。自分をわかってほしい、という感情の盛り上がりを一方的に表現しているだけなのです。

【おとめ】◎有能な几帳面《柔軟宮／地》

おとめは、実際的な作業に強く、実務面に関して、要求されればどんなことにも効率よく対応できるという性質のサインです。

真面目で几帳面。細かいことによく気づき、有能に仕事をこなし、TPOに合わせてどんなものにも対応できます。おとめサインは人から見て、きちんとしているように思われたいという願望があり、そうなるべく自分を鍛えようとします。

これはおとめが12サイン中、前半の最後のサインだから。おひつじからふたごまでは「個人の才能」を、かにからおとめまでは「個人の情感」を育成します。つまり「個人のサイクル」のこの2つを統合し、個人として完全な完成を目指すのです。したがっておとめのサインは健康や食事など、実生活全般の自己調整や自己管理に関連するとも言われます。

しかし、おとめの手前にあるししサインでは、他人を眼中にいれず、まるで自分の情感の垂れ流し状態。おとめはこの状態をみっともないと思い、他人から見て恥ずかしくないものへと調整しようとするのです。

ただ、この個人的なことの完全性への願望から、他人や外界にたいしての矛盾が出てきてしまいます。例えば、自分の家の中を完璧に清潔な状態にしようとすると、自分の家からはゴミはなくなっても、ゴミ処理場は満杯になったり、掃除に使った強い洗剤などが環境全体を汚してしまうというようなことが、おとめサインの潔癖追求の中では起こりがちです。

分析力があり、細かく目が行き届くおとめサインですが、重箱の隅をつっつくようなことにはきちんと対応できても、大きな枠についての視点は欠けている場合が多いのです。

【てんびん】◎バランスとセンス《活動宮／風》

てんびんは自分から他者との関係を作っていこうとするサインです。

前半の、おひつじからおとめまで6個のサインを巡る中で、おとめサインでいきついた個人の世界から抜け出し、外にあふれる多様な個性に興味を持ち、比較することを楽しみ、その中に入っていこうとします。

一般にセンスがよく社交的で、バランス感覚が発達していると言われるてんびんサイン。外界と関わるためには、てんびんサインは、とりあえず「これが私」と自分で思っているものを捨て「相手の目の中にある自分の姿」で生きていこうとします。

その性質のおかげで、他者からは受け入れられやすく、たくさんの交流を楽しむことができるのです。しかし、いくつもの「他人が思う自分の姿」に自分を調節しているうちに、本来の姿を見失ってしまうこともあります。「他人が思う姿」そのものがひどく歪んでいる場合もあり、いずれにしろ対人的にひどく傷つけられる危険を合わせ持っています。

しかしセンスやバランス感覚は、他者との中でもまれながら洗練されていくことをてんびんサインは宿命として背負っているのです。

またこのサインは、普遍的な思想や、永遠の知恵といったものを求めます。これは色々比較しすぎて疲れきってしまった結果、個別なものに振り回されない、すべての人間に共通する知恵を手に入れたいと思うからです。てんびんの美意識の高さは、理想を求める姿です。

【さそり】

◎変化と一体化《固定宮／水》

さそりは、人や物事に対する愛着をいつまでも失わず持ち続けるサインです。情が深く、一度つかんだ関係を離さない性質から、しつこいとか執念深いとかいうイメージがあります。

これは、ひとつ前のてんびんで、交流を盛んに広げることはしたけれど、内面まで深く関わりあうことはなかったという限界を突破するために備わった性質です。

さそりサインの目的は特定の相手と内面まで深く関わることで、自分を根本から変えてしまうということ。

変化することで、変化前の自分は「死んでしまい」、新しい自分が「生まれるのです」。

さそりサインの「死と再生」というシンボルはここからきています。

さんざんお見合いをしたあげく一人を定め、結婚するまでがてんびん。その後の結婚生活がさそりです。もともと生活様式が違う二人が、いままでの自分の生活様式を主張するための戦いを繰り広げます。しかし、どちらが勝ったり負けたりというのではなく、いつのまにかある形に収まります。その形は今までにない二人の形。一人のときの形は「死んで」、新しく生まれた形に生まれ変わるのです。それができない場合、相手を拒絶＝離婚するしかありません。

このように徹底的な一体化を目指すさそりサインは、他に違う道筋を用意したり逃げ場を作ったりというようなことはしません。うまくいってもダメでも、ひとつのことを追求する強さを持っています。

【いて】

◎寛容と抽象《柔軟宮／火》

いては、精神を柔軟かつ応用的に発展させようというサインです。大らかで自由を愛し、よく学び、よく遊びます。さそりサインでひとつの形に固まってしまった関係をさらに大きな世界に通用させるために、いてサインは、常に「遠くへ行きたい」「いろんなことを知りたい」と広い世界を目指します。

今、自分がいる場所ではなく、もっと広い世界へ、今の自分の精神と知性のレベルよりももっと高い意識へ到達しようと試みては、外国に関係したり、抽象的な思想・哲学・精神性に関連するサインです。

いては寛容のサインでもあります。

てんびんで体験した自由で広い関わりと、さそりで獲得した他者との一体感、これを同時に寛容して取り入れようとするため、矛盾の多い、いい加減な雰囲気をかもしだすこともありますが、多くの人間によって、ルールの中で個性を競う団体戦のスポーツ（オリンピック）などは、このいてサインの『個性の発揮』と『他者との一体感』を同時に表す事柄です。
しかしこの遊び感覚に対する寛容がいき過ぎると、物事は地に足のつかないものになっていきます。学問を深めて哲学的な意味を突き詰めることも、いてサインにとって重要な『遊び』でしかなく、研究のための研究というような側面が出てきてしまいます。

【やぎ】◎実際的な現実感覚《活動宮／地》

やぎは、現実的で実際的な分野で、最初に何かをはじめたり、リーダーになって場を仕切っていくサインです。
いつも大人っぽく常識派。真面目でどことなくお堅い雰囲気で、休みなく律儀に働こうとします。これがやぎの持ち味。社会に認められたいという願望が底辺にあり、社会の持つ地域性や習慣にきちんと順応しようと自分をしつけていきます。いてサインを突き詰めることで、抽象的で哲学的な世界に行き過ぎたことを反省し、実践的で実際的な生活を望むのがやぎのサインです。
集団に対して、実際的な行動を取ることが得意なやぎは、社会の中での政治・企業などの活動に貢献します。対向にある、かにサインが家庭や家族なら、やぎサインは一般社会、公の場。

人としての社会的な完成を目指し、常に社会に貢献しようとします。ただ、かにで同一性を強調したように、ここでも他人と「同じ」であることを求められます。

実際的で社会的な目的のためには、ひとりひとりの個性は使い方を問われることになります。例えば、サラリーマンとして社会的に生きるためには、自分の都合や意思を捨て、みんなと一緒に売上倍増や、企業拡大を目指さなければなりません。自分の個性を集団の中でいかに活かすかという課題は常についてまわります。

この特性が行き過ぎると、集団の活動のために自分の個性を捨てた歯車的状態に陥ることもあるのです。

【みずがめ】

◎未来の理想《固定宮／風》

みずがめは、さっぱりさわやかで都会的な雰囲気。オリジナリティにあふれた、エキセントリックな言動がとても魅力的です。また友人を大切にし、未来への夢をいつも胸に抱いています。

しかし考え方や思想面、生きていく方針については、一度決めたら絶対に曲げない、頑固な面も浮かんできます。

みずがめの目的は、やぎで完成した地域性や社会的な常識を超えていこうとすること。オリジナリティとは要するに「社会の型」にはまっていない「自分流」。みずがめは「社会の型」を踏み越えて、「自分流」をまっすぐ貫き通すのです。

また強く未来的な理想を打ち出して、やぎ座的「社会の型」の欠陥を修正しようとするので、社会改革に関連したサインといえます。一人でドンキホーテのように突進していくのではなく、他者との交流を大切にしながら、共通した目的を持った友人達と、オープンなネットワークを作り出し、社会を変えようとするでしょう。

地域性に閉じ込められない社会性という点で、テレビ・マスコミ関係、情報産業、コンピュータや機械産業などの分野もみずがめサインに含まれます。

しかしオリジナリティを強力に打ち出した結果、そこには情やあいまいさのようなものが失われ、機械的に物事を進める世界が広がっていく危険性も含んでいます。

【うお】

◎繊細で複雑《柔軟宮／水》

うおは、常に感情が変化して行き、相手の影響を受けやすく、状況に敏感で、あいまいで流動的な態度という雰囲気がうかがえます。

繊細で優しく、ロマンティックで同情的。ですが、いまいち何を考えているかわからないのも特徴。これはうおが12サインの最後のサインでもあるので、それまでのハウスサインすべての性質を総合化し、合わせ持っています。ですから、かなり複雑なキャラクターで、「何を考えてるかわからない人」と呼ばれてしまうのです。

やぎで作り上げた社会を、みずがめで改革しようとしますが、グローバルな価値基準をそのまま突きつけると、その隙間に残された差別や不合理な習慣が浮き彫りになってきます。心は置き去りのままです。例えばある種の社会問題では、市民グループの協力により裁判に勝訴することだけで、当事者の心は本質的に癒やされているのでしょうか？　うおはそのような問題を犠牲心、同情心、福祉精神を持って、すくい上げていこうとするサインです。

また、やぎで完成した社会の価値の良い面も悪い面も含めて、その判断ルールすべてを崩していくサインですから、モラルを踏み外したり、反社会的な要素も出てきます。魂は善人だが、社会的には悪人……という傾向もときとして見られます。

そして、うおでいったん、サイクルの終わりをみた12サインは、また、おひつじに戻り、まっさらな状態で、新しい世界をスタートさせるのです。

第6章

ホロスコープを読む

アスペクト

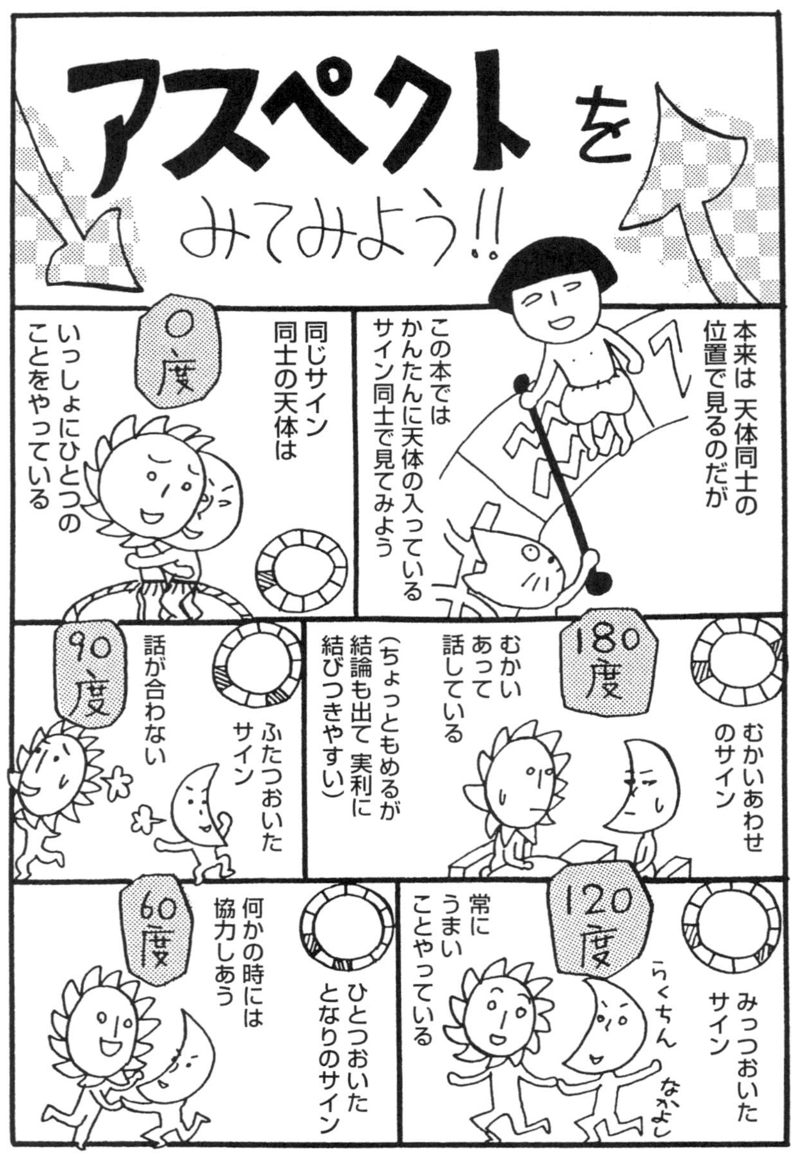
アスペクトを
みてみよう!!
本来は 天体同士の
位置で見るのだが
この本では
かんたんに天体の入っている
サイン同士で見てみよう
同じサイン
同士の天体は
0度
いっしょにひとつの
ことをやっている
むかいあわせ
のサイン
180度
むかい
あって
話している
(ちょっともめるが
結論も出て 実利に
結びつきやすい)
ふたつおいた
サイン
90度
話が合わない
みっつおいた
サイン
120度
常に
うまい
ことやっている
らくちん
なかよし
ひとつおいた
となりのサイン
60度
何かの時には
協力しあう

他のサインから孤立している
ノンアスペクト
暴走もするが 発展もする
……
ガラーーーン
90度だけがすごく問題？
運わるいの？
ダメってこと？
はあ
そんなことない
人間同士でも
徹底的にケンカすると
相手のことがよくわかって
前より仲良くなったりするじゃん
はあ
はあ
ふうふう
ぶつかることで
問題点が改善したりするし
サバイバル
たくましく生きるには必要なアスペクトだと思う
90度をたくさん持っていると
自分の中の矛盾した要素にふりまわされやすくなる
だから矛盾した要素のサインを感じやすいことを逆手にとって
細かいこと気にしないで一日おわろう
明日はおとめ座なかんじでキチキチやるわ
いろんな面のある自分で生きていこう
占星術で1番おもしろいのはアスペクトともいわれている
太陽 月 火星 金星
相性は……
恋人や友だちいろんな人のホロスコープと自分のホロスコープのサインがどんな関係になっているか調べてみよう

★アスペクトってなんだ？

占星術では、天体と天体の間で働く力をアスペクトとして見ます。アスペクトを見るにはそれぞれの天体の位置についてのくわしい度数が必要になるので、ここでは天体の入っているサイン同士のアスペクトで、ホロスコープを読んでみましょう。

この方法だと、だいたいのことしかわからないといえば、わからないんですけど、だいたいでもわかるのがスゴイです。むしろ最初から細かく見ようとしてわけがわからなくなるより、この方式でだいたいの見当をつけておくのが、初心者としての王道でしょう。どんな複雑ですごい技の競技でも、最初は柔軟体操からはじめます。この章は、アスペクト占星術の柔軟体操として活用してください。

【コンジャンクション】◎《合＝0度》

2つの天体があるサインで重なっている状態をコンジャンクション（合）と言います。『天体』を人物、『サイン』を着ている服や雰囲気と考えると、2人の人物が同じ服を着ている状態ですから傍から見るととても目を引き、印象や雰囲気が強く押し出されてきます。同じように、コンジャンクションはサインの意味をパワフルに強調するという形であらわれてきます。

ただし、これは「良くも悪くも」働くので注意が必要です。天体が同じサインに3個以上入っているホロスコープもめずらしくありません。その場合は2個以上にその性質が強調されると単純に考えてください。

バス停にひとりの制服姿の学生が立っていても「ああ、学生さんだ」としか思いませんが、数十人もたむろっていたら「学生さんだ」という印象はずっと強いものになるでしょう。同じように天体はそれぞれ別の個性を持っていても、まとうサインが同じなら、その印象は強調されるのです。

ひとつのサインに２つ以上
＝“コンジャンクション”

サインの特徴が強調されるので、強化された性格をよく把握し、
うまくコントロールできれば、強調されたサインの性質に振り回されずにすみます。

おひつじ	発想と思いつきが強化されますが、やりっぱなしで終わることもあります。
おうし	着実に物事を進める力が強まります。同時に頑固さも浮き彫りになります。
ふたご	フットワークがさらに良くなりますが、軽薄さも出てきたりします。
かに	なじみあることへは一層の愛着を示しますが、広い視野で物事を見ることが苦手になります。
しし	他人へのアピール度が高くなりますが、はずしたときの揺り戻しに傷つくことも多くなります。
おとめ	几帳面に物事を収拾選択していきますが、排他的になる部分も強化されてしまいます。
てんびん	公平で冷静な態度が強化されますが、八方美人的色合いも強まります。
さそり	対象を深く掘り下げる実力がありますが、意味のない執拗さをふりかざすことがあります。
いて	のびのびとした明るさが強調され、誰からも親しまれますが、いい加減な人間という評価を受けることがあります。
やぎ	安定感、信頼感が増しますが、表面的な権威主義になることもあります。
みずがめ	新しいアイデアを生み出す力と改革の能力に恵まれますが、変人として扱われやすいことがあります。
うお	人に見えない部分での敏感さが強調され同情や福祉の面では充実しますが、一般的な社会常識が欠ける危険があります。

また、天体が集まることで、その性質を意識しすぎたり、自分で抑制してしまったりで（天体の中に土星が入るとそうなる可能性が高い）「当たっていない」と感じる人がいるかもしれませんが、自分では抑制しているつもりでも、傍から見ればかなり目立って表に出ている事が多いものです。

もちろんくわしい意味は、重なっている天体の種類を見て、天体の意味をチェックしなければならないのですが、どのサインが強調されているのかを見るだけでも、人となりや人生の歩み方の特徴についてつかむことは可能です。

雑誌の太陽サインの占星術が当たっていないな、と感じる人は、特に太陽以外の天体が、他のサインに集合していることが多いようです。

友人に「おとめ座なのに、ちっとも几帳面じゃない、家の中はぐちゃぐちゃだ」と豪快に笑う主婦の人がいますが、彼女の天体は、太陽がおとめである以外は、ほとんどの天体が〝なんでもかんでも情報収集のふたご〟と〝自分の基準で美しいものならなんでもオッケーのてんびん〟に集中していました。特に身近な金星と月が、「片付かない室内」という感じのふたご&てんびんだったので「大丈夫、おかしくないよ〜」といったら納得していました。

そんな彼女は、地域やＰＴＡといった社会的なことには、おとめサインらしい緻密さで活動しています。太陽サインを対外的な活動に当てているというなかなか正しい使い方です。また自営業の夫の経理を担当したり、情報に強い特性と緻密さの両方を生かして、株でもうけたりもしています。部屋なんぞ片付かなくても、すばらしいことだと思います。

ひとつのサインの中に惑星が２つ以上入っている場合は、そのサインの特徴が強調されます。強化された性格をよく把握して、うまくコントロールできれば、強調されたサインの性質にふりまわされずにすみます（１７２ページの表参照）。

おひつじに3個、さそりに3個というように、性質の異なるサインに入っている天体の数が均衡しているような場合は、天体の種類をチェックしてください。おおまかにいって、月、水星、金星、火星、太陽等めぐりの早い天体の方が、現実の生活に影響が出やすく、木星、土星、天王星、海王星、冥王星等、遅い天体は行き詰まったときの火事場のばか力的に出ることが多いでしょう。

【オポジション】

◎《180度》

オポジションは2つの天体が真正面に向かい合うアスペクト。したがってお互いを強く意識する、緊張感ある関係です。

向かい合った、1つのサインの対立は、お互いの弱点をつつき合えば、何の成果も期待できないのですが、相手の特性を自分自身の課題として克服すれば、この緊張感を実用に役立つ強力なパワーとして使うことができます。具体的に、2つの天体が作るオポジションのアスペクトを、2つのサインの関係で少し考えてみたのが176ページの表です。

あなたのホロスコープにこれら2つのサインに、天体が入っていますか？ それはどのサインでしょう。天体の入っているサインをチェックして、その天体が持つ課題が何であるのかを考えてみましょう。

天体の意味まで考えるのが、むずかしくても、自分のホロスコープ内にある対立した2つのサインを見つけることで、自分の中でどんなタイプの事柄が矛盾しているのかがよくわかり、その矛盾を役立たせる方法にまで思い至ることができます。

真正面に向かい合う
＝“オポジション”

お互いの弱点をつつき合うのではなく、相手の特性を自分自身の課題として克服すれば、強力なパワーを得られます。

てんびん・おひつじ 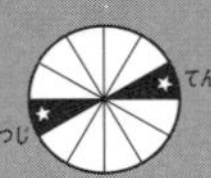	おひつじにある天体は思いつきをそのまま実行したいと思っていても、てんびんにある天体は「それは人に聞いてから行動した方がいい」とおひつじに意見します。また逆に人に振り回されるてんびんに、おひつじは自力でやるよう促します。
さそり・おうし 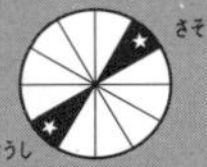	「物」にしがみつくおうしと「人」にしがみつくさそりは、何を大事にするかという価値観で対立していますが、この関係から、物は人がいてこそ活用できるものだということをおうしは学び、さそりは「情」を永続的に成り立たせるためには、現実的な見返りもある程度は必要であることを学びます。
いて・ふたご 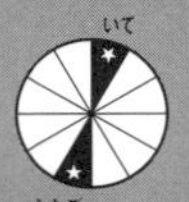	すぐに役立つ知識を良しとするふたごと、すぐには役立たないけれど大きく抽象的な知識を求めるいてとは綱引きの関係にあります。使える情報ならなんでもいいというふたごの収集力と学術的に価値あるものなのかどうか吟味するいては、お互いに補いあって知識の実用と啓蒙を目指します。
やぎ・かに 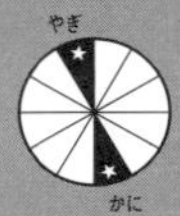	家族や身内の事情を優先して狭い組織を活性化させようとするかにと会社や社会的立場を優先して広い視野で活躍しようとするやぎの対立は、お互いが補うことで、家庭や個人を犠牲にしない会社組織や社会を目指したり、小さい組織作りから始まって、やがて大きな社会になっていくという視点が与えられます。

みずがめ・しし 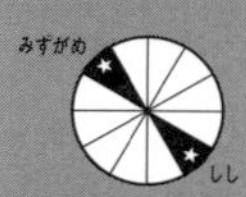 	自分の個人的な夢や情熱を打って出したいししとみんなと共有する夢や未来ヴィジョンを広げたいみずがめは、自分が持っていないものを相手の中に見つけやすいサイン同士です。ししの情熱ある創作意欲を、みずがめによって未来への希望の光として拾い上げ、みずがめの積極的な未来志向は、ししの新しいものを生み出したい創造性の源となります。
うお・おとめ  	役に立たないものは全て捨て去り、何事もきちんとこなしていきたいおとめと、同情的に何もかも拾って救い上げたいうおは、整理と混乱という意味合いで対立しています。しかし、うおの扱う心の世界、無意識のテーマを、おとめは秩序立てることで、実際に役立つものにしたり、潔癖で排他的なおとめに、うおが余裕や別の視点を与えることでひとまわり大きな秩序をもたらします。

私（まつい）の太陽はかに、土星はやぎにそれぞれ入っています。太陽が示す人生の目標は、家族やグループの小さい集まりを活性化させることですが、人生の制限である土星は、やぎに入り、もっと社会的に大きくて広い視野を持つことの大切さを、いろいろな形で課題にしてきます。

家庭での楽しみと仕事での社会的責任は、対立する要素なので、私は常に「家庭か仕事か」を選択して苦しむ生活であるということが暗示されています。しかし外の世界で仕事をすることで、家庭の中の風通しが良くなり視野を広げることで家事もマンネリになりません。180度のオポジションは、何かを具体的な形にして、外部に押し出すときにとても役に立つアスペクトなのです。

【トライン】◎《120度》

トラインは2つの天体間でフォローしあったり、良いムードで長所を引き出しあったりする関係。大体の場合、火・土・風・水などの同じグループ（元素）の間で成り立つアスペクトです。

同じ元素なのでそこに入っている天体はお互いのやり方を理解しやすく、助け合いもスムーズに進みます。しかし同時に「なあなあ」になりやすいので現状を打破するのは不向きです。

あなたのホロスコープの中にトラインはできているでしょうか？

また3つのサインがそろえば、グランドトラインといって、意味はさらに強力になります。

あと1個でグランドトラインにそろうのにな、というホロスコープの人はいませんか？

足りない部分のサインの意味を意識してふるまうことで、心理的なグランドトラインを作り出しその部分が活性化するかもしれません。試してみてください。

同じグループ間での
“トライン”

お互いの弱点をつつき合うのではなく、相手の特性を自分自身の課題として克服すれば、強力なパワーを得られます。

火のグループの間で起こるトライン（おひつじ・しし・いて）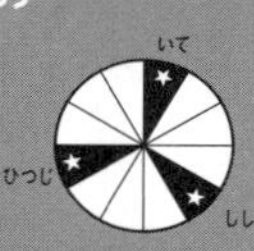	ノリのよさが現われます。瞬発力のあるおひつじの力は情熱を打ち出したいししに加速力を与え、おひつじの思いつきをいては広げ、ししの派手さや思い込みをいては「ええじゃないか」と認める関係にあります。
土のグループの間で起こるトライン（おうし・やぎ・おとめ）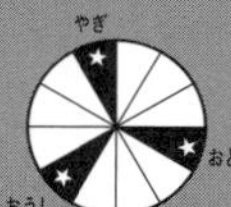	実際面に強そうな雰囲気をさらに打ち出します。おうしの着実さがおとめの分析力やこまやかさを強化したり、おとめの真面目さをやぎが社会に役立てようとしたり、やぎの社会貢献したい気持ちをおうしが確実に推し進めていこうとします。
風のグループの間で起こるトライン（ふたご・てんびん・みずがめ）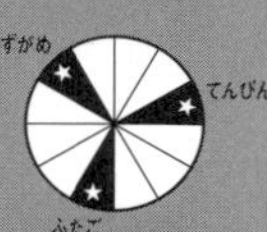	他人と関わり、交流を楽しむポップな印象が強化されます。ふたごの好奇心をてんびんがいろんな人と関わることで満たし、てんびんの公平な性質が協調的に向かおうとするみずがめにニュートラルな視点を与え、オープンな交流を好むみずがめはふたごのフットワークの良さを使ってさらに多くの仲間を集めます。
水のグループの間で起こるトライン（かに・さそり・うお）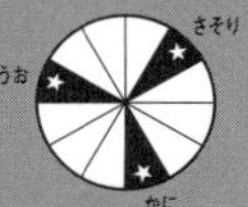	心情を大切にした、しっとりとした印象が強化されます。仲間を大切にするかにに、さそりの情け深さが加わり、さそりの深い情愛がうおの広い同情心に深みを与えます。うおの果てしなく広い愛情がかにの身内意識の枠を自然に広げていくでしょう。

【スクエア】◎《90度》

スクエアは一方の天体が他方の天体の動きを止め、圧力をかけるようなアスペクト。かなり緊張状態の強い関係ですが、現状突破や大きな方向転換には強烈な力を発揮することが出来ます。従来の教科書だと、幸運のトラインに対してスクエアは凶角ですが、実際のホロスコープを見ていくと、本人が何かを産み出し打ち出していく原動力になっているのが、このスクエアの角度です。

特に会社や団体に属せず、自力で何かを産み出していくような人生においては、このスクエアをうまく使いこなすことが必要です。

逆に大きな組織に属して平穏な生活をくり返し送っているというような人生には向きませんというか、使い道があまりないので、もてあましてしまうかもしれません。

私のホロスコープにも、スクエアはあります。

月のおとめと木星のいて、これは日常的にいつも意識してしまいます。

きちんと整理整頓された部屋の中で落ち着いていたいおとめの月に対して、いての木

90度の緊張関係
＝"スクエア"

一方の天体がもう一方の動きを止め、圧力をかける緊張関係。
現状突破や大きな方向転換には強烈な力になる。

やぎ・おひつじ・かに	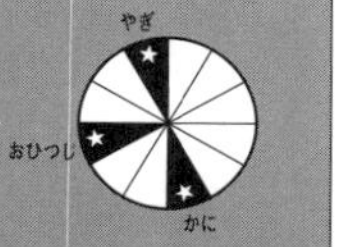 やぎ / おひつじ / かに	一人で突っ走りたいおひつじの天体に対して、かにの天体は身内の一体感を要求してきて、やぎの天体は社会の一員としての振る舞いを要求します。
やぎ・てんびん・かに	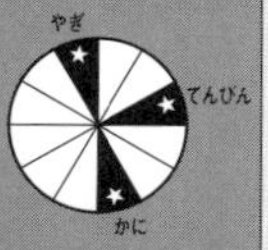 やぎ / てんびん / かに	いろんな人と交流したいてんびんと気持ちの分かる身内だけで小さくやりたいかには対立し、平等・公平がモットーのてんびんと上下関係をきちんとしたいやぎも対立しています。
みずがめ・おうし・しし	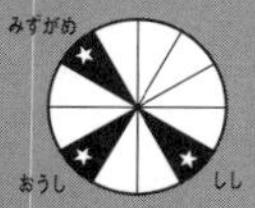 みずがめ / おうし / しし	おうしの安全感覚をししのドキドキ感を求める気持ちが脅かし、またみずがめは頑固なおうしにオープンさを要求するという組み合わせです。
みずがめ・さそり・しし	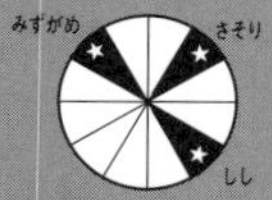 みずがめ / さそり / しし	深い結びつきを求めるさそりを、自分の情熱優先のししは理解出来ず、コアなつきあいを好むさそりとオープンなつきあいを好むみずがめは対立しています。
うお・おとめ・ふたご	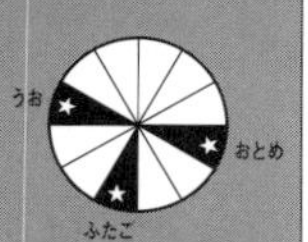 うお / おとめ / ふたご	個人の興味で走りたいふたごに、実際役に立つ事を集めるようおとめは苦言し、細かい突っ込みを入れるふたごを、漠然としたうおは息苦しく思います。
いて・うお・おとめ	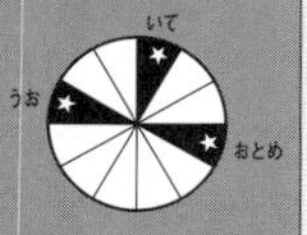 いて / うお / おとめ	抽象的な思想に走りがちないてをおとめは「役に立たない」と判断し、いての社会を踏まえた教養性は社会から外れたところにも価値を置くうおには辛く感じます。

星が、「つまんないじゃん、そんなの〜」と雑多な出来事や旅行や意識の放浪にわたしを誘い出すのです、と書けば聞こえはいいが、汚れた家に対してイライラしながら、いろんなことに手を出したり、買い物したり、出歩いたりをやめないという形で出てきます。

このことに関して煮詰まってくると、わたしはたいてい、「今は『おとめの月』の勝ち！」として掃除と片付けに夢中になります。あるときは、『いての木星』優勢！」とジャッジして、がんがんやりたいように物事を広げていきます。今、だいたい『いての木星』が勝ってますね、だから今、わたしの家に遊びに来るとすごいよ。『おとめの月』はひとかけらもないです。

スクエアになっているサインを同時に成り立たせようとするとイライラするので、人間は一日24時間、一年365日あるわけですから、場面ごとに要素をスイッチさせて使ってみるというのも、ひとつの方法かもしれません。

人間はTPOに合わせて、いろんな振る舞い・考え方をするものだということは、スクエアについて考えれば、実感を伴い理解できます。

★その他のアスペクト

前記の主要なアスペクトのほかにセクスタイル・インコンジャンクト・ノーアスペクトなども使われます。

参考程度にとどめておきますので、もっと勉強したい方は自分で調べてみましょう。

【セクスタイル】◎《60度》

トラインに似たフォロー関係が2つの天体の間に発生しますが、トラインのように同じグループ内ではなく、火：風または土：水という呼び合う関係にあるグループ間でできてきます。ですからトラインのような単調さはなく、リズム感や動きのある協力関係が可能なので、使い勝手の良いアスペクトと言えるでしょう。

【インコンジャクト】◎《150度》

調整や再構成といった意味を持つアスペクトです。2つの天体の間で多少の葛藤が生じますが、努力と忍耐によってお互いをすり合わせ、高め合っていこうとするので、使い方によってはメリットの大きいアスペクトと言えるでしょう。

【ノーアスペクト】◎《アスペクトがない》

どの天体ともアスペクトを持たないことを「ノーアスペクト」と言います。ノーアスペクトの天体は、やり方が分からず動けなくなるか、無軌道に暴走するか、どちらかの性格を持つと言われます。また、他の天体としがらみをもたない特性を利用して、天体の意味そのものを発展させ、特殊な分野の職業に生かしている人も見かけます。

水星＝作家、ライター、研究者／金星＝芸能人／火星＝運動選手

どのようなアスペクトも、良い意味悪い意味はなく、特性を認識して実体験に応用すれば、さまざまな可能性を切り開くツールとなるでしょう。

第7章

ホロスコープを読む

ハウス

おまちどうさま
こちらハウスの説明です
12のサイン
12のハウス
似ています
混乱します
ピザ
おまたせ
しました
おお!!
きた
きた
どーーん
12ハウスは
12に切り分けた
ピザそのもの
そうねー
12サインは
生地の味や
風味の違い
だと思って
もっちりふんわり
チーズ少なめ
クリーミー
ガーリック
トマト
ソース
濃厚チーズ
クリスピー
サクサク
うわー
なんか片寄って
ますねー
トッピング
ひとりにつき12種類楽しめる

あのピースは大きなサラミがふたつも…
あそこはピーマンだ嫌だな
なんということあんなに大きなピースなのにトッピング…のってない
トッピングばっかり見ているね
じぃ〜〜
そりゃそうですよ
ピザのトッピングはホロスコープでいうと天体です
どの味の台に何のトッピングがのっているか
しかしピザはトッピングだけの存在だろうかピザはピザ生地とトマトソースとチーズがあればピザですよ
のびー
ちょっとこのピース食べてみて
あーんって
えー何ものってないからやだなぁ
あれおいしい
ピザおいしい
ピザはまるごとピザだから人生もホロスコープも
トッピング（天体）ばかりに注目せずに
どのピースも台とトマトソースと
おいしいチーズがかかっているんだからおいしいよー
それがホロスコープ
天体ないハウスもあなたのホロスコープ

★ハウスとはなんでしょう？

天体が私たちの意識を表すとしたら、ハウスは私たちの現実の現場を表します。ひとりひとりの細密なホロスコープを作ると、自分が自分で「こうしたい」「こうしていると満足だ」という意識は、全て天体に表れますが、現実に「こういう舞台に立っている」というのは、ハウスに表れます。

たとえば、たくさんの人と交流する社交性があると言われている、天秤座の金星を持っている人がいるとします。どんな占いの本を見ても、「天秤座の金星を持つ人は、明るく社交的でたくさんの人とつきあうのが好きで上手」と書いてあります。

しかし天体は意識であって、実際に社交的な天秤の金星が活躍するには、それにふさわしい現実のステージがなければなりません。

天秤座金星が、４ハウス、８ハウスなど、あまり具体的にたくさんの人とは触れない現場にあると、気分は社交的でも実際には限られた家族や身内にしか、社交性を発揮しにくくなるでしょう。

意識と現場がちぐはぐなことに、気が付かないままだと人生が空回りしやすいものです。自分の意識（天体）が、どういうステージにあるのかを確認すると、たとえ意識と現場がちぐはぐであっても、その人にしか出せない複雑な個性となり魅力となり武器となります。

ハウスを読むことは、12に分かれた自分の現場を読むことです。天体のないハウスでも、サインは12通りに対応しているので、それぞれの現場にサインの示す感覚が対応しています。

また、おなじハウスに複数の天体があって、それぞれの意味が矛盾しているときは月、水星、金星、太陽、この４つの天体が自分の本質に近いメインディッシュであり、火星、木星、土星がメインを引き立てる付け合わせ、天王星、海王星、冥王星は特殊なソースやトッピングというくらいの感覚で考えると良いかと思います。

誰から見ても あなたはこう見える
1ハウス
姿カタチ
第一印象
自分の姿は
自分では見えない
自分の姿は
鏡に写すか
他者に指摘されて
初めて気がつく
目ヤニ
ついてる
え
右目の
目頭
今日の私は
カンペキ!
きちっとしていて
頼りがいある
うひ
おはよー
なに
ニヤニヤ
してるのー
きもちわるい
自分では
気がつかない
第一印象
それが1ハウス
気をつけよう

1ハウス「自分」

自分がどういう人間なのか、自分では全くわからなくても、
明らかに自分はここに存在している、という"自我"がある場所です。
具体的になにかをする場所ではなく、ただ自分がそこにあるのです。
自分が存在していることは、疑いのないことなので、
ここにある天体の意識は、無意識で他人や環境に対して強く押し出します。
その人が本来持っているオーラのようなものです。

＼１ハウスでわかる／

無自覚のまま他者に与える印象

もし１ハウスに天体がなかったとしても、１ハウスのサインの性質＝外見的なキャラクターに合った、ファッションや振る舞いを心掛けると、周囲があなたに対して持つ第一印象とファッションと言動が一致するので、環境に溶け込むのが早くなったり、自分のことを記憶してもらいやすくなるでしょう。

1ハウス：おひつじサインの人	ストレートで率直なオーラを出しています。素朴で無邪気な印象です。率先して何かをスタートさせたり、提案側にまわることを期待されます。ファッションは、自然をモチーフにしたり、インディアンジュエリーなど素朴で野性的なテイストが合います。周囲からは一匹狼を期待されます。
1ハウス：おうしサインの人	安定感があるオーラで、不景気の時代には生命力を感じさせるのでモテます。この人についていけば悪いようにはならないだろうと、無意識で周囲があなたをアテにします。ファッションはデザインや流行に凝るより、生地の質感や風合い、色合わせで勝負しましょう。
1ハウス：ふたごサインの人	軽やかで利発なオーラ。気軽で誰とでも仲良くなれそうな印象をまわりにあたえます。情報通でいつも新鮮な話題を提供し、腰の軽さ気軽さを期待されます。カジュアルで息苦しくないファッションが良いでしょう。スーツなどの時は、ネクタイやシャツに明るい色味を取り入れましょう。
1ハウス：かにサインの人	庶民的で親しみやすいオーラです。人気者で誰からも好かれるアイドル的な印象です。この人なら自分を否定せず共感してもらえそうと人が集まってきます。平均値より少し野暮だとか、コーディネイトに少しだけ失敗した感じで、付け入る隙があるくらいでちょうど良い感じです。
1ハウス：ししサインの人	どこにいて何をしていても、華やかでハッ！と目についてしまうオーラです。地味にしていても、目についてしまうので、アクセサリーをたくさんつける、少しなら本物にするなど、奇抜でなくても、やや派手目にして「外見的見所ポイントがたくさんある」という周囲の期待に応えましょう。

1ハウス：おとめサインの人	ポーカーフェイスで王子王女のような楚々とした雰囲気のオーラです。本人はフレンドリーな気持ちでいても、どうしても感情的に壁を作り、自分を安全圏の中に置く人と誤解されがち。白い襟で紺のボディなど真面目な制服風の着こなしで、ある程度、きちんと感がある方が良いでしょう。
1ハウス：てんびんサインの人	周囲に対して感じよく、誰にでもソツのない良い感じのオーラを出します。トレンドをよく研究して、いわゆる大人のおしゃれ人を目指しましょう。流行を追うのではなく、靴、ヘア、バッグなど小物を良いものにして、カジュアルスタイルであっても敷居の高い場でも、自然に入れるような装備が必要です。
1ハウス：さそりサインの人	自分が心を許した相手や対象に対してのみ、好印象のオーラを出します。用件のない人は近づきがたいので、ファッションは好みのテイストにこだわり、自分の趣味嗜好を全面に出して、そこが受け入れられない人は傍にこなくても良いくらいのマニアックさで固めた方が、初対面の人に余計な誤解をされずにすみます。
1ハウス：いてサインの人	頼りがいがあり、どんなことも寛容するおおらかで明るいオーラです。初対面でも心の奥まで見せてしまうような不思議な印象を人に与えます。体を鍛え美しい筋肉をつけて、ジーンズにTシャツなどシンプルな装いで魅力を輝かせましょう。人種や文化を超えた「個人」本来の魅力をアピールすると好印象です。
1ハウス：やぎサインの人	責任感のオーラがあり、周囲の要望にきちんと応えることを期待されます。若いときは目立ちませんが年齢とともに信頼感や貫禄が出てきます。スーツやカーディガンスタイルなど、いわゆるお仕事できそうモードに装い、社会の中に受け入れられるキャラでいることが大事です。
1ハウス：みずがめサインの人	性別や年齢を感じさせない若々しさと自由さを感じさせるオーラの持ち主です。男性はフェミニン、女性はマニッシュというように性差を逆転するようなニュアンスを取り入れると魅力が増します。一番取り入れやすいのは男性の長髪と女性のショートカットです。シルエットはタイトにまとめるようにします。
1ハウス：うおサインの人	存在感に不安定さがあるオーラを持ち、結果周囲に愛され守られます。軽い薄い素材感、透け感を取り入れたファッションにしましょう。人に構われたくないと思って、無難に黒尽くめにすると逆に存在が増してしまうので注意です。男性でもキャラクターもののシャツやスカーフなどがよく似合います。

自分の肉体を保持する
2ハウス
個人が自由に使えるお金 持って生まれた才能
この世界に生まれてきた私！
せっかく生まれてきたから
死ぬまで生きてたい！
そのためには何が必要なのか？
食べもの！
服！
家！（寝るところ）
手に入れるにはお金が必要なこの世界……

2ハウス「自分保持」

2ハウスは、生まれてきた自分自身をこの世界に留めておこう・
保持しようとする場所です。生存本能や生きている実感の場所で、
その人固有の持って生まれた才能が存在している場です。
貨幣社会である現在では、自分の肉体を実感して生かしていくという意味から、
財運として読むことが多いです。自分で稼ぐ・稼がないにかかわらず、
自分を食べさせて存在を継続させる感覚の現場が2ハウスです。

＼ 2ハウスでチェックする ／

基本的なお金に関する感覚

4元素「火地風水」で基本になる金銭感覚をチェックしてみましょう。ホロスコープの金運チェックは2ハウスのサインで、お金の感覚の現場（実際にお金を得るためにはどうすればいいのかという現状感覚）と、天体金星の状況（お金に関する個人的な意識）を組み合わせて見ることが多いです。

2ハウスが土（おうし、おとめ、やぎ）のサイン	リアルな現物を手にすることが目的の土のサインは、一番安定した財運があります。必要なお金が欲しいなら自分が働けば良いという流れに一点の疑いも持ちません。一番健全に、自分が動くことで金銭を得るという感覚を持つグループです。おうしは、自分の衣食住をしっかり支えることができることを最重要視するので、最低限の金銭はどのような手を使っても確実に確保するという感覚を持っています。おとめは、自分の能力を収入で確認するので、やったらやった分だけ確保できるということで、収入確保のために自分の能力を向上させます。やぎは、組織に属して自分の役割を果たすことで金銭を得るという合理的な感覚を持ち、定期的に決まった収入を得る現場を選びます。
2ハウスが水（かに、さそり、うお）のサイン	情のつながりが生きる実感なので、食いはぐれることのないグループです。家族（配偶者含む）に援助してもらう、食べ物や生活必需品を分けてもらうなどに抵抗感を持たないので、貨幣社会のひとつ前の生存戦略である物々交換や共同体で資源を分け合うというような感覚がそのまま使えるグループです。夫なら妻を養って当然、子どもは成人したら親の生活の面倒を見るのが普通というような持ちつ持たれつ状態を受け入れるでしょう。 かには、共感能力で食い扶持の確保をします。合理的な理由がなくても、生きていくために必要なものは自然と引き寄せるので失業中でも飢えて倒れることはありません。さそりは、一度確保した収入源を変更させないのでチャンスを逃すこともありますが確実で安定しています。うおは、自分と他者の境目があまりはっきりしていないので、なんとなくその場にいる人に支払わせたり、自分がその場を全て支払ったり、“ある者払い”的な金銭感覚で、やり過ごしていきます。

2ハウスが 火 （おひつじ、 しし、いて） のサイン	財運としては波があります。本人がおもしろいと思わなければ、生存実感が得られないので、どんなに良い条件の仕事口でも、自分としてはおもしろくないからとオファーを蹴ったりするような混乱があります。具体的な衣食住にあまり生命の実感は関与しません。バーチャルとのなじみが良く、ゲームのように資産を増やしたり失ったりもするグループです。 おひつじが何をおもしろく感じるかは、目の前にこれまでと違う光景や展開があることです。自ら獲物を追うような稼ぎ方の現場でないと生きている実感が湧きません。ししは本人にしかおもしろさがわからないので、一般的な収入の条件だけで働き続けることは不可能です。逆にほとんどお金にならなくても、本人さえおもしろいと思うことに長年固執することもあります。いては衣食住というような具体的なことを生命維持と結びつけるのが苦手です。読書やゲームに夢中になって食事や睡眠をないがしろにするので、収入に関しては一定の所に勤めて、毎月決まった給料をもらうようにするのが安全でしょう。
2ハウスが 風 （ふたご、 てんびん、 みずがめ） のサイン	周囲の環境や成育歴で大きく財運が変わるグループです。自分の生命実感も情報として扱うので、一般的な金運のセオリーが当てはまらないことが多いという特徴があります。２ハウスを金銭感覚の現場として考える場合、風のサインは、特にそれぞれの特徴をよく見る必要があるでしょう。 風サインの中で、金銭感覚が一番安全なのがふたごで、周りと競争して自分の財運を伸ばそうとするので、ライバルのいる環境に入ると頭ひとつ抜けて収入を伸ばします。てんびんは、周囲から浮かないように合わせていくための最低限は確保しようとするので、みじめな状態にはなりません。「少し見栄をはらなくては」くらいの環境にいるほうがムダ使いもしないし、貯蓄もするようです。みずがめは、みんなが平等であることに気をとられ自分の取り分がどうしても少なくなりがちだったり、人に貸しても借りは作らないことにガンコなので、トータルで損をしがち。やはり決められた月給の中でやりくりするほうが合っています。

自分の能力をこの世界で試し伸ばす
3ハウス
読む書く話す　新しい場所　初等教育
3ハウスは
あなたの存在する
環境の中で必要な能力
を身につける場所
表情
聞く
話す
計
算
例えば
海外に
行ったとして
覚えることは
たくさんある
この書類
書いて
ください
おいで
おしゃべり
しよう
おおー
今、居る所から
新しい場所に
入る力
おもしろさ
さくれつ
できることだけで
済む
ここは、いつもと同じ安心だけど！
お金を
どれだけ
どの
パンは
12.5!!
バスの
チケット
3.1だ！

3ハウス「新しい体験」

自分をこの世界に保持できたら、今度はこの世界で何ができるのかというお試しをすることになります。できないことはここで身につけようとします。現状に留まると安全ですが、世界は広がらず成長も望めません。
3ハウスは、個人として近しい環境に対して能動的にファーストコンタクトを試みる場所です。
現状の自分の能力を確認するべく行動し、足りない分を自覚しては自分を成長させる場所です。

＼ 3ハウスでチェックする ／

新規な能力を開拓する力

人にはなんでも「初めて」があります。「初めて」を体験する場所が3ハウスです。新しいことを始めようとしたり、新しい場所に入っていかなくはならないときの感覚です。3ハウスはお試しの現場なので、失敗も問題ない場所です。失敗しながら能力を伸ばしていく場所だということで、本来は気楽な場所です。

3ハウスがおひつじ	目の前にある新しいものになじむので、環境の変化に強く、とりあえずのとりまわしで成果を上げることが可能です。飛び込み営業などにも耐性があり、意識では苦手感があっても、現場では成果をあげるでしょう。
3ハウスがおうし	他者には説明できない自分なりの嗅覚を頼りに、新規な場所に時間をかけて進出していきます。元々備わっている能力でのみ勝負しようとするので、自分の適性に合った場や状況でなければ、新規には飛びつきません。
3ハウスがふたご	あらゆることに気持ちが向いて、自分の能力として育てます。新規な場には好奇心がある限り、自然と接点を持ちます。兄弟やライバルなどとばりばり競争できる場を持てば、のびしろは無限です。
3ハウスがかに	周囲の真似をしながら、少しずつ能力を伸ばし、自分の力を発揮できるフィールドをじわじわと広げていきます。幼少期兄弟姉妹が多いなど家族の数が多いと共感の多チャンネル化が自然に育ち、新規開拓が有利になります。
3ハウスがしし	新しいことをスタートするときは、いつも自分自身が楽しくわくわくできるような創造性のある状況が必要です。周囲に迎合したり、あらかじめ決められたルール重視の場では能力を育てることは難しいでしょう。

3ハウスがおとめ	周囲の要求に答えて過不足なく必要な能力を育成していきます。自発的に新規なことにチャレンジすることを強いられる状況だと萎縮する傾向があり、指導者の方向付けやマニュアルありきで成長します。
3ハウスがてんびん	風通しよく気軽に自分の能力を試してみます。対人関係に限らず、あらゆることに興味を持ちますが、地道に努力したり、汗をかき泥臭いチャレンジには一定の距離をおいて見過ごします。
3ハウスがさそり	新しい展開のためには信頼できる誰かの紹介や手引きが必要です。ひとりで新規の場所を開拓することは難しいのですが、会社や先輩などの引き継ぎができる環境だと能力を発揮します。
3ハウスがいて	現実的に身に付けていくべきことにさしせまった感覚を持たないので、頭の中で考えているだけで終わることも多いのですが、実際にスタートさせると人が尻込みするような現場でも大胆にやってのけるノリの良さがあります。
3ハウスがやぎ	環境の中で必要なことを必要な手順に合わせて確実に身に付けていきます。新しい環境に入るときは、環境の習慣に基づくオーソドックスな方法を取るでしょう。教育機関と相性が良く、教師や指導者の教えることをすぐに覚えます。
3ハウスがみずがめ	メールやネットなど自分の生身の感覚を使わないところでの新規開拓が得意でしょう。冷静で客観的視点が必要な営業分野になじみ、距離感を突然詰められるようなコミュニケーションを警戒します。
3ハウスがうお	周囲の方向付けに素直に従うので、環境が能力を左右しやすい傾向があります。少しずつコツコツ進めるような基礎学習が基本苦手です。人生の初期段階に得意不得意が決まりやすいのですが、途中からでも環境次第で突然能力を伸ばすポテンシャルもあります。

自分の帰る場所
4ハウス
家
部屋
寝床
地元
何はともあれ
この場所は
私のプライバシー
どこに行っても
戻ってくる
私の場所
毎日、仕事に行って
帰ってくる家
ただいま
家は
家族が
うるさくても
自分の部屋に
入れば大丈夫!!
ぴしゃり
旅行に出かけて
戻って来たよ
地元の駅に
宇宙から見たら
地球が4ハウス

4ハウス「家」

自分の能力や個性を発動させると、思い通りにはいかなかったり、
競争で負けたりもします。3ハウスで外の世界に触れたとたん、
へこんだりエネルギーを消耗することもあるでしょう。
しかし「家」に戻れば、競争はなく眠りという無意識の世界で
共感によって無限に感情は繋がり、心の安全感を取り戻すことができます。
どこに出かけて行って、何をしていても、巣に帰り眠る、
その現場が4ハウスです。

＼4ハウスでチェックする／

あなたが帰る場所のムードとインテリア

ハウスの役割は、あくまでも「現場」であり、個人が感じる嗜好とは違っています。個人の意識は天体の方で見るので、安心感や落ち着きについては「月」、好みや嗜好は「金星」で見ます。4ハウスに「月」や「金星」がある人は、意識と現場がシンクロするので、自分が居心地の良い家や寝室を作りますが、そうでない場合は、実家や家族で過ごす、家の状況が、4ハウスの状態とシンクロしていることもあります。下にある説明の4ハウスのサインが、「月」や「金星」の個人の好みと違う、という場合は、寝具やそのまわりにワンポイントでも4ハウスが示す要素を取り入れると落ち着きます。また夫婦や家族間で極端に違う場合は、寝室やコーナーを別に持つなど工夫しても良いでしょう。

4ハウスがおひつじ	開口部が大きく外気が入る、風通しがいい。 植物に囲まれる。必要なものにすぐ手が届く。
4ハウスがおうし	好きなものに囲まれる。色味や色調をそろえる。 肌触りの良いリネン類。 いざというときの備蓄がそれなりに貯めておける収納の余裕。
4ハウスがふたご	近所の人たちや友人など、出入りが割と自由。 突然の友人の泊りに対応できるなど、 フレキシブルな空間作り。
4ハウスがかに	家族や親しい友人たちとくつろげる。 水回りの悪い部屋は運気を落とす。 寝室には遮光カーテンをつける。

4ハウスがしし	自分が本当に好きな趣味の物を集めることができる。 好きな物に囲まれる。日中は日当たりが良い。 一点豪華主義。
4ハウスがおとめ	病院やホテルのようにシンプル。色彩を抑える。 無駄なものは置かない。 ゴミ出しや不用品を処理するシステムが整っている。
4ハウスがてんびん	たとえ寝室でも、人を招き入れることのできるおしゃれな空間。 気軽に買い替え可能なトレンドをおさえたおしゃれな小物。
4ハウスがさそり	自分の思い出に関するものを手放さずに収納できる。 自分の思い入れのもの以外には無頓着で乱雑でも、 あまり問題ない。
4ハウスがいて	書籍やDVDを並べて、精神的に解放できる空間。 プライベートな個室や居室だけでなく、 居心地を自分の住む地域、町単位で考える。
4ハウスがやぎ	伝統的、長く使えて良いものが揃う。 万年床を嫌い、昼と夜のメリハリをつける。 毎晩ベッドメイキングをきちんとする。
4ハウスがみずがめ	家族でも自分以外の他者が侵入してこない。 掃除しやすく簡潔で、水分や埃、 食べ残しなどの有機的な汚れがないこと。動物を飼わない。
4ハウスがうお	主張が強くなければいい。 ひとつのテイストでまとめず混沌とさせる。 古いものと新しいものの共存。

なにかが好きってことは＝自分が好きってことだからね！

5ハウス「個人の可能性」

3ハウスで優劣がついてがっかりしても
4ハウスで「休息」を得て足場を固めれば、また自分なりのおもしろさや
楽しさを見つけ出す場に飛び出していく、それが5ハウスです。
他者との競争はやめて、自分だけの楽しさを味わう場です。
なりふりかまわずに心の底から楽しめるものは全て5ハウスです。
趣味、遊び、恋愛、子ども、ギャンブル、
胸がどきどきするかどうかが基準になります。

＼ 5ハウスでわかる ／
恋愛の現場

恋愛の成立というものは、いったいどの時点のことをいうのでしょう。一般的な恋愛の成立は、「好きになった相手」も「自分のことを好きになったとき」なのではないかと思います。
占星術で恋愛のことを占う場合は、どのような相手のことを好きになるのかという個人の好みを火星や金星というような天体で確認します。しかし恋愛は5ハウスが現場になる出来事なので、5ハウスのサインを見ることで、どのようなシチュエーションであれば、これは「恋愛だ！」と認識することができるのかを見ることができます。

5ハウスが おひつじ	衝撃の一目ぼれ。最初の瞬間が、たとえ好意以外のものであっても、相手となんらかの強烈な関係性を持つような場面がないと恋愛の感覚にならない。内容よりも刺激の強さが優先される。
5ハウスが おうし	相手と一緒にいることで自分自身のグレードが上がるような感覚になると、恋愛と認識しやすい。普段の自分のペースが乱されないことも重要。苦手なものを強要されると一気に醒める。
5ハウスが ふたご	おしゃべり、会話が弾むことが恋愛だと認識する一番のポイント。気軽にメールのやり取りをしたり、興味があることに関する情報を存分に交換し合える。同性の友達のように気が合うことが大事。
5ハウスが かに	気持ちの共感が得られるようなシーンがたくさんあることが重要。家族や友人など自分にとって身近な人たちともうまく交流できると、恋愛ポイントが上がる。スキンシップで恋を確信する。
5ハウスが しし	予想外の展開が必要。サプライズやドラマチックな出来事が起こると一気に恋愛モードに火がつく。プレゼントをもらう、褒められるなど、相手からわかりやすいアプローチがあることが重要。

5ハウスがおとめ	自分の有効性を確認できる。自分が相手をしなければ、誰も相手ができないのではないかとか、恋愛的には普通の状況ではないなど、一般的に困難がある状況になると、不思議と恋愛と認識する。自分の能力試しが可能なムードが大切。
5ハウスがてんびん	相手からの誘いがある、異性として扱われることが大切。自分のアクションに対しては、細やかにひとつひとつきちんと反応があり、相手の方から恋愛としてのムードを作り、口説いてもらえると恋愛モードになる。
5ハウスがさそり	シンクロニシティ、偶然の一致が重なる。母親同士の名前が同じとか、共通の友人がいるとか、何度も偶然ばったり会うとか、自分の意志が働かないところでシンクロが頻発すると運命の恋のムードを認識して、相手のことがとても気になる。
5ハウスがいて	相手の知的レベルが高いとか、尊敬できる仕事に就いているとか、自分の日常と違う世界を見せられると恋愛モードに火がつく。スポーツやダンスなど身体を動かす趣味が一致することで接近することも。
5ハウスがやぎ	マニュアルや手順を踏んだデートでこれは恋愛だ、と認識できる。誘いは事前に予定を聞かれ、映画や観劇、ショッピングなどをしてから、予約した店で飲食というように計画的な行動をとってもらうことで大切に扱われる実感を得る。
5ハウスがみずがめ	友人から始まる、男女格差がなく平等なつきあいで、ある程度相手の人柄や性質を認識してから恋愛モードに入る。学生時代の縁などを大切にしないと、結婚に結びつかない場合もあるので注意が必要。
5ハウスがうお	相手が気の毒だったり、同情の余地があると、自分がなんとかしてあげたいという保護本能から恋愛認識に向かう。夜景やイルミネーションを一緒に楽しむなど人工的な光を使ったロマンチックムードにも弱い。

個人として最終的な調節をする
6ハウス
健康　義務　働き方
たぶんこの扉のむこうに
ここよりすてきなどこかがある
…
今のままの私ではそこへは行けない行けないいのだ
魔法をかけてあげようか？
No!
魔法なんかじゃ間に合わない
しっかり自分をきたえるんだ!!
できること
能力
これが全部終わるまで
何も始まらないそう思う!!
そして…いつかは…いつかはきっと……

6ハウス「個人の完成」

1～5ハウスの現場を経て、個人としての能力の調節をする場所です。
個人の調節なので健康に関する感覚も6ハウスでみます。
そして個人調節ができているか否かを一番早く簡単に確認する方法は、
他者や環境からの欲求に答えられるかどうかを試してみることなので、
働き方や上司部下、雇用関係などの現場を6ハウスの状態でチェックします。

＼ 6ハウスで見る ／

働き方と義務の現場

6ハウスは自分の個人としての能力や出来を鍛えて調節する場所です。自分にとっては面倒くさくて義務感しかない、つまらない場所かもしれません。しかし6ハウスは自分のやりたいことではなく、人から期待されたりお願いされる現場でもあるので、ある程度は自分を殺して、義務的に淡々とこなすことで、安定した収入を得たり、自分の能力を伸ばし、土台の力をつけるために有益である場合も多いのです。特に人生でつまずいて、ピンチだと感じるときは、下記の表のキーワードを参考に6ハウス的生活や仕事にチャレンジして、建て直しを図ると良いでしょう。

6ハウスが おひつじ	忙しい職場でないと労働意欲を失う。単純作業でかまわないので、次から次へと仕事があることが必要。研修期間などはあまり必要がなく、直観でものにならなければ、別の職場を探した方が良い。
6ハウスが おうし	働いた分だけ確実に稼ぎになる。忙しくても過酷でもかまわないが、自分がやった分だけきちんと対価として支払われる職場。自分の夢をかなえるための修行の身としても、ボランティア的要素があると、最終的に行き詰まる。
6ハウスが ふたご	そこで働くことで自分のスキルが上がることを実感できるように、同じようなスキルの人たちが大勢集まっている中で切磋琢磨できるような職場。歩合制で成果を上げたり、試験がないと昇進できない環境で働く。
6ハウスが かに	自分がよく知っているジャンルのものを商品として扱ったり、家族的なムードである程度プライバシーを見せ合うようなカタチで、持ちつ持たれつの間柄で働く。小さい会社、小さい事務所でちんまり働く。
6ハウスが しし	少しでも自分の発案やアイデアが採用される。他の人間ととりかえがきかないような配置にされるとやりがいが出る。就業規則が厳しい職場で歯車のひとつとして勤務しなければならない職場では良さが出ない。

6ハウスがおとめ	言われたことだけをひたすら丁寧にこなすだけですむ職場。派遣労働。通常の職場の場合でも、制服や公式のマニュアルがあり、上に立つ者の指示に従って働けるような環境で頑張る。必要であれば資格を取得する。
6ハウスがてんびん	派閥がなく、人間関係が良い。社交性を求められる職場。割合どのような職場でもそれなりに身の置き所をみつけてなじみやすいが、プライベートに干渉してきたり、サービス残業が常態化していると続かない。
6ハウスがさそり	専門職として、いったん雇用されたら長続きできる職場が望ましい。その時々によって、仕事を組むパートナーが変わったり、方針がかわる職場は疲弊する。人間関係が重要なので、紹介や縁故で職場を探す。
6ハウスがいて	ある程度、専門的なスキルが必要であったり、普段だとなじみのないような人間関係や話題が必要な職場。何にでも好奇心を発揮して、複雑な人間関係のクッション役を担うことを求められるような職場。
6ハウスがやぎ	時間厳守で組織がきちんとしているところで、ひとつの歯車として働かなくてはならないような職場。やった分だけ、給与や昇進というような目に見える形でフィールドバックが必要。
6ハウスがみずがめ	あらかじめ決められた自分の分担以外にも、目を配らなくてはならない職場。能力もないものも含まれたランダムなチームで働き、能力のない人間の底上げを科せられる。全体責任。
6ハウスがうお	どんなことでもいわれたことは素直に引き受ける。なにも仕事がなければ、自分から他の人の分まで申し出ても、違和感のない職場。奉仕的精神を発揮できる職場。

他者と出会う場所
7ハウス
パートナー
出会い
私は私以外の誰かと出会う
そこから「社会」が始まる
私は誰で
私の役割
私は何をしにこの世界へ
それは全部
私が出会う人たちが教えてくれる
7ハウスは
私の応接間

7ハウス「他者」

他者を認識する場所です。
ここから自分以外の他者を意識する現場がスタートします。
結婚運・パートナー運の基本は７ハウスをチェックします。
７ハウスのサインや天体の意味とシンクロする人物は、
自然に自分と関係があるパートナーと認識します。
独立して商売などする場合は
７ハウスの状態があなたのお客様の傾向を示します。

＼７ハウスで見る／
人生のパートナー

７ハウスは、あなたの人生上で出会うパートナーや他人との関わりに関係した場所です。どのような関係性であっても、７ハウスのサインに示されたようなムードで縁をつないでいくでしょう。特例として７ハウスに土星があると、サインの象徴の示すタイプのつきあいや人物とは、正反対の相手を知らず知らず選んだりします。うんと若いうちであれば年上の相手やパートナーとうまくいく確率が高くなりますが、７ハウスに土星がある人の若いうちの結婚は、一度離婚して、仕切り直しになることが多いようです。

7ハウスが おひつじ	あなたに新しいアイデアを与えてくれる人。活発で細かいことや人目を気にしない。でもその場で解決する勇敢さを持っているようなタイプ。
7ハウスが おうし	自分が本当に欲しいもの、あきらめたくないものは何かを教えてくれる人。こちらが手の内を明かさなくても、諦めずに同じ場所でずっと動かないでいてくれる。
7ハウスが ふたご	細かな反応で実際的な動きをリードしてくれる人。たくさんボケても、たくさんツッコミしてくれる。最終的な決着点がないことを気にしない。
7ハウスが かに	理屈に合わない、数値的に根拠がないことでも、自分の納得のためだけに押し付けてこようとする人。正直意味がよく分からないが、放置しておくことが何故かできない相手。
7ハウスが しし	自分を中心に考えることができる、ある意味人間的に頼もしい人。何故か惹かれてしまい目が離せない。表面的な明るさよりも、内面に秘めた孤独に気がついてしまう。

7ハウスがおとめ	能力が高く細かい事まで、よくできる人。一見物静かだが、観察眼が鋭く皮肉屋でもある。自分の計画が遂行されている間は安定しているが予定が狂うと活動停止する。
7ハウスがてんびん	常に視野が広く、気がつかない部分をサポートしてくれる人。誰に対してでもバランスよくつきあうことができて社交の部分を広げてくれる。
7ハウスがさそり	こちらの一方的なこだわりに対して根気よくつきあってくれる人。ある程度の時間はかかるが、1度関わりを持つとずっと離れない。信頼関係が築ける。
7ハウスがいて	こちらの言動に対して、寛容度が高く、常に思いがけない知識や考え方を提供してくれる人。余計なこともたくさんするが、いつも悪気はない。
7ハウスがやぎ	世間的な常識を兼ね備えている相手。情緒的にも安定していて、社会や組織のルールを知りそれに従う。ある程度必要なこと以外は放置しておいてくれる。
7ハウスがみずがめ	常時冷静で、いつも一定の距離感を持ち、状況を広い視野で見ている人。個人主義的なところがあり、なかなか頑固。困ったときは真っ先に手を差し伸べてくれる。
7ハウスがうお	こちらのペースを乱すために存在しているのかのように自由で一貫性がない人。良いところとだめなところが入り混じっている。特にだめな部分を放置しておくのは、こちらが悪者になったような気がしてしまう。

限定された空間や間柄
8ハウス
血縁
公的機関
遺産
8ハウスは
運命共同体
勝手な出入りは
許されないが
その中にいる限りは
安全だ
○○さんの
息子さん
○○会社の
係長さん
○○チームの
部員さん
○○会社
○○チーム
ここでは
個人の個性よりも
屋号や名字や
属するシステムが
優先される場
つきつめると
大自然も
8ハウス
この輪の中で
生きている

8ハウス「他者との関係の保持」

7ハウスで出会った他者との関係を選別し、特定の対象と特別の関係を結び保存する場所が8ハウスです。血縁や特定の公的団体など、一見さんでは仲間に入れない、特定のあらかじめ設定されているような場で、個人というものをいったん忘れて集団の中に入るという場です。家系から相続する、税のように公的なお金と関わるなど、個人では自由にならないお金や財産の場所も8ハウスです。

＼８ハウスでわかる／

私を守る大きな屋根とその絆

個人としてではなく、その人が所属している場所の感覚が８ハウスです。簡単に言うと、実家や幼馴染みたちなど、長く慣れ親しんだ場をどのような雰囲気で捉えているのがわかります。

8ハウスがおひつじ	衝動的で素直に振る舞える場所。親しくても自分以外の人間の中にいるよりも、自然の中に行くと落ち着いたり、守られているような感覚を覚える。都会育ちでも、山に登ったり草花と親しむような行動が、この世界に生まれてきた孤独から逃れるヒントになる。
8ハウスがおうし	食べることに困らず、温かい寝場所に恵まれているような場。単調でバリエーションはないが、安全感はある。その分窮屈で閉塞感を感じることも。
8ハウスがふたご	安心して好奇心のままに、様々なことにチャレンジすることができるムードがある。逆に自分からまったくなにも動かなくても、その場にいれば必要不要の区別なく変化や情報が豊富にある。息が抜けて自由で居られる。
8ハウスがかに	いろいろしがらみがあり面倒ではあるけれど、根本のところで絶対に自分のことを見捨てないという安心感が持てる場所。現実に存在しなくても、架空や物語上の愛情や友愛が満ちる場であることもある。
8ハウスがしし	親族など身内に囲まれると、自分が産まれてきた出自がはっきりして、生きている時間が限定され、その中で自分らしい個性を発揮しようというやる気が起こる。家族に助けられて自分本来の能力をのびのび伸ばす。

8ハウスがおとめ	血族親類の集まる場所は、自由が効かず義務を感じる。やるべきことをやっていれば問題は無いのだが、発展性がなくあまり面白いと思えない。重要ではない部分で、人の揚げ足を取るような親類親族がいることも。
8ハウスがてんびん	公平さを保ち、広く開け放たれている場所で、逃げ隠れしにくい。親族には、裏表や秘密のない生き方を求められる。勤め先や所属する場では、自分らしさを発揮しにくい。味方になり、自分を理解してくれる交友関係を作ることで居場所を確保する。
8ハウスがさそり	自分自身が、継続されてきた大きな流れの中の１つのパーツであるということを実感できる場所。そこでは自分の個性を出さなくても、自動的にあらゆることが既に決定されているので、全てを任せるしかないし、任せられる。
8ハウスがいて	自分が限界点を感じた時に、次の段階に引き上げてもらうように可能性を広げてくれる場所。自分が思ってもいなかった部分に目をつけて、どこまでも良き方向に伸ばしてくれる。自分自身にやる気があるときはこの関係性や場所は意味を感じられず無駄に思う。
8ハウスがやぎ	自分を締め付ける窮屈なルールのある場所。年功序列で、しきたりがあり、できればこの場には関わり合いたくないが、いざという時には具体的な援助を施してくれる。親親族があてにならなければ、自分の所属する自治体の役所などがこの場に相当する。
8ハウスがみずがめ	血筋的なネットワークを感じる場。自分の所属する家族がまず１つの単位で、家族という単位が無数にネットワークを広げていて、血筋という繋がりがある限りはどんな場所でもどんな時代でも、個人ではないという安心を得ることができる。
8ハウスがうお	何でもありの、優しさに満ちている場所。優しさゆえに、自分がそこに取り込まれ自分自身の人生を歩んでいけなくなるような恐ろしさを感じることも。命の保証だけはしてもらえる、最終的なセーフティーネット。

世界を見て見聞広げてまいります
学問
理想
9ハウス
高等教育
海外
9ハウスは自分にとって
今、現在ここではない何処かです
一番、現実から遠いのは
頭の中
この考えすごくない
でも、それって理想だよね
勉強ばっかりしていても考えばっかりふくらんでもダメ現実をもっとみないと!!
えー
行動しないと
でもどうしてそれをやるのか、の行動の理由は考えておかないと
うーん
動物のようにいきあたりばったりじゃない人としての哲学、思想それが9ハウスの役割
理由
考える

9ハウス「研究と非日常」

8ハウスで、自分は自然や人とのつながりの一部であることを認識すると、
その場から「人間とは何か」ということを求めて飛び出していきます。
それが9ハウスです。日常的なしがらみを離れて
勉強や文化について学んだり、関わる場所です。
すぐに具体的に役立つわけではないけれど、知的好奇心が満たされて、
あらゆる可能性に自分を含む環境が開けて行く予感に満ちています。
海外との縁、遠方への旅行や留学、移住などの場でもあります。

＼ 9ハウスで見る ／
海外旅行と学習

自分にとって非日常の場所が9ハウスです。ここではないどこかへ行くためには、どのような理想を持ちそのための勉強することが必要でしょうか。ここでは9ハウスのサインを見ることであなたが理想を求め、旅行したり勉強したりする場所にふさわしいムードを考えてみましょう。

9ハウスが おひつじ	海外であれば、山岳地帯でのトレッキングや、水晶掘りの体験など冒険ができる場所が良いでしょう。安全な観光コースでも、開拓当時のムードが味わえたり、野生動物が観察できるツアーなどがお勧めです。読書や勉強は、自分の好みを優先するのではなく、普段全く行かない書棚の前に立つことで、新しい体験がスタートします。
9ハウスが おうし	海外旅行なら、その土地の先住民族の文化に触れるような旅が良いでしょう。異国であれば、都心よりも田舎、新しい所よりも古いところに出かけましょう。グルメを楽しんだり、お土産を物色する時は、伝統や由来についても学びます。学習も、自分の才能を伸ばす為に勉強をするのが一番しっくりくるので、身につけたい学びがあるなら、観光よりも留学してしっかり学ぶほうが合っています。
9ハウスが ふたご	海外はある程度フリーで、自分の好きなように歩けるように予定を組むと良いでしょう。田舎よりアグレッシブな都会のほうが、学びが多く成長のきっかけになります。旅行よりも留学の方が、早く確実に必要な能力が伸びるタイプです。特に語学留学がお勧めです。

9ハウスがかに	南欧のバルや中国や台湾などの屋台で、気さくにおしゃべりをしたり食べ物を分け合ったりして和むような旅が良いでしょう。ホームスティをして、現地の人たちに混じって暮らせるようなプログラムが合っています。勉強は人間の心理について学ぶとしっくりきます。
9ハウスがしし	世界にある美術館や博物館を巡る旅がオススメです。またライブハウスで盛り上がったり、ダンスを踊ってみたり、自ら表現をする体験型のプランもぴったりです。勉強は書物に頼るのではなく、観劇や映画鑑賞など、エンターテイメントに親しむ事で、学習意欲が自然に高まるでしょう。
9ハウスがおとめ	どこに行って何をするかより、ホテルなど宿泊する場所のクオリティが重要です。華美ではないが、清潔で必要なサービスはしっかりと受けられる。好みのホテルに宿泊すること自体を旅の目的としても良いでしょう。読書や学習は、実用書を読み、実際的に何の役に立つかということを重視しましょう。目的が外部から与えられなければやる気は起きないので、必要な資格を取るのもお勧めです。
9ハウスがてんびん	ショッピング中心で商品や人がたくさん溢れる繁華街での観光を中心のプランがお勧めです。ガイドブックでしっかり下調べをして、美味しいものを食べて、エステやマッサージを受けるものいいでしょう。お金がなくてもウィンドウショッピングをとことん楽しんでください。なるべくたくさんの要素にふれる欲張りな計画が合っています。勉強は質の良い仲間が集まるところではかどります。自力でなんとかしようとせず、良き環境に入りその力を借ります。

9ハウスがさそり	幼い頃の夢をかなえるような旅が良いでしょう。憧れのスターや小さい頃から親しんだ物語やキャラクター、その縁の土地など、日常の中では出会えない、ものと触れ合うプランを計画してください。自分が行きたい場所がないなら、親や親族などの望みの場所に連れていってあげるのも良いでしょう。勉強はなかなか手につきませんが、一度これと決めたら一筋に長く継続します。本来の意味での信仰心(自分との対話)から、宗教関連の勉強は自然と身に付きます。
9ハウスがいて	出かけていくこと自体が、すでに非日常なので、どんな場所へ何を目的に行っても良いでしょう。ひとつの場所に停留すると、そこが日常になるので、いろんな場所を転々とできるプランがお勧めです。学習に関しては、知能は常に肉体の実践を伴って向上していくので、文武両道で一定の目標や目的を持たず、日々修行を積み重ねるタイプの学習方法だと本物の実力がいつの間に備わります。
9ハウスがやぎ	大きな会社で組まれた安全なツアーパックで、伝統的な観光地をまわるのが一番安心でしょう。単純な意味での海外旅行などの場所を変えただけの非日常には、あまり興味がありません。海外のブランドを安く購入したり、そこに行かなくては食べられないようなものを食べたり、付加価値が最初から保障されていることが重要です。勉強は、自分に必要なことだけに時間をかけて結果が出るまでまじめに取り組みます。自分が必要だと納得できない勉強は一切しないので、無駄がありません。

9ハウスがみずがめ	荷物を最小限にして必要なものは現地調達、その土地で生活しているかの如く気軽な「旅人」となれるプランが合っています。どの場所にあっても自分は自分という意識を覚醒させることが旅なので、自分探し系のフリープランが望ましいのです。人生の節目で旅に出ることで、日々蓄積したぶれが修正されます。学習は独学で本やネットで覚えていくタイプです。自分より能力がある人間からは、素直になんでも吸収し、周囲にも良い影響を与えます。現場でも体感で学習した方が成長します。
9ハウスがうお	海外旅行は、動物園・植物園、お城や物語のテーマパークなどを中心に回るプランが良いでしょう。旅行に出るなら非現実でロマンチックという一番難易度の高い欲求があるので、安全な計画を立てないと、旅が危険になりやすいので注意が必要です。学習は芸術系。この世界にある美しいものや豊かなものを教養として取り入れることでグレードアップします。興味はなくてもクラッシックや美術、オペラ、バレエなど機会あるたびに触れておきましょう。

社会的肩書き
10ハウス
この看板を
出してます
わっ!!
久しぶり!!
わー
今、どうして
いるの?
お仕事は
何をされているんですか?
中身は
全然
違っても
看板なので
そう見られてる
結婚していて
子どもがふたり
くらい…?
元気そう
体育の先生
とか?
こういう質問
かならず
されますよね?
いやいや普通の
OLなんですよ
看護師
やってます
一応
カフェの
オーナーを
実際は
聞いてみないと
分からないですが

10ハウス「社会」

9ハウスで生きる意味について学んだり試行錯誤した結果、
哲学を持つに至り、「何のために生きるのか、働くのか」を考えた結果が
10ハウスの社会の場につながっていきます。10ハウスは、
社会システムの中で自分がこなすべき役割を持つという場です。
人は誰でも社会の中に居場所があります。
興味を持つ持たないにかかわらず、社会の一部を構成している
一員であるという現実が10ハウスに示されます。

＼ 10ハウスで見る ／

どのような肩書きを持つと良いのか

自分が特にそこを目指していなくても、生まれながらの社会的な立ち位置としての看板部分なので、どのような肩書きで生きていこうかと考えるときの参考にしてください。なかなか自分自身のプライドと矛盾して割り切れないタイプも出てきますので、当たった・当たらないという見方より、人にはこう思われている程度の見方をすると良いでしょう。また具体的な職種については一例で、実際には他の箇所と複合で割り出しますが、10 ハウスに月、水星、金星、太陽、火星、土星のうちどれかひとつでも天体があると、サインが示すままの職種に就いていることが多いようです。

10ハウスがおひつじ	警察官、消防隊員、救急隊員、警備員、山岳レンジャー、勇敢で判断力が必要、その場のアクシデントに臨機応変な対応ができる職種。農業、林業、漁業など、自然の中で働くイメージも。
10ハウスがおうし	金融関係、料理人、質屋などダイレクトにお金や証券を扱う仕事。安心感や安全感が必要な仕事。
10ハウスがふたご	営業、広告、雑誌やパンフレットの編集出版、アナウンサー、芸人、司会者。ことばや情報を扱う仕事。気軽でフットワークの軽い感じを生かした仕事。
10ハウスがかに	保育士、介護士、教員、飲食店、雑貨店、商店・中小企業の社長人のめんどうをみたり、世話をする。子どもを育成する、小さなお店を管理するなど、人に対して親身になることで共感を得られるような仕事。アイドルなど大衆に対してアピールする仕事も。
10ハウスがしし	エンタメ系、水商売、タレント、俳優、アーティスト、モデルなど人目につくはなやかさや人気が必要な仕事。自分の表現をする。周囲の注目を浴びる。

10ハウスがおとめ	事務員、会社員、医療関係、教育関係、マネージャー、清掃業個人の能力や技術で他者の役にたつ。目立たない補佐役・裏方の仕事。
10ハウスがてんびん	美容師、ネイリスト、有名企業のOL、コンパニオン、デパートの外商、そつなく社交家でおしゃれなイメージ。ほんとうはヨゴレ仕事であってもそれを感じさせない清廉さ、生活感のなさ。
10ハウスがさそり	レントゲン技師、医師、職人、なんらかの専門家、庭師、長い期間の修業を得なければ、就くことができないような仕事。集中度高く、真剣に取り組む仕事をしている印象。
10ハウスがいて	政治家、スポーツ選手、ダンス・ヨガ講師、外交官、パイロット、武術家、頭も体格も良くないと就けないような仕事。特に体格的な説得力が必要な仕事。
10ハウスがやぎ	公務員、一般的な勤め人、サラリーマン、現場監督、映画監督仕事をしている人間として他者に不安感を与えない、平凡でどこにでもいるイメージの仕事。印象が強いと組織を動かすボス、家長、父親的イメージ。
10ハウスがみずがめ	フリーランス、映像や音声関係の仕事。IT技術者、エンジニア、デザイナー、機械関係などの技術で食べているイメージ。組織に所属せず自由な働き方をしている。
10ハウスがうお	水商売、マッサージ、葬儀屋、刑務官、宗教関係者、カウンセラー、社会の主だったルールの外側で、癒しや救いになるような類の仕事。

未来や将来を考える
11ハウス
サークル
異業種交流
10ハウスまでがんばったから
11ハウスでは自由になりたい
11
10
9
損得抜きに好きなことして
儲けとかいろんな結果は度外視で
みんなで何かやりたいなー
いいね
なぜこんなことやってるの？
つつをあむ会
楽しいから
なんとなく
おもしろいし
きちんと組織化NPOも11ハウス
こどもの♡人権

11ハウス「集団の可能性」

11ハウスは、今すぐ必要でなくても、
次の段階の可能性について、自分以外の誰かと未来に
良かれと思うことをする場所です。仕事帰りの習い事、休日のボランティア、
特に目的はなくても気の合う人間と交流すること。
成果やノルマを気にせずに、やりたいからやるという意味では、
5ハウスと似ているのですが、自分ひとりの5ハウスと違って、
11ハウスは他者との関わりがあります。

＼ 11ハウスで見る ／
環境の作り方

11ハウスは社会の規律から自由な場所です。具体的な成果やこれがいったい何になるのかを考えずに、自由に集い好きなことをして、先の人生のための豊かさを蓄える場所です。あなたの人生の上での友達の作り方、誰かと未来を楽しむための場の作り方の特徴がわかります。

11ハウスが おひつじ	その場に集い、その場で解散。いつも同じメンバーが友人だとは限らない。公園などで近隣の子どもたちが三々五々に集まり、適当に時間になったら、それぞれ帰っていくという感じ。誰かがリードを取って始めたことに、おもしろければ賛同し、そうでもなければ少し離れて傍観する感じ。自分がなにか思いついて発案することはあるが、それに拘束性や永続性はない。
11ハウスが おうし	能力や金銭的、肉体的に恵まれた人たちと友人になる。悪気なく、友人関係にメリットを求めるが、友人であるということ自体がメリットなので、金銭的物質的なことを期待しているわけでない。容姿や才能や家柄に甘んじず、能力を磨く人たちが友人として周りにいることを感じているだけなので、実害はない。
11ハウスが ふたご	趣味とノリが合い、情報交換が活発にできることが友人の条件。軽さが大事で、過度な親密さを強要されると逃げ出したくなる。しかし友人の存在は重要で、同じ年頃の友人たちに囲まれて自分の能力を切磋琢磨することで、自分の未来を切り開く。現実に友人に恵まれない場合は、ネット上でも気軽に情報のやりとりのできる仲間を作ると良い。
11ハウスが かに	外部に友人関係を広げていくことはない。家族ぐるみでつきあったり、一緒に育ってきた兄弟や親戚を友人替わりにしたりもする。少人数で小さな単位でつきあう。突然外部の人間が入ってくるのを恐れる。一度友だちになると、本当の家族のように扱うので、自然と面倒見がよくなる。
11ハウスが しし	趣味や興味の方向が合う友人たちが集う。サークル化して、一緒になにか作ったり表現したりする機会が多い。自分の人生を彩り、輝かせるために、仲間で集まることは欠かせない。未来の喜びにつながる今現在の充実は、友人たちからもたらされる。仕事以外に、趣味で集まり、その後でかならず宴会やメンバーの誕生日パーティなどをすると良い。

11ハウスがおとめ	無駄に人が集まることは好まない。社会貢献につながるボランティアやNPOなど、集まることで何か具体的にやるべきことがあるという場で友人ができる。または将来につながるような資格を取るとか習い事などをすると、人生に自分で責任が持てるように日々自分の能力を磨くような生き方をしている友人たちと出会う。
11ハウスがてんびん	友だちの友だちは、みんな友だちということで、流動的に集まる場が良い。来るもの拒まず去るもの追わずで、人数が増えがち。流行に乗った遊び方をする。音楽やファッションなどの情報が集まる店を起点に、友好を深める。グループの中に突出したカリスマや空気を読まない人間がいると、自然消滅する。
11ハウスがさそり	集団を形成したり入ろうとはせず、そつなく周囲のムードに薄く合わせるような友人関係。静かにフェイドアウトできるようなグループに存在するか、ひとりでいる。グループに所属するなら長期にわたってプラス面マイナス面含めて、全面的につきあっていけるようなムードの友人になることを希望する。
11ハウスがいて	未来に向かって理想を語り前向きな友人たちと縁を作る。誰とでも楽しむことができるフリーな関係の友人たち。そこから静かにフェイドアウトしても、次回集まるときに特にそれを問題視したりしない人々。議論はしても悪口や陰口は交わさない。スポーツや運動を目的に集まることも多い。
11ハウスがやぎ	具体的野望を持って成果を出すような友人たちに惹かれ、勉強会や異業種交流会に参加するなど、社会の中での自分の立ち位置の向上について常にあきらめることがない人たちの中にいると満足する。友人たちの中で役割があるほうが安心する。良くも悪くも、友人により成長するので、自分の伸びしろを確認したくなったり打開策が欲しいときは、友人たちと過ごすと良い。
11ハウスがみずがめ	ネットなど時間や空間を超えたところで、普段の仕事や役割を離れて交流して、仲間を作る。ある一定の距離を常に持ち、みんなが自由にふるまえるように気を使い合う友人関係。お店の常連同士など、いつでもそこにいれば誰かがいるような「場」があり、そこを中心に交流を持つ。来るもの拒まず、去るもの追わずで、割と長続きするグループ単位での友情を生涯続ける。
11ハウスがうお	臨機応変にあちこちに自分が心地よく過ごせる場所や友人を渡り歩く。特別な目的意識がなくても、周囲のムードに流されて自分のエネルギーをたくさん使うので、よく知らない人と長時間一緒に過ごすことには注意が必要。互いに束縛せず自由な空気が味わえる友人たちとのんびり過ごすのが、一番。

自分の生身の活動を隠す
12ハウス
無意識 マスコミ インターネット
人間には肉体だけではなく精神や魂があります
12ハウスは肉体を使わずに過ごす場所
じゃあ12ハウスは死んじゃうの？
ガーン
体があると限界がある活動も――
表に出て行かないだけ
放送や印刷や体を直接使わない活動なら限界を突破できる
おー
今はインターネットが12ハウス的な空間だよ
個人を隠して活発に!!

12ハウス「秘密と分解」

全ての場所に決まった役割がありますが、
12 ハウスには決まった役割がありません。
そして何をしていても良いのですが、それは公にはせず秘密の場所です。
時間も空間も区切りのない仮想空間のようなところです。
無意識で夢を見たり、最近ではネット空間、テレビ・ラジオ、出版など
マスコミ関係と縁がある場所です。この場所では個人の個性というものは
肉体を離れて分解していきます。

＼ 12 ハウスで見る ／

自分を守る秘密の隠れ家

無意識の場所である12ハウスに天体があれば、人目を離れて自分なりの空間を持ち、それをうまく使うことができます。もし天体がなくても、サインをチェックして、上手に秘密の空間と時間を持って、鋭気を養うようにしてください。特に12ハウスに月がある人は、このポイントがやる気をチャージする重要な場所になります。
12ハウスは、他の場所で溢れたり余剰なものを「役立つ・役立たない」の分け隔てなく置いておける、バックヤードのような場所です。

12ハウスがおひつじ	特に意識していなくても、睡眠中やふとした空き時間に忘我の状態になるときに、良いアイデアを蓄積しておくことができる。眠ることとひとりになることが一番の行き詰まりの解決策なので、時には強制的な休暇を取る。
12ハウスがおうし	高価でも納得できる良い入浴剤や石鹸を使う。寝室に鏡を設置して、一人でいるときは裸体で過ごす。眠る時の寝具やフレグランスに凝る。身体に近いもの全ての肌触りと香りに気を使うようにする。自分の肉体を大事にする。
12ハウスがふたご	ネットなど匿名で存分に言いたいことを書き込みまくる。反論には反論を返す。人と関わるのが面倒な時は、ひたすら近所を一人で歩き回る。歩きながら思いついたことや発見や考えをメモすることで自分の素の意見を認識する。
12ハウスがかに	自分の全てに共感しYesと言ってくれる人たちと交流して、異質な考えの人たちとの交流は避ける。実在の人と関わるのが煩わしい場合は、ひたすら睡眠をとり、無意識の共同体に魂を任せ、夢日記をつける。
12ハウスがしし	歌う、踊る、小説やマンガを書き、ネットで発表したり、即売会に出たりする。コスプレをする…（ことを妄想するでも可）読書や映画鑑賞をたっぷりして、作り事の世界の中で感情を解放させる方法を編み出す。

12ハウスがおとめ	ビジネスホテルに泊まる。自分の私物が溢れていない環境で、清潔に過ごす。人間ドックに入る。日常の垢を落とし、シンプルに自分の半径3メートル以内の中に閉じこもり、不測の事態や雑事に邪魔されず自分の好きなことだけする。
12ハウスがてんびん	あてもなく人ごみに紛れる。登場人物の多い本を読む。商品点数や種類の多い量販店で目的もなく、ウィンドウショッピングをする。なにかひとつコレクションをして、それを眺めたり、整理する空間と時間を持つ。
12ハウスがさそり	神社や仏閣など古い建物を密かに巡る。吉方位などにお水取りに行っても良いが、自分の幸福を願うより世の中全体の運命や幸福を漠然と願う。特定の寄付先に定期的に少額ずつ寄付をし続ける。これらのことは誰にも明かさない。
12ハウスがいて	本を読み、勉強をする。何もやってなーい！ といいながら、陰でガリ勉、誰にも知られないように深い教養と思考体系を身につける。ジムに通い身体を鍛え、ボディラインを整え、脱いだらすごい人になるが、人前では脱がない。
12ハウスがやぎ	ボランティアなど、全く自分自身には一文の得にならない活動で、周囲の人に知られないように社会参加する。黒幕として陰で根回しをする役割につく。普段は目につかない社会システムによって生活が成り立っていることを自覚する。
12ハウスがみずがめ	自分の知恵や能力をネットなどを利用して、不特定多数に人に分け与える。必要な情報が必要な人にいきわたるように便宜をはかる。いつもネットを通じて知り合いとつながっておくようにインフラ整備をしておく。機械機器類をいじる。
12ハウスがうお	いろいろなことがあっても、最終的には「まあいいや」と脳にも心にも、一番優しくて正しい選択を取るので、無理にいろいろしなくても、自分自身がヤバイ状態からは自然に回避する能力が備わっているので、自分の勘に従い生活する。

本書では、巻頭の簡易式ホロスコープを制作して、該当箇所を読み進めるというシステムです。

本書の簡易式ホロスコープでは、イコールハウスシステムという太陽のあるサインをまるごと1ハウスとして、以下太陽の次のサインが2ハウス、その次のサインが3ハウスというような仕組みになっていますので、本書で採用したイコールハウスシステムでホロスコープを制作すると、全てのホロスコープが〝1ハウスに太陽〟になります。

西洋占星術のハウスシステムは、いろいろな計算方法がありますが、専用のソフトを使いPCで自動計算して細密なホロスコープを作成する場合は（複雑ですが、もちろん手計算で制作する方法もあります）日本ではプラシーダスハウスシステムという方式を採用している場合が多く、私も普段の鑑定の現場ではプラシーダスハウスシステムを採用しています。その場合、太陽は1ハウスに限らず、12ハウス上にばらけて存在しますので、解説では、どのようなハウスシステムで制作したホロスコープでも、本書の解説が利用できるような方式の説明マンガを書きました。現代はネット上で検索すれば、無料で細密ホロスコープを表示してもらえるサイトもたくさんあります。自分で細密なホロスコープが作れる人は、ハウスの説明はそれにしたがって読んでも問題ありません。

ハウスの分け方はいくつもあります。一説には研究者によって300以上もの方式が提案されているといいます。わたしは、そのどれを選んでもかまわないということを前提としています。大切なのは、どの方式で読むのかと最初に決めて、決めた方の方式を心から楽しむことです。ハウスシステムの違いによって、1ハウスに太陽があるのと、4ハウスに太陽があるのでは、意味が全く違いますので、システムにより読み方が違うということに混乱して楽しめないということであれば、占星術を楽しむことはあきらめたほうが得策でしょう。

同じように、今回は新版として、天文暦のページのデータ部分は、旧版と別の計算形式のものが掲載されています。天文暦は計算式をプログラムした人や研究所によって数値が変わることがあります。この変更によって旧版の「しあわせ占星術」をお持ちの方、または別のプログラムで計算されたホロスコープをお持ちの方は、一部に若干の数値的ずれが出て、天体のサインが変更になってしまうという方が出るかもしれません。もしそのような場合は、気にせずに自分の好きな方のサインでホロスコープを作ってください。

そもそも西洋占星術は、中世の天動説を根拠にしたオカルトです。中世の占星術は医学や数学や天文学と並ぶ純粋な科学であり学問でした。現代の占星術は統計や科学ではありません。雲の形やカップの底のお茶の葉の形でインスピレーションを得るのと同じように、星の配置に個性や人生の意味をみつけていく〝占い〟でしかありません。占星術は人の心とまだそのほとんどが解明されていない宇宙の仕組み、すなわち哲学に根拠があります。

宇宙には真理があり、人間は宇宙と相似形をなしているので、人間を解き明かすことは宇宙の真理に近づくことであり、そこに少しでも近づこうと手を伸ばす占星術は、私たちの短い人生の時間と内容を豊かに彩ってくれるでしょう。人はどこから来て、どこへ還るのか、何故この地上に生まれ落ちたのか。真理に届くとは程遠い未熟な人類の手と感性を精一杯伸ばして掴もうとすることを、楽しみましょう。

惑星運行表

これは水星、金星、地球、火星、木星、土星の天文暦です。それぞれの日付・時間は、天体がその星座に入った日時を示しています。あなたの生年月日・時間で各天体の表を調べて、あなたが生まれた瞬間、その天体が何座にあったかを調べてください。

表の見方

月

がめ	4/3 (10:46) かに	1959 年
	4/5 (23:01) しし	12/31 (14:15) みずがめ
つじ	4/8 (9:02) おとめ	1960 年
し	4/10 (15:36) てんびん	1/2 (18:19) うお
ご	4/12 (19:01) さそり	1/5 (0:21) おひつじ

左の場合、1960 年の 1/2(18:19) から 1/5 (0:20) までは月がうお座にあり、それ以降はおひつじ座にあることを示しています。

例：1978 年　12/16 0:56 生まれの人の月サイン（星座）

びん	3/21 (19:56) やぎ	12/10 (18:50) おうし
り	3/23 (22:52) みずがめ	12/13 (2:54) ふたご
	3/26 (0:04) うお	12/15 (12:50) かに
	3/28 (0:47) おひつじ	12/18 (0:37) しし
がめ	3/30 (2:36) おうし	12/20 (13:34) おとめ

1978 年の月の表を見ると [12/15 (12:50) かに] [12/18 (0:37) しし] となっています。そのため「12/16 0:56」はかに座ということになります。

月

1959年

12/31（16:15）みずがめ

1960年

1/2（18:19）うお
1/5（0:21）おひつじ
1/7（10:22）おうし
1/9（22:45）ふたご
1/12（11:23）かに
1/14（22:59）しし
1/17（9:03）おとめ
1/19（17:14）てんびん
1/21（22:59）さそり
1/24（2:03）いて
1/26（3:00）やぎ
1/28（3:19）みずがめ
1/30（4:56）うお
2/1（9:39）おひつじ
2/3（18:16）おうし
2/6（5:58）ふたご
2/8（18:37）かに
2/11（6:08）しし
2/13（15:35）おとめ
2/15（22:55）てんびん
2/18（4:24）さそり
2/20（8:12）いて
2/22（10:39）やぎ
2/24（12:32）みずがめ
2/26（15:04）うお
2/28（19:37）おひつじ
3/2（3:18）おうし
3/4（14:08）ふたご
3/7（2:37）かに
3/9（14:25）しし
3/11（23:47）おとめ
3/14（6:19）てんびん
3/16（10:37）さそり
3/18（13:37）いて
3/20（16:14）やぎ
3/22（19:10）みずがめ
3/24（23:02）うお
3/27（4:29）おひつじ
3/29（12:13）おうし
3/31（22:32）ふたご
4/3（10:46）かに
4/5（23:01）しし
4/8（9:02）おとめ
4/10（15:36）てんびん
4/12（19:01）さそり
4/14（20:37）いて
4/16（22:01）やぎ
4/19（0:32）みずがめ
4/21（4:55）うお
4/23（11:23）おひつじ
4/25（19:50）おうし
4/28（6:16）ふたご
4/30（18:22）かに
5/3（6:59）しし
5/5（17:59）おとめ
5/8（1:30）てんびん
5/10（5:07）さそり
5/12（5:55）いて
5/14（5:50）やぎ
5/16（6:51）みずがめ
5/18（10:23）うお
5/20（16:55）おひつじ
5/23（2:00）おうし
5/25（12:55）ふたご
5/28（1:06）かに
5/30（13:50）しし
6/2（1:38）おとめ
6/4（10:31）てんびん
6/6（15:20）さそり
6/8（16:31）いて
6/10（15:48）やぎ
6/12（15:23）みずがめ
6/14（17:17）うお
6/16（22:42）おひつじ
6/19（7:33）おうし
6/21（18:46）ふたご
6/24（7:10）かに
6/26（19:51）しし
6/29（7:53）おとめ
7/1（17:46）てんびん
7/4（0:08）さそり
7/6（2:42）いて
7/8（2:34）やぎ
7/10（1:43）みずがめ
7/12（2:19）うお
7/14（6:07）おひつじ
7/16（13:48）おうし
7/19（0:40）ふたご
7/21（13:09）かに
7/24（1:46）しし
7/26（13:31）おとめ
7/28（23:33）てんびん
7/31（6:55）さそり
8/2（11:04）いて
8/4（12:25）やぎ
8/6（12:21）みずがめ
8/8（12:42）うお
8/10（15:21）おひつじ
8/12（21:36）おうし
8/15（7:29）ふたご
8/17（19:43）かに
8/20（8:18）しし
8/22（19:41）おとめ
8/25（5:09）てんびん
8/27（12:24）さそり
8/29（17:19）いて
8/31（20:09）やぎ
9/2（21:35）みずがめ
9/4（22:51）うお
9/7（1:26）おひつじ
9/9（6:44）おうし
9/11（15:31）ふたご
9/14（3:10）かに
9/16（15:46）しし
9/19（3:07）おとめ
9/21（11:58）てんびん
9/23（18:18）さそり
9/25（22:42）いて
9/28（1:54）やぎ
9/30（4:32）みずがめ
10/2（7:14）うお
10/4（10:46）おひつじ
10/6（16:09）おうし
10/9（0:16）ふたご
10/11（11:18）かに
10/13（23:55）しし
10/16（11:40）おとめ
10/18（20:32）てんびん
10/21（2:06）さそり
10/23（5:16）いて
10/25（7:28）やぎ
10/27（9:57）みずがめ
10/29（13:26）うお
10/31（18:11）おひつじ
11/3（0:27）おうし
11/5（8:44）ふたご
11/7（19:26）かに
11/10（7:59）しし
11/12（20:24）おとめ
11/15（6:07）てんびん
11/17（11:53）さそり
11/19（14:17）いて
11/21（15:02）やぎ
11/23（16:04）みずがめ
11/25（18:49）うお
11/27（23:51）おひつじ
11/30（7:00）おうし
12/2（16:01）ふたご
12/5（2:52）かに
12/7（15:21）しし
12/10（4:13）おとめ
12/12（15:10）てんびん
12/14（22:13）さそり
12/17（1:07）いて
12/19（1:16）やぎ
12/21（0:49）みずがめ
12/23（1:47）うお
12/25（5:34）おひつじ
12/27（12:30）おうし
12/29（22:01）ふたご

1961年

1/1（9:22）かに
1/3（21:54）しし
1/6（10:48）おとめ
1/8（22:31）てんびん
1/11（7:09）さそり
1/13（11:40）いて
1/15（12:41）やぎ
1/17（11:55）みずがめ

11/22（18:59）ふたご
11/25（1:20）かに
11/27（11:01）しし
11/29（23:25）おとめ
12/2（12:08）てんびん
12/4（22:30）さそり
12/7（5:25）いて
12/9（9:31）やぎ
12/11（12:11）みずがめ
12/13（14:41）うお
12/15（17:44）おひつじ
12/17（21:39）おうし
12/20（2:47）ふたご
12/22（9:50）かに
12/24（19:26）しし
12/27（7:29）おとめ
12/29（20:26）てんびん

1962年

1/1（7:42）さそり
1/3（15:23）いて
1/5（19:24）やぎ
1/7（21:00）みずがめ
1/9（21:53）うお
1/11（23:34）おひつじ
1/14（3:01）おうし
1/16（8:42）ふたご
1/18（16:39）かに
1/21（2:50）しし
1/23（14:53）おとめ
1/26（3:52）てんびん
1/28（15:54）さそり
1/31（0:59）いて
2/2（6:10）やぎ
2/4（7:57）みずがめ
2/6（7:53）うお
2/8（7:50）おひつじ
2/10（9:35）おうし
2/12（14:18）ふたご
2/14（22:20）かに
2/17（9:04）しし
2/19（21:27）おとめ
2/22（10:22）てんびん
2/24（22:36）さそり
2/27（8:46）いて
3/1（15:38）やぎ
8/12（19:00）おとめ
8/15（7:44）てんびん
8/17（18:44）さそり
8/20（2:44）いて
8/22（7:07）やぎ
8/24（8:25）みずがめ
8/26（8:02）うお
8/28（7:49）おひつじ
8/30（9:37）おうし
9/1（14:52）ふたご
9/4（0:00）かに
9/6（12:01）しし
9/9（1:05）おとめ
9/11（13:33）てんびん
9/14（0:23）さそり
9/16（8:54）いて
9/18（14:42）やぎ
9/20（17:43）みずがめ
9/22（18:36）うお
9/24（18:40）おひつじ
9/26（19:42）おうし
9/28（23:31）ふたご
10/1（7:19）かに
10/3（18:43）しし
10/6（7:45）おとめ
10/8（20:04）てんびん
10/11（6:19）さそり
10/13（14:21）いて
10/15（20:24）やぎ
10/18（0:37）みずがめ
10/20（3:10）うお
10/22（4:36）おひつじ
10/24（6:07）おうし
10/26（9:24）ふたご
10/28（16:03）かに
10/31（2:30）しし
11/2（15:17）おとめ
11/5（3:42）てんびん
11/7（13:40）さそり
11/9（20:51）いて
11/12（1:59）やぎ
11/14（5:59）みずがめ
11/16（9:18）うお
11/18（12:10）おひつじ
11/20（15:03）おうし
5/2（14:25）いて
5/4（17:40）やぎ
5/6（20:24）みずがめ
5/8（23:23）うお
5/11（2:56）おひつじ
5/13（7:25）おうし
5/15（13:34）ふたご
5/17（22:17）かに
5/20（9:45）しし
5/22（22:38）おとめ
5/25（10:18）てんびん
5/27（18:34）さそり
5/29（23:11）いて
6/1（1:20）やぎ
6/3（2:45）みずがめ
6/5（4:50）うお
6/7（8:23）おひつじ
6/9（13:38）おうし
6/11（20:40）ふたご
6/14（5:50）かに
6/16（17:16）しし
6/19（6:12）おとめ
6/21（18:32）てんびん
6/24（3:51）さそり
6/26（9:05）いて
6/28（11:00）やぎ
6/30（11:18）みずがめ
7/2（11:52）うお
7/4（14:12）おひつじ
7/6（19:01）おうし
7/9（2:27）ふたご
7/11（12:13）かに
7/13（23:56）しし
7/16（12:55）おとめ
7/19（1:39）てんびん
7/21（12:05）さそり
7/23（18:42）いて
7/25（21:29）やぎ
7/27（21:41）みずがめ
7/29（21:13）うお
7/31（21:56）おひつじ
8/3（1:19）おうし
8/5（8:04）ふたご
8/7（17:56）かに
8/10（5:59）しし
1/19（11:32）うお
1/21（13:26）おひつじ
1/23（18:51）おうし
1/26（3:50）ふたご
1/28（15:22）かに
1/31（4:05）しし
2/2（16:48）おとめ
2/5（4:27）てんびん
2/7（13:51）さそり
2/9（20:01）いて
2/11（22:51）やぎ
2/13（23:14）みずがめ
2/15（22:53）うお
2/17（23:41）おひつじ
2/20（3:21）おうし
2/22（10:51）ふたご
2/24（21:49）かに
2/27（10:34）しし
3/1（23:12）おとめ
3/4（10:21）てんびん
3/6（19:24）さそり
3/9（2:04）いて
3/11（6:19）やぎ
3/13（8:29）みずがめ
3/15（9:26）うお
3/17（10:32）おひつじ
3/19（13:25）おうし
3/21（19:32）ふたご
3/24（5:22）かに
3/26（17:48）しし
3/29（6:30）おとめ
3/31（17:21）てんびん
4/3（1:36）さそり
4/5（7:34）いて
4/7（11:52）やぎ
4/9（15:03）みずがめ
4/11（17:31）うお
4/13（19:55）おひつじ
4/15（23:16）おうし
4/18（4:55）ふたご
4/20（13:50）かに
4/23（1:43）しし
4/25（14:31）おとめ
4/28（1:34）てんびん
4/30（9:27）さそり

1/2 (13:48) おひつじ
1/4 (16:34) おうし
1/6 (19:14) ふたご
1/8 (22:41) かに
1/11 (4:01) しし
1/13 (12:07) おとめ
1/15 (23:05) てんびん
1/18 (11:35) さそり
1/20 (23:20) いて
1/23 (8:23) やぎ
1/25 (14:14) みずがめ
1/27 (17:35) うお
1/29 (19:44) おひつじ
1/31 (21:55) おうし
2/3 (1:03) ふたご
2/5 (5:40) かに
2/7 (12:06) しし
2/9 (20:36) おとめ
2/12 (7:18) てんびん
2/14 (19:38) さそり
2/17 (7:57) いて
2/19 (18:00) やぎ
2/22 (0:23) みずがめ
2/24 (3:17) うお
2/26 (4:05) おひつじ
2/28 (4:38) おうし
3/2 (6:39) ふたご
3/4 (11:08) かに
3/6 (18:15) しし
3/9 (3:34) おとめ
3/11 (14:35) てんびん
3/14 (2:51) さそり
3/16 (15:27) いて
3/19 (2:35) やぎ
3/21 (10:21) みずがめ
3/23 (14:04) うお
3/25 (14:38) おひつじ
3/27 (13:57) おうし
3/29 (14:13) ふたご
3/31 (17:13) かに
4/2 (23:45) しし
4/5 (9:20) おとめ
4/7 (20:49) てんびん
4/10 (9:14) さそり
4/12 (21:48) いて

9/23 (18:07) しし
9/26 (5:31) おとめ
9/28 (18:08) てんびん
10/1 (6:49) さそり
10/3 (18:40) いて
10/6 (4:35) やぎ
10/8 (11:22) みずがめ
10/10 (14:29) うお
10/12 (14:41) おひつじ
10/14 (13:43) おうし
10/16 (13:50) ふたご
10/18 (17:05) かに
10/21 (0:30) しし
10/23 (11:31) おとめ
10/26 (0:14) てんびん
10/28 (12:49) さそり
10/31 (0:19) いて
11/2 (10:17) やぎ
11/4 (18:02) みずがめ
11/6 (22:52) うお
11/9 (0:45) おひつじ
11/11 (0:45) おうし
11/13 (0:43) ふたご
11/15 (2:49) かに
11/17 (8:40) しし
11/19 (18:33) おとめ
11/22 (6:58) てんびん
11/24 (19:33) さそり
11/27 (6:43) いて
11/29 (16:00) やぎ
12/1 (23:26) みずがめ
12/4 (4:53) うお
12/6 (8:17) おひつじ
12/8 (9:59) おうし
12/10 (11:07) ふたご
12/12 (13:21) かに
12/14 (18:20) しし
12/17 (2:59) おとめ
12/19 (14:41) てんびん
12/22 (3:18) さそり
12/24 (14:33) いて
12/26 (23:19) やぎ
12/29 (5:42) みずがめ
12/31 (10:20) うお

1963 年

6/14 (1:45) さそり
6/16 (11:03) いて
6/18 (17:30) やぎ
6/20 (21:49) みずがめ
6/23 (0:59) うお
6/25 (3:43) おひつじ
6/27 (6:34) おうし
6/29 (10:09) ふたご
7/1 (15:19) かに
7/3 (22:55) しし
7/6 (9:22) おとめ
7/8 (21:48) てんびん
7/11 (10:05) さそり
7/13 (20:00) いて
7/16 (2:32) やぎ
7/18 (6:07) みずがめ
7/20 (8:00) うお
7/22 (9:34) おひつじ
7/24 (11:57) おうし
7/26 (15:57) ふたご
7/28 (22:00) かに
7/31 (6:21) しし
8/2 (16:57) おとめ
8/5 (5:17) てんびん
8/7 (17:56) さそり
8/10 (4:48) いて
8/12 (12:18) やぎ
8/14 (16:07) みずがめ
8/16 (17:17) うお
8/18 (17:25) おひつじ
8/20 (18:20) おうし
8/22 (21:28) ふたご
8/25 (3:34) かに
8/27 (12:30) しし
8/29 (23:36) おとめ
9/1 (12:01) てんびん
9/4 (0:46) さそり
9/6 (12:26) いて
9/8 (21:20) やぎ
9/11 (2:26) みずがめ
9/13 (4:02) うお
9/15 (3:33) おひつじ
9/17 (3:00) おうし
9/19 (4:29) ふたご
9/21 (9:26) かに

3/3 (18:52) みずがめ
3/5 (19:16) うお
3/7 (18:32) おひつじ
3/9 (18:40) おうし
3/11 (21:35) ふたご
3/14 (4:25) かに
3/16 (14:56) しし
3/19 (3:33) おとめ
3/21 (16:28) てんびん
3/24 (4:29) さそり
3/26 (14:49) いて
3/28 (22:46) やぎ
3/31 (3:43) みずがめ
4/2 (5:42) うお
4/4 (5:41) おひつじ
4/6 (5:25) おうし
4/8 (7:00) ふたご
4/10 (12:12) かに
4/12 (21:36) しし
4/15 (9:57) おとめ
4/17 (22:54) てんびん
4/20 (10:37) さそり
4/22 (20:27) いて
4/25 (4:20) やぎ
4/27 (10:08) みずがめ
4/29 (13:40) うお
5/1 (15:12) おひつじ
5/3 (15:49) おうし
5/5 (17:16) ふたご
5/7 (21:28) かに
5/10 (5:35) しし
5/12 (17:11) おとめ
5/15 (6:03) てんびん
5/17 (17:43) さそり
5/20 (3:02) いて
5/22 (10:08) やぎ
5/24 (15:31) みずがめ
5/26 (19:29) うお
5/28 (22:15) おひつじ
5/31 (0:17) おうし
6/2 (2:40) ふたご
6/4 (6:56) かに
6/6 (14:23) しし
6/9 (1:12) おとめ
6/11 (13:51) てんびん

2/14	（9:09）	うお
2/16	（14:10）	おひつじ
2/18	（17:45）	おうし
2/20	（20:48）	ふたご
2/22	（23:49）	かに
2/25	（3:11）	しし
2/27	（7:30）	おとめ
2/29	（13:46）	てんびん
3/2	（22:54）	さそり
3/5	（10:47）	いて
3/7	（23:35）	やぎ
3/10	（10:35）	みずがめ
3/12	（18:05）	うお
3/14	（22:15）	おひつじ
3/17	（0:30）	おうし
3/19	（2:26）	ふたご
3/21	（5:11）	かに
3/23	（9:15）	しし
3/25	（14:42）	おとめ
3/27	（21:48）	てんびん
3/30	（7:03）	さそり
4/1	（18:41）	いて
4/4	（7:36）	やぎ
4/6	（19:24）	みずがめ
4/9	（3:47）	うお
4/11	（8:08）	おひつじ
4/13	（9:37）	おうし
4/15	（10:06）	ふたご
4/17	（11:23）	かに
4/19	（14:40）	しし
4/21	（20:17）	おとめ
4/24	（4:08）	てんびん
4/26	（14:01）	さそり
4/29	（1:46）	いて
5/1	（14:42）	やぎ
5/4	（3:06）	みずがめ
5/6	（12:43）	うお
5/8	（18:16）	おひつじ
5/10	（20:09）	おうし
5/12	（20:01）	ふたご
5/14	（19:53）	かに
5/16	（21:31）	しし
5/19	（2:02）	おとめ
5/21	（9:41）	てんびん
5/23	（19:58）	さそり
11/5	（9:08）	かに
11/7	（12:24）	しし
11/9	（19:14）	おとめ
11/12	（5:07）	てんびん
11/14	（16:57）	さそり
11/17	（5:40）	いて
11/19	（18:23）	やぎ
11/22	（5:51）	みずがめ
11/24	（14:32）	うお
11/26	（19:25）	おひつじ
11/28	（20:49）	おうし
11/30	（20:14）	ふたご
12/2	（19:44）	かに
12/4	（21:20）	しし
12/7	（2:26）	おとめ
12/9	（11:21）	てんびん
12/11	（23:04）	さそり
12/14	（11:53）	いて
12/17	（0:21）	やぎ
12/19	（11:29）	みずがめ
12/21	（20:28）	うお
12/24	（2:41）	おひつじ
12/26	（5:57）	おうし
12/28	（6:58）	ふたご
12/30	（7:07）	かに

1964 年

1/1	（8:09）	しし
1/3	（11:48）	おとめ
1/5	（19:10）	てんびん
1/8	（6:04）	さそり
1/10	（18:49）	いて
1/13	（7:14）	やぎ
1/15	（17:48）	みずがめ
1/18	（2:04）	うお
1/20	（8:10）	おひつじ
1/22	（12:23）	おうし
1/24	（15:05）	ふたご
1/26	（16:51）	かに
1/28	（18:45）	しし
1/30	（22:09）	おとめ
2/2	（4:25）	てんびん
2/4	（14:12）	さそり
2/7	（2:35）	いて
2/9	（15:11）	やぎ
2/12	（1:39）	みずがめ
7/26	（1:02）	てんびん
7/28	（12:38）	さそり
7/31	（1:08）	いて
8/2	（12:12）	やぎ
8/4	（20:25）	みずがめ
8/7	（1:46）	うお
8/9	（5:07）	おひつじ
8/11	（7:37）	おうし
8/13	（10:16）	ふたご
8/15	（13:39）	かに
8/17	（18:17）	しし
8/20	（0:40）	おとめ
8/22	（9:25）	てんびん
8/24	（20:39）	さそり
8/27	（9:15）	いて
8/29	（20:57）	やぎ
9/1	（5:37）	みずがめ
9/3	（10:37）	うお
9/5	（12:52）	おひつじ
9/7	（14:02）	おうし
9/9	（15:45）	ふたご
9/11	（19:08）	かに
9/14	（0:30）	しし
9/16	（7:47）	おとめ
9/18	（17:00）	てんびん
9/21	（4:10）	さそり
9/23	（16:50）	いて
9/26	（5:15）	やぎ
9/28	（15:03）	みずがめ
9/30	（20:47）	うお
10/2	（22:48）	おひつじ
10/4	（22:50）	おうし
10/6	（22:58）	ふたご
10/9	（1:01）	かに
10/11	（5:54）	しし
10/13	（13:34）	おとめ
10/15	（23:24）	てんびん
10/18	（10:53）	さそり
10/20	（23:32）	いて
10/23	（12:21）	やぎ
10/25	（23:20）	みずがめ
10/28	（6:36）	うお
10/30	（9:40）	おひつじ
11/1	（9:42）	おうし
11/3	（8:48）	ふたご
4/15	（9:27）	やぎ
4/17	（18:34）	みずがめ
4/19	（23:53）	うお
4/22	（1:30）	おひつじ
4/24	（0:51）	おうし
4/26	（0:06）	ふたご
4/28	（1:27）	かに
4/30	（6:25）	しし
5/2	（15:13）	おとめ
5/5	（2:42）	てんびん
5/7	（15:16）	さそり
5/10	（3:42）	いて
5/12	（15:13）	やぎ
5/15	（0:51）	みずがめ
5/17	（7:32）	うお
5/19	（10:48）	おひつじ
5/21	（11:21）	おうし
5/23	（10:53）	ふたご
5/25	（11:29）	かに
5/27	（14:58）	しし
5/29	（22:22）	おとめ
6/1	（9:09）	てんびん
6/3	（21:39）	さそり
6/6	（10:01）	いて
6/8	（21:07）	やぎ
6/11	（6:22）	みずがめ
6/13	（13:21）	うお
6/15	（17:46）	おひつじ
6/17	（19:54）	おうし
6/19	（20:44）	ふたご
6/21	（21:46）	かに
6/24	（0:44）	しし
6/26	（6:56）	おとめ
6/28	（16:41）	てんびん
7/1	（4:48）	さそり
7/3	（17:11）	いて
7/6	（4:03）	やぎ
7/8	（12:36）	みずがめ
7/10	（18:53）	うお
7/12	（23:16）	おひつじ
7/15	（2:15）	おうし
7/17	（4:27）	ふたご
7/19	（6:45）	かに
7/21	（10:15）	しし
7/23	（16:06）	おとめ

3/27 (14:59) みずがめ
3/30 (2:32) うお
4/1 (11:19) おひつじ
4/3 (17:29) おうし
4/5 (21:55) ふたご
4/8 (1:24) かに
4/10 (4:24) しし
4/12 (7:14) おとめ
4/14 (10:38) てんびん
4/16 (15:42) さそり
4/18 (23:31) いて
4/21 (10:24) やぎ
4/23 (23:04) みずがめ
4/26 (11:02) うお
4/28 (20:12) おひつじ
5/1 (2:04) おうし
5/3 (5:26) ふたご
5/5 (7:39) かに
5/7 (9:50) しし
5/9 (12:47) おとめ
5/11 (17:04) てんびん
5/13 (23:10) さそり
5/16 (7:32) いて
5/18 (18:20) やぎ
5/21 (6:50) みずがめ
5/23 (19:14) うお
5/26 (5:19) おひつじ
5/28 (11:48) おうし
5/30 (14:58) ふたご
6/1 (16:05) かに
6/3 (16:46) しし
6/5 (18:33) おとめ
6/7 (22:29) てんびん
6/10 (5:04) さそり
6/12 (14:10) いて
6/15 (1:20) やぎ
6/17 (13:51) みずがめ
6/20 (2:29) うお
6/22 (13:29) おひつじ
6/24 (21:16) おうし
6/27 (1:18) ふたご
6/29 (2:20) かに
7/1 (1:59) しし
7/3 (2:11) おとめ
7/5 (4:43) てんびん
12/17 (16:21) ふたご
12/19 (16:02) かに
12/21 (15:31) しし
12/23 (16:41) おとめ
12/25 (21:04) てんびん
12/28 (5:11) さそり
12/30 (16:20) いて

1965 年

1/2 (5:06) やぎ
1/4 (18:04) みずがめ
1/7 (6:06) うお
1/9 (16:08) おひつじ
1/11 (23:10) おうし
1/14 (2:48) ふたご
1/16 (3:35) かに
1/18 (2:57) しし
1/20 (2:55) おとめ
1/22 (5:28) てんびん
1/24 (12:01) さそり
1/26 (22:32) いて
1/29 (11:21) やぎ
2/1 (0:18) みずがめ
2/3 (11:56) うお
2/5 (21:43) おひつじ
2/8 (5:24) おうし
2/10 (10:36) ふたご
2/12 (13:14) かに
2/14 (13:54) しし
2/16 (14:05) おとめ
2/18 (15:45) てんびん
2/20 (20:45) さそり
2/23 (5:57) いて
2/25 (18:17) やぎ
2/28 (7:14) みずがめ
3/2 (18:38) うお
3/5 (3:45) おひつじ
3/7 (10:49) おうし
3/9 (16:14) ふたご
3/11 (20:03) かに
3/13 (22:23) しし
3/15 (23:55) おとめ
3/18 (2:04) てんびん
3/20 (6:32) さそり
3/22 (14:37) いて
3/25 (2:07) やぎ
9/5 (14:12) おとめ
9/7 (18:19) てんびん
9/10 (1:19) さそり
9/12 (11:47) いて
9/15 (0:30) やぎ
9/17 (12:47) みずがめ
9/19 (22:22) うお
9/22 (4:44) おひつじ
9/24 (8:46) おうし
9/26 (11:46) ふたご
9/28 (14:39) かに
9/30 (17:52) しし
10/2 (21:42) おとめ
10/5 (2:44) てんびん
10/7 (9:57) さそり
10/9 (20:02) いて
10/12 (8:32) やぎ
10/14 (21:15) みずがめ
10/17 (7:33) うお
10/19 (14:05) おひつじ
10/21 (17:24) おうし
10/23 (19:03) ふたご
10/25 (20:37) かに
10/27 (23:14) しし
10/30 (3:25) おとめ
11/1 (9:24) てんびん
11/3 (17:25) さそり
11/6 (3:43) いて
11/8 (16:06) やぎ
11/11 (5:08) みずがめ
11/13 (16:28) うお
11/16 (0:10) おひつじ
11/18 (3:57) おうし
11/20 (4:58) ふたご
11/22 (5:04) かに
11/24 (5:59) しし
11/26 (9:02) おとめ
11/28 (14:54) てんびん
11/30 (23:31) さそり
12/3 (10:24) いて
12/5 (22:53) やぎ
12/8 (11:57) みずがめ
12/11 (0:00) うお
12/13 (9:12) おひつじ
12/15 (14:33) おうし
5/26 (8:03) いて
5/28 (21:00) やぎ
5/31 (9:32) みずがめ
6/2 (20:01) うお
6/5 (3:03) おひつじ
6/7 (6:20) おうし
6/9 (6:50) ふたご
6/11 (6:16) かに
6/13 (6:35) しし
6/15 (9:27) おとめ
6/17 (15:54) てんびん
6/20 (1:49) さそり
6/22 (14:03) いて
6/25 (3:02) やぎ
6/27 (15:22) みずがめ
6/30 (1:56) うお
7/2 (9:52) おひつじ
7/4 (14:42) おうし
7/6 (16:43) ふたご
7/8 (16:57) かに
7/10 (17:01) しし
7/12 (18:44) おとめ
7/14 (23:41) てんびん
7/17 (8:32) さそり
7/19 (20:28) いて
7/22 (9:27) やぎ
7/24 (21:30) みずがめ
7/27 (7:36) うお
7/29 (15:25) おひつじ
7/31 (21:00) おうし
8/3 (0:28) ふたご
8/5 (2:13) かに
8/7 (3:11) しし
8/9 (4:50) おとめ
8/11 (8:51) てんびん
8/13 (16:31) さそり
8/16 (3:44) いて
8/18 (16:38) やぎ
8/21 (4:39) みずがめ
8/23 (14:13) うお
8/25 (21:15) おひつじ
8/28 (2:24) おうし
8/30 (6:16) ふたご
9/1 (9:13) かに
9/3 (11:36) しし

5/8 （16:12）やぎ
5/11 （1:52）みずがめ
5/13 （13:55）うお
5/16 （2:15）おひつじ
5/18 （12:49）おうし
5/20 （20:40）ふたご
5/23 （2:00）かに
5/25 （5:37）しし
5/27 （8:22）おとめ
5/29 （11:00）てんびん
5/31 （14:11）さそり
6/2 （18:38）いて
6/5 （1:10）やぎ
6/7 （10:21）みずがめ
6/9 （21:57）うお
6/12 （10:26）おひつじ
6/14 （21:30）おうし
6/17 （5:26）ふたご
6/19 （10:05）かに
6/21 （12:29）しし
6/23 （14:08）おとめ
6/25 （16:23）てんびん
6/27 （20:04）さそり
6/30 （1:31）いて
7/2 （8:51）やぎ
7/4 （18:14）みずがめ
7/7 （5:39）うお
7/9 （18:16）おひつじ
7/12 （6:03）おうし
7/14 （14:51）ふたご
7/16 （19:44）かに
7/18 （21:27）しし
7/20 （21:46）おとめ
7/22 （22:38）てんびん
7/25 （1:32）さそり
7/27 （7:04）いて
7/29 （15:04）やぎ
8/1 （1:02）みずがめ
8/3 （12:36）うお
8/6 （1:15）おひつじ
8/8 （13:38）おうし
8/10 （23:38）ふたご
8/13 （5:41）かに
8/15 （7:50）しし
8/17 （7:35）おとめ

1/26 （23:33）おひつじ
1/29 （10:43）おうし
1/31 （18:43）ふたご
2/2 （22:41）かに
2/4 （23:14）しし
2/6 （22:11）おとめ
2/8 （21:50）てんびん
2/11 （0:15）さそり
2/13 （6:33）いて
2/15 （16:26）やぎ
2/18 （4:26）みずがめ
2/20 （17:05）うお
2/23 （5:30）おひつじ
2/25 （16:53）おうし
2/28 （2:03）ふたご
3/2 （7:48）かに
3/4 （9:57）しし
3/6 （9:36）おとめ
3/8 （8:48）てんびん
3/10 （9:47）さそり
3/12 （14:18）いて
3/14 （22:55）やぎ
3/17 （10:35）みずがめ
3/19 （23:19）うお
3/22 （11:33）おひつじ
3/24 （22:32）おうし
3/27 （7:41）ふたご
3/29 （14:23）かに
3/31 （18:12）しし
4/2 （19:31）おとめ
4/4 （19:40）てんびん
4/6 （20:30）さそり
4/8 （23:54）いて
4/11 （7:02）やぎ
4/13 （17:42）みずがめ
4/16 （6:13）うお
4/18 （18:27）おひつじ
4/21 （5:00）おうし
4/23 （13:27）ふたご
4/25 （19:48）かに
4/28 （0:09）しし
4/30 （2:50）おとめ
5/2 （4:31）てんびん
5/4 （6:23）さそり
5/6 （9:52）いて

10/18 （13:51）しし
10/20 （16:13）おとめ
10/22 （18:21）てんびん
10/24 （21:31）さそり
10/27 （3:09）いて
10/29 （12:05）やぎ
10/31 （23:49）みずがめ
11/3 （12:23）うお
11/5 （23:21）おひつじ
11/8 （7:29）おうし
11/10 （12:54）ふたご
11/12 （16:29）かに
11/14 （19:13）しし
11/16 （21:54）おとめ
11/19 （1:10）てんびん
11/21 （5:37）さそり
11/23 （11:56）いて
11/25 （20:45）やぎ
11/28 （8:03）みずがめ
11/30 （20:40）うお
12/3 （8:22）おひつじ
12/5 （17:11）おうし
12/7 （22:27）ふたご
12/10 （0:57）かに
12/12 （2:08）しし
12/14 （3:35）おとめ
12/16 （6:33）てんびん
12/18 （11:40）さそり
12/20 （19:01）いて
12/23 （4:27）やぎ
12/25 （15:44）みずがめ
12/28 （4:17）うお
12/30 （16:40）おひつじ

1966年

1/2 （2:46）おうし
1/4 （9:06）ふたご
1/6 （11:40）かに
1/8 （11:50）しし
1/10 （11:34）おとめ
1/12 （12:53）てんびん
1/14 （17:08）さそり
1/17 （0:39）いて
1/19 （10:45）やぎ
1/21 （22:26）みずがめ
1/24 （10:58）うお

7/7 （10:38）さそり
7/9 （19:53）いて
7/12 （7:29）やぎ
7/14 （20:08）みずがめ
7/17 （8:45）うお
7/19 （20:13）おひつじ
7/22 （5:14）おうし
7/24 （10:48）ふたご
7/26 （12:53）かに
7/28 （12:37）しし
7/30 （11:55）おとめ
8/1 （12:54）てんびん
8/3 （17:20）さそり
8/6 （1:49）いて
8/8 （13:22）やぎ
8/11 （2:09）みずがめ
8/13 （14:37）うお
8/16 （1:57）おひつじ
8/18 （11:27）おうし
8/20 （18:20）ふたご
8/22 （22:04）かに
8/24 （23:01）しし
8/26 （22:36）おとめ
8/28 （22:52）てんびん
8/31 （1:54）さそり
9/2 （9:00）いて
9/4 （19:51）やぎ
9/7 （8:34）みずがめ
9/9 （20:57）うお
9/12 （7:50）おひつじ
9/14 （16:56）おうし
9/17 （0:06）ふたご
9/19 （5:01）かに
9/21 （7:35）しし
9/23 （8:30）おとめ
9/25 （9:15）てんびん
9/27 （11:47）さそり
9/29 （17:42）いて
10/2 （3:29）やぎ
10/4 （15:48）みずがめ
10/7 （4:14）うお
10/9 （14:54）おひつじ
10/11 （23:16）おうし
10/14 （5:40）ふたご
10/16 （10:27）かに

6/20 （11:20） いて
6/22 （13:46） やぎ
6/24 （18:11） みずがめ
6/27 （1:49） うお
6/29 （12:53） おひつじ
7/2 （1:43） おうし
7/4 （13:39） ふたご
7/6 （22:47） かに
7/9 （4:58） しし
7/11 （9:07） おとめ
7/13 （12:20） てんびん
7/15 （15:17） さそり
7/17 （18:22） いて
7/19 （21:59） やぎ
7/22 （2:59） みずがめ
7/24 （10:28） うお
7/26 （21:00） おひつじ
7/29 （9:40） おうし
7/31 （22:00） ふたご
8/3 （7:32） かに
8/5 （13:26） しし
8/7 （16:36） おとめ
8/9 （18:34） てんびん
8/11 （20:44） さそり
8/13 （23:52） いて
8/16 （4:18） やぎ
8/18 （10:17） みずがめ
8/20 （18:18） うお
8/23 （4:47） おひつじ
8/25 （17:21） おうし
8/28 （6:08） ふたご
8/30 （16:34） かに
9/1 （23:08） しし
9/4 （2:07） おとめ
9/6 （3:03） てんびん
9/8 （3:44） さそり
9/10 （5:40） いて
9/12 （9:43） やぎ
9/14 （16:08） みずがめ
9/17 （0:53） うお
9/19 （11:46） おひつじ
9/22 （0:20） おうし
9/24 （13:21） ふたご
9/27 （0:45） かに
9/29 （8:41） しし
3/9 （21:41） うお
3/12 （9:53） おひつじ
3/14 （22:54） おうし
3/17 （11:19） ふたご
3/19 （21:10） かに
3/22 （3:04） しし
3/24 （5:08） おとめ
3/26 （4:50） てんびん
3/28 （4:10） さそり
3/30 （5:08） いて
4/1 （9:11） やぎ
4/3 （16:49） みずがめ
4/6 （3:29） うお
4/8 （15:57） おひつじ
4/11 （4:56） おうし
4/13 （17:15） ふたご
4/16 （3:37） かに
4/18 （10:54） しし
4/20 （14:43） おとめ
4/22 （15:41） てんびん
4/24 （15:19） さそり
4/26 （15:27） いて
4/28 （17:54） やぎ
4/30 （23:57） みずがめ
5/3 （9:47） うお
5/5 （22:10） おひつじ
5/8 （11:09） おうし
5/10 （23:08） ふたご
5/13 （9:11） かに
5/15 （16:49） しし
5/17 （21:52） おとめ
5/20 （0:31） てんびん
5/22 （1:30） さそり
5/24 （2:06） いて
5/26 （3:58） やぎ
5/28 （8:44） みずがめ
5/30 （17:18） うお
6/2 （5:07） おひつじ
6/4 （18:04） おうし
6/7 （5:52） ふたご
6/9 （15:18） かに
6/11 （22:19） しし
6/14 （3:24） おとめ
6/16 （6:58） てんびん
6/18 （9:25） さそり
11/30 （8:50） かに
12/2 （14:02） しし
12/4 （17:48） おとめ
12/6 （20:43） てんびん
12/8 （23:18） さそり
12/11 （2:13） いて
12/13 （6:30） やぎ
12/15 （13:19） みずがめ
12/17 （23:17） うお
12/20 （11:39） おひつじ
12/23 （0:07） おうし
12/25 （10:14） ふたご
12/27 （16:58） かに
12/29 （20:57） しし
12/31 （23:33） おとめ

1967年

1/3 （2:04） てんびん
1/5 （5:16） さそり
1/7 （9:28） いて
1/9 （14:53） やぎ
1/11 （22:05） みずがめ
1/14 （7:45） うお
1/16 （19:48） おひつじ
1/19 （8:39） おうし
1/21 （19:38） ふたご
1/24 （2:51） かに
1/26 （6:20） しし
1/28 （7:36） おとめ
1/30 （8:33） てんびん
2/1 （10:44） さそり
2/3 （14:55） いて
2/5 （21:10） やぎ
2/8 （5:17） みずがめ
2/10 （15:19） うお
2/13 （3:17） おひつじ
2/15 （16:19） おうし
2/18 （4:16） ふたご
2/20 （12:48） かに
2/22 （17:04） しし
2/24 （18:04） おとめ
2/26 （17:44） てんびん
2/28 （18:09） さそり
3/2 （20:53） いて
3/5 （2:35） やぎ
3/7 （11:03） みずがめ
8/19 （7:05） てんびん
8/21 （8:24） さそり
8/23 （12:51） いて
8/25 （20:37） やぎ
8/28 （6:56） みずがめ
8/30 （18:48） うお
9/2 （7:27） おひつじ
9/4 （19:59） おうし
9/7 （6:52） ふたご
9/9 （14:26） かに
9/11 （18:01） しし
9/13 （18:26） おとめ
9/15 （17:33） てんびん
9/17 （17:34） さそり
9/19 （20:21） いて
9/22 （2:52） やぎ
9/24 （12:48） みずがめ
9/27 （0:48） うお
9/29 （13:29） おひつじ
10/2 （1:47） おうし
10/4 （12:43） ふたご
10/6 （21:12） かに
10/9 （2:25） しし
10/11 （4:27） おとめ
10/13 （4:29） てんびん
10/15 （4:21） さそり
10/17 （5:59） いて
10/19 （10:55） やぎ
10/21 （19:41） みずがめ
10/24 （7:20） うお
10/26 （20:03） おひつじ
10/29 （8:05） おうし
10/31 （18:28） ふたご
11/3 （2:43） かに
11/5 （8:36） しし
11/7 （12:10） おとめ
11/9 （13:54） てんびん
11/11 （14:53） さそり
11/13 （16:36） いて
11/15 （20:37） やぎ
11/18 （4:03） みずがめ
11/20 （14:53） うお
11/23 （3:31） おひつじ
11/25 （15:37） おうし
11/28 （1:31） ふたご

日付	時刻	星座
8/1	(11:11)	さそり
8/3	(14:11)	いて
8/5	(15:57)	やぎ
8/7	(17:37)	みずがめ
8/9	(20:45)	うお
8/12	(2:53)	おひつじ
8/14	(12:36)	おうし
8/17	(0:51)	ふたご
8/19	(13:15)	かに
8/21	(23:40)	しし
8/24	(7:21)	おとめ
8/26	(12:45)	てんびん
8/28	(16:38)	さそり
8/30	(19:40)	いて
9/1	(22:22)	やぎ
9/4	(1:19)	みずがめ
9/6	(5:27)	うお
9/8	(11:49)	おひつじ
9/10	(21:06)	おうし
9/13	(8:54)	ふたご
9/15	(21:28)	かに
9/18	(8:25)	しし
9/20	(16:15)	おとめ
9/22	(21:00)	てんびん
9/24	(23:39)	さそり
9/27	(1:30)	いて
9/29	(3:44)	やぎ
10/1	(7:11)	みずがめ
10/3	(12:21)	うお
10/5	(19:35)	おひつじ
10/8	(5:07)	おうし
10/10	(16:43)	ふたご
10/13	(5:23)	かに
10/15	(17:08)	しし
10/18	(1:59)	おとめ
10/20	(7:05)	てんびん
10/22	(9:05)	さそり
10/24	(9:32)	いて
10/26	(10:13)	やぎ
10/28	(12:43)	みずがめ
10/30	(17:54)	うお
11/2	(1:51)	おひつじ
11/4	(12:01)	おうし
11/6	(23:48)	ふたご
11/9	(12:26)	かに
4/20	(4:57)	みずがめ
4/22	(11:46)	うお
4/24	(21:32)	おひつじ
4/27	(9:22)	おうし
4/29	(22:11)	ふたご
5/2	(10:50)	かに
5/4	(21:54)	しし
5/7	(5:58)	おとめ
5/9	(10:21)	てんびん
5/11	(11:30)	さそり
5/13	(10:53)	いて
5/15	(10:31)	やぎ
5/17	(12:22)	みずがめ
5/19	(17:53)	うお
5/22	(3:14)	おひつじ
5/24	(15:15)	おうし
5/27	(4:12)	ふたご
5/29	(16:43)	かに
6/1	(3:53)	しし
6/3	(12:52)	おとめ
6/5	(18:49)	てんびん
6/7	(21:30)	さそり
6/9	(21:42)	いて
6/11	(21:05)	やぎ
6/13	(21:46)	みずがめ
6/16	(1:42)	うお
6/18	(9:50)	おひつじ
6/20	(21:25)	おうし
6/23	(10:22)	ふたご
6/25	(22:43)	かに
6/28	(9:30)	しし
6/30	(18:26)	おとめ
7/3	(1:10)	てんびん
7/5	(5:20)	さそり
7/7	(7:05)	いて
7/9	(7:24)	やぎ
7/11	(8:03)	みずがめ
7/13	(11:03)	うお
7/15	(17:51)	おひつじ
7/18	(4:30)	おうし
7/20	(17:13)	ふたご
7/23	(5:31)	かに
7/25	(15:55)	しし
7/28	(0:10)	おとめ
7/30	(6:32)	てんびん
1/9	(3:02)	おうし
1/11	(15:54)	ふたご
1/14	(2:54)	かに
1/16	(11:09)	しし
1/18	(17:11)	おとめ
1/20	(21:47)	てんびん
1/23	(1:28)	さそり
1/25	(4:23)	いて
1/27	(6:57)	やぎ
1/29	(10:06)	みずがめ
1/31	(15:16)	うお
2/2	(23:39)	おひつじ
2/5	(11:15)	おうし
2/8	(0:09)	ふたご
2/10	(11:34)	かに
2/12	(19:50)	しし
2/15	(1:02)	おとめ
2/17	(4:21)	てんびん
2/19	(7:00)	さそり
2/21	(9:48)	いて
2/23	(13:12)	やぎ
2/25	(17:37)	みずがめ
2/27	(23:42)	うお
3/1	(8:14)	おひつじ
3/3	(19:27)	おうし
3/6	(8:17)	ふたご
3/8	(20:21)	かに
3/11	(5:27)	しし
3/13	(10:51)	おとめ
3/15	(13:23)	てんびん
3/17	(14:33)	さそり
3/19	(15:53)	いて
3/21	(18:34)	やぎ
3/23	(23:16)	みずがめ
3/26	(6:15)	うお
3/28	(15:32)	おひつじ
3/31	(2:55)	おうし
4/2	(15:40)	ふたご
4/5	(4:13)	かに
4/7	(14:28)	しし
4/9	(21:04)	おとめ
4/12	(0:01)	てんびん
4/14	(0:32)	さそり
4/16	(0:23)	いて
4/18	(1:23)	やぎ
10/1	(12:38)	おとめ
10/3	(13:34)	てんびん
10/5	(13:14)	さそり
10/7	(13:32)	いて
10/9	(16:04)	やぎ
10/11	(21:45)	みずがめ
10/14	(6:38)	うお
10/16	(17:58)	おひつじ
10/19	(6:41)	おうし
10/21	(19:38)	ふたご
10/24	(7:27)	かに
10/26	(16:40)	しし
10/28	(22:19)	おとめ
10/31	(0:31)	てんびん
11/2	(0:26)	さそり
11/3	(23:51)	いて
11/6	(0:44)	やぎ
11/8	(4:45)	みずがめ
11/10	(12:42)	うお
11/12	(23:58)	おひつじ
11/15	(12:52)	おうし
11/18	(1:40)	ふたご
11/20	(13:13)	かに
11/22	(22:47)	しし
11/25	(5:46)	おとめ
11/27	(9:48)	てんびん
11/29	(11:13)	さそり
12/1	(11:10)	いて
12/3	(11:25)	やぎ
12/5	(13:57)	みずがめ
12/7	(20:19)	うお
12/10	(6:43)	おひつじ
12/12	(19:32)	おうし
12/15	(8:18)	ふたご
12/17	(19:23)	かに
12/20	(4:21)	しし
12/22	(11:21)	おとめ
12/24	(16:27)	てんびん
12/26	(19:36)	さそり
12/28	(21:09)	いて
12/30	(22:11)	やぎ
1968年		
1/2	(0:23)	みずがめ
1/4	(5:35)	うお
1/6	(14:45)	おひつじ

9/13（2:01）てんびん
9/15（9:25）さそり
9/17（14:42）いて
9/19（18:14）やぎ
9/21（20:31）みずがめ
9/23（22:22）うお
9/26（0:55）おひつじ
9/28（5:29）おうし
9/30（13:05）ふたご
10/2（23:52）かに
10/5（12:25）しし
10/8（0:21）おとめ
10/10（9:48）てんびん
10/12（16:19）さそり
10/14（20:33）いて
10/16（23:35）やぎ
10/19（2:21）みずがめ
10/21（5:26）うお
10/23（9:17）おひつじ
10/25（14:32）おうし
10/27（22:00）ふたご
10/30（8:13）かに
11/1（20:35）しし
11/4（9:00）おとめ
11/6（18:59）てんびん
11/9（1:18）さそり
11/11（4:30）いて
11/13（6:08）やぎ
11/15（7:53）みずがめ
11/17（10:52）うお
11/19（15:32）おひつじ
11/21（21:52）おうし
11/24（5:59）ふたご
11/26（16:10）かに
11/29（4:22）しし
12/1（17:14）おとめ
12/4（4:17）てんびん
12/6（11:30）さそり
12/8（14:43）いて
12/10（15:20）やぎ
12/12（15:27）みずがめ
12/14（16:56）うお
12/16（20:56）おひつじ
12/19（3:35）おうし
12/21（12:28）ふたご

6/2（6:07）やぎ
6/4（6:03）みずがめ
6/6（8:13）うお
6/8（13:36）おひつじ
6/10（22:06）おうし
6/13（8:48）ふたご
6/15（20:52）かに
6/18（9:35）しし
6/20（21:53）おとめ
6/23（8:03）てんびん
6/25（14:31）さそり
6/27（17:00）いて
6/29（16:44）やぎ
7/1（15:49）みずがめ
7/3（16:26）うお
7/5（20:16）おひつじ
7/8（3:53）おうし
7/10（14:31）ふたご
7/13（2:47）かに
7/15（15:29）しし
7/18（3:42）おとめ
7/20（14:20）てんびん
7/22（22:04）さそり
7/25（2:10）いて
7/27（3:09）やぎ
7/29（2:34）みずがめ
7/31（2:30）うお
8/2（4:54）おひつじ
8/4（11:02）おうし
8/6（20:49）ふたご
8/9（8:57）かに
8/11（21:38）しし
8/14（9:32）おとめ
8/16（19:51）てんびん
8/19（3:54）さそり
8/21（9:12）いて
8/23（11:49）やぎ
8/25（12:36）みずがめ
8/27（13:03）うお
8/29（14:57）おひつじ
8/31（19:50）おうし
9/3（4:23）ふたご
9/5（15:57）かに
9/8（4:36）しし
9/10（16:20）おとめ

2/19（8:48）おひつじ
2/21（16:02）おうし
2/24（2:41）ふたご
2/26（15:11）かに
3/1（3:12）しし
3/3（13:07）おとめ
3/5（20:34）てんびん
3/8（1:56）さそり
3/10（5:48）いて
3/12（8:40）やぎ
3/14（11:09）みずがめ
3/16（14:04）うお
3/18（18:27）おひつじ
3/21（1:20）おうし
3/23（11:12）ふたご
3/25（23:18）かに
3/28（11:37）しし
3/30（21:54）おとめ
4/2（5:03）てんびん
4/4（9:22）さそり
4/6（11:57）いて
4/8（14:04）やぎ
4/10（16:46）みずがめ
4/12（20:41）うお
4/15（2:13）おひつじ
4/17（9:43）おうし
4/19（19:28）ふたご
4/22（7:17）かに
4/24（19:51）しし
4/27（6:57）おとめ
4/29（14:44）てんびん
5/1（18:50）さそり
5/3（20:19）いて
5/5（20:57）やぎ
5/7（22:28）みずがめ
5/10（2:04）うお
5/12（8:09）おひつじ
5/14（16:28）おうし
5/17（2:41）ふたご
5/19（14:30）かに
5/22（3:12）しし
5/24（15:07）おとめ
5/27（0:07）てんびん
5/29（5:05）さそり
5/31（6:30）いて

11/12（0:45）しし
11/14（10:55）おとめ
11/16（17:26）てんびん
11/18（20:06）さそり
11/20（20:04）いて
11/22（19:19）やぎ
11/24（20:02）みずがめ
11/26（23:52）うお
11/29（7:26）おひつじ
12/1（17:58）おうし
12/4（6:06）ふたご
12/6（18:43）かに
12/9（7:02）しし
12/11（17:59）おとめ
12/14（2:08）てんびん
12/16（6:31）さそり
12/18（7:28）いて
12/20（6:32）やぎ
12/22（5:59）みずがめ
12/24（8:01）うお
12/26（14:02）おひつじ
12/28（23:57）おうし
12/31（12:11）ふたご

1969年

1/3（0:53）かに
1/5（12:55）しし
1/7（23:42）おとめ
1/10（8:32）てんびん
1/12（14:32）さそり
1/14（17:19）いて
1/16（17:39）やぎ
1/18（17:17）みずがめ
1/20（18:20）うお
1/22（22:43）おひつじ
1/25（7:13）おうし
1/27（18:53）ふたご
1/30（7:36）かに
2/1（19:29）しし
2/4（5:40）おとめ
2/6（14:00）てんびん
2/8（20:18）さそり
2/11（0:23）いて
2/13（2:28）やぎ
2/15（3:30）みずがめ
2/17（5:03）うお

12/23 (23:08) かに
12/26 (11:21) しし
12/29 (0:20) おとめ
12/31 (12:18) てんびん

1970年

1/2 (21:03) さそり
1/5 (1:33) いて
1/7 (2:30) やぎ
1/9 (1:47) みずがめ
1/11 (1:37) うお
1/13 (3:48) おひつじ
1/15 (9:20) おうし
1/17 (18:07) ふたご
1/20 (5:13) かに
1/22 (17:40) しし
1/25 (6:33) おとめ
1/27 (18:42) てんびん
1/30 (4:34) さそり
2/1 (10:50) いて
2/3 (13:22) やぎ
2/5 (13:19) みずがめ
2/7 (12:37) うお
2/9 (13:17) おひつじ
2/11 (16:59) おうし
2/14 (0:29) ふたご
2/16 (11:17) かに
2/18 (23:53) しし
2/21 (12:42) おとめ
2/24 (0:30) てんびん
2/26 (10:23) さそり
2/28 (17:38) いて
3/2 (21:54) やぎ
3/4 (23:34) みずがめ
3/6 (23:49) うお
3/9 (0:16) おひつじ
3/11 (2:43) おうし
3/13 (8:37) ふたご
3/15 (18:18) かに
3/18 (6:40) しし
3/20 (19:30) おとめ
3/23 (6:56) てんびん
3/25 (16:10) さそり
3/27 (23:07) いて
3/30 (4:00) やぎ
4/1 (7:08) みずがめ
4/3 (9:01) うお
4/5 (10:32) おひつじ
4/7 (13:02) おうし
4/9 (18:02) ふたご
4/12 (2:33) かに
4/14 (14:16) しし
4/17 (3:07) おとめ
4/19 (14:35) てんびん
4/21 (23:15) さそり
4/24 (5:15) いて
4/26 (9:26) やぎ
4/28 (12:43) みずがめ
4/30 (15:37) うお
5/2 (18:32) おひつじ
5/4 (22:05) おうし
5/7 (3:17) ふたご
5/9 (11:17) かに
5/11 (22:22) しし
5/14 (11:10) おとめ
5/16 (23:02) てんびん
5/19 (7:49) さそり
5/21 (13:11) いて
5/23 (16:13) やぎ
5/25 (18:25) みずがめ
5/27 (20:59) うお
5/30 (0:27) おひつじ
6/1 (5:03) おうし
6/3 (11:10) ふたご
6/5 (19:25) かに
6/8 (6:17) しし
6/10 (19:02) おとめ
6/13 (7:28) てんびん
6/15 (17:02) さそり
6/17 (22:39) いて
6/20 (1:04) やぎ
6/22 (2:00) みずがめ
6/24 (3:11) うお
6/26 (5:52) おひつじ
6/28 (10:35) おうし
6/30 (17:24) ふたご
7/3 (2:21) かに
7/5 (13:26) しし
7/8 (2:11) おとめ
7/10 (15:02) てんびん
7/13 (1:41) さそり
7/15 (8:26) いて
7/17 (11:19) やぎ
7/19 (11:44) みずがめ
7/21 (11:36) うお
7/23 (12:42) おひつじ
7/25 (16:18) おうし
7/27 (22:53) ふたご
7/30 (8:14) かに
8/1 (19:44) しし
8/4 (8:34) おとめ
8/6 (21:32) てんびん
8/9 (8:57) さそり
8/11 (17:07) いて
8/13 (21:25) やぎ
8/15 (22:31) みずがめ
8/17 (22:01) うお
8/19 (21:50) おひつじ
8/21 (23:46) おうし
8/24 (5:03) ふたご
8/26 (13:58) かに
8/29 (1:38) しし
8/31 (14:36) おとめ
9/3 (3:25) てんびん
9/5 (14:54) さそり
9/7 (23:58) いて
9/10 (5:51) やぎ
9/12 (8:34) みずがめ
9/14 (8:57) うお
9/16 (8:35) おひつじ
9/18 (9:21) おうし
9/20 (13:02) ふたご
9/22 (20:41) かに
9/25 (7:54) しし
9/27 (20:53) おとめ
9/30 (9:33) てんびん
10/2 (20:35) さそり
10/5 (5:31) いて
10/7 (12:10) やぎ
10/9 (16:26) みずがめ
10/11 (18:30) うお
10/13 (19:12) おひつじ
10/15 (20:00) おうし
10/17 (22:43) ふたご
10/20 (4:59) かに
10/22 (15:12) しし
10/25 (3:57) おとめ
10/27 (16:37) てんびん
10/30 (3:15) さそり
11/1 (11:24) いて
11/3 (17:32) やぎ
11/5 (22:11) みずがめ
11/8 (1:33) うお
11/10 (3:52) おひつじ
11/12 (5:50) おうし
11/14 (8:48) ふたご
11/16 (14:23) かに
11/18 (23:36) しし
11/21 (11:50) おとめ
11/24 (0:39) てんびん
11/26 (11:25) さそり
11/28 (19:02) いて
12/1 (0:05) やぎ
12/3 (3:45) みずがめ
12/5 (6:55) うお
12/7 (10:03) おひつじ
12/9 (13:24) おうし
12/11 (17:33) ふたご
12/13 (23:32) かに
12/16 (8:21) しし
12/18 (20:04) おとめ
12/21 (9:01) てんびん
12/23 (20:27) さそり
12/26 (4:28) いて
12/28 (9:01) やぎ
12/30 (11:24) みずがめ

1971年

1/1 (13:08) うお
1/3 (15:26) おひつじ
1/5 (19:00) おうし
1/8 (0:08) ふたご
1/10 (7:09) かに
1/12 (16:24) しし
1/15 (3:57) おとめ
1/17 (16:53) てんびん
1/20 (5:04) さそり
1/22 (14:16) いて
1/24 (19:33) やぎ
1/26 (21:36) みずがめ
1/28 (22:01) うお
1/30 (22:36) おひつじ

12/6（7:17）しし
12/8（15:40）おとめ
12/11（3:19）てんびん
12/13（16:01）さそり
12/16（3:37）いて
12/18（13:07）やぎ
12/20（20:32）みずがめ
12/23（2:10）うお
12/25（6:09）おひつじ
12/27（8:45）おうし
12/29（10:38）ふたご
12/31（13:01）かに

1972年

1/2（17:22）しし
1/5（0:50）おとめ
1/7（11:33）てんびん
1/10（0:03）さそり
1/12（11:57）いて
1/14（21:26）やぎ
1/17（4:04）みずがめ
1/19（8:28）うお
1/21（11:35）おひつじ
1/23（14:17）おうし
1/25（17:14）ふたご
1/27（21:01）かに
1/30（2:21）しし
2/1（9:56）おとめ
2/3（20:06）てんびん
2/6（8:18）さそり
2/8（20:38）いて
2/11（6:50）やぎ
2/13（13:36）みずがめ
2/15（17:11）うお
2/17（18:51）おひつじ
2/19（20:11）おうし
2/21（22:35）ふたご
2/24（2:52）かに
2/26（9:15）しし
2/28（17:39）おとめ
3/2（4:00）てんびん
3/4（16:00）さそり
3/7（4:36）いて
3/9（15:49）やぎ
3/11（23:43）みずがめ
3/14（3:39）うお
8/26（14:09）さそり
8/29（1:56）いて
8/31（10:54）やぎ
9/2（16:04）みずがめ
9/4（17:51）うお
9/6（17:43）おひつじ
9/8（17:37）おうし
9/10（19:25）ふたご
9/13（0:21）かに
9/15（8:38）しし
9/17（19:29）おとめ
9/20（7:47）てんびん
9/22（20:33）さそり
9/25（8:43）いて
9/27（18:53）やぎ
9/30（1:39）みずがめ
10/2（4:37）うお
10/4（4:40）おひつじ
10/6（3:42）おうし
10/8（3:53）ふたご
10/10（7:10）かに
10/12（14:30）しし
10/15（1:16）おとめ
10/17（13:47）てんびん
10/20（2:31）さそり
10/22（14:31）いて
10/25（1:05）やぎ
10/27（9:11）みずがめ
10/29（13:57）うお
10/31（15:26）おひつじ
11/2（14:55）おうし
11/4（14:27）ふたご
11/6（16:15）かに
11/8（21:56）しし
11/11（7:44）おとめ
11/13（20:05）てんびん
11/16（8:49）さそり
11/18（20:30）いて
11/21（6:36）やぎ
11/23（14:52）みずがめ
11/25（20:48）うお
11/28（0:04）おひつじ
11/30（1:08）おうし
12/2（1:25）ふたご
12/4（2:51）かに
5/16（7:19）みずがめ
5/18（11:39）うお
5/20（14:11）おひつじ
5/22（15:31）おうし
5/24（17:01）ふたご
5/26（20:26）かに
5/29（3:16）しし
5/31（13:48）おとめ
6/3（2:26）てんびん
6/5（14:36）さそり
6/8（0:28）いて
6/10（7:45）やぎ
6/12（13:03）みずがめ
6/14（17:01）うお
6/16（20:06）おひつじ
6/18（22:39）おうし
6/21（1:24）ふたご
6/23（5:30）かに
6/25（12:12）しし
6/27（22:06）おとめ
6/30（10:22）てんびん
7/2（22:46）さそり
7/5（8:59）いて
7/7（16:03）やぎ
7/9（20:26）みずがめ
7/11（23:14）うお
7/14（1:32）おひつじ
7/16（4:10）おうし
7/18（7:47）ふたご
7/20（12:56）かに
7/22（20:16）しし
7/25（6:09）おとめ
7/27（18:12）てんびん
7/30（6:50）さそり
8/1（17:49）いて
8/4（1:32）やぎ
8/6（5:47）みずがめ
8/8（7:34）うお
8/10（8:27）おひつじ
8/12（9:55）おうし
8/14（13:10）ふたご
8/16（18:50）かに
8/19（2:57）しし
8/21（13:19）おとめ
8/24（1:22）てんびん
2/2（0:49）おうし
2/4（5:34）ふたご
2/6（13:07）かに
2/8（23:06）しし
2/11（10:58）おとめ
2/13（23:50）てんびん
2/16（12:22）さそり
2/18（22:45）いて
2/21（5:37）やぎ
2/23（8:43）みずがめ
2/25（9:05）うお
2/27（8:30）おひつじ
3/1（8:54）おうし
3/3（12:01）ふたご
3/5（18:47）かに
3/8（4:55）しし
3/10（17:10）おとめ
3/13（6:06）てんびん
3/15（18:31）さそり
3/18（5:23）いて
3/20（13:37）やぎ
3/22（18:29）みずがめ
3/24（20:07）うお
3/26（19:45）おひつじ
3/28（19:15）おうし
3/30（20:43）ふたご
4/2（1:51）かに
4/4（11:05）しし
4/6（23:16）おとめ
4/9（12:17）てんびん
4/12（0:28）さそり
4/14（11:03）いて
4/16（19:38）やぎ
4/19（1:46）みずがめ
4/21（5:08）うお
4/23（6:08）おひつじ
4/25（6:06）おうし
4/27（6:58）ふたご
4/29（10:43）かに
5/1（18:34）しし
5/4（6:03）おとめ
5/6（18:59）てんびん
5/9（7:03）さそり
5/11（17:08）いて
5/14（1:09）やぎ

1/15 (6:41) ふたご
1/17 (7:39) かに
1/19 (8:40) しし
1/21 (11:23) おとめ
1/23 (17:16) てんびん
1/26 (2:52) さそり
1/28 (15:10) いて
1/31 (3:54) やぎ
2/2 (14:55) みずがめ
2/4 (23:22) うお
2/7 (5:29) おひつじ
2/9 (9:53) おうし
2/11 (13:10) ふたご
2/13 (15:44) かに
2/15 (18:12) しし
2/17 (21:31) おとめ
2/20 (2:58) てんびん
2/22 (11:35) さそり
2/24 (23:14) いて
2/27 (12:04) やぎ
3/1 (23:22) みずがめ
3/4 (7:31) うお
3/6 (12:37) おひつじ
3/8 (15:51) おうし
3/10 (18:31) ふたご
3/12 (21:29) かに
3/15 (1:07) しし
3/17 (5:42) おとめ
3/19 (11:48) てんびん
3/21 (20:15) さそり
3/24 (7:26) いて
3/26 (20:16) やぎ
3/29 (8:12) みずがめ
3/31 (16:55) うお
4/2 (21:48) おひつじ
4/4 (23:58) おうし
4/7 (1:12) ふたご
4/9 (3:04) かに
4/11 (6:31) しし
4/13 (11:47) おとめ
4/15 (18:50) てんびん
4/18 (3:51) さそり
4/20 (15:02) いて
4/23 (3:49) やぎ
4/25 (16:21) みずがめ
10/6 (13:35) てんびん
10/9 (0:27) さそり
10/11 (12:52) いて
10/14 (1:44) やぎ
10/16 (12:51) みずがめ
10/18 (20:12) うお
10/20 (23:22) おひつじ
10/22 (23:37) おうし
10/24 (23:02) ふたご
10/26 (23:44) かに
10/29 (3:14) しし
10/31 (9:59) おとめ
11/2 (19:27) てんびん
11/5 (6:46) さそり
11/7 (19:16) いて
11/10 (8:11) やぎ
11/12 (20:02) みずがめ
11/15 (4:56) うお
11/17 (9:44) おひつじ
11/19 (10:53) おうし
11/21 (10:05) ふたご
11/23 (9:31) かに
11/25 (11:12) しし
11/27 (16:24) おとめ
11/30 (1:15) てんびん
12/2 (12:42) さそり
12/5 (1:22) いて
12/7 (14:06) やぎ
12/10 (1:53) みずがめ
12/12 (11:33) うお
12/14 (17:59) おひつじ
12/16 (20:59) おうし
12/18 (21:24) ふたご
12/20 (20:57) かに
12/22 (21:34) しし
12/25 (1:03) おとめ
12/27 (8:21) てんびん
12/29 (19:10) さそり

1973年

1/1 (7:51) いて
1/3 (20:30) やぎ
1/6 (7:47) みずがめ
1/8 (17:03) うお
1/10 (23:57) おひつじ
1/13 (4:24) おうし
6/26 (17:36) やぎ
6/29 (3:02) みずがめ
7/1 (10:18) うお
7/3 (15:22) おひつじ
7/5 (18:25) おうし
7/7 (20:05) ふたご
7/9 (21:29) かに
7/12 (0:05) しし
7/14 (5:16) おとめ
7/16 (13:49) てんびん
7/19 (1:15) さそり
7/21 (13:46) いて
7/24 (1:10) やぎ
7/26 (10:07) みずがめ
7/28 (16:29) うお
7/30 (20:50) おひつじ
8/1 (23:57) おうし
8/4 (2:33) ふたご
8/6 (5:18) かに
8/8 (8:56) しし
8/10 (14:23) おとめ
8/12 (22:27) てんびん
8/15 (9:19) さそり
8/17 (21:49) いて
8/20 (9:38) やぎ
8/22 (18:43) みずがめ
8/25 (0:28) うお
8/27 (3:40) おひつじ
8/29 (5:43) おうし
8/31 (7:56) ふたご
9/2 (11:11) かに
9/4 (15:54) しし
9/6 (22:15) おとめ
9/9 (6:36) てんびん
9/11 (17:15) さそり
9/14 (5:42) いて
9/16 (18:07) やぎ
9/19 (4:05) みずがめ
9/21 (10:09) うお
9/23 (12:44) おひつじ
9/25 (13:27) おうし
9/27 (14:14) ふたご
9/29 (16:39) かに
10/1 (21:25) しし
10/4 (4:31) おとめ
3/16 (4:37) おひつじ
3/18 (4:27) おうし
3/20 (5:12) ふたご
3/22 (8:26) かに
3/24 (14:46) しし
3/26 (23:48) おとめ
3/29 (10:42) てんびん
3/31 (22:48) さそり
4/3 (11:27) いて
4/5 (23:20) やぎ
4/8 (8:37) みずがめ
4/10 (13:58) うお
4/12 (15:32) おひつじ
4/14 (14:54) おうし
4/16 (14:16) ふたご
4/18 (15:46) かに
4/20 (20:46) しし
4/23 (5:24) おとめ
4/25 (16:34) てんびん
4/28 (4:56) さそり
4/30 (17:31) いて
5/3 (5:29) やぎ
5/5 (15:35) みずがめ
5/7 (22:28) うお
5/10 (1:35) おひつじ
5/12 (1:47) おうし
5/14 (0:57) ふたご
5/16 (1:16) かに
5/18 (4:38) しし
5/20 (11:56) おとめ
5/22 (22:36) てんびん
5/25 (11:01) さそり
5/27 (23:33) いて
5/30 (11:13) やぎ
6/1 (21:15) みずがめ
6/4 (4:52) うお
6/6 (9:27) おひつじ
6/8 (11:15) おうし
6/10 (11:24) ふたご
6/12 (11:45) かに
6/14 (14:10) しし
6/16 (20:03) おとめ
6/19 (5:39) てんびん
6/21 (17:43) さそり
6/24 (6:14) いて

2/27 （2:11） おうし
3/1 （8:10） ふたご
3/3 （12:00） かに
3/5 （13:49） しし
3/7 （14:33） おとめ
3/9 （15:52） てんびん
3/11 （19:40） さそり
3/14 （3:20） いて
3/16 （14:41） やぎ
3/19 （3:38） みずがめ
3/21 （15:33） うお
3/24 （1:02） おひつじ
3/26 （8:09） おうし
3/28 （13:33） ふたご
3/30 （17:40） かに
4/1 （20:41） しし
4/3 （22:56） おとめ
4/6 （1:22） てんびん
4/8 （5:25） さそり
4/10 （12:27） いて
4/12 （22:56） やぎ
4/15 （11:34） みずがめ
4/17 （23:44） うお
4/20 （9:20） おひつじ
4/22 （15:53） おうし
4/24 （20:11） ふたご
4/26 （23:17） かに
4/29 （2:03） しし
5/1 （5:00） おとめ
5/3 （8:39） てんびん
5/5 （13:43） さそり
5/7 （21:05） いて
5/10 （7:15） やぎ
5/12 （19:34） みずがめ
5/15 （8:03） うお
5/17 （18:20） おひつじ
5/20 （1:10） おうし
5/22 （4:54） ふたご
5/24 （6:46） かに
5/26 （8:12） しし
5/28 （10:25） おとめ
5/30 （14:16） てんびん
6/1 （20:10） さそり
6/4 （4:21） いて
6/6 （14:48） やぎ
11/18 （0:41） おとめ
11/20 （6:15） てんびん
11/22 （14:06） さそり
11/25 （0:11） いて
11/27 （12:13） やぎ
11/30 （1:17） みずがめ
12/2 （13:32） うお
12/4 （22:50） おひつじ
12/7 （4:08） おうし
12/9 （5:58） ふたご
12/11 （5:52） かに
12/13 （5:44） しし
12/15 （7:20） おとめ
12/17 （11:53） てんびん
12/19 （19:44） さそり
12/22 （6:20） いて
12/24 （18:41） やぎ
12/27 （7:43） みずがめ
12/29 （20:10） うお

1974年

1/1 （6:34） おひつじ
1/3 （13:38） おうし
1/5 （17:00） ふたご
1/7 （17:28） かに
1/9 （16:42） しし
1/11 （16:41） おとめ
1/13 （19:21） てんびん
1/16 （1:54） さそり
1/18 （12:12） いて
1/21 （0:47） やぎ
1/23 （13:50） みずがめ
1/26 （2:00） うお
1/28 （12:32） おひつじ
1/30 （20:41） おうし
2/2 （1:53） ふたご
2/4 （4:06） かに
2/6 （4:11） しし
2/8 （3:52） おとめ
2/10 （5:10） てんびん
2/12 （9:58） さそり
2/14 （19:01） いて
2/17 （7:16） やぎ
2/19 （20:21） みずがめ
2/22 （8:15） うお
2/24 （18:12） おひつじ
8/7 （16:37） いて
8/10 （5:30） やぎ
8/12 （17:52） みずがめ
8/15 （4:14） うお
8/17 （12:16） おひつじ
8/19 （18:14） おうし
8/21 （22:26） ふたご
8/24 （1:08） かに
8/26 （2:49） しし
8/28 （4:33） おとめ
8/30 （7:52） てんびん
9/1 （14:17） さそり
9/4 （0:24） いて
9/6 （13:01） やぎ
9/9 （1:30） みずがめ
9/11 （11:40） うお
9/13 （18:56） おひつじ
9/15 （23:59） おうし
9/18 （3:48） ふたご
9/20 （7:01） かに
9/22 （9:56） しし
9/24 （12:58） おとめ
9/26 （17:00） てんびん
9/28 （23:18） さそり
10/1 （8:47） いて
10/3 （21:02） やぎ
10/6 （9:49） みずがめ
10/8 （20:23） うお
10/11 （3:29） おひつじ
10/13 （7:36） おうし
10/15 （10:09） ふたご
10/17 （12:28） かに
10/19 （15:25） しし
10/21 （19:19） おとめ
10/24 （0:28） てんびん
10/26 （7:28） さそり
10/28 （16:57） いて
10/31 （4:57） やぎ
11/2 （17:58） みずがめ
11/5 （5:26） うお
11/7 （13:19） おひつじ
11/9 （17:25） おうし
11/11 （18:59） ふたご
11/13 （19:46） かに
11/15 （21:20） しし
4/28 （2:10） うお
4/30 （7:53） おひつじ
5/2 （10:01） おうし
5/4 （10:16） ふたご
5/6 （10:35） かに
5/8 （12:36） しし
5/10 （17:13） おとめ
5/13 （0:31） てんびん
5/15 （10:09） さそり
5/17 （21:41） いて
5/20 （10:30） やぎ
5/22 （23:17） みずがめ
5/25 （10:05） うお
5/27 （17:14） おひつじ
5/29 （20:28） おうし
5/31 （20:53） ふたご
6/2 （20:21） かに
6/4 （20:49） しし
6/6 （23:51） おとめ
6/9 （6:16） てんびん
6/11 （15:52） さそり
6/14 （3:43） いて
6/16 （16:37） やぎ
6/19 （5:19） みずがめ
6/21 （16:29） うお
6/24 （0:48） おひつじ
6/26 （5:37） おうし
6/28 （7:18） ふたご
6/30 （7:08） かに
7/2 （6:55） しし
7/4 （8:31） おとめ
7/6 （13:23） てんびん
7/8 （22:05） さそり
7/11 （9:48） いて
7/13 （22:45） やぎ
7/16 （11:15） みずがめ
7/18 （22:07） うお
7/21 （6:43） おひつじ
7/23 （12:41） おうし
7/25 （15:58） ふたご
7/27 （17:10） かに
7/29 （17:29） しし
7/31 （18:34） おとめ
8/2 （22:12） てんびん
8/5 （5:35） さそり

4/10 （7:44） おひつじ
4/12 （18:53） おうし
4/15 （4:14） ふたご
4/17 （11:27） かに
4/19 （16:14） しし
4/21 （18:42） おとめ
4/23 （19:41） てんびん
4/25 （20:39） さそり
4/27 （23:20） いて
4/30 （5:08） やぎ
5/2 （14:34） みずがめ
5/5 （2:34） うお
5/7 （15:03） おひつじ
5/10 （2:03） おうし
5/12 （10:44） ふたご
5/14 （17:08） かに
5/16 （21:38） しし
5/19 （0:45） おとめ
5/21 （3:05） てんびん
5/23 （5:25） さそり
5/25 （8:51） いて
5/27 （14:31） やぎ
5/29 （23:09） みずがめ
6/1 （10:32） うお
6/3 （23:01） おひつじ
6/6 （10:19） おうし
6/8 （18:49） ふたご
6/11 （0:21） かに
6/13 （3:45） しし
6/15 （6:11） おとめ
6/17 （8:41） てんびん
6/19 （11:59） さそり
6/21 （16:34） いて
6/23 （22:56） やぎ
6/26 （7:33） みずがめ
6/28 （18:33） うお
7/1 （7:02） おひつじ
7/3 （18:54） おうし
7/6 （3:58） ふたご
7/8 （9:23） かに
7/10 （11:50） しし
7/12 （12:55） おとめ
7/14 （14:21） てんびん
7/16 （17:23） さそり
7/18 （22:32） いて
12/31 （2:05） しし

1975年

1/2 （2:32） おとめ
1/4 （4:21） てんびん
1/6 （8:39） さそり
1/8 （15:39） いて
1/11 （0:58） やぎ
1/13 （12:03） みずがめ
1/16 （0:23） うお
1/18 （13:03） おひつじ
1/21 （0:21） おうし
1/23 （8:23） ふたご
1/25 （12:20） かに
1/27 （13:00） しし
1/29 （12:14） おとめ
1/31 （12:13） てんびん
2/2 （14:53） さそり
2/4 （21:10） いて
2/7 （6:42） やぎ
2/9 （18:16） みずがめ
2/12 （6:45） うお
2/14 （19:22） おひつじ
2/17 （7:09） おうし
2/19 （16:35） ふたご
2/21 （22:18） かに
2/24 （0:13） しし
2/25 （23:37） おとめ
2/27 （22:38） てんびん
3/1 （23:33） さそり
3/4 （4:05） いて
3/6 （12:39） やぎ
3/9 （0:09） みずがめ
3/11 （12:49） うお
3/14 （1:18） おひつじ
3/16 （12:52） おうし
3/18 （22:43） ふたご
3/21 （5:48） かに
3/23 （9:31） しし
3/25 （10:21） おとめ
3/27 （9:51） てんびん
3/29 （10:08） さそり
3/31 （13:10） いて
4/2 （20:08） やぎ
4/5 （6:45） みずがめ
4/7 （19:17） うお
9/19 （1:14） さそり
9/21 （6:46） いて
9/23 （16:22） やぎ
9/26 （4:38） みずがめ
9/28 （17:14） うお
10/1 （4:25） おひつじ
10/3 （13:39） おうし
10/5 （21:00） ふたご
10/8 （2:30） かに
10/10 （6:03） しし
10/12 （7:56） おとめ
10/14 （9:11） てんびん
10/16 （11:23） さそり
10/18 （16:14） いて
10/21 （0:44） やぎ
10/23 （12:20） みずがめ
10/26 （0:57） うお
10/28 （12:13） おひつじ
10/30 （21:00） おうし
11/2 （3:23） ふたご
11/4 （8:01） かに
11/6 （11:30） しし
11/8 （14:18） おとめ
11/10 （16:58） てんびん
11/12 （20:23） さそり
11/15 （1:39） いて
11/17 （9:42） やぎ
11/19 （20:39） みずがめ
11/22 （9:11） うお
11/24 （20:59） おひつじ
11/27 （6:05） おうし
11/29 （11:58） ふたご
12/1 （15:22） かに
12/3 （17:31） しし
12/5 （19:40） おとめ
12/7 （22:42） てんびん
12/10 （3:13） さそり
12/12 （9:34） いて
12/14 （18:04） やぎ
12/17 （4:48） みずがめ
12/19 （17:12） うお
12/22 （5:35） おひつじ
12/24 （15:45） おうし
12/26 （22:15） ふたご
12/29 （1:15） かに
6/9 （3:02） みずがめ
6/11 （15:43） うお
6/14 （2:52） おひつじ
6/16 （10:46） おうし
6/18 （14:59） ふたご
6/20 （16:21） かに
6/22 （16:30） しし
6/24 （17:11） おとめ
6/26 （19:57） てんびん
6/29 （1:40） さそり
7/1 （10:20） いて
7/3 （21:19） やぎ
7/6 （9:41） みずがめ
7/8 （22:25） うお
7/11 （10:10） おひつじ
7/13 （19:21） おうし
7/16 （0:54） ふたご
7/18 （2:56） かに
7/20 （2:43） しし
7/22 （2:10） おとめ
7/24 （3:19） てんびん
7/26 （7:45） さそり
7/28 （16:00） いて
7/31 （3:11） やぎ
8/2 （15:46） みずがめ
8/5 （4:26） うお
8/7 （16:15） おひつじ
8/10 （2:13） おうし
8/12 （9:15） ふたご
8/14 （12:49） かに
8/16 （13:26） しし
8/18 （12:42） おとめ
8/20 （12:45） てんびん
8/22 （15:37） さそり
8/24 （22:34） いて
8/27 （9:15） やぎ
8/29 （21:53） みずがめ
9/1 （10:29） うお
9/3 （21:58） おひつじ
9/6 （7:50） おうし
9/8 （15:36） ふたご
9/10 （20:40） かに
9/12 （22:54） しし
9/14 （23:12） おとめ
9/16 （23:17） てんびん

日付	時刻	星座
5/21	(6:27)	うお
5/23	(18:07)	おひつじ
5/26	(7:07)	おうし
5/28	(19:22)	ふたご
5/31	(5:39)	かに
6/2	(13:37)	しし
6/4	(19:21)	おとめ
6/6	(23:00)	てんびん
6/9	(0:58)	さそり
6/11	(2:07)	いて
6/13	(3:45)	やぎ
6/15	(7:31)	みずがめ
6/17	(14:43)	うお
6/20	(1:32)	おひつじ
6/22	(14:21)	おうし
6/25	(2:37)	ふたご
6/27	(12:29)	かに
6/29	(19:39)	しし
7/2	(0:46)	おとめ
7/4	(4:34)	てんびん
7/6	(7:33)	さそり
7/8	(10:05)	いて
7/10	(12:49)	やぎ
7/12	(16:53)	みずがめ
7/14	(23:36)	うお
7/17	(9:40)	おひつじ
7/19	(22:11)	おうし
7/22	(10:40)	ふたご
7/24	(20:39)	かに
7/27	(3:19)	しし
7/29	(7:23)	おとめ
7/31	(10:13)	てんびん
8/2	(12:55)	さそり
8/4	(16:03)	いて
8/6	(19:54)	やぎ
8/9	(0:57)	みずがめ
8/11	(8:00)	うお
8/13	(17:49)	おひつじ
8/16	(6:05)	おうし
8/18	(18:54)	ふたご
8/21	(5:34)	かに
8/23	(12:31)	しし
8/25	(16:04)	おとめ
8/27	(17:42)	てんびん
8/29	(19:05)	さそり
2/9	(17:16)	ふたご
2/12	(1:59)	かに
2/14	(6:32)	しし
2/16	(7:59)	おとめ
2/18	(8:14)	てんびん
2/20	(9:14)	さそり
2/22	(12:18)	いて
2/24	(17:54)	やぎ
2/27	(1:48)	みずがめ
2/29	(11:42)	うお
3/2	(23:22)	おひつじ
3/5	(12:18)	おうし
3/8	(0:56)	ふたご
3/10	(10:59)	かに
3/12	(16:55)	しし
3/14	(18:59)	おとめ
3/16	(18:44)	てんびん
3/18	(18:17)	さそり
3/20	(19:34)	いて
3/22	(23:48)	やぎ
3/25	(7:19)	みずがめ
3/27	(17:34)	うお
3/30	(5:37)	おひつじ
4/1	(18:34)	おうし
4/4	(7:15)	ふたご
4/6	(18:06)	かに
4/9	(1:36)	しし
4/11	(5:16)	おとめ
4/13	(5:54)	てんびん
4/15	(5:14)	さそり
4/17	(5:15)	いて
4/19	(7:43)	やぎ
4/21	(13:47)	みずがめ
4/23	(23:28)	うお
4/26	(11:37)	おひつじ
4/29	(0:37)	おうし
5/1	(13:05)	ふたご
5/3	(23:53)	かに
5/6	(8:09)	しし
5/8	(13:21)	おとめ
5/10	(15:39)	てんびん
5/12	(16:03)	さそり
5/14	(16:04)	いて
5/16	(17:31)	やぎ
5/18	(22:02)	みずがめ
11/1	(4:55)	てんびん
11/3	(5:07)	さそり
11/5	(6:10)	いて
11/7	(9:45)	やぎ
11/9	(16:59)	みずがめ
11/12	(3:42)	うお
11/14	(16:17)	おひつじ
11/17	(4:38)	おうし
11/19	(15:14)	ふたご
11/21	(23:36)	かに
11/24	(5:48)	しし
11/26	(10:04)	おとめ
11/28	(12:48)	てんびん
11/30	(14:37)	さそり
12/2	(16:33)	いて
12/4	(19:58)	やぎ
12/7	(2:12)	みずがめ
12/9	(11:52)	うお
12/12	(0:06)	おひつじ
12/14	(12:39)	おうし
12/16	(23:12)	ふたご
12/19	(6:49)	かに
12/21	(11:54)	しし
12/23	(15:28)	おとめ
12/25	(18:27)	てんびん
12/27	(21:28)	さそり
12/30	(0:53)	いて
1976 年		
1/1	(5:16)	やぎ
1/3	(11:33)	みずがめ
1/5	(20:35)	うお
1/8	(8:21)	おひつじ
1/10	(21:10)	おうし
1/13	(8:19)	ふたご
1/15	(16:00)	かに
1/17	(20:15)	しし
1/19	(22:25)	おとめ
1/22	(0:10)	てんびん
1/24	(2:48)	さそり
1/26	(6:51)	いて
1/28	(12:24)	やぎ
1/30	(19:34)	みずがめ
2/2	(4:47)	うお
2/4	(16:17)	おひつじ
2/7	(5:13)	おうし
7/21	(5:46)	やぎ
7/23	(14:56)	みずがめ
7/26	(1:58)	うお
7/28	(14:27)	おひつじ
7/31	(2:53)	おうし
8/2	(13:02)	ふたご
8/4	(19:17)	かに
8/6	(21:44)	しし
8/8	(21:53)	おとめ
8/10	(21:51)	てんびん
8/12	(23:30)	さそり
8/15	(3:59)	いて
8/17	(11:25)	やぎ
8/19	(21:09)	みずがめ
8/22	(8:32)	うお
8/24	(21:02)	おひつじ
8/27	(9:45)	おうし
8/29	(20:53)	ふたご
9/1	(4:35)	かに
9/3	(8:08)	しし
9/5	(8:29)	おとめ
9/7	(7:38)	てんびん
9/9	(7:46)	さそり
9/11	(10:41)	いて
9/13	(17:11)	やぎ
9/16	(2:51)	みずがめ
9/18	(14:32)	うお
9/21	(3:07)	おひつじ
9/23	(15:43)	おうし
9/26	(3:13)	ふたご
9/28	(12:07)	かに
9/30	(17:20)	しし
10/2	(19:03)	おとめ
10/4	(18:39)	てんびん
10/6	(18:09)	さそり
10/8	(19:35)	いて
10/11	(0:29)	やぎ
10/13	(9:10)	みずがめ
10/15	(20:40)	うお
10/18	(9:20)	おひつじ
10/20	(21:43)	おうし
10/23	(8:51)	ふたご
10/25	(17:57)	かに
10/28	(0:20)	しし
10/30	(3:47)	おとめ

7/2 (21:56) みずがめ
7/5 (0:31) うお
7/7 (7:03) おひつじ
7/9 (17:33) おうし
7/12 (6:15) ふたご
7/14 (18:50) かに
7/17 (5:51) しし
7/19 (14:58) おとめ
7/21 (22:09) てんびん
7/24 (3:13) さそり
7/26 (6:04) いて
7/28 (7:15) やぎ
7/30 (8:04) みずがめ
8/1 (10:23) うお
8/3 (15:54) おひつじ
8/6 (1:18) おうし
8/8 (13:29) ふたご
8/11 (2:04) かに
8/13 (12:57) しし
8/15 (21:26) おとめ
8/18 (3:49) てんびん
8/20 (8:35) さそり
8/22 (12:03) いて
8/24 (14:30) やぎ
8/26 (16:41) みずがめ
8/28 (19:46) うお
8/31 (1:11) おひつじ
9/2 (9:52) おうし
9/4 (21:27) ふたご
9/7 (10:03) かに
9/9 (21:14) しし
9/12 (5:34) おとめ
9/14 (11:07) てんびん
9/16 (14:45) さそり
9/18 (17:28) いて
9/20 (20:04) やぎ
9/22 (23:12) みずがめ
9/25 (3:30) うお
9/27 (9:40) おひつじ
9/29 (18:21) おうし
10/2 (5:33) ふたご
10/4 (18:09) かに
10/7 (5:58) しし
10/9 (14:59) おとめ
10/11 (20:29) てんびん
3/22 (16:05) おうし
3/25 (4:39) ふたご
3/27 (17:16) かに
3/30 (3:40) しし
4/1 (10:25) おとめ
4/3 (13:39) てんびん
4/5 (14:40) さそり
4/7 (15:08) いて
4/9 (16:40) やぎ
4/11 (20:24) みずがめ
4/14 (2:49) うお
4/16 (11:52) おひつじ
4/18 (23:02) おうし
4/21 (11:37) ふたご
4/24 (0:25) かに
4/26 (11:43) しし
4/28 (19:52) おとめ
5/1 (0:13) てんびん
5/3 (1:24) さそり
5/5 (0:59) いて
5/7 (0:54) やぎ
5/9 (3:00) みずがめ
5/11 (8:29) うお
5/13 (17:29) おひつじ
5/16 (5:04) おうし
5/18 (17:50) ふたご
5/21 (6:35) かに
5/23 (18:13) しし
5/26 (3:31) おとめ
5/28 (9:28) てんびん
5/30 (11:57) さそり
6/1 (11:54) いて
6/3 (11:07) やぎ
6/5 (11:44) みずがめ
6/7 (15:35) うお
6/9 (23:34) おひつじ
6/12 (10:56) おうし
6/14 (23:50) ふたご
6/17 (12:28) かに
6/19 (23:53) しし
6/22 (9:29) おとめ
6/24 (16:35) てんびん
6/26 (20:42) さそり
6/28 (22:02) いて
6/30 (21:48) やぎ
12/13 (2:55) おとめ
12/15 (8:13) てんびん
12/17 (11:01) さそり
12/19 (11:54) いて
12/21 (12:12) やぎ
12/23 (13:48) みずがめ
12/25 (18:36) うお
12/28 (3:32) おひつじ
12/30 (15:43) おうし

1977 年

1/2 (4:43) ふたご
1/4 (16:12) かに
1/7 (1:20) しし
1/9 (8:23) おとめ
1/11 (13:48) てんびん
1/13 (17:44) さそり
1/15 (20:18) いて
1/17 (22:02) やぎ
1/20 (0:12) みずがめ
1/22 (4:30) うお
1/24 (12:19) おひつじ
1/26 (23:41) おうし
1/29 (12:37) ふたご
2/1 (0:20) かに
2/3 (9:11) しし
2/5 (15:17) おとめ
2/7 (19:36) てんびん
2/9 (23:04) さそり
2/12 (2:11) いて
2/14 (5:14) やぎ
2/16 (8:45) みずがめ
2/18 (13:45) うお
2/20 (21:22) おひつじ
2/23 (8:06) おうし
2/25 (20:50) ふたご
2/28 (9:02) かに
3/2 (18:25) しし
3/5 (0:19) おとめ
3/7 (3:34) てんびん
3/9 (5:37) さそり
3/11 (7:42) いて
3/13 (10:40) やぎ
3/15 (15:00) みずがめ
3/17 (21:06) うお
3/20 (5:23) おひつじ
8/31 (21:28) いて
9/3 (1:29) やぎ
9/5 (7:20) みずがめ
9/7 (15:11) うお
9/10 (1:18) おひつじ
9/12 (13:30) おうし
9/15 (2:32) ふたご
9/17 (14:07) かに
9/19 (22:11) しし
9/22 (2:16) おとめ
9/24 (3:28) てんびん
9/26 (3:34) さそり
9/28 (4:21) いて
9/30 (7:13) やぎ
10/2 (12:49) みずがめ
10/4 (21:10) うお
10/7 (7:50) おひつじ
10/9 (20:11) おうし
10/12 (9:14) ふたご
10/14 (21:24) かに
10/17 (6:49) しし
10/19 (12:25) おとめ
10/21 (14:26) てんびん
10/23 (14:17) さそり
10/25 (13:49) いて
10/27 (14:55) やぎ
10/29 (19:05) みずがめ
11/1 (2:53) うお
11/3 (13:46) おひつじ
11/6 (2:23) おうし
11/8 (15:21) ふたご
11/11 (3:28) かに
11/13 (13:36) しし
11/15 (20:46) おとめ
11/18 (0:34) てんびん
11/20 (1:32) さそり
11/22 (1:03) いて
11/24 (1:03) やぎ
11/26 (3:30) みずがめ
11/28 (9:47) うお
11/30 (20:01) おひつじ
12/3 (8:41) おうし
12/5 (21:38) ふたご
12/8 (9:21) かに
12/10 (19:12) しし

8/15（3:03）やぎ
8/17（3:15）みずがめ
8/19（3:04）うお
8/21（4:29）おひつじ
8/23（9:06）おうし
8/25（17:31）ふたご
8/28（4:59）かに
8/30（17:40）しし
9/2（5:46）おとめ
9/4（16:15）てんびん
9/7（0:38）さそり
9/9（6:39）いて
9/11（10:20）やぎ
9/13（12:09）みずがめ
9/15（13:09）うお
9/17（14:50）おひつじ
9/19（18:43）おうし
9/22（1:56）ふたご
9/24（12:31）かに
9/27（1:02）しし
9/29（13:11）おとめ
10/1（23:17）てんびん
10/4（6:48）さそり
10/6（12:07）いて
10/8（15:52）やぎ
10/10（18:42）みずがめ
10/12（21:12）うお
10/15（0:06）おひつじ
10/17（4:22）おうし
10/19（11:05）ふたご
10/21（20:52）かに
10/24（9:04）しし
10/26（21:32）おとめ
10/29（7:51）てんびん
10/31（14:53）さそり
11/2（19:03）いて
11/4（21:40）やぎ
11/7（0:04）みずがめ
11/9（3:06）うお
11/11（7:11）おひつじ
11/13（12:35）おうし
11/15（19:45）ふたご
11/18（5:16）かに
11/20（17:09）しし
11/23（5:57）おとめ
5/3（23:27）おひつじ
5/6（6:52）おうし
5/8（16:18）ふたご
5/11（3:41）かに
5/13（16:17）しし
5/16（4:15）おとめ
5/18（13:24）てんびん
5/20（18:39）さそり
5/22（20:31）いて
5/24（20:41）やぎ
5/26（21:10）みずがめ
5/28（23:36）うお
5/31（4:52）おひつじ
6/2（12:50）おうし
6/4（22:53）ふたご
6/7（10:30）かに
6/9（23:07）しし
6/12（11:35）おとめ
6/14（21:55）てんびん
6/17（4:28）さそり
6/19（7:01）いて
6/21（6:52）やぎ
6/23（6:07）みずがめ
6/25（6:57）うお
6/27（10:53）おひつじ
6/29（18:21）おうし
7/2（4:37）ふたご
7/4（16:33）かに
7/7（5:13）しし
7/9（17:44）おとめ
7/12（4:48）てんびん
7/14（12:47）さそり
7/16（16:50）いて
7/18（17:33）やぎ
7/20（16:41）みずがめ
7/22（16:26）うお
7/24（18:46）おひつじ
7/27（0:50）おうし
7/29（10:31）ふたご
7/31（22:28）かに
8/3（11:10）しし
8/5（23:29）おとめ
8/8（10:30）てんびん
8/10（19:11）さそり
8/13（0:43）いて
1/21（20:50）かに
1/24（9:02）しし
1/26（19:56）おとめ
1/29（5:08）てんびん
1/31（12:04）さそり
2/2（16:13）いて
2/4（17:50）やぎ
2/6（18:04）みずがめ
2/8（18:47）うお
2/10（21:56）おひつじ
2/13（4:50）おうし
2/15（15:24）ふたご
2/18（3:56）かに
2/20（16:10）しし
2/23（2:39）おとめ
2/25（11:03）てんびん
2/27（17:28）さそり
3/1（22:02）いて
3/4（0:58）やぎ
3/6（2:51）みずがめ
3/8（4:45）うお
3/10（8:08）おひつじ
3/12（14:18）おうし
3/14（23:48）ふたご
3/17（11:49）かに
3/20（0:12）しし
3/22（10:49）おとめ
3/24（18:41）てんびん
3/27（0:01）さそり
3/29（3:37）いて
3/31（6:23）やぎ
4/2（9:05）みずがめ
4/4（12:20）うお
4/6（16:51）おひつじ
4/8（23:21）おうし
4/11（8:27）ふたご
4/13（19:59）かに
4/16（8:30）しし
4/18（19:44）おとめ
4/21（3:53）てんびん
4/23（8:39）さそり
4/25（11:00）いて
4/27（12:27）やぎ
4/29（14:28）みずがめ
5/1（18:00）うお
10/13（23:11）さそり
10/16（0:27）いて
10/18（1:51）やぎ
10/20（4:36）みずがめ
10/22（9:26）うお
10/24（16:34）おひつじ
10/27（1:53）おうし
10/29（13:08）ふたご
11/1（1:40）かに
11/3（14:03）しし
11/6（0:17）おとめ
11/8（6:51）てんびん
11/10（9:42）さそり
11/12（10:03）いて
11/14（9:50）やぎ
11/16（11:00）みずがめ
11/18（14:58）うお
11/20（22:13）おひつじ
11/23（8:09）おうし
11/25（19:48）ふたご
11/28（8:20）かに
11/30（20:53）しし
12/3（8:05）おとめ
12/5（16:18）てんびん
12/7（20:33）さそり
12/9（21:22）いて
12/11（20:26）やぎ
12/13（19:59）みずがめ
12/15（22:09）うお
12/18（4:11）おひつじ
12/20（13:54）おうし
12/23（1:51）ふたご
12/25（14:30）かに
12/28（2:52）しし
12/30（14:13）おとめ

1978年

1/1（23:31）てんびん
1/4（5:35）さそり
1/6（8:03）いて
1/8（7:55）やぎ
1/10（7:05）みずがめ
1/12（7:50）うお
1/14（12:05）おひつじ
1/16（20:30）おうし
1/19（8:06）ふたご

11/25 (17:07) てんびん
11/28 (0:39) さそり
11/30 (4:23) いて
12/2 (5:44) やぎ
12/4 (6:35) みずがめ
12/6 (8:36) うお
12/8 (12:40) おひつじ
12/10 (18:50) おうし
12/13 (2:54) ふたご
12/15 (12:50) かに
12/18 (0:37) しし
12/20 (13:34) おとめ
12/23 (1:40) てんびん
12/25 (10:32) さそり
12/27 (15:07) いて
12/29 (16:15) やぎ
12/31 (15:53) みずがめ

1979年

1/2 (16:08) うお
1/4 (18:41) おひつじ
1/7 (0:17) おうし
1/9 (8:42) ふたご
1/11 (19:14) かに
1/14 (7:16) しし
1/16 (20:10) おとめ
1/19 (8:40) てんびん
1/21 (18:51) さそり
1/24 (1:08) いて
1/26 (3:27) やぎ
1/28 (3:12) みずがめ
1/30 (2:25) うお
2/1 (3:11) おひつじ
2/3 (7:03) おうし
2/5 (14:33) ふたご
2/8 (1:06) かに
2/10 (13:25) しし
2/13 (2:18) おとめ
2/15 (14:37) てんびん
2/18 (1:12) さそり
2/20 (8:51) いて
2/22 (13:00) やぎ
2/24 (14:12) みずがめ
2/26 (13:52) うお
2/28 (13:54) おひつじ
3/2 (16:09) おうし
3/4 (21:58) ふたご
3/7 (7:34) かに
3/9 (19:47) しし
3/12 (8:42) おとめ
3/14 (20:42) てんびん
3/17 (6:49) さそり
3/19 (14:38) いて
3/21 (19:56) やぎ
3/23 (22:52) みずがめ
3/26 (0:04) うお
3/28 (0:47) おひつじ
3/30 (2:36) おうし
4/1 (7:08) ふたご
4/3 (15:24) かに
4/6 (2:58) しし
4/8 (15:52) おとめ
4/11 (3:45) てんびん
4/13 (13:16) さそり
4/15 (20:18) いて
4/18 (1:23) やぎ
4/20 (5:02) みずがめ
4/22 (7:41) うお
4/24 (9:51) おひつじ
4/26 (12:27) おうし
4/28 (16:49) ふたご
5/1 (0:11) かに
5/3 (10:56) しし
5/5 (23:41) おとめ
5/8 (11:48) てんびん
5/10 (21:10) さそり
5/13 (3:25) いて
5/15 (7:25) やぎ
5/17 (10:26) みずがめ
5/19 (13:18) うお
5/21 (16:30) おひつじ
5/23 (20:20) おうし
5/26 (1:28) ふたご
5/28 (8:51) かに
5/30 (19:08) しし
6/2 (7:41) おとめ
6/4 (20:12) てんびん
6/7 (6:05) さそり
6/9 (12:15) いて
6/11 (15:23) やぎ
6/13 (17:06) みずがめ
6/15 (18:56) うお
6/17 (21:52) おひつじ
6/20 (2:18) おうし
6/22 (8:23) ふたご
6/24 (16:24) かに
6/27 (2:47) しし
6/29 (15:14) おとめ
7/2 (4:08) てんびん
7/4 (14:57) さそり
7/6 (21:56) いて
7/9 (1:07) やぎ
7/11 (1:59) みずがめ
7/13 (2:23) うお
7/15 (3:57) おひつじ
7/17 (7:43) おうし
7/19 (14:00) ふたご
7/21 (22:40) かに
7/24 (9:30) しし
7/26 (22:01) おとめ
7/29 (11:06) てんびん
7/31 (22:46) さそり
8/3 (7:05) いて
8/5 (11:23) やぎ
8/7 (12:28) みずがめ
8/9 (12:05) うお
8/11 (12:10) おひつじ
8/13 (14:21) おうし
8/15 (19:41) ふたご
8/18 (4:17) かに
8/20 (15:28) しし
8/23 (4:11) おとめ
8/25 (17:13) てんびん
8/28 (5:12) さそり
8/30 (14:39) いて
9/1 (20:34) やぎ
9/3 (22:59) みずがめ
9/5 (23:03) うお
9/7 (22:29) おひつじ
9/9 (23:12) おうし
9/12 (2:54) ふたご
9/14 (10:27) かに
9/16 (21:25) しし
9/19 (10:15) おとめ
9/21 (23:11) てんびん
9/24 (10:54) さそり
9/26 (20:36) いて
9/29 (3:40) やぎ
10/1 (7:49) みずがめ
10/3 (9:23) うお
10/5 (9:28) おひつじ
10/7 (9:45) おうし
10/9 (12:07) ふたご
10/11 (18:09) かに
10/14 (4:12) しし
10/16 (16:51) おとめ
10/19 (5:44) てんびん
10/21 (17:02) さそり
10/24 (2:09) いて
10/26 (9:11) やぎ
10/28 (14:16) みずがめ
10/30 (17:29) うお
11/1 (19:09) おひつじ
11/3 (20:16) おうし
11/5 (22:25) ふたご
11/8 (3:24) かに
11/10 (12:14) しし
11/13 (0:20) おとめ
11/15 (13:16) てんびん
11/18 (0:29) さそり
11/20 (8:56) いて
11/22 (15:01) やぎ
11/24 (19:37) みずがめ
11/26 (23:17) うお
11/29 (2:17) おひつじ
12/1 (4:54) おうし
12/3 (8:02) ふたご
12/5 (13:01) かに
12/7 (21:09) しし
12/10 (8:33) おとめ
12/12 (21:29) てんびん
12/15 (9:08) さそり
12/17 (17:36) いて
12/19 (22:55) やぎ
12/22 (2:13) みずがめ
12/24 (4:50) うお
12/26 (7:40) おひつじ
12/28 (11:08) おうし
12/30 (15:32) ふたご

1980年

1/1 (21:29) かに

11/6	（22:19）	さそり
11/9	（10:25）	いて
11/11	（21:15）	やぎ
11/14	（6:10）	みずがめ
11/16	（12:21）	うお
11/18	（15:22）	おひつじ
11/20	（15:51）	おうし
11/22	（15:27）	ふたご
11/24	（16:18）	かに
11/26	（20:23）	しし
11/29	（4:37）	おとめ
12/1	（16:13）	てんびん
12/4	（5:00）	さそり
12/6	（16:57）	いて
12/9	（3:12）	やぎ
12/11	（11:36）	みずがめ
12/13	（18:03）	うお
12/15	（22:21）	おひつじ
12/18	（0:36）	おうし
12/20	（1:39）	ふたご
12/22	（3:03）	かに
12/24	（6:34）	しし
12/26	（13:32）	おとめ
12/29	（0:05）	てんびん
12/31	（12:36）	さそり
1981 年		
1/3	（0:42）	いて
1/5	（10:41）	やぎ
1/7	（18:12）	みずがめ
1/9	（23:42）	うお
1/12	（3:43）	おひつじ
1/14	（6:45）	おうし
1/16	（9:17）	ふたご
1/18	（12:08）	かに
1/20	（16:21）	しし
1/22	（23:02）	おとめ
1/25	（8:45）	てんびん
1/27	（20:49）	さそり
1/30	（9:12）	いて
2/1	（19:37）	やぎ
2/4	（2:55）	みずがめ
2/6	（7:21）	うお
2/8	（10:01）	おひつじ
2/10	（12:11）	おうし
2/12	（14:51）	ふたご
7/27	（19:34）	みずがめ
7/29	（22:11）	うお
7/31	（23:53）	おひつじ
8/3	（1:55）	おうし
8/5	（5:10）	ふたご
8/7	（10:12）	かに
8/9	（17:23）	しし
8/12	（2:54）	おとめ
8/14	（14:32）	てんびん
8/17	（3:15）	さそり
8/19	（15:08）	いて
8/22	（0:11）	やぎ
8/24	（5:32）	みずがめ
8/26	（7:43）	うお
8/28	（8:11）	おひつじ
8/30	（8:41）	おうし
9/1	（10:50）	ふたご
9/3	（15:39）	かに
9/5	（23:22）	しし
9/8	（9:31）	おとめ
9/10	（21:22）	てんびん
9/13	（10:06）	さそり
9/15	（22:28）	いて
9/18	（8:45）	やぎ
9/20	（15:31）	みずがめ
9/22	（18:27）	うお
9/24	（18:37）	おひつじ
9/26	（17:53）	おうし
9/28	（18:21）	ふたご
9/30	（21:46）	かに
10/3	（4:57）	しし
10/5	（15:19）	おとめ
10/8	（3:30）	てんびん
10/10	（16:15）	さそり
10/13	（4:37）	いて
10/15	（15:37）	やぎ
10/17	（23:54）	みずがめ
10/20	（4:31）	うお
10/22	（5:43）	おひつじ
10/24	（4:55）	おうし
10/26	（4:17）	ふたご
10/28	（6:00）	かに
10/30	（11:38）	しし
11/1	（21:19）	おとめ
11/4	（9:31）	てんびん
4/15	（20:11）	おうし
4/17	（20:41）	ふたご
4/20	（0:11）	かに
4/22	（7:52）	しし
4/24	（19:12）	おとめ
4/27	（8:09）	てんびん
4/29	（20:35）	さそり
5/2	（7:22）	いて
5/4	（16:14）	やぎ
5/6	（23:03）	みずがめ
5/9	（3:33）	うお
5/11	（5:44）	おひつじ
5/13	（6:24）	おうし
5/15	（7:07）	ふたご
5/17	（9:52）	かに
5/19	（16:14）	しし
5/22	（2:32）	おとめ
5/24	（15:11）	てんびん
5/27	（3:37）	さそり
5/29	（14:05）	いて
5/31	（22:14）	やぎ
6/3	（4:29）	みずがめ
6/5	（9:10）	うお
6/7	（12:23）	おひつじ
6/9	（14:30）	おうし
6/11	（16:22）	ふたご
6/13	（19:29）	かに
6/16	（1:22）	しし
6/18	（10:47）	おとめ
6/20	（22:55）	てんびん
6/23	（11:26）	さそり
6/25	（22:02）	いて
6/28	（5:46）	やぎ
6/30	（11:04）	みずがめ
7/2	（14:48）	うお
7/4	（17:46）	おひつじ
7/6	（20:30）	おうし
7/8	（23:33）	ふたご
7/11	（3:44）	かに
7/13	（10:03）	しし
7/15	（19:11）	おとめ
7/18	（6:55）	てんびん
7/20	（19:33）	さそり
7/23	（6:42）	いて
7/25	（14:45）	やぎ
1/4	（5:47）	しし
1/6	（16:48）	おとめ
1/9	（5:38）	てんびん
1/11	（17:55）	さそり
1/14	（3:17）	いて
1/16	（8:51）	やぎ
1/18	（11:25）	みずがめ
1/20	（12:33）	うお
1/22	（13:52）	おひつじ
1/24	（16:31）	おうし
1/26	（21:11）	ふたご
1/29	（4:02）	かに
1/31	（13:08）	しし
2/3	（0:21）	おとめ
2/5	（13:04）	てんびん
2/8	（1:46）	さそり
2/10	（12:19）	いて
2/12	（19:12）	やぎ
2/14	（22:20）	みずがめ
2/16	（22:54）	うお
2/18	（22:42）	おひつじ
2/20	（23:35）	おうし
2/23	（2:58）	ふたご
2/25	（9:34）	かに
2/27	（19:10）	しし
3/1	（6:53）	おとめ
3/3	（19:40）	てんびん
3/6	（8:22）	さそり
3/8	（19:38）	いて
3/11	（4:02）	やぎ
3/13	（8:45）	みずがめ
3/15	（10:10）	うお
3/17	（9:41）	おひつじ
3/19	（9:13）	おうし
3/21	（10:47）	ふたご
3/23	（15:55）	かに
3/26	（0:58）	しし
3/28	（12:52）	おとめ
3/31	（1:49）	てんびん
4/2	（14:21）	さそり
4/5	（1:35）	いて
4/7	（10:43）	やぎ
4/9	（17:00）	みずがめ
4/11	（20:07）	うお
4/13	（20:40）	おひつじ

12/18（21:58）てんびん

12/21（8:39）さそり

12/23（21:11）いて

12/26（9:59）やぎ

12/28（21:53）みずがめ

12/31（8:01）うお

1982年

1/2（15:33）おひつじ

1/4（20:02）おうし

1/6（21:49）ふたご

1/8（22:01）かに

1/10（22:21）しし

1/13（0:37）おとめ

1/15（6:17）てんびん

1/17（15:46）さそり

1/20（4:00）いて

1/22（16:51）やぎ

1/25（4:25）みずがめ

1/27（13:49）うお

1/29（20:58）おひつじ

2/1（2:03）おうし

2/3（5:20）ふたご

2/5（7:18）かに

2/7（8:50）しし

2/9（11:15）おとめ

2/11（16:02）てんびん

2/14（0:16）さそり

2/16（11:45）いて

2/19（0:36）やぎ

2/21（12:15）みずがめ

2/23（21:09）うお

2/26（3:17）おひつじ

2/28（7:32）おうし

3/2（10:50）ふたご

3/4（13:48）かに

3/6（16:50）しし

3/8（20:27）おとめ

3/11（1:34）てんびん

3/13（9:17）さそり

3/15（20:03）いて

3/18（8:47）やぎ

3/20（20:53）みずがめ

3/23（6:01）うお

3/25（11:37）おひつじ

3/27（14:39）おうし

9/8（6:48）やぎ

9/10（16:59）みずがめ

9/12（23:34）うお

9/15（2:55）おひつじ

9/17（4:30）おうし

9/19（5:59）ふたご

9/21（8:39）かに

9/23（13:08）しし

9/25（19:29）おとめ

9/28（3:40）てんびん

9/30（13:53）さそり

10/3（1:59）いて

10/5（14:49）やぎ

10/8（2:01）みずがめ

10/10（9:32）うお

10/12（13:01）おひつじ

10/14（13:43）おうし

10/16（13:41）ふたご

10/18（14:52）かに

10/20（18:34）しし

10/23（1:05）おとめ

10/25（9:56）てんびん

10/27（20:38）さそり

10/30（8:48）いて

11/1（21:46）やぎ

11/4（9:51）みずがめ

11/6（18:52）うお

11/8（23:39）おひつじ

11/11（0:44）おうし

11/12（23:59）ふたご

11/14（23:37）かに

11/17（1:32）しし

11/19（6:53）おとめ

11/21（15:33）てんびん

11/24（2:36）さそり

11/26（15:00）いて

11/29（3:53）やぎ

12/1（16:09）みずがめ

12/4（2:16）うお

12/6（8:49）おひつじ

12/8（11:31）おうし

12/10（11:30）ふたご

12/12（10:40）かに

12/14（11:08）しし

12/16（14:38）おとめ

5/29（0:44）おひつじ

5/31（2:10）おうし

6/2（1:48）ふたご

6/4（1:38）かに

6/6（3:43）しし

6/8（9:25）おとめ

6/10（18:55）てんびん

6/13（6:54）さそり

6/15（19:31）いて

6/18（7:21）やぎ

6/20（17:36）みずがめ

6/23（1:44）うお

6/25（7:18）おひつじ

6/27（10:16）おうし

6/29（11:21）ふたご

7/1（11:57）かに

7/3（13:47）しし

7/5（18:26）おとめ

7/8（2:42）てんびん

7/10（14:02）さそり

7/13（2:35）いて

7/15（14:19）やぎ

7/18（0:02）みずがめ

7/20（7:26）うお

7/22（12:44）おひつじ

7/24（16:18）おうし

7/26（18:42）ふたご

7/28（20:41）かに

7/30（23:20）しし

8/2（3:54）おとめ

8/4（11:24）てんびん

8/6（21:58）さそり

8/9（10:22）いて

8/11（22:20）やぎ

8/14（7:56）みずがめ

8/16（14:34）うお

8/18（18:49）おひつじ

8/20（21:43）おうし

8/23（0:18）ふたご

8/25（3:17）かに

8/27（7:10）しし

8/29（12:32）おとめ

8/31（20:02）てんびん

9/3（6:10）さそり

9/5（18:24）いて

2/14（18:43）かに

2/17（0:10）しし

2/19（7:34）おとめ

2/21（17:12）てんびん

2/24（4:54）さそり

2/26（17:29）いて

3/1（4:46）やぎ

3/3（12:51）みずがめ

3/5（17:12）うお

3/7（18:48）おひつじ

3/9（19:22）おうし

3/11（20:42）ふたご

3/14（0:06）かに

3/16（6:02）しし

3/18（14:20）おとめ

3/21（0:31）てんびん

3/23（12:14）さそり

3/26（0:51）いて

3/28（12:52）やぎ

3/30（22:15）みずがめ

4/2（3:41）うお

4/4（5:25）おひつじ

4/6（5:04）おうし

4/8（4:47）ふたご

4/10（6:34）かに

4/12（11:36）しし

4/14（19:56）おとめ

4/17（6:38）てんびん

4/19（18:39）さそり

4/22（7:15）いて

4/24（19:31）やぎ

4/27（5:57）みずがめ

4/29（12:56）うお

5/1（15:57）おひつじ

5/3（15:59）おうし

5/5（15:01）ふたご

5/7（15:18）かに

5/9（18:40）しし

5/12（1:55）おとめ

5/14（12:24）てんびん

5/17（0:37）さそり

5/19（13:14）いて

5/22（1:20）やぎ

5/24（12:01）みずがめ

5/26（20:05）うお

1/28 (18:10) しし
1/30 (17:35) おとめ
2/1 (18:47) てんびん
2/3 (23:32) さそり
2/6 (8:28) いて
2/8 (20:33) やぎ
2/11 (9:40) みずがめ
2/13 (22:02) うお
2/16 (8:46) おひつじ
2/18 (17:30) おうし
2/20 (23:52) ふたご
2/23 (3:31) かに
2/25 (4:47) しし
2/27 (4:49) おとめ
3/1 (5:30) てんびん
3/3 (8:51) さそり
3/5 (16:15) いて
3/8 (3:29) やぎ
3/10 (16:30) みずがめ
3/13 (4:47) うお
3/15 (15:00) おひつじ
3/17 (23:04) おうし
3/20 (5:20) ふたご
3/22 (9:52) かに
3/24 (12:43) しし
3/26 (14:18) おとめ
3/28 (15:48) てんびん
3/30 (18:57) さそり
4/2 (1:20) いて
4/4 (11:30) やぎ
4/7 (0:06) みずがめ
4/9 (12:30) うお
4/11 (22:37) おひつじ
4/14 (5:59) おうし
4/16 (11:15) ふたご
4/18 (15:14) かに
4/20 (18:26) しし
4/22 (21:12) おとめ
4/25 (0:04) てんびん
4/27 (4:04) さそり
4/29 (10:28) いて
5/1 (20:01) やぎ
5/4 (8:09) みずがめ
5/6 (20:43) うお
5/9 (7:16) おひつじ

10/20 (6:02) いて
10/22 (17:38) やぎ
10/25 (6:36) みずがめ
10/27 (18:12) うお
10/30 (2:25) おひつじ
11/1 (7:04) おうし
11/3 (9:23) ふたご
11/5 (10:59) かに
11/7 (13:10) しし
11/9 (16:40) おとめ
11/11 (21:46) てんびん
11/14 (4:42) さそり
11/16 (13:52) いて
11/19 (1:21) やぎ
11/21 (14:20) みずがめ
11/24 (2:43) うお
11/26 (12:07) おひつじ
11/28 (17:31) おうし
11/30 (19:36) ふたご
12/2 (19:58) かに
12/4 (20:26) しし
12/6 (22:32) おとめ
12/9 (3:11) てんびん
12/11 (10:34) さそり
12/13 (20:27) いて
12/16 (8:15) やぎ
12/18 (21:12) みずがめ
12/21 (9:56) うお
12/23 (20:34) おひつじ
12/26 (3:37) おうし
12/28 (6:49) ふたご
12/30 (7:12) かに

1983年

1/1 (6:33) しし
1/3 (6:49) おとめ
1/5 (9:44) てんびん
1/7 (16:16) さそり
1/10 (2:14) いて
1/12 (14:26) やぎ
1/15 (3:26) みずがめ
1/17 (16:02) うお
1/20 (3:08) おひつじ
1/22 (11:36) おうし
1/24 (16:40) ふたご
1/26 (18:28) かに

7/10 (12:35) うお
7/12 (21:49) おひつじ
7/15 (4:00) おうし
7/17 (7:03) ふたご
7/19 (7:46) かに
7/21 (7:35) しし
7/23 (8:20) おとめ
7/25 (11:45) てんびん
7/27 (18:58) さそり
7/30 (5:48) いて
8/1 (18:36) やぎ
8/4 (7:17) みずがめ
8/6 (18:23) うお
8/9 (3:21) おひつじ
8/11 (10:00) おうし
8/13 (14:22) ふたご
8/15 (16:40) かに
8/17 (17:40) しし
8/19 (18:40) おとめ
8/21 (21:22) てんびん
8/24 (3:21) さそり
8/26 (13:11) いて
8/29 (1:42) やぎ
8/31 (14:23) みずがめ
9/3 (1:11) うお
9/5 (9:24) おひつじ
9/7 (15:27) おうし
9/9 (19:57) ふたご
9/11 (23:18) かに
9/14 (1:46) しし
9/16 (3:57) おとめ
9/18 (7:03) てんびん
9/20 (12:32) さそり
9/22 (21:30) いて
9/25 (9:31) やぎ
9/27 (22:21) みずがめ
9/30 (9:18) うお
10/2 (17:06) おひつじ
10/4 (22:09) おうし
10/7 (1:39) ふたご
10/9 (4:39) かに
10/11 (7:44) しし
10/13 (11:09) おとめ
10/15 (15:23) てんびん
10/17 (21:21) さそり

3/29 (16:44) ふたご
3/31 (19:09) かに
4/2 (22:36) しし
4/5 (3:18) おとめ
4/7 (9:26) てんびん
4/9 (17:33) さそり
4/12 (4:07) いて
4/14 (16:41) やぎ
4/17 (5:18) みずがめ
4/19 (15:20) うお
4/21 (21:23) おひつじ
4/23 (23:59) おうし
4/26 (0:48) ふたご
4/28 (1:43) かに
4/30 (4:09) しし
5/2 (8:45) おとめ
5/4 (15:32) てんびん
5/7 (0:24) さそり
5/9 (11:17) いて
5/11 (23:50) やぎ
5/14 (12:44) みずがめ
5/16 (23:46) うお
5/19 (7:04) おひつじ
5/21 (10:22) おうし
5/23 (10:54) ふたご
5/25 (10:38) かに
5/27 (11:27) しし
5/29 (14:43) おとめ
5/31 (21:02) てんびん
6/3 (6:12) さそり
6/5 (17:31) いて
6/8 (6:12) やぎ
6/10 (19:08) みずがめ
6/13 (6:44) うお
6/15 (15:20) おひつじ
6/17 (20:07) おうし
6/19 (21:34) ふたご
6/21 (21:13) かに
6/23 (20:57) しし
6/25 (22:36) おとめ
6/28 (3:30) てんびん
6/30 (12:02) さそり
7/2 (23:25) いて
7/5 (12:15) やぎ
7/8 (1:03) みずがめ

3/11 （20:48） かに
3/14 （0:21） しし
3/16 （0:47） おとめ
3/17 （23:51） てんびん
3/19 （23:49） さそり
3/22 （2:41） いて
3/24 （9:36） やぎ
3/26 （20:09） みずがめ
3/29 （8:37） うお
3/31 （21:14） おひつじ
4/3 （8:55） おうし
4/5 （19:04） ふたご
4/8 （2:59） かに
4/10 （8:01） しし
4/12 （10:11） おとめ
4/14 （10:29） てんびん
4/16 （10:41） さそり
4/18 （12:44） いて
4/20 （18:10） やぎ
4/23 （3:27） みずがめ
4/25 （15:26） うお
4/28 （4:03） おひつじ
4/30 （15:30） おうし
5/3 （1:02） ふたご
5/5 （8:26） かに
5/7 （13:43） しし
5/9 （17:02） おとめ
5/11 （18:54） てんびん
5/13 （20:22） さそり
5/15 （22:50） いて
5/18 （3:43） やぎ
5/20 （11:55） みずがめ
5/22 （23:09） うお
5/25 （11:39） おひつじ
5/27 （23:13） おうし
5/30 （8:23） ふたご
6/1 （14:54） かに
6/3 （19:19） しし
6/5 （22:27） おとめ
6/8 （1:03） てんびん
6/10 （3:48） さそり
6/12 （7:26） いて
6/14 （12:48） やぎ
6/16 （20:41） みずがめ
6/19 （7:18） うお
12/1 （18:41） さそり
12/3 （23:56） いて
12/6 （7:28） やぎ
12/8 （17:39） みずがめ
12/11 （5:53） うお
12/13 （18:17） おひつじ
12/16 （4:33） おうし
12/18 （11:24） ふたご
12/20 （15:02） かに
12/22 （16:44） しし
12/24 （18:01） おとめ
12/26 （20:18） てんびん
12/29 （0:27） さそり
12/31 （6:44） いて

1984年

1/2 （15:07） やぎ
1/5 （1:30） みずがめ
1/7 （13:34） うお
1/10 （2:15） おひつじ
1/12 （13:36） おうし
1/14 （21:40） ふたご
1/17 （1:47） かに
1/19 （2:50） しし
1/21 （2:35） おとめ
1/23 （3:07） てんびん
1/25 （6:04） さそり
1/27 （12:12） いて
1/29 （21:12） やぎ
2/1 （8:11） みずがめ
2/3 （20:22） うお
2/6 （9:04） おひつじ
2/8 （21:05） おうし
2/11 （6:39） ふたご
2/13 （12:20） かに
2/15 （14:09） しし
2/17 （13:32） おとめ
2/19 （12:39） てんびん
2/21 （13:44） さそり
2/23 （18:22） いて
2/26 （2:49） やぎ
2/28 （14:02） みずがめ
3/2 （2:29） うお
3/4 （15:07） おひつじ
3/7 （3:09） おうし
3/9 （13:30） ふたご
8/21 （11:25） みずがめ
8/24 （0:10） うお
8/26 （12:08） おひつじ
8/28 （22:38） おうし
8/31 （6:49） ふたご
9/2 （11:53） かに
9/4 （13:47） しし
9/6 （13:36） おとめ
9/8 （13:13） てんびん
9/10 （14:49） さそり
9/12 （20:08） いて
9/15 （5:34） やぎ
9/17 （17:46） みずがめ
9/20 （6:30） うお
9/22 （18:10） おひつじ
9/25 （4:12） おうし
9/27 （12:24） ふたご
9/29 （18:24） かに
10/1 （21:54） しし
10/3 （23:15） おとめ
10/5 （23:42） てんびん
10/8 （1:06） さそり
10/10 （5:21） いて
10/12 （13:30） やぎ
10/15 （1:00） みずがめ
10/17 （13:41） うお
10/20 （1:18） おひつじ
10/22 （10:47） おうし
10/24 （18:10） ふたご
10/26 （23:47） かに
10/29 （3:50） しし
10/31 （6:33） おとめ
11/2 （8:31） てんびん
11/4 （10:53） さそり
11/6 （15:09） いて
11/8 （22:31） やぎ
11/11 （9:10） みずがめ
11/13 （21:41） うお
11/16 （9:36） おひつじ
11/18 （19:06） おうし
11/21 （1:45） ふたご
11/23 （6:10） かに
11/25 （9:19） しし
11/27 （12:02） おとめ
11/29 （14:57） てんびん
5/11 （14:36） おうし
5/13 （19:03） ふたご
5/15 （21:48） かに
5/18 （0:01） しし
5/20 （2:37） おとめ
5/22 （6:11） てんびん
5/24 （11:17） さそり
5/26 （18:27） いて
5/29 （4:07） やぎ
5/31 （16:00） みずがめ
6/3 （4:42） うお
6/5 （15:59） おひつじ
6/8 （0:05） おうし
6/10 （4:37） ふたご
6/12 （6:32） かに
6/14 （7:21） しし
6/16 （8:38） おとめ
6/18 （11:36） てんびん
6/20 （16:59） さそり
6/23 （0:55） いて
6/25 （11:08） やぎ
6/27 （23:07） みずがめ
6/30 （11:52） うお
7/2 （23:47） おひつじ
7/5 （9:05） おうし
7/7 （14:41） ふたご
7/9 （16:50） かに
7/11 （16:54） しし
7/13 （16:43） おとめ
7/15 （18:10） てんびん
7/17 （22:38） さそり
7/20 （6:31） いて
7/22 （17:11） やぎ
7/25 （5:26） みずがめ
7/27 （18:11） うお
7/30 （6:21） おひつじ
8/1 （16:37） おうし
8/3 （23:43） ふたご
8/6 （3:09） かに
8/8 （3:37） しし
8/10 （2:49） おとめ
8/12 （2:51） てんびん
8/14 （5:44） さそり
8/16 （12:33） いて
8/18 （22:59） やぎ

4/23 (3:01) ふたご
4/25 (14:26) かに
4/27 (23:10) しし
4/30 (4:24) おとめ
5/2 (6:22) てんびん
5/4 (6:17) さそり
5/6 (5:56) いて
5/8 (7:11) やぎ
5/10 (11:38) みずがめ
5/12 (19:56) うお
5/15 (7:25) おひつじ
5/17 (20:23) おうし
5/20 (9:01) ふたご
5/22 (20:05) かに
5/25 (4:54) しし
5/27 (11:06) おとめ
5/29 (14:41) てんびん
5/31 (16:07) さそり
6/2 (16:33) いて
6/4 (17:34) やぎ
6/6 (20:52) みずがめ
6/9 (3:46) うお
6/11 (14:24) おひつじ
6/14 (3:11) おうし
6/16 (15:45) ふたご
6/19 (2:22) かに
6/21 (10:32) しし
6/23 (16:32) おとめ
6/25 (20:48) てんびん
6/27 (23:37) さそり
6/30 (1:30) いて
7/2 (3:22) やぎ
7/4 (6:36) みずがめ
7/6 (12:40) うお
7/8 (22:20) おひつじ
7/11 (10:44) おうし
7/13 (23:23) ふたご
7/16 (9:54) かに
7/18 (17:25) しし
7/20 (22:29) おとめ
7/23 (2:10) てんびん
7/25 (5:16) さそり
7/27 (8:12) いて
7/29 (11:21) やぎ
7/31 (15:25) みずがめ
1/10 (13:40) おとめ
1/12 (16:13) てんびん
1/14 (19:07) さそり
1/16 (22:48) いて
1/19 (3:29) やぎ
1/21 (9:38) みずがめ
1/23 (18:02) うお
1/26 (5:05) おひつじ
1/28 (17:53) おうし
1/31 (6:01) ふたご
2/2 (14:59) かに
2/4 (20:02) しし
2/6 (22:09) おとめ
2/8 (23:10) てんびん
2/11 (0:49) さそり
2/13 (4:09) いて
2/15 (9:27) やぎ
2/17 (16:36) みずがめ
2/20 (1:38) うお
2/22 (12:43) おひつじ
2/25 (1:27) おうし
2/27 (14:11) ふたご
3/2 (0:23) かに
3/4 (6:28) しし
3/6 (8:43) おとめ
3/8 (8:47) てんびん
3/10 (8:47) さそり
3/12 (10:29) いて
3/14 (14:55) やぎ
3/16 (22:11) みずがめ
3/19 (7:50) うお
3/21 (19:20) おひつじ
3/24 (8:06) おうし
3/26 (21:02) ふたご
3/29 (8:13) かに
3/31 (15:51) しし
4/2 (19:25) おとめ
4/4 (19:54) てんびん
4/6 (19:10) さそり
4/8 (19:17) いて
4/10 (21:57) やぎ
4/13 (4:04) みずがめ
4/15 (13:30) うお
4/18 (1:18) おひつじ
4/20 (14:12) おうし
10/1 (14:28) やぎ
10/3 (23:03) みずがめ
10/6 (10:19) うお
10/8 (22:51) おひつじ
10/11 (11:28) おうし
10/13 (23:14) ふたご
10/16 (9:00) かに
10/18 (15:41) しし
10/20 (18:56) おとめ
10/22 (19:32) てんびん
10/24 (19:08) さそり
10/26 (19:43) いて
10/28 (23:05) やぎ
10/31 (6:13) みずがめ
11/2 (16:50) うお
11/5 (5:20) おひつじ
11/7 (17:53) おうし
11/10 (5:10) ふたご
11/12 (14:31) かに
11/14 (21:34) しし
11/17 (2:08) おとめ
11/19 (4:29) てんびん
11/21 (5:31) さそり
11/23 (6:34) いて
11/25 (9:17) やぎ
11/27 (15:06) みずがめ
11/30 (0:33) うお
12/2 (12:42) おひつじ
12/5 (1:20) おうし
12/7 (12:24) ふたご
12/9 (20:56) かに
12/12 (3:08) しし
12/14 (7:35) おとめ
12/16 (10:52) てんびん
12/18 (13:27) さそり
12/20 (15:58) いて
12/22 (19:21) やぎ
12/25 (0:47) みずがめ
12/27 (9:18) うお
12/29 (20:49) おひつじ

1985年

1/1 (9:36) おうし
1/3 (21:00) ふたご
1/6 (5:18) かに
1/8 (10:28) しし
6/21 (19:40) おひつじ
6/24 (7:38) おうし
6/26 (17:04) ふたご
6/28 (23:09) かに
7/1 (2:30) しし
7/3 (4:28) おとめ
7/5 (6:27) てんびん
7/7 (9:28) さそり
7/9 (14:03) いて
7/11 (20:23) やぎ
7/14 (4:41) みずがめ
7/16 (15:10) うお
7/19 (3:26) おひつじ
7/21 (15:52) おうし
7/24 (2:10) ふたご
7/26 (8:44) かに
7/28 (11:41) しし
7/30 (12:29) おとめ
8/1 (13:03) てんびん
8/3 (15:04) さそり
8/5 (19:30) いて
8/8 (2:24) やぎ
8/10 (11:25) みずがめ
8/12 (22:13) うお
8/15 (10:28) おひつじ
8/17 (23:13) おうし
8/20 (10:31) ふたご
8/22 (18:20) かに
8/24 (22:00) しし
8/26 (22:32) おとめ
8/28 (21:57) てんびん
8/30 (22:23) さそり
9/2 (1:30) いて
9/4 (7:55) やぎ
9/6 (17:11) みずがめ
9/9 (4:24) うお
9/11 (16:47) おひつじ
9/14 (5:33) おうし
9/16 (17:26) ふたご
9/19 (2:36) かに
9/21 (7:49) しし
9/23 (9:19) おとめ
9/25 (8:41) てんびん
9/27 (8:04) さそり
9/29 (9:32) いて

6/4 （0:45） おうし
6/6 （13:26） ふたご
6/9 （2:16） かに
6/11 （14:11） しし
6/14 （0:18） おとめ
6/16 （7:38） てんびん
6/18 （11:36） さそり
6/20 （12:36） いて
6/22 （12:00） やぎ
6/24 （11:50） みずがめ
6/26 （14:12） うお
6/28 （20:35） おひつじ
7/1 （6:54） おうし
7/3 （19:32） ふたご
7/6 （8:19） かに
7/8 （19:56） しし
7/11 （5:50） おとめ
7/13 （13:40） てんびん
7/15 （18:58） さそり
7/17 （21:34） いて
7/19 （22:10） やぎ
7/21 （22:17） みずがめ
7/23 （23:59） うお
7/26 （5:02） おひつじ
7/28 （14:11） おうし
7/31 （2:19） ふたご
8/2 （15:04） かに
8/5 （2:26） しし
8/7 （11:44） おとめ
8/9 （19:05） てんびん
8/12 （0:36） さそり
8/14 （4:17） いて
8/16 （6:22） やぎ
8/18 （7:44） みずがめ
8/20 （9:52） うお
8/22 （14:27） おひつじ
8/24 （22:36） おうし
8/27 （10:00） ふたご
8/29 （22:40） かに
9/1 （10:08） しし
9/3 （19:06） おとめ
9/6 （1:33） てんびん
9/8 （6:12） さそり
9/10 （9:40） いて
9/12 （12:28） やぎ

2/22 （7:25） しし
2/24 （13:58） おとめ
2/26 （18:07） てんびん
2/28 （21:06） さそり
3/2 （23:51） いて
3/5 （2:56） やぎ
3/7 （6:42） みずがめ
3/9 （11:48） うお
3/11 （19:03） おひつじ
3/14 （5:04） おうし
3/16 （17:23） ふたご
3/19 （6:04） かに
3/21 （16:38） しし
3/23 （23:39） おとめ
3/26 （3:22） てんびん
3/28 （5:05） さそり
3/30 （6:20） いて
4/1 （8:25） やぎ
4/3 （12:11） みずがめ
4/5 （18:03） うお
4/8 （2:12） おひつじ
4/10 （12:36） おうし
4/13 （0:51） ふたご
4/15 （13:42） かに
4/18 （1:10） しし
4/20 （9:24） おとめ
4/22 （13:50） てんびん
4/24 （15:15） さそり
4/26 （15:16） いて
4/28 （15:41） やぎ
4/30 （18:06） みずがめ
5/2 （23:30） うお
5/5 （8:01） おひつじ
5/7 （18:59） おうし
5/10 （7:26） ふたご
5/12 （20:18） かに
5/15 （8:15） しし
5/17 （17:45） おとめ
5/19 （23:41） てんびん
5/22 （2:02） さそり
5/24 （1:57） いて
5/26 （1:15） やぎ
5/28 （2:00） みずがめ
5/30 （5:54） うお
6/1 （13:43） おひつじ

11/13 （14:52） いて
11/15 （14:53） やぎ
11/17 （17:25） みずがめ
11/19 （23:42） うお
11/22 （9:42） おひつじ
11/24 （22:07） おうし
11/27 （11:08） ふたご
11/29 （23:23） かに
12/2 （9:59） しし
12/4 （18:14） おとめ
12/6 （23:33） てんびん
12/9 （1:56） さそり
12/11 （2:13） いて
12/13 （1:59） やぎ
12/15 （3:15） みずがめ
12/17 （7:50） うお
12/19 （16:37） おひつじ
12/22 （4:41） おうし
12/24 （17:45） ふたご
12/27 （5:44） かに
12/29 （15:44） しし
12/31 （23:43） おとめ

1986年

1/3 （5:45） てんびん
1/5 （9:44） さそり
1/7 （11:47） いて
1/9 （12:42） やぎ
1/11 （14:01） みずがめ
1/13 （17:39） うお
1/16 （1:03） おひつじ
1/18 （12:14） おうし
1/21 （1:12） ふたご
1/23 （13:15） かに
1/25 （22:47） しし
1/28 （5:51） おとめ
1/30 （11:10） てんびん
2/1 （15:19） さそり
2/3 （18:32） いて
2/5 （21:02） やぎ
2/7 （23:35） みずがめ
2/10 （3:32） うお
2/12 （10:21） おひつじ
2/14 （20:38） おうし
2/17 （9:17） ふたご
2/19 （21:39） かに

8/2 （21:33） うお
8/5 （6:43） おひつじ
8/7 （18:41） おうし
8/10 （7:31） ふたご
8/12 （18:28） かに
8/15 （1:57） しし
8/17 （6:15） おとめ
8/19 （8:44） てんびん
8/21 （10:51） さそり
8/23 （13:36） いて
8/25 （17:24） やぎ
8/27 （22:31） みずがめ
8/30 （5:25） うお
9/1 （14:42） おひつじ
9/4 （2:28） おうし
9/6 （15:27） ふたご
9/9 （3:10） かに
9/11 （11:27） しし
9/13 （15:52） おとめ
9/15 （17:34） てんびん
9/17 （18:17） さそり
9/19 （19:40） いて
9/21 （22:49） やぎ
9/24 （4:11） みずがめ
9/26 （11:50） うお
9/28 （21:43） おひつじ
10/1 （9:35） おうし
10/3 （22:36） ふたご
10/6 （10:59） かに
10/8 （20:33） しし
10/11 （2:09） おとめ
10/13 （4:12） てんびん
10/15 （4:13） さそり
10/17 （4:05） いて
10/19 （5:35） やぎ
10/21 （9:54） みずがめ
10/23 （17:27） うお
10/26 （3:47） おひつじ
10/28 （15:59） おうし
10/31 （4:59） ふたご
11/2 （17:31） かに
11/5 （4:04） しし
11/7 （11:18） おとめ
11/9 （14:52） てんびん
11/11 （15:31） さそり

7/16 （9:00） おひつじ
7/18 （15:04） おうし
7/21 （0:33） ふたご
7/23 （12:13） かに
7/26 （0:50） しし
7/28 （13:26） おとめ
7/31 （0:59） てんびん
8/2 （10:09） さそり
8/4 （15:47） いて
8/6 （17:52） やぎ
8/8 （17:37） みずがめ
8/10 （17:01） うお
8/12 （18:09） おひつじ
8/14 （22:38） おうし
8/17 （6:59） ふたご
8/19 （18:19） かに
8/22 （6:58） しし
8/24 （19:23） おとめ
8/27 （6:35） てんびん
8/29 （15:49） さそり
8/31 （22:24） いて
9/3 （2:04） やぎ
9/5 （3:22） みずがめ
9/7 （3:37） うお
9/9 （4:34） おひつじ
9/11 （7:57） おうし
9/13 （14:54） ふたご
9/16 （1:22） かに
9/18 （13:50） しし
9/21 （2:13） おとめ
9/23 （12:58） てんびん
9/25 （21:30） さそり
9/28 （3:49） いて
9/30 （8:08） やぎ
10/2 （10:51） みずがめ
10/4 （12:39） うお
10/6 （14:35） おひつじ
10/8 （17:57） おうし
10/11 （0:03） ふたご
10/13 （9:31） かに
10/15 （21:34） しし
10/18 （10:06） おとめ
10/20 （20:50） てんびん
10/23 （4:41） さそり
10/25 （9:57） いて

4/5 （8:33） かに
4/7 （21:04） しし
4/10 （8:28） おとめ
4/12 （17:06） てんびん
4/14 （22:41） さそり
4/17 （2:02） いて
4/19 （4:21） やぎ
4/21 （6:45） みずがめ
4/23 （10:02） うお
4/25 （14:41） おひつじ
4/27 （21:06） おうし
4/30 （5:43） ふたご
5/2 （16:39） かに
5/5 （5:06） しし
5/7 （17:07） おとめ
5/10 （2:29） てんびん
5/12 （8:09） さそり
5/14 （10:41） いて
5/16 （11:37） やぎ
5/18 （12:42） みずがめ
5/20 （15:24） うお
5/22 （20:23） おひつじ
5/25 （3:39） おうし
5/27 （12:55） ふたご
5/29 （23:59） かに
6/1 （12:25） しし
6/4 （0:56） おとめ
6/6 （11:24） てんびん
6/8 （18:06） さそり
6/10 （20:53） いて
6/12 （21:05） やぎ
6/14 （20:45） みずがめ
6/16 （21:54） うお
6/19 （1:56） おひつじ
6/21 （9:09） おうし
6/23 （18:54） ふたご
6/26 （6:22） かに
6/28 （18:52） しし
7/1 （7:34） おとめ
7/3 （18:55） てんびん
7/6 （3:03） さそり
7/8 （7:05） いて
7/10 （7:43） やぎ
7/12 （6:49） みずがめ
7/14 （6:36） うお

12/26 （20:06） さそり
12/28 （22:20） いて
12/30 （21:54） やぎ

1987年

1/1 （20:53） みずがめ
1/3 （21:36） うお
1/6 （1:51） おひつじ
1/8 （10:13） おうし
1/10 （21:39） ふたご
1/13 （10:18） かに
1/15 （22:45） しし
1/18 （10:15） おとめ
1/20 （20:09） てんびん
1/23 （3:30） さそり
1/25 （7:35） いて
1/27 （8:42） やぎ
1/29 （8:17） みずがめ
1/31 （8:24） うお
2/2 （11:09） おひつじ
2/4 （17:53） おうし
2/7 （4:23） ふたご
2/9 （16:55） かに
2/12 （5:21） しし
2/14 （16:26） おとめ
2/17 （1:44） てんびん
2/19 （9:04） さそり
2/21 （14:09） いて
2/23 （16:57） やぎ
2/25 （18:08） みずがめ
2/27 （19:07） うお
3/1 （21:37） おひつじ
3/4 （3:11） おうし
3/6 （12:26） ふたご
3/9 （0:24） かに
3/11 （12:54） しし
3/13 （23:55） おとめ
3/16 （8:34） てんびん
3/18 （14:57） さそり
3/20 （19:32） いて
3/22 （22:48） やぎ
3/25 （1:18） みずがめ
3/27 （3:46） うお
3/29 （7:12） おひつじ
3/31 （12:46） おうし
4/2 （21:16） ふたご

9/14 （15:07） みずがめ
9/16 （18:27） うお
9/18 （23:33） おひつじ
9/21 （7:25） おうし
9/23 （18:13） ふたご
9/26 （6:44） かに
9/28 （18:39） しし
10/1 （3:57） おとめ
10/3 （10:03） てんびん
10/5 （13:35） さそり
10/7 （15:48） いて
10/9 （17:52） やぎ
10/11 （20:45） みずがめ
10/14 （1:03） うお
10/16 （7:13） おひつじ
10/18 （15:35） おうし
10/21 （2:15） ふたご
10/23 （14:37） かに
10/26 （3:02） しし
10/28 （13:20） おとめ
10/30 （20:05） てんびん
11/1 （23:19） さそり
11/4 （0:19） いて
11/6 （0:48） やぎ
11/8 （2:28） みずがめ
11/10 （6:30） うお
11/12 （13:14） おひつじ
11/14 （22:24） おうし
11/17 （9:26） ふたご
11/19 （21:46） かに
11/22 （10:25） しし
11/24 （21:46） おとめ
11/27 （5:59） てんびん
11/29 （10:13） さそり
12/1 （11:08） いて
12/3 （10:28） やぎ
12/5 （10:23） みずがめ
12/7 （12:48） うお
12/9 （18:49） おひつじ
12/12 （4:10） おうし
12/14 （15:41） ふたご
12/17 （4:09） かに
12/19 （16:44） しし
12/22 （4:30） おとめ
12/24 （14:05） てんびん

8/27 (13:01) うお
8/29 (12:29) おひつじ
8/31 (13:22) おうし
9/2 (17:11) ふたご
9/5 (0:37) かに
9/7 (11:14) しし
9/9 (23:48) おとめ
9/12 (12:51) てんびん
9/15 (1:07) さそり
9/17 (11:25) いて
9/19 (18:45) やぎ
9/21 (22:43) みずがめ
9/23 (23:51) うお
9/25 (23:29) おひつじ
9/27 (23:29) おうし
9/30 (1:43) ふたご
10/2 (7:39) かに
10/4 (17:31) しし
10/7 (6:01) おとめ
10/9 (19:03) てんびん
10/12 (6:58) さそり
10/14 (16:58) いて
10/17 (0:44) やぎ
10/19 (6:05) みずがめ
10/21 (8:58) うお
10/23 (9:59) おひつじ
10/25 (10:22) おうし
10/27 (11:55) ふたご
10/29 (16:28) かに
11/1 (1:03) しし
11/3 (13:02) おとめ
11/6 (2:04) てんびん
11/8 (13:46) さそり
11/10 (23:06) いて
11/13 (6:12) やぎ
11/15 (11:36) みずがめ
11/17 (15:34) うお
11/19 (18:12) おひつじ
11/21 (20:02) おうし
11/23 (22:12) ふたご
11/26 (2:19) かに
11/28 (9:52) しし
11/30 (20:59) おとめ
12/3 (9:56) てんびん
12/5 (21:51) さそり
5/16 (15:31) ふたご
5/18 (22:05) かに
5/21 (7:51) しし
5/23 (20:12) おとめ
5/26 (8:49) てんびん
5/28 (19:06) さそり
5/31 (1:57) いて
6/2 (5:58) やぎ
6/4 (8:34) みずがめ
6/6 (11:00) うお
6/8 (14:04) おひつじ
6/10 (18:02) おうし
6/12 (23:14) ふたご
6/15 (6:19) かに
6/17 (15:57) しし
6/20 (4:03) おとめ
6/22 (16:57) てんびん
6/25 (3:58) さそり
6/27 (11:18) いて
6/29 (15:00) やぎ
7/1 (16:30) みずがめ
7/3 (17:33) うお
7/5 (19:37) おひつじ
7/7 (23:27) おうし
7/10 (5:16) ふたご
7/12 (13:08) かに
7/14 (23:11) しし
7/17 (11:17) おとめ
7/20 (0:22) てんびん
7/22 (12:13) さそり
7/24 (20:42) いて
7/27 (1:07) やぎ
7/29 (2:25) みずがめ
7/31 (2:23) うお
8/2 (2:53) おひつじ
8/4 (5:24) おうし
8/6 (10:43) ふたご
8/8 (18:52) かに
8/11 (5:26) しし
8/13 (17:46) おとめ
8/16 (6:52) てんびん
8/18 (19:12) さそり
8/21 (4:55) いて
8/23 (10:49) やぎ
8/25 (13:05) みずがめ
2/4 (15:54) おとめ
2/7 (4:36) てんびん
2/9 (15:42) さそり
2/11 (23:36) いて
2/14 (3:36) やぎ
2/16 (4:25) みずがめ
2/18 (3:44) うお
2/20 (3:35) おひつじ
2/22 (5:50) おうし
2/24 (11:42) ふたご
2/26 (21:12) かに
2/29 (9:12) しし
3/2 (22:06) おとめ
3/5 (10:32) てんびん
3/7 (21:27) さそり
3/10 (5:59) いて
3/12 (11:31) やぎ
3/14 (14:08) みずがめ
3/16 (14:42) うお
3/18 (14:45) おひつじ
3/20 (16:05) おうし
3/22 (20:21) ふたご
3/25 (4:27) かに
3/27 (15:54) しし
3/30 (4:49) おとめ
4/1 (17:05) てんびん
4/4 (3:26) さそり
4/6 (11:29) いて
4/8 (17:19) やぎ
4/10 (21:10) みずがめ
4/12 (23:24) うお
4/15 (0:47) おひつじ
4/17 (2:31) おうし
4/19 (6:10) ふたご
4/21 (13:04) かに
4/23 (23:34) しし
4/26 (12:16) おとめ
4/29 (0:37) てんびん
5/1 (10:39) さそり
5/3 (17:52) いて
5/5 (22:54) やぎ
5/8 (2:37) みずがめ
5/10 (5:39) うお
5/12 (8:23) おひつじ
5/14 (11:22) おうし
10/27 (13:33) やぎ
10/29 (16:27) みずがめ
10/31 (19:19) うお
11/2 (22:40) おひつじ
11/5 (3:02) おうし
11/7 (9:16) ふたご
11/9 (18:10) かに
11/12 (5:45) しし
11/14 (18:29) おとめ
11/17 (5:48) てんびん
11/19 (13:47) さそり
11/21 (18:16) いて
11/23 (20:32) やぎ
11/25 (22:13) みずがめ
11/28 (0:40) うお
11/30 (4:36) おひつじ
12/2 (10:06) おうし
12/4 (17:13) ふたご
12/7 (2:20) かに
12/9 (13:40) しし
12/12 (2:30) おとめ
12/14 (14:40) てんびん
12/16 (23:41) さそり
12/19 (4:33) いて
12/21 (6:08) やぎ
12/23 (6:20) みずがめ
12/25 (7:10) うお
12/27 (10:05) おひつじ
12/29 (15:37) おうし
12/31 (23:29) ふたご

1988 年

1/3 (9:17) かに
1/5 (20:47) しし
1/8 (9:35) おとめ
1/10 (22:17) てんびん
1/13 (8:39) さそり
1/15 (14:58) いて
1/17 (17:15) やぎ
1/19 (17:02) みずがめ
1/21 (16:27) うお
1/23 (17:31) おひつじ
1/25 (21:36) おうし
1/28 (5:02) ふたご
1/30 (15:11) かに
2/2 (3:06) しし

10/9 （14:07） みずがめ
10/11 （18:37） うお
10/13 （19:41） おひつじ
10/15 （18:52） おうし
10/17 （18:19） ふたご
10/19 （20:09） かに
10/22 （1:47） しし
10/24 （11:15） おとめ
10/26 （23:11） てんびん
10/29 （11:56） さそり
11/1 （0:23） いて
11/3 （11:46） やぎ
11/5 （21:09） みずがめ
11/8 （3:25） うお
11/10 （6:08） おひつじ
11/12 （6:09） おうし
11/14 （5:19） ふたご
11/16 （5:51） かに
11/18 （9:45） しし
11/20 （17:54） おとめ
11/23 （5:25） てんびん
11/25 （18:13） さそり
11/28 （6:30） いて
11/30 （17:26） やぎ
12/3 （2:42） みずがめ
12/5 （9:48） うお
12/7 （14:11） おひつじ
12/9 （15:59） おうし
12/11 （16:15） ふたご
12/13 （16:49） かに
12/15 （19:41） しし
12/18 （2:19） おとめ
12/20 （12:45） てんびん
12/23 （1:18） さそり
12/25 （13:37） いて
12/28 （0:10） やぎ
12/30 （8:38） みずがめ

1990年

1/1 （15:10） うお
1/3 （19:56） おひつじ
1/5 （23:04） おうし
1/8 （1:02） ふたご
1/10 （2:52） かに
1/12 （6:02） しし
1/14 （11:57） おとめ

6/28 （12:45） おうし
6/30 （15:08） ふたご
7/2 （18:19） かに
7/4 （23:37） しし
7/7 （8:04） おとめ
7/9 （19:30） てんびん
7/12 （8:09） さそり
7/14 （19:31） いて
7/17 （4:01） やぎ
7/19 （9:35） みずがめ
7/21 （13:07） うお
7/23 （15:41） おひつじ
7/25 （18:10） おうし
7/27 （21:15） ふたご
7/30 （1:32） かに
8/1 （7:41） しし
8/3 （16:19） おとめ
8/6 （3:28） てんびん
8/8 （16:05） さそり
8/11 （4:02） いて
8/13 （13:16） やぎ
8/15 （18:59） みずがめ
8/17 （21:46） うお
8/19 （22:59） おひつじ
8/22 （0:10） おうし
8/24 （2:39） ふたご
8/26 （7:13） かに
8/28 （14:12） しし
8/30 （23:29） おとめ
9/2 （10:47） てんびん
9/4 （23:23） さそり
9/7 （11:51） いて
9/9 （22:13） やぎ
9/12 （5:02） みずがめ
9/14 （8:08） うお
9/16 （8:38） おひつじ
9/18 （8:22） おうし
9/20 （9:16） ふたご
9/22 （12:50） かに
9/24 （19:44） しし
9/27 （5:32） おとめ
9/29 （17:15） てんびん
10/2 （5:53） さそり
10/4 （18:29） いて
10/7 （5:45） やぎ

3/17 （15:13） しし
3/20 （2:39） おとめ
3/22 （15:24） てんびん
3/25 （4:10） さそり
3/27 （15:54） いて
3/30 （1:25） やぎ
4/1 （7:45） みずがめ
4/3 （10:37） うお
4/5 （10:51） おひつじ
4/7 （10:07） おうし
4/9 （10:31） ふたご
4/11 （13:58） かに
4/13 （21:31） しし
4/16 （8:39） おとめ
4/18 （21:31） てんびん
4/21 （10:13） さそり
4/23 （21:38） いて
4/26 （7:15） やぎ
4/28 （14:33） みずがめ
4/30 （19:03） うお
5/2 （20:51） おひつじ
5/4 （20:55） おうし
5/6 （21:03） ふたご
5/8 （23:19） かに
5/11 （5:23） しし
5/13 （15:30） おとめ
5/16 （4:07） てんびん
5/18 （16:48） さそり
5/21 （3:52） いて
5/23 （12:54） やぎ
5/25 （20:01） みずがめ
5/28 （1:13） うお
5/30 （4:25） おひつじ
6/1 （5:59） おうし
6/3 （7:02） ふたご
6/5 （9:17） かに
6/7 （14:28） しし
6/9 （23:29） おとめ
6/12 （11:31） てんびん
6/15 （0:11） さそり
6/17 （11:12） いて
6/19 （19:41） やぎ
6/22 （1:57） みずがめ
6/24 （6:36） うお
6/26 （10:06） おひつじ

12/8 （6:55） いて
12/10 （13:07） やぎ
12/12 （17:25） みずがめ
12/14 （20:53） うお
12/17 （0:03） おひつじ
12/19 （3:11） おうし
12/21 （6:43） ふたご
12/23 （11:35） かに
12/25 （18:57） しし
12/28 （5:27） おとめ
12/30 （18:09） てんびん

1989年

1/2 （6:34） さそり
1/4 （16:12） いて
1/6 （22:14） やぎ
1/9 （1:31） みずがめ
1/11 （3:31） うお
1/13 （5:36） おひつじ
1/15 （8:36） おうし
1/17 （12:57） ふたご
1/19 （18:57） かに
1/22 （3:02） しし
1/24 （13:32） おとめ
1/27 （2:01） てんびん
1/29 （14:49） さそり
2/1 （1:30） いて
2/3 （8:30） やぎ
2/5 （11:51） みずがめ
2/7 （12:52） うお
2/9 （13:18） おひつじ
2/11 （14:45） おうし
2/13 （18:22） ふたご
2/16 （0:40） かに
2/18 （9:33） しし
2/20 （20:34） おとめ
2/23 （9:05） てんびん
2/25 （21:57） さそり
2/28 （9:29） いて
3/2 （17:58） やぎ
3/4 （22:36） みずがめ
3/6 （23:59） うお
3/8 （23:36） おひつじ
3/10 （23:25） おうし
3/13 （1:16） ふたご
3/15 （6:27） かに

11/20 (17:31) やぎ
11/23 (6:07) みずがめ
11/25 (16:32) うお
11/27 (23:06) おひつじ
11/30 (1:37) おうし
12/2 (1:23) ふたご
12/4 (0:27) かに
12/6 (1:00) しし
12/8 (4:39) おとめ
12/10 (12:00) てんびん
12/12 (22:28) さそり
12/15 (10:44) いて
12/17 (23:35) やぎ
12/20 (11:59) みずがめ
12/22 (22:48) うお
12/25 (6:45) おひつじ
12/27 (11:09) おうし
12/29 (12:26) ふたご
12/31 (12:02) かに

1991 年

1/2 (11:54) しし
1/4 (13:57) おとめ
1/6 (19:33) てんびん
1/9 (4:59) さそり
1/11 (17:06) いて
1/14 (6:00) やぎ
1/16 (18:04) みずがめ
1/19 (4:23) うお
1/21 (12:28) おひつじ
1/23 (18:01) おうし
1/25 (21:06) ふたご
1/27 (22:23) かに
1/29 (23:03) しし
2/1 (0:44) おとめ
2/3 (5:02) てんびん
2/5 (13:01) さそり
2/8 (0:23) いて
2/10 (13:16) やぎ
2/13 (1:16) みずがめ
2/15 (10:59) うお
2/17 (18:11) おひつじ
2/19 (23:24) おうし
2/22 (3:10) ふたご
2/24 (5:56) かに
2/26 (8:13) しし
8/10 (10:13) おひつじ
8/12 (13:55) おうし
8/14 (16:41) ふたご
8/16 (19:12) かに
8/18 (22:11) しし
8/21 (2:33) おとめ
8/23 (9:17) てんびん
8/25 (18:56) さそり
8/28 (6:57) いて
8/30 (19:23) やぎ
9/2 (5:51) みずがめ
9/4 (13:06) うお
9/6 (17:23) おひつじ
9/8 (19:55) おうし
9/10 (22:05) ふたご
9/13 (0:53) かに
9/15 (4:52) しし
9/17 (10:19) おとめ
9/19 (17:34) てんびん
9/22 (3:06) さそり
9/24 (14:52) いて
9/27 (3:36) やぎ
9/29 (14:54) みずがめ
10/1 (22:42) うお
10/4 (2:42) おひつじ
10/6 (4:06) おうし
10/8 (4:47) ふたご
10/10 (6:29) かに
10/12 (10:16) しし
10/14 (16:21) おとめ
10/17 (0:26) てんびん
10/19 (10:24) さそり
10/21 (22:09) いて
10/24 (11:03) やぎ
10/26 (23:14) みずがめ
10/29 (8:22) うお
10/31 (13:14) おひつじ
11/2 (14:31) おうし
11/4 (14:06) ふたご
11/6 (14:07) かに
11/8 (16:24) しし
11/10 (21:48) おとめ
11/13 (6:08) てんびん
11/15 (16:39) さそり
11/18 (4:39) いて
4/29 (5:39) かに
5/1 (9:08) しし
5/3 (16:18) おとめ
5/6 (2:28) てんびん
5/8 (14:22) さそり
5/11 (2:56) いて
5/13 (15:21) やぎ
5/16 (2:30) みずがめ
5/18 (10:54) うお
5/20 (15:31) おひつじ
5/22 (16:42) おうし
5/24 (16:00) ふたご
5/26 (15:34) かに
5/28 (17:29) しし
5/30 (23:08) おとめ
6/2 (8:31) てんびん
6/4 (20:22) さそり
6/7 (8:59) いて
6/9 (21:12) やぎ
6/12 (8:09) みずがめ
6/14 (17:00) うお
6/16 (22:55) おひつじ
6/19 (1:43) おうし
6/21 (2:15) ふたご
6/23 (2:09) かに
6/25 (3:25) しし
6/27 (7:42) おとめ
6/29 (15:47) てんびん
7/2 (3:01) さそり
7/4 (15:35) いて
7/7 (3:39) やぎ
7/9 (14:07) みずがめ
7/11 (22:29) うお
7/14 (4:36) おひつじ
7/16 (8:29) おうし
7/18 (10:32) ふたご
7/20 (11:44) かに
7/22 (13:29) しし
7/24 (17:17) おとめ
7/27 (0:18) てんびん
7/29 (10:39) さそり
7/31 (23:00) いて
8/3 (11:09) やぎ
8/5 (21:19) みずがめ
8/8 (4:54) うお
1/16 (21:17) てんびん
1/19 (9:16) さそり
1/21 (21:44) いて
1/24 (8:27) やぎ
1/26 (16:25) みずがめ
1/28 (21:51) うお
1/31 (1:34) おひつじ
2/2 (4:27) おうし
2/4 (7:12) ふたご
2/6 (10:27) かに
2/8 (14:51) しし
2/10 (21:13) おとめ
2/13 (6:09) てんびん
2/15 (17:34) さそり
2/18 (6:07) いて
2/20 (17:30) やぎ
2/23 (1:52) みずがめ
2/25 (6:49) うお
2/27 (9:16) おひつじ
3/1 (10:43) おうし
3/3 (12:37) ふたご
3/5 (16:02) かに
3/7 (21:24) しし
3/10 (4:47) おとめ
3/12 (14:09) てんびん
3/15 (1:25) さそり
3/17 (13:56) いて
3/20 (2:01) やぎ
3/22 (11:31) みずがめ
3/24 (17:09) うお
3/26 (19:15) おひつじ
3/28 (19:26) おうし
3/30 (19:42) ふたご
4/1 (21:50) かに
4/4 (2:50) しし
4/6 (10:42) おとめ
4/8 (20:44) てんびん
4/11 (8:18) さそり
4/13 (20:48) いて
4/16 (9:15) やぎ
4/18 (19:53) みずがめ
4/21 (2:57) うお
4/23 (5:58) おひつじ
4/25 (6:03) おうし
4/27 (5:12) ふたご

1992年

1/1 (16:30) いて
1/4 (4:09) やぎ
1/6 (16:59) みずがめ
1/9 (5:52) うお
1/11 (17:22) おひつじ
1/14 (2:00) おうし
1/16 (6:55) ふたご
1/18 (8:26) かに
1/20 (7:57) しし
1/22 (7:22) おとめ
1/24 (8:42) てんびん
1/26 (13:32) さそり
1/28 (22:20) いて
1/31 (10:07) やぎ
2/2 (23:09) みずがめ
2/5 (11:51) うお
2/7 (23:15) おひつじ
2/10 (8:36) おうし
2/12 (15:08) ふたご
2/14 (18:31) かに
2/16 (19:15) しし
2/18 (18:47) おとめ
2/20 (19:04) てんびん
2/22 (22:11) さそり
2/25 (5:26) いて
2/27 (16:33) やぎ
3/1 (5:34) みずがめ
3/3 (18:11) うお
3/6 (5:07) おひつじ
3/8 (14:05) おうし
3/10 (21:03) ふたご
3/13 (1:50) かに
3/15 (4:20) しし
3/17 (5:13) おとめ
3/19 (5:55) てんびん
3/21 (8:20) さそり
3/23 (14:13) いて
3/26 (0:08) やぎ
3/28 (12:44) みずがめ
3/31 (1:23) うお
4/2 (12:04) おひつじ
4/4 (20:18) おうし
4/7 (2:33) ふたご
4/9 (7:18) かに

9/21 (22:20) うお
9/24 (6:56) おひつじ
9/26 (12:59) おうし
9/28 (17:25) ふたご
9/30 (20:58) かに
10/2 (23:58) しし
10/5 (2:45) おとめ
10/7 (6:00) てんびん
10/9 (11:00) さそり
10/11 (18:58) いて
10/14 (6:10) やぎ
10/16 (19:04) みずがめ
10/19 (6:53) うお
10/21 (15:33) おひつじ
10/23 (20:55) おうし
10/26 (0:09) ふたご
10/28 (2:37) かに
10/30 (5:20) しし
11/1 (8:47) おとめ
11/3 (13:13) てんびん
11/5 (19:09) さそり
11/8 (3:21) いて
11/10 (14:16) やぎ
11/13 (3:06) みずがめ
11/15 (15:33) うお
11/18 (1:08) おひつじ
11/20 (6:49) おうし
11/22 (9:22) ふたご
11/24 (10:25) かに
11/26 (11:37) しし
11/28 (14:12) おとめ
11/30 (18:47) てんびん
12/3 (1:33) さそり
12/5 (10:32) いて
12/7 (21:41) やぎ
12/10 (10:27) みずがめ
12/12 (23:19) うお
12/15 (10:06) おひつじ
12/17 (17:10) おうし
12/19 (20:21) ふたご
12/21 (20:55) かに
12/23 (20:38) しし
12/25 (21:23) おとめ
12/28 (0:37) てんびん
12/30 (7:03) さそり

6/11 (11:36) ふたご
6/13 (11:16) かに
6/15 (11:10) しし
6/17 (13:03) おとめ
6/19 (18:01) てんびん
6/22 (2:18) さそり
6/24 (13:16) いて
6/27 (1:49) やぎ
6/29 (14:47) みずがめ
7/2 (2:51) うお
7/4 (12:33) おひつじ
7/6 (18:52) おうし
7/8 (21:42) ふたご
7/10 (22:03) かに
7/12 (21:35) しし
7/14 (22:12) おとめ
7/17 (1:34) てんびん
7/19 (8:41) さそり
7/21 (19:16) いて
7/24 (7:55) やぎ
7/26 (20:49) みずがめ
7/29 (8:35) うお
7/31 (18:20) おひつじ
8/3 (1:32) おうし
8/5 (5:54) ふたご
8/7 (7:47) かに
8/9 (8:09) しし
8/11 (8:35) おとめ
8/13 (10:52) てんびん
8/15 (16:34) さそり
8/18 (2:11) いて
8/20 (14:34) やぎ
8/23 (3:27) みずがめ
8/25 (14:51) うお
8/28 (0:01) おひつじ
8/30 (7:00) おうし
9/1 (12:02) ふたご
9/3 (15:19) かに
9/5 (17:13) しし
9/7 (18:35) おとめ
9/9 (20:51) てんびん
9/12 (1:42) さそり
9/14 (10:14) いて
9/16 (22:04) やぎ
9/19 (10:58) みずがめ

2/28 (10:50) おとめ
3/2 (15:03) てんびん
3/4 (22:08) さそり
3/7 (8:35) いて
3/9 (21:14) やぎ
3/12 (9:31) みずがめ
3/14 (19:11) うお
3/17 (1:38) おひつじ
3/19 (5:40) おうし
3/21 (8:37) ふたご
3/23 (11:27) かに
3/25 (14:43) しし
3/27 (18:41) おとめ
3/29 (23:49) てんびん
4/1 (7:01) さそり
4/3 (16:59) いて
4/6 (5:19) やぎ
4/8 (18:00) みずがめ
4/11 (4:18) うお
4/13 (10:49) おひつじ
4/15 (14:06) おうし
4/17 (15:41) ふたご
4/19 (17:17) かに
4/21 (20:04) しし
4/24 (0:29) おとめ
4/26 (6:36) てんびん
4/28 (14:34) さそり
5/1 (0:42) いて
5/3 (12:54) やぎ
5/6 (1:51) みずがめ
5/8 (13:04) うお
5/10 (20:35) おひつじ
5/13 (0:07) おうし
5/15 (1:02) ふたご
5/17 (1:14) かに
5/19 (2:30) しし
5/21 (6:00) おとめ
5/23 (12:08) てんびん
5/25 (20:41) さそり
5/28 (7:21) いて
5/30 (19:40) やぎ
6/2 (8:42) みずがめ
6/4 (20:36) うお
6/7 (5:25) おひつじ
6/9 (10:13) おうし

2/10 （2:58） てんびん
2/12 （4:23） さそり
2/14 （9:08） いて
2/16 （17:20） やぎ
2/19 （4:05） みずがめ
2/21 （16:12） うお
2/24 （4:50） おひつじ
2/26 （17:11） おうし
3/1 （3:52） ふたご
3/3 （11:16） かに
3/5 （14:40） しし
3/7 （14:52） おとめ
3/9 （13:46） てんびん
3/11 （13:40） さそり
3/13 （16:33） いて
3/15 （23:28） やぎ
3/18 （9:52） みずがめ
3/20 （22:11） うお
3/23 （10:51） おひつじ
3/25 （22:59） おうし
3/28 （9:48） ふたご
3/30 （18:14） かに
4/1 （23:21） しし
4/4 （1:10） おとめ
4/6 （0:54） てんびん
4/8 （0:32） さそり
4/10 （2:10） いて
4/12 （7:24） やぎ
4/14 （16:36） みずがめ
4/17 （4:32） うお
4/19 （17:14） おひつじ
4/22 （5:08） おうし
4/24 （15:27） ふたご
4/26 （23:45） かに
4/29 （5:39） しし
5/1 （9:00） おとめ
5/3 （10:20） てんびん
5/5 （10:57） さそり
5/7 （12:34） いて
5/9 （16:51） やぎ
5/12 （0:44） みずがめ
5/14 （11:50） うお
5/17 （0:24） おひつじ
5/19 （12:16） おうし
5/21 （22:07） ふたご

11/1 （21:43） みずがめ
11/4 （10:13） うお
11/6 （22:19） おひつじ
11/9 （8:19） おうし
11/11 （15:49） ふたご
11/13 （21:19） かに
11/16 （1:23） しし
11/18 （4:28） おとめ
11/20 （7:03） てんびん
11/22 （9:52） さそり
11/24 （14:01） いて
11/26 （20:38） やぎ
11/29 （6:19） みずがめ
12/1 （18:23） うお
12/4 （6:49） おひつじ
12/6 （17:16） おうし
12/9 （0:37） ふたご
12/11 （5:05） かに
12/13 （7:47） しし
12/15 （9:56） おとめ
12/17 （12:33） てんびん
12/19 （16:20） さそり
12/21 （21:42） いて
12/24 （5:04） やぎ
12/26 （14:43） みずがめ
12/29 （2:28） うお
12/31 （15:07） おひつじ

1993年

1/3 （2:30） おうし
1/5 （10:42） ふたご
1/7 （15:10） かに
1/9 （16:49） しし
1/11 （17:20） おとめ
1/13 （18:30） てんびん
1/15 （21:42） さそり
1/18 （3:30） いて
1/20 （11:46） やぎ
1/22 （22:00） みずがめ
1/25 （9:47） うお
1/27 （22:28） おひつじ
1/30 （10:37） おうし
2/1 （20:15） ふたご
2/4 （1:56） かに
2/6 （3:51） しし
2/8 （3:29） おとめ

7/23 （6:36） おうし
7/25 （13:44） ふたご
7/27 （17:08） かに
7/29 （17:39） しし
7/31 （17:01） おとめ
8/2 （17:17） てんびん
8/4 （20:16） さそり
8/7 （2:57） いて
8/9 （13:00） やぎ
8/12 （1:06） みずがめ
8/14 （13:51） うお
8/17 （2:11） おひつじ
8/19 （13:10） おうし
8/21 （21:36） ふたご
8/24 （2:36） かに
8/26 （4:15） しし
8/28 （3:46） おとめ
8/30 （3:10） てんびん
9/1 （4:38） さそり
9/3 （9:50） いて
9/5 （19:06） やぎ
9/8 （7:08） みずがめ
9/10 （19:56） うお
9/13 （8:02） おひつじ
9/15 （18:47） おうし
9/18 （3:40） ふたご
9/20 （9:59） かに
9/22 （13:19） しし
9/24 （14:08） おとめ
9/26 （13:55） てんびん
9/28 （14:44） さそり
9/30 （18:33） いて
10/3 （2:29） やぎ
10/5 （13:53） みずがめ
10/8 （2:38） うお
10/10 （14:36） おひつじ
10/13 （0:48） おうし
10/15 （9:08） ふたご
10/17 （15:36） かに
10/19 （20:01） しし
10/21 （22:27） おとめ
10/23 （23:39） てんびん
10/26 （1:04） さそり
10/28 （4:29） いて
10/30 （11:18） やぎ

4/11 （10:46） しし
4/13 （13:09） おとめ
4/15 （15:10） てんびん
4/17 （18:10） さそり
4/19 （23:40） いて
4/22 （8:40） やぎ
4/24 （20:38） みずがめ
4/27 （9:20） うお
4/29 （20:13） おひつじ
5/2 （4:09） おうし
5/4 （9:28） ふたご
5/6 （13:09） かに
5/8 （16:07） しし
5/10 （18:56） おとめ
5/12 （22:05） てんびん
5/15 （2:15） さそり
5/17 （8:22） いて
5/19 （17:13） やぎ
5/22 （4:43） みずがめ
5/24 （17:25） うお
5/27 （4:52） おひつじ
5/29 （13:16） おうし
5/31 （18:19） ふたご
6/2 （20:58） かに
6/4 （22:35） しし
6/7 （0:28） おとめ
6/9 （3:33） てんびん
6/11 （8:27） さそり
6/13 （15:29） いて
6/16 （0:50） やぎ
6/18 （12:19） みずがめ
6/21 （1:00） うお
6/23 （13:03） おひつじ
6/25 （22:28） おうし
6/28 （4:14） ふたご
6/30 （6:42） かに
7/2 （7:15） しし
7/4 （7:37） おとめ
7/6 （9:27） てんびん
7/8 （13:53） さそり
7/10 （21:17） いて
7/13 （7:16） やぎ
7/15 （19:03） みずがめ
7/18 （7:44） うお
7/20 （20:07） おひつじ

3/25 (9:14) おとめ
3/27 (9:46) てんびん
3/29 (9:15) さそり
3/31 (9:41) いて
4/2 (12:37) やぎ
4/4 (18:45) みずがめ
4/7 (3:51) うお
4/9 (15:09) おひつじ
4/12 (3:48) おうし
4/14 (16:48) ふたご
4/17 (4:41) かに
4/19 (13:45) しし
4/21 (18:58) おとめ
4/23 (20:40) てんびん
4/25 (20:18) さそり
4/27 (19:48) いて
4/29 (21:05) やぎ
5/2 (1:34) みずがめ
5/4 (9:47) うお
5/6 (21:01) おひつじ
5/9 (9:50) おうし
5/11 (22:43) ふたご
5/14 (10:27) かに
5/16 (19:58) しし
5/19 (2:31) おとめ
5/21 (5:54) てんびん
5/23 (6:51) さそり
5/25 (6:43) いて
5/27 (7:17) やぎ
5/29 (10:19) みずがめ
5/31 (17:03) うお
6/3 (3:31) おひつじ
6/5 (16:14) おうし
6/8 (5:03) ふたご
6/10 (16:22) かに
6/13 (1:29) しし
6/15 (8:16) おとめ
6/17 (12:48) てんびん
6/19 (15:20) さそり
6/21 (16:32) いて
6/23 (17:37) やぎ
6/25 (20:10) みずがめ
6/28 (1:44) うお
6/30 (11:06) おひつじ
7/2 (23:23) おうし
12/14 (9:06) やぎ
12/16 (13:51) みずがめ
12/18 (21:59) うお
12/21 (9:19) おひつじ
12/23 (22:05) おうし
12/26 (9:46) ふたご
12/28 (18:46) かに
12/31 (0:59) しし

1994年

1/2 (5:15) おとめ
1/4 (8:31) てんびん
1/6 (11:29) さそり
1/8 (14:34) いて
1/10 (18:16) やぎ
1/12 (23:25) みずがめ
1/15 (7:04) うお
1/17 (17:42) おひつじ
1/20 (6:22) おうし
1/22 (18:35) ふたご
1/25 (3:55) かに
1/27 (9:38) しし
1/29 (12:39) おとめ
1/31 (14:34) てんびん
2/2 (16:49) さそり
2/4 (20:14) いて
2/7 (1:02) やぎ
2/9 (7:16) みずがめ
2/11 (15:22) うお
2/14 (1:49) おひつじ
2/16 (14:20) おうし
2/19 (3:05) ふたご
2/21 (13:27) かに
2/23 (19:48) しし
2/25 (22:27) おとめ
2/27 (23:06) てんびん
3/1 (23:43) さそり
3/4 (1:54) いて
3/6 (6:24) やぎ
3/8 (13:15) みずがめ
3/10 (22:09) うお
3/13 (8:59) おひつじ
3/15 (21:27) おうし
3/18 (10:29) ふたご
3/20 (21:54) かに
3/23 (5:39) しし
9/3 (6:21) おひつじ
9/5 (19:09) おうし
9/8 (7:16) ふたご
9/10 (16:37) かに
9/12 (21:51) しし
9/14 (23:20) おとめ
9/16 (22:44) てんびん
9/18 (22:14) さそり
9/20 (23:53) いて
9/23 (4:54) やぎ
9/25 (13:19) みずがめ
9/28 (0:13) うお
9/30 (12:29) おひつじ
10/3 (1:13) おうし
10/5 (13:27) ふたご
10/7 (23:42) かに
10/10 (6:34) しし
10/12 (9:36) おとめ
10/14 (9:47) てんびん
10/16 (9:01) さそり
10/18 (9:23) いて
10/20 (12:42) やぎ
10/22 (19:49) みずがめ
10/25 (6:17) うお
10/27 (18:39) おひつじ
10/30 (7:20) おうし
11/1 (19:13) ふたご
11/4 (5:25) かに
11/6 (13:06) しし
11/8 (17:47) おとめ
11/10 (19:42) てんびん
11/12 (20:00) さそり
11/14 (20:20) いて
11/16 (22:34) やぎ
11/19 (4:08) みずがめ
11/21 (13:27) うお
11/24 (1:30) おひつじ
11/26 (14:14) おうし
11/29 (1:48) ふたご
12/1 (11:17) かに
12/3 (18:33) しし
12/5 (23:43) おとめ
12/8 (3:03) てんびん
12/10 (5:04) さそり
12/12 (6:39) いて
5/24 (5:38) かに
5/26 (11:03) しし
5/28 (14:46) おとめ
5/30 (17:18) てんびん
6/1 (19:22) さそり
6/3 (22:01) いて
6/6 (2:26) やぎ
6/8 (9:39) みずがめ
6/10 (19:57) うお
6/13 (8:14) おひつじ
6/15 (20:19) おうし
6/18 (6:12) ふたご
6/20 (13:05) かに
6/22 (17:26) しし
6/24 (20:18) おとめ
6/26 (22:45) てんびん
6/29 (1:37) さそり
7/1 (5:28) いて
7/3 (10:48) やぎ
7/5 (18:14) みずがめ
7/8 (4:09) うお
7/10 (16:11) おひつじ
7/13 (4:37) おうし
7/15 (15:07) ふたご
7/17 (22:08) かに
7/20 (1:47) しし
7/22 (3:24) おとめ
7/24 (4:39) てんびん
7/26 (7:00) さそり
7/28 (11:13) いて
7/30 (17:27) やぎ
8/2 (1:36) みずがめ
8/4 (11:44) うお
8/6 (23:39) おひつじ
8/9 (12:22) おうし
8/11 (23:47) ふたご
8/14 (7:46) かに
8/16 (11:43) しし
8/18 (12:41) おとめ
8/20 (12:35) てんびん
8/22 (13:27) さそり
8/24 (16:45) いて
8/26 (22:58) やぎ
8/29 (7:42) みずがめ
8/31 (18:18) うお

5/6 （21:55） しし
5/9 （7:33） おとめ
5/11 （13:30） てんびん
5/13 （15:53） さそり
5/15 （15:58） いて
5/17 （15:36） やぎ
5/19 （16:39） みずがめ
5/21 （20:40） うお
5/24 （4:13） おひつじ
5/26 （14:46） おうし
5/29 （3:07） ふたご
5/31 （15:59） かに
6/3 （4:17） しし
6/5 （14:46） おとめ
6/7 （22:13） てんびん
6/10 （2:03） さそり
6/12 （2:50） いて
6/14 （2:05） やぎ
6/16 （1:52） みずがめ
6/18 （4:13） うお
6/20 （10:29） おひつじ
6/22 （20:35） おうし
6/25 （9:02） ふたご
6/27 （21:56） かに
6/30 （10:02） しし
7/2 （20:35） おとめ
7/5 （4:55） てんびん
7/7 （10:19） さそり
7/9 （12:37） いて
7/11 （12:43） やぎ
7/13 （12:21） みずがめ
7/15 （13:37） うお
7/17 （18:23） おひつじ
7/20 （3:20） おうし
7/22 （15:23） ふたご
7/25 （4:16） かに
7/27 （16:07） しし
7/30 （2:12） おとめ
8/1 （10:23） てんびん
8/3 （16:29） さそり
8/5 （20:14） いて
8/7 （21:52） やぎ
8/9 （22:28） みずがめ
8/11 （23:46） うお
8/14 （3:41） おひつじ

1/24 （7:32） さそり
1/26 （10:37） いて
1/28 （12:26） やぎ
1/30 （14:03） みずがめ
2/1 （17:05） うお
2/3 （23:12） おひつじ
2/6 （9:08） おうし
2/8 （21:44） ふたご
2/11 （10:17） かに
2/13 （20:31） しし
2/16 （3:52） おとめ
2/18 （9:00） てんびん
2/20 （12:55） さそり
2/22 （16:13） いて
2/24 （19:11） やぎ
2/26 （22:14） みずがめ
3/1 （2:16） うお
3/3 （8:30） おひつじ
3/5 （17:50） おうし
3/8 （5:55） ふたご
3/10 （18:40） かに
3/13 （5:28） しし
3/15 （12:54） おとめ
3/17 （17:18） てんびん
3/19 （19:52） さそり
3/21 （21:57） いて
3/24 （0:31） やぎ
3/26 （4:10） みずがめ
3/28 （9:18） うお
3/30 （16:26） おひつじ
4/2 （1:59） おうし
4/4 （13:49） ふたご
4/7 （2:40） かに
4/9 （14:16） しし
4/11 （22:39） おとめ
4/14 （3:20） てんびん
4/16 （5:13） さそり
4/18 （5:51） いて
4/20 （6:53） やぎ
4/22 （9:38） みずがめ
4/24 （14:50） うお
4/26 （22:41） おひつじ
4/29 （8:53） おうし
5/1 （20:53） ふたご
5/4 （9:45） かに

10/15 （8:18） うお
10/17 （17:56） おひつじ
10/20 （5:34） おうし
10/22 （18:28） ふたご
10/25 （7:15） かに
10/27 （18:05） しし
10/30 （1:21） おとめ
11/1 （4:46） てんびん
11/3 （5:19） さそり
11/5 （4:46） いて
11/7 （5:02） やぎ
11/9 （7:48） みずがめ
11/11 （14:04） うお
11/13 （23:44） おひつじ
11/16 （11:44） おうし
11/19 （0:41） ふたご
11/21 （13:21） かに
11/24 （0:33） しし
11/26 （9:09） おとめ
11/28 （14:22） てんびん
11/30 （16:21） さそり
12/2 （16:13） いて
12/4 （15:42） やぎ
12/6 （16:51） みずがめ
12/8 （21:24） うお
12/11 （6:03） おひつじ
12/13 （17:56） おうし
12/16 （7:00） ふたご
12/18 （19:25） かに
12/21 （6:13） しし
12/23 （15:01） おとめ
12/25 （21:27） てんびん
12/28 （1:17） さそり
12/30 （2:46） いて

1995年

1/1 （2:57） やぎ
1/3 （3:39） みずがめ
1/5 （6:49） うお
1/7 （13:56） おひつじ
1/10 （0:58） おうし
1/12 （13:57） ふたご
1/15 （2:20） かに
1/17 （12:36） しし
1/19 （20:39） おとめ
1/22 （2:53） てんびん

7/5 （12:12） ふたご
7/7 （23:17） かに
7/10 （7:43） しし
7/12 （13:48） おとめ
7/14 （18:15） てんびん
7/16 （21:35） さそり
7/19 （0:09） いて
7/21 （2:30） やぎ
7/23 （5:38） みずがめ
7/25 （10:56） うお
7/27 （19:30） おひつじ
7/30 （7:13） おうし
8/1 （20:05） ふたご
8/4 （7:22） かに
8/6 （15:31） しし
8/8 （20:42） おとめ
8/11 （0:07） てんびん
8/13 （2:56） さそり
8/15 （5:53） いて
8/17 （9:18） やぎ
8/19 （13:34） みずがめ
8/21 （19:27） うお
8/24 （3:55） おひつじ
8/26 （15:13） おうし
8/29 （4:07） ふたご
8/31 （16:00） かに
9/3 （0:37） しし
9/5 （5:33） おとめ
9/7 （7:57） てんびん
9/9 （9:26） さそり
9/11 （11:25） いて
9/13 （14:44） やぎ
9/15 （19:42） みずがめ
9/18 （2:31） うお
9/20 （11:30） おひつじ
9/22 （22:47） おうし
9/25 （11:41） ふたご
9/28 （0:12） かに
9/30 （9:55） しし
10/2 （15:39） おとめ
10/4 （17:56） てんびん
10/6 （18:22） さそり
10/8 （18:47） いて
10/10 （20:44） やぎ
10/13 （1:09） みずがめ

6/16　（20:08）かに
6/19　（8:22）しし
6/21　（21:07）おとめ
6/24　（8:37）てんびん
6/26　（16:53）さそり
6/28　（21:01）いて
6/30　（21:47）やぎ
7/2　（21:05）みずがめ
7/4　（21:07）うお
7/6　（23:42）おひつじ
7/9　（5:43）おうし
7/11　（14:52）ふたご
7/14　（2:08）かに
7/16　（14:31）しし
7/19　（3:16）おとめ
7/21　（15:14）てんびん
7/24　（0:43）さそり
7/26　（6:24）いて
7/28　（8:17）やぎ
7/30　（7:47）みずがめ
8/1　（7:00）うお
8/3　（8:05）おひつじ
8/5　（12:33）おうし
8/7　（20:49）ふたご
8/10　（7:57）かに
8/12　（20:29）しし
8/15　（9:07）おとめ
8/17　（20:55）てんびん
8/20　（6:50）さそり
8/22　（13:48）いて
8/24　（17:22）やぎ
8/26　（18:10）みずがめ
8/28　（17:49）うお
8/30　（18:15）おひつじ
9/1　（21:19）おうし
9/4　（4:08）ふたご
9/6　（14:29）かに
9/9　（2:54）しし
9/11　（15:28）おとめ
9/14　（2:51）てんびん
9/16　（12:20）さそり
9/18　（19:31）いて
9/21　（0:12）やぎ
9/23　（2:39）みずがめ
9/25　（3:43）うお

3/6　（22:40）てんびん
3/9　（6:05）さそり
3/11　（11:32）いて
3/13　（15:08）やぎ
3/15　（17:15）みずがめ
3/17　（18:50）うお
3/19　（21:15）おひつじ
3/22　（1:59）おうし
3/24　（9:59）ふたご
3/26　（21:06）かに
3/29　（9:37）しし
3/31　（21:15）おとめ
4/3　（6:26）てんびん
4/5　（12:57）さそり
4/7　（17:21）いて
4/9　（20:30）やぎ
4/11　（23:09）みずがめ
4/14　（2:00）うお
4/16　（5:42）おひつじ
4/18　（11:05）おうし
4/20　（18:54）ふたご
4/23　（5:25）かに
4/25　（17:44）しし
4/28　（5:49）おとめ
4/30　（15:27）てんびん
5/2　（21:42）さそり
5/5　（1:05）いて
5/7　（2:54）やぎ
5/9　（4:39）みずがめ
5/11　（7:29）うお
5/13　（12:00）おひつじ
5/15　（18:25）おうし
5/18　（2:48）ふたご
5/20　（13:16）かに
5/23　（1:28）しし
5/25　（13:58）おとめ
5/28　（0:33）てんびん
5/30　（7:30）さそり
6/1　（10:43）いて
6/3　（11:29）やぎ
6/5　（11:44）みずがめ
6/7　（13:19）うお
6/9　（17:23）おひつじ
6/12　（0:11）おうし
6/14　（9:16）ふたご

11/27　（1:15）みずがめ
11/29　（3:59）うお
12/1　（9:51）おひつじ
12/3　（18:40）おうし
12/6　（5:35）ふたご
12/8　（17:44）かに
12/11　（6:24）しし
12/13　（18:26）おとめ
12/16　（4:09）てんびん
12/18　（10:07）さそり
12/20　（12:13）いて
12/22　（11:46）やぎ
12/24　（10:52）みずがめ
12/26　（11:45）うお
12/28　（16:06）おひつじ
12/31　（0:21）おうし

1996年

1/2　（11:29）ふたご
1/4　（23:56）かに
1/7　（12:30）しし
1/10　（0:29）おとめ
1/12　（10:55）てんびん
1/14　（18:30）さそり
1/16　（22:25）いて
1/18　（23:07）やぎ
1/20　（22:15）みずがめ
1/22　（22:02）うお
1/25　（0:37）おひつじ
1/27　（7:16）おうし
1/29　（17:42）ふたご
2/1　（6:11）かに
2/3　（18:46）しし
2/6　（6:22）おとめ
2/8　（16:30）てんびん
2/11　（0:35）さそり
2/13　（5:58）いて
2/15　（8:29）やぎ
2/17　（9:00）みずがめ
2/19　（9:09）うお
2/21　（10:58）おひつじ
2/23　（16:08）おうし
2/26　（1:14）ふたご
2/28　（13:10）かに
3/2　（1:47）しし
3/4　（13:13）おとめ

8/16　（11:25）おうし
8/18　（22:40）ふたご
8/21　（11:24）かに
8/23　（23:13）しし
8/26　（8:50）おとめ
8/28　（16:15）てんびん
8/30　（21:51）さそり
9/2　（1:57）いて
9/4　（4:45）やぎ
9/6　（6:47）みずがめ
9/8　（9:08）うお
9/10　（13:14）おひつじ
9/12　（20:21）おうし
9/15　（6:48）ふたご
9/17　（19:16）かに
9/20　（7:19）しし
9/22　（17:01）おとめ
9/24　（23:50）てんびん
9/27　（4:20）さそり
9/29　（7:30）いて
10/1　（10:10）やぎ
10/3　（12:59）みずがめ
10/5　（16:35）うお
10/7　（21:41）おひつじ
10/10　（5:05）おうし
10/12　（15:09）ふたご
10/15　（3:20）かに
10/17　（15:46）しし
10/20　（2:11）おとめ
10/22　（9:15）てんびん
10/24　（13:06）さそり
10/26　（14:56）いて
10/28　（16:15）やぎ
10/30　（18:23）みずがめ
11/1　（22:17）うお
11/4　（4:21）おひつじ
11/6　（12:35）おうし
11/8　（22:54）ふたご
11/11　（10:56）かに
11/13　（23:37）しし
11/16　（11:02）おとめ
11/18　（19:18）てんびん
11/20　（23:40）さそり
11/23　（0:56）いて
11/25　（0:48）やぎ

7/29 （2:04） ふたご
7/31 （9:38） かに
8/2 （19:27） しし
8/5 （7:15） おとめ
8/7 （20:17） てんびん
8/10 （8:50） さそり
8/12 （18:45） いて
8/15 （0:42） やぎ
8/17 （2:58） みずがめ
8/19 （3:01） うお
8/21 （2:45） おひつじ
8/23 （3:57） おうし
8/25 （7:56） ふたご
8/27 （15:10） かに
8/30 （1:19） しし
9/1 （13:27） おとめ
9/4 （2:30） てんびん
9/6 （15:10） さそり
9/9 （1:54） いて
9/11 （9:23） やぎ
9/13 （13:10） みずがめ
9/15 （13:59） うお
9/17 （13:25） おひつじ
9/19 （13:21） おうし
9/21 （15:38） ふたご
9/23 （21:33） かに
9/26 （7:12） しし
9/28 （19:27） おとめ
10/1 （8:32） てんびん
10/3 （20:57） さそり
10/6 （7:43） いて
10/8 （16:04） やぎ
10/10 （21:29） みずがめ
10/12 （23:59） うお
10/15 （0:25） おひつじ
10/17 （0:16） おうし
10/19 （1:26） ふたご
10/21 （5:45） かに
10/23 （14:10） しし
10/26 （1:59） おとめ
10/28 （15:05） てんびん
10/31 （3:15） さそり
11/2 （13:27） いて
11/4 （21:31） やぎ
11/7 （3:33） みずがめ

4/18 （1:00） おとめ
4/20 （13:36） てんびん
4/23 （0:19） さそり
4/25 （8:32） いて
4/27 （14:32） やぎ
4/29 （18:50） みずがめ
5/1 （21:50） うお
5/3 （23:59） おひつじ
5/6 （2:04） おうし
5/8 （5:21） ふたご
5/10 （11:13） かに
5/12 （20:33） しし
5/15 （8:43） おとめ
5/17 （21:27） てんびん
5/20 （8:11） さそり
5/22 （15:51） いて
5/24 （20:51） やぎ
5/27 （0:20） みずがめ
5/29 （3:18） うお
5/31 （6:18） おひつじ
6/2 （9:39） おうし
6/4 （13:55） ふたご
6/6 （20:02） かに
6/9 （4:58） しし
6/11 （16:43） おとめ
6/14 （5:35） てんびん
6/16 （16:51） さそり
6/19 （0:39） いて
6/21 （5:02） やぎ
6/23 （7:20） みずがめ
6/25 （9:09） うお
6/27 （11:38） おひつじ
6/29 （15:23） おうし
7/1 （20:35） ふたご
7/4 （3:33） かに
7/6 （12:45） しし
7/9 （0:22） おとめ
7/11 （13:21） てんびん
7/14 （1:20） さそり
7/16 （10:02） いて
7/18 （14:45） やぎ
7/20 （16:29） みずがめ
7/22 （16:59） うお
7/24 （18:03） おひつじ
7/26 （20:53） おうし

1/6 （4:27） いて
1/8 （6:55） やぎ
1/10 （7:00） みずがめ
1/12 （6:51） うお
1/14 （8:22） おひつじ
1/16 （12:40） おうし
1/18 （19:53） ふたご
1/21 （5:29） かに
1/23 （16:50） しし
1/26 （5:26） おとめ
1/28 （18:21） てんびん
1/31 （5:48） さそり
2/2 （13:51） いて
2/4 （17:44） やぎ
2/6 （18:21） みずがめ
2/8 （17:34） うお
2/10 （17:29） おひつじ
2/12 （19:56） おうし
2/15 （1:53） ふたご
2/17 （11:13） かに
2/19 （22:52） しし
2/22 （11:38） おとめ
2/25 （0:23） てんびん
2/27 （11:57） さそり
3/1 （21:01） いて
3/4 （2:39） やぎ
3/6 （4:54） みずがめ
3/8 （4:57） うお
3/10 （4:33） おひつじ
3/12 （5:37） おうし
3/14 （9:48） ふたご
3/16 （17:51） かに
3/19 （5:08） しし
3/21 （17:59） おとめ
3/24 （6:35） てんびん
3/26 （17:42） さそり
3/29 （2:40） いて
3/31 （9:07） やぎ
4/2 （12:59） みずがめ
4/4 （14:42） うお
4/6 （15:19） おひつじ
4/8 （16:20） おうし
4/10 （19:28） ふたご
4/13 （2:03） かに
4/15 （12:22） しし

9/27 （4:45） おひつじ
9/29 （7:23） おうし
10/1 （13:01） ふたご
10/3 （22:14） かに
10/6 （10:12） しし
10/8 （22:49） おとめ
10/11 （10:00） てんびん
10/13 （18:46） さそり
10/16 （1:07） いて
10/18 （5:37） やぎ
10/20 （8:51） みずがめ
10/22 （11:22） うお
10/24 （13:50） おひつじ
10/26 （17:11） おうし
10/28 （22:34） ふたご
10/31 （6:56） かに
11/2 （18:16） しし
11/5 （6:57） おとめ
11/7 （18:29） てんびん
11/10 （3:02） さそり
11/12 （8:26） いて
11/14 （11:44） やぎ
11/16 （14:14） みずがめ
11/18 （17:00） うお
11/20 （20:34） おひつじ
11/23 （1:12） おうし
11/25 （7:20） ふたご
11/27 （15:37） かに
11/30 （2:30） しし
12/2 （15:11） おとめ
12/5 （3:23） てんびん
12/7 （12:39） さそり
12/9 （17:58） いて
12/11 （20:14） やぎ
12/13 （21:14） みずがめ
12/15 （22:44） うお
12/18 （1:55） おひつじ
12/20 （7:09） おうし
12/22 （14:17） ふたご
12/24 （23:14） かに
12/27 （10:09） しし
12/29 （22:45） おとめ

1997年

1/1 （11:32） てんびん
1/3 （22:02） さそり

9/9 (23:16) おうし
9/12 (0:40) ふたご
9/14 (4:20) かに
9/16 (10:48) しし
9/18 (19:52) おとめ
9/21 (6:57) てんびん
9/23 (19:22) さそり
9/26 (8:05) いて
9/28 (19:30) やぎ
10/1 (3:53) みずがめ
10/3 (8:23) うお
10/5 (9:32) おひつじ
10/7 (8:57) おうし
10/9 (8:43) ふたご
10/11 (10:48) かに
10/13 (16:25) しし
10/16 (1:32) おとめ
10/18 (13:02) てんびん
10/21 (1:36) さそり
10/23 (14:16) いて
10/26 (2:05) やぎ
10/28 (11:44) みずがめ
10/30 (17:58) うお
11/1 (20:27) おひつじ
11/3 (20:12) おうし
11/5 (19:11) ふたご
11/7 (19:39) かに
11/9 (23:33) しし
11/12 (7:37) おとめ
11/14 (18:58) てんびん
11/17 (7:41) さそり
11/19 (20:13) いて
11/22 (7:45) やぎ
11/24 (17:43) みずがめ
11/27 (1:14) うお
11/29 (5:34) おひつじ
12/1 (6:53) おうし
12/3 (6:30) ふたご
12/5 (6:28) かに
12/7 (8:55) しし
12/9 (15:21) おとめ
12/12 (1:43) てんびん
12/14 (14:16) さそり
12/17 (2:47) いて
12/19 (13:55) やぎ
5/30 (3:38) しし
6/1 (12:21) おとめ
6/4 (0:17) てんびん
6/6 (13:06) さそり
6/9 (0:34) いて
6/11 (9:50) やぎ
6/13 (17:03) みずがめ
6/15 (22:31) うお
6/18 (2:23) おひつじ
6/20 (4:47) おうし
6/22 (6:26) ふたご
6/24 (8:39) かに
6/26 (13:04) しし
6/28 (20:54) おとめ
7/1 (8:05) てんびん
7/3 (20:45) さそり
7/6 (8:24) いて
7/8 (17:27) やぎ
7/10 (23:52) みずがめ
7/13 (4:22) うお
7/15 (7:45) おひつじ
7/17 (10:33) おうし
7/19 (13:18) ふたご
7/21 (16:43) かに
7/23 (21:48) しし
7/26 (5:34) おとめ
7/28 (16:14) てんびん
7/31 (4:44) さそり
8/2 (16:48) いて
8/5 (2:18) やぎ
8/7 (8:31) みずがめ
8/9 (12:04) うお
8/11 (14:10) おひつじ
8/13 (16:04) おうし
8/15 (18:46) ふたご
8/17 (22:55) かに
8/20 (5:00) しし
8/22 (13:21) おとめ
8/25 (0:02) てんびん
8/27 (12:25) さそり
8/30 (0:55) いて
9/1 (11:23) やぎ
9/3 (18:21) みずがめ
9/5 (21:48) うお
9/7 (22:52) おひつじ
2/17 (11:13) さそり
2/19 (22:56) いて
2/22 (7:30) やぎ
2/24 (12:10) みずがめ
2/26 (13:42) うお
2/28 (13:42) おひつじ
3/2 (14:00) おうし
3/4 (16:15) ふたご
3/6 (21:27) かに
3/9 (5:46) しし
3/11 (16:35) おとめ
3/14 (4:58) てんびん
3/16 (17:51) さそり
3/19 (5:56) いて
3/21 (15:43) やぎ
3/23 (22:02) みずがめ
3/26 (0:43) うお
3/28 (0:49) おひつじ
3/30 (0:06) おうし
4/1 (0:37) ふたご
4/3 (4:09) かに
4/5 (11:36) しし
4/7 (22:25) おとめ
4/10 (11:04) てんびん
4/12 (23:55) さそり
4/15 (11:52) いて
4/17 (22:05) やぎ
4/20 (5:41) みずがめ
4/22 (10:06) うお
4/24 (11:30) おひつじ
4/26 (11:09) おうし
4/28 (10:55) ふたご
4/30 (12:57) かに
5/2 (18:49) しし
5/5 (4:47) おとめ
5/7 (17:19) てんびん
5/10 (6:10) さそり
5/12 (17:48) いて
5/15 (3:39) やぎ
5/17 (11:30) みずがめ
5/19 (17:03) うお
5/21 (20:06) おひつじ
5/23 (21:06) おうし
5/25 (21:25) ふたご
5/27 (22:58) かに
11/9 (7:35) うお
11/11 (9:44) おひつじ
11/13 (10:45) おうし
11/15 (12:05) ふたご
11/17 (15:32) かに
11/19 (22:38) しし
11/22 (9:33) おとめ
11/24 (22:29) てんびん
11/27 (10:43) さそり
11/29 (20:28) いて
12/2 (3:38) やぎ
12/4 (8:58) みずがめ
12/6 (13:07) うお
12/8 (16:24) おひつじ
12/10 (19:00) おうし
12/12 (21:35) ふたご
12/15 (1:25) かに
12/17 (7:58) しし
12/19 (18:00) おとめ
12/22 (6:35) てんびん
12/24 (19:07) さそり
12/27 (5:07) いて
12/29 (11:48) やぎ
12/31 (15:58) みずがめ

1998年

1/2 (18:56) うお
1/4 (21:43) おひつじ
1/7 (0:52) おうし
1/9 (4:42) ふたご
1/11 (9:43) かに
1/13 (16:45) しし
1/16 (2:31) おとめ
1/18 (14:44) てんびん
1/21 (3:34) さそり
1/23 (14:25) いて
1/25 (21:39) やぎ
1/28 (1:27) みずがめ
1/30 (3:08) うお
2/1 (4:21) おひつじ
2/3 (6:25) おうし
2/5 (10:09) ふたご
2/7 (15:57) かに
2/9 (23:57) しし
2/12 (10:09) おとめ
2/14 (22:17) てんびん

12/21	（23:17）	みずがめ
12/24	（6:45）	うお
12/26	（12:03）	おひつじ
12/28	（15:05）	おうし
12/30	（16:22）	ふたご
1999 年		
1/1	（17:15）	かに
1/3	（19:31）	しし
1/6	（0:49）	おとめ
1/8	（9:53）	てんびん
1/10	（21:49）	さそり
1/13	（10:23）	いて
1/15	（21:29）	やぎ
1/18	（6:11）	みずがめ
1/20	（12:40）	うお
1/22	（17:25）	おひつじ
1/24	（20:52）	おうし
1/26	（23:29）	ふたご
1/29	（1:57）	かに
1/31	（5:16）	しし
2/2	（10:37）	おとめ
2/4	（18:56）	てんびん
2/7	（6:06）	さそり
2/9	（18:38）	いて
2/12	（6:10）	やぎ
2/14	（14:57）	みずがめ
2/16	（20:40）	うお
2/19	（0:06）	おひつじ
2/21	（2:29）	おうし
2/23	（4:54）	ふたご
2/25	（8:09）	かに
2/27	（12:44）	しし
3/1	（19:04）	おとめ
3/4	（3:34）	てんびん
3/6	（14:22）	さそり
3/9	（2:46）	いて
3/11	（14:54）	やぎ
3/14	（0:32）	みずがめ
3/16	（6:30）	うお
3/18	（9:13）	おひつじ
3/20	（10:09）	おうし
3/22	（11:05）	ふたご
3/24	（13:33）	かに
3/26	（18:22）	しし
3/29	（1:34）	おとめ
3/31	（10:49）	てんびん
4/2	（21:48）	さそり
4/5	（10:07）	いて
4/7	（22:39）	やぎ
4/10	（9:24）	みずがめ
4/12	（16:35）	うお
4/14	（19:46）	おひつじ
4/16	（20:07）	おうし
4/18	（19:39）	ふたご
4/20	（20:27）	かに
4/23	（0:06）	しし
4/25	（7:04）	おとめ
4/27	（16:46）	てんびん
4/30	（4:12）	さそり
5/2	（16:36）	いて
5/5	（5:12）	やぎ
5/7	（16:40）	みずがめ
5/10	（1:16）	うお
5/12	（5:53）	おひつじ
5/14	（6:56）	おうし
5/16	（6:07）	ふたご
5/18	（5:39）	かに
5/20	（7:37）	しし
5/22	（13:15）	おとめ
5/24	（22:29）	てんびん
5/27	（10:05）	さそり
5/29	（22:37）	いて
6/1	（11:05）	やぎ
6/3	（22:37）	みずがめ
6/6	（8:00）	うお
6/8	（14:08）	おひつじ
6/10	（16:44）	おうし
6/12	（16:48）	ふたご
6/14	（16:14）	かに
6/16	（17:07）	しし
6/18	（21:12）	おとめ
6/21	（5:10）	てんびん
6/23	（16:18）	さそり
6/26	（4:51）	いて
6/28	（17:12）	やぎ
7/1	（4:19）	みずがめ
7/3	（13:34）	うお
7/5	（20:21）	おひつじ
7/8	（0:22）	おうし
7/10	（2:00）	ふたご
7/12	（2:27）	かに
7/14	（3:26）	しし
7/16	（6:39）	おとめ
7/18	（13:19）	てんびん
7/20	（23:30）	さそり
7/23	（11:48）	いて
7/26	（0:08）	やぎ
7/28	（10:54）	みずがめ
7/30	（19:27）	うお
8/2	（1:47）	おひつじ
8/4	（6:09）	おうし
8/6	（8:57）	ふたご
8/8	（10:52）	かに
8/10	（12:55）	しし
8/12	（16:21）	おとめ
8/14	（22:24）	てんびん
8/17	（7:40）	さそり
8/19	（19:31）	いて
8/22	（7:59）	やぎ
8/24	（18:49）	みずがめ
8/27	（2:50）	うお
8/29	（8:09）	おひつじ
8/31	（11:41）	おうし
9/2	（14:25）	ふたご
9/4	（17:09）	かに
9/6	（20:29）	しし
9/9	（0:57）	おとめ
9/11	（7:16）	てんびん
9/13	（16:08）	さそり
9/16	（3:35）	いて
9/18	（16:13）	やぎ
9/21	（3:38）	みずがめ
9/23	（11:51）	うお
9/25	（16:34）	おひつじ
9/27	（18:51）	おうし
9/29	（20:21）	ふたご
10/1	（22:31）	かに
10/4	（2:13）	しし
10/6	（7:40）	おとめ
10/8	（14:52）	てんびん
10/11	（0:01）	さそり
10/13	（11:18）	いて
10/16	（0:04）	やぎ
10/18	（12:17）	みずがめ
10/20	（21:33）	うお
10/23	（2:42）	おひつじ
10/25	（4:25）	おうし
10/27	（4:33）	ふたご
10/29	（5:09）	かに
10/31	（7:47）	しし
11/2	（13:07）	おとめ
11/4	（20:57）	てんびん
11/7	（6:46）	さそり
11/9	（18:15）	いて
11/12	（7:00）	やぎ
11/14	（19:46）	みずがめ
11/17	（6:21）	うお
11/19	（12:57）	おひつじ
11/21	（15:26）	おうし
11/23	（15:13）	ふたご
11/25	（14:29）	かに
11/27	（15:19）	しし
11/29	（19:11）	おとめ
12/2	（2:29）	てんびん
12/4	（12:35）	さそり
12/7	（0:27）	いて
12/9	（13:14）	やぎ
12/12	（1:59）	みずがめ
12/14	（13:18）	うお
12/16	（21:30）	おひつじ
12/19	（1:45）	おうし
12/21	（2:39）	ふたご
12/23	（1:52）	かに
12/25	（1:32）	しし
12/27	（3:34）	おとめ
12/29	（9:14）	てんびん
12/31	（18:36）	さそり
2000 年		
1/3	（6:32）	いて
1/5	（19:24）	やぎ
1/8	（7:53）	みずがめ
1/10	（18:59）	うお
1/13	（3:48）	おひつじ
1/15	（9:38）	おうし
1/17	（12:25）	ふたご
1/19	（13:01）	かに
1/21	（12:58）	しし
1/23	（14:07）	おとめ
1/25	（18:09）	てんびん
1/28	（2:01）	さそり

12/3（12:23）うお
12/5（23:17）おひつじ
12/8（6:27）おうし
12/10（9:50）ふたご
12/12（10:48）かに
12/14（11:09）しし
12/16（12:30）おとめ
12/18（16:01）てんびん
12/20（22:12）さそり
12/23（6:57）いて
12/25（17:54）やぎ
12/28（6:25）みずがめ
12/30（19:27）うお

2001年

1/2（7:14）おひつじ
1/4（15:57）おうし
1/6（20:44）ふたご
1/8（22:09）かに
1/10（21:44）しし
1/12（21:26）おとめ
1/14（23:05）てんびん
1/17（4:02）さそり
1/19（12:36）いて
1/21（23:57）やぎ
1/24（12:43）みずがめ
1/27（1:39）うお
1/29（13:35）おひつじ
1/31（23:21）おうし
2/3（5:56）ふたご
2/5（9:00）かに
2/7（9:21）しし
2/9（8:35）おとめ
2/11（8:46）てんびん
2/13（11:51）さそり
2/15（19:02）いて
2/18（5:59）やぎ
2/20（18:53）みずがめ
2/23（7:45）うお
2/25（19:20）おひつじ
2/28（5:06）おうし
3/2（12:36）ふたご
3/4（17:24）かに
3/6（19:30）しし
3/8（19:44）おとめ
3/10（19:47）てんびん
8/23（3:55）ふたご
8/25（7:00）かに
8/27（8:17）しし
8/29（8:55）おとめ
8/31（10:33）てんびん
9/2（14:55）さそり
9/4（23:08）いて
9/7（10:47）やぎ
9/9（23:44）みずがめ
9/12（11:34）うお
9/14（21:00）おひつじ
9/17（4:05）おうし
9/19（9:22）ふたご
9/21（13:16）かに
9/23（16:00）しし
9/25（18:02）おとめ
9/27（20:22）てんびん
9/30（0:29）さそり
10/2（7:50）いて
10/4（18:42）やぎ
10/7（7:33）みずがめ
10/9（19:36）うお
10/12（4:51）おひつじ
10/14（11:06）おうし
10/16（15:19）ふたご
10/18（18:37）かに
10/20（21:42）しし
10/23（0:52）おとめ
10/25（4:30）てんびん
10/27（9:23）さそり
10/29（16:40）いて
11/1（3:01）やぎ
11/3（15:41）みずがめ
11/6（4:13）うお
11/8（14:02）おひつじ
11/10（20:12）おうし
11/12（23:27）ふたご
11/15（1:21）かに
11/17（3:19）しし
11/19（6:15）おとめ
11/21（10:35）てんびん
11/23（16:33）さそり
11/26（0:33）いて
11/28（10:57）やぎ
11/30（23:26）みずがめ
5/11（21:41）おとめ
5/14（3:27）てんびん
5/16（11:16）さそり
5/18（21:09）いて
5/21（9:01）やぎ
5/23（22:00）みずがめ
5/26（10:07）うお
5/28（19:08）おひつじ
5/31（0:02）おうし
6/2（1:34）ふたご
6/4（1:30）かに
6/6（1:45）しし
6/8（3:57）おとめ
6/10（8:59）てんびん
6/12（16:55）さそり
6/15（3:18）いて
6/17（15:26）やぎ
6/20（4:26）みずがめ
6/22（16:52）うお
6/25（2:55）おひつじ
6/27（9:19）おうし
6/29（11:59）ふたご
7/1（12:09）かに
7/3（11:38）しし
7/5（12:19）おとめ
7/7（15:47）てんびん
7/9（22:48）さそり
7/12（9:06）いて
7/14（21:28）やぎ
7/17（10:27）みずがめ
7/19（22:44）うお
7/22（9:09）おひつじ
7/24（16:44）おうし
7/26（21:01）ふたご
7/28（22:30）かに
7/30（22:23）しし
8/1（22:27）おとめ
8/4（0:31）てんびん
8/6（6:04）さそり
8/8（15:30）いて
8/11（3:44）やぎ
8/13（16:43）みずがめ
8/16（4:41）うお
8/18（14:44）おひつじ
8/20（22:31）おうし
1/30（13:17）いて
2/2（2:10）やぎ
2/4（14:31）みずがめ
2/7（1:02）うお
2/9（9:17）おひつじ
2/11（15:21）おうし
2/13（19:23）ふたご
2/15（21:45）かに
2/17（23:11）しし
2/20（0:53）おとめ
2/22（4:21）てんびん
2/24（10:58）さそり
2/26（21:10）いて
2/29（9:45）やぎ
3/2（22:14）みずがめ
3/5（8:30）うお
3/7（15:54）おひつじ
3/9（21:01）おうし
3/12（0:46）ふたご
3/14（3:51）かに
3/16（6:43）しし
3/18（9:48）おとめ
3/20（13:57）てんびん
3/22（20:17）さそり
3/25（5:43）いて
3/27（17:51）やぎ
3/30（6:34）みずがめ
4/1（17:12）うお
4/4（0:22）おひつじ
4/6（4:29）おうし
4/8（6:58）ふたご
4/10（9:16）かに
4/12（12:16）しし
4/14（16:19）おとめ
4/16（21:36）てんびん
4/19（4:35）さそり
4/21（13:58）いて
4/24（1:47）やぎ
4/26（14:42）みずがめ
4/29（2:06）うお
5/1（9:55）おひつじ
5/3（13:54）おうし
5/5（15:23）ふたご
5/7（16:14）かに
5/9（18:01）しし

1/12 （2:18） やぎ
1/14 （11:41） みずがめ
1/16 （23:00） うお
1/19 （11:35） おひつじ
1/21 （23:47） おうし
1/24 （9:28） ふたご
1/26 （15:17） かに
1/28 （17:31） しし
1/30 （17:40） おとめ
2/1 （17:44） てんびん
2/3 （19:35） さそり
2/6 （0:21） いて
2/8 （8:08） やぎ
2/10 （18:15） みずがめ
2/13 （5:53） うお
2/15 （18:26） おひつじ
2/18 （6:58） おうし
2/20 （17:50） ふたご
2/23 （1:16） かに
2/25 （4:36） しし
2/27 （4:47） おとめ
3/1 （3:47） てんびん
3/3 （3:51） さそり
3/5 （6:55） いて
3/7 （13:48） やぎ
3/9 （23:56） みずがめ
3/12 （11:56） うお
3/15 （0:34） おひつじ
3/17 （13:01） おうし
3/20 （0:20） ふたご
3/22 （9:06） かに
3/24 （14:13） しし
3/26 （15:44） おとめ
3/28 （15:04） てんびん
3/30 （14:21） さそり
4/1 （15:48） いて
4/3 （20:58） やぎ
4/6 （6:07） みずがめ
4/8 （17:57） うお
4/11 （6:41） おひつじ
4/13 （18:55） おうし
4/16 （5:56） ふたご
4/18 （15:01） かに
4/20 （21:21） しし
4/23 （0:35） おとめ

10/4 （15:01） おうし
10/7 （0:12） ふたご
10/9 （7:19） かに
10/11 （11:54） しし
10/13 （13:58） おとめ
10/15 （14:26） てんびん
10/17 （15:02） さそり
10/19 （17:47） いて
10/22 （0:11） やぎ
10/24 （10:26） みずがめ
10/26 （22:56） うお
10/29 （11:15） おひつじ
10/31 （21:48） おうし
11/3 （6:13） ふたご
11/5 （12:44） かに
11/7 （17:34） しし
11/9 （20:49） おとめ
11/11 （22:53） てんびん
11/14 （0:44） さそり
11/16 （3:51） いて
11/18 （9:40） やぎ
11/20 （18:55） みずがめ
11/23 （6:52） うお
11/25 （19:21） おひつじ
11/28 （6:06） おうし
11/30 （14:04） ふたご
12/2 （19:30） かに
12/4 （23:15） しし
12/7 （2:11） おとめ
12/9 （4:57） てんびん
12/11 （8:09） さそり
12/13 （12:30） いて
12/15 （18:48） やぎ
12/18 （3:43） みずがめ
12/20 （15:09） うお
12/23 （3:45） おひつじ
12/25 （15:12） おうし
12/27 （23:39） ふたご
12/30 （4:40） かに

2002 年

1/1 （7:09） しし
1/3 （8:34） おとめ
1/5 （10:23） てんびん
1/7 （13:41） さそり
1/9 （18:57） いて

6/23 （21:55） しし
6/25 （22:57） おとめ
6/28 （1:11） てんびん
6/30 （5:28） さそり
7/2 （12:13） いて
7/4 （21:21） やぎ
7/7 （8:33） みずがめ
7/9 （21:05） うお
7/12 （9:36） おひつじ
7/14 （20:13） おうし
7/17 （3:26） ふたご
7/19 （6:56） かに
7/21 （7:43） しし
7/23 （7:29） おとめ
7/25 （8:08） てんびん
7/27 （11:17） さそり
7/29 （17:44） いて
8/1 （3:16） やぎ
8/3 （14:53） みずがめ
8/6 （3:30） うお
8/8 （16:05） おひつじ
8/11 （3:23） おうし
8/13 （11:59） ふたご
8/15 （16:55） かに
8/17 （18:25） しし
8/19 （17:53） おとめ
8/21 （17:19） てんびん
8/23 （18:50） さそり
8/25 （23:59） いて
8/28 （9:02） やぎ
8/30 （20:48） みずがめ
9/2 （9:32） うお
9/4 （21:58） おひつじ
9/7 （9:18） おうし
9/9 （18:41） ふたご
9/12 （1:09） かに
9/14 （4:16） しし
9/16 （4:39） おとめ
9/18 （4:00） てんびん
9/20 （4:27） さそり
9/22 （8:02） いて
9/24 （15:48） やぎ
9/27 （3:05） みずがめ
9/29 （15:50） うお
10/2 （4:08） おひつじ

3/12 （21:42） さそり
3/15 （3:17） いて
3/17 （13:02） やぎ
3/20 （1:36） みずがめ
3/22 （14:28） うお
3/25 （1:44） おひつじ
3/27 （10:51） おうし
3/29 （18:01） ふたご
3/31 （23:23） かに
4/3 （2:54） しし
4/5 （4:46） おとめ
4/7 （5:57） てんびん
4/9 （8:01） さそり
4/11 （12:47） いて
4/13 （21:21） やぎ
4/16 （9:11） みずがめ
4/18 （22:00） うお
4/21 （9:18） おひつじ
4/23 （17:56） おうし
4/26 （0:11） ふたご
4/28 （4:49） かに
4/30 （8:25） しし
5/2 （11:16） おとめ
5/4 （13:50） てんびん
5/6 （17:00） さそり
5/8 （22:05） いて
5/11 （6:10） やぎ
5/13 （17:20） みずがめ
5/16 （6:01） うお
5/18 （17:41） おひつじ
5/21 （2:29） おうし
5/23 （8:12） ふたご
5/25 （11:42） かに
5/27 （14:12） しし
5/29 （16:38） おとめ
5/31 （19:41） てんびん
6/2 （23:56） さそり
6/5 （5:58） いて
6/7 （14:23） やぎ
6/10 （1:20） みずがめ
6/12 （13:53） うお
6/15 （2:03） おひつじ
6/17 （11:39） おうし
6/19 （17:42） ふたご
6/21 （20:41） かに

日付	時刻	星座
2/23	(17:46)	いて
2/25	(22:11)	やぎ
2/28	(4:24)	みずがめ
3/2	(12:26)	うお
3/4	(22:30)	おひつじ
3/7	(10:36)	おうし
3/9	(23:38)	ふたご
3/12	(11:12)	かに
3/14	(19:06)	しし
3/16	(22:52)	おとめ
3/18	(23:43)	てんびん
3/20	(23:38)	さそり
3/23	(0:33)	いて
3/25	(3:48)	やぎ
3/27	(9:51)	みずがめ
3/29	(18:26)	うお
4/1	(5:04)	おひつじ
4/3	(17:20)	おうし
4/6	(6:24)	ふたご
4/8	(18:36)	かに
4/11	(3:54)	しし
4/13	(9:07)	おとめ
4/15	(10:42)	てんびん
4/17	(10:16)	さそり
4/19	(9:51)	いて
4/21	(11:20)	やぎ
4/23	(15:58)	みずがめ
4/26	(0:02)	うお
4/28	(10:54)	おひつじ
4/30	(23:26)	おうし
5/3	(12:27)	ふたご
5/6	(0:42)	かに
5/8	(10:46)	しし
5/10	(17:31)	おとめ
5/12	(20:42)	てんびん
5/14	(21:14)	さそり
5/16	(20:43)	いて
5/18	(21:03)	やぎ
5/21	(0:01)	みずがめ
5/23	(6:41)	うお
5/25	(16:59)	おひつじ
5/28	(5:32)	おうし
5/30	(18:32)	ふたご
6/2	(6:27)	かに
6/4	(16:25)	しし
11/15	(14:38)	おひつじ
11/18	(3:23)	おうし
11/20	(15:25)	ふたご
11/23	(1:48)	かに
11/25	(10:00)	しし
11/27	(15:42)	おとめ
11/29	(18:54)	てんびん
12/1	(20:15)	さそり
12/3	(20:58)	いて
12/5	(22:39)	やぎ
12/8	(2:54)	みずがめ
12/10	(10:46)	うお
12/12	(21:58)	おひつじ
12/15	(10:43)	おうし
12/17	(22:43)	ふたご
12/20	(8:30)	かに
12/22	(15:48)	しし
12/24	(21:05)	おとめ
12/27	(0:53)	てんびん
12/29	(3:41)	さそり
12/31	(6:01)	いて
2003年		
1/2	(8:42)	やぎ
1/4	(12:56)	みずがめ
1/6	(19:57)	うお
1/9	(6:15)	おひつじ
1/11	(18:48)	おうし
1/14	(7:08)	ふたご
1/16	(16:56)	かに
1/18	(23:29)	しし
1/21	(3:32)	おとめ
1/23	(6:23)	てんびん
1/25	(9:09)	さそり
1/27	(12:26)	いて
1/29	(16:30)	やぎ
1/31	(21:44)	みずがめ
2/3	(4:55)	うお
2/5	(14:44)	おひつじ
2/8	(2:59)	おうし
2/10	(15:45)	ふたご
2/13	(2:19)	かに
2/15	(9:04)	しし
2/17	(12:22)	おとめ
2/19	(13:48)	てんびん
2/21	(15:09)	さそり
8/5	(21:02)	かに
8/8	(1:27)	しし
8/10	(3:03)	おとめ
8/12	(3:38)	てんびん
8/14	(5:01)	さそり
8/16	(8:25)	いて
8/18	(14:15)	やぎ
8/20	(22:16)	みずがめ
8/23	(8:11)	うお
8/25	(19:48)	おひつじ
8/28	(8:32)	おうし
8/30	(20:45)	ふたご
9/2	(6:14)	かに
9/4	(11:36)	しし
9/6	(13:16)	おとめ
9/8	(12:57)	てんびん
9/10	(12:48)	さそり
9/12	(14:44)	いて
9/14	(19:47)	やぎ
9/17	(3:54)	みずがめ
9/19	(14:18)	うお
9/22	(2:11)	おひつじ
9/24	(14:55)	おうし
9/27	(3:26)	ふたご
9/29	(14:01)	かに
10/1	(20:58)	しし
10/3	(23:52)	おとめ
10/5	(23:51)	てんびん
10/7	(22:57)	さそり
10/9	(23:21)	いて
10/12	(2:45)	やぎ
10/14	(9:51)	みずがめ
10/16	(20:07)	うお
10/19	(8:13)	おひつじ
10/21	(20:57)	おうし
10/24	(9:17)	ふたご
10/26	(20:10)	かに
10/29	(4:20)	しし
10/31	(8:59)	おとめ
11/2	(10:28)	てんびん
11/4	(10:10)	さそり
11/6	(10:01)	いて
11/8	(11:59)	やぎ
11/10	(17:27)	みずがめ
11/13	(2:42)	うお
4/25	(1:22)	てんびん
4/27	(1:15)	さそり
4/29	(2:13)	いて
5/1	(6:03)	やぎ
5/3	(13:43)	みずがめ
5/6	(0:46)	うお
5/8	(13:22)	おひつじ
5/11	(1:32)	おうし
5/13	(12:04)	ふたご
5/15	(20:33)	かに
5/18	(2:52)	しし
5/20	(7:01)	おとめ
5/22	(9:19)	てんびん
5/24	(10:38)	さそり
5/26	(12:20)	いて
5/28	(15:54)	やぎ
5/30	(22:35)	みずがめ
6/2	(8:37)	うお
6/4	(20:51)	おひつじ
6/7	(9:07)	おうし
6/9	(19:29)	ふたご
6/12	(3:15)	かに
6/14	(8:39)	しし
6/16	(12:23)	おとめ
6/18	(15:11)	てんびん
6/20	(17:42)	さそり
6/22	(20:42)	いて
6/25	(1:01)	やぎ
6/27	(7:36)	みずがめ
6/29	(17:00)	うお
7/2	(4:49)	おひつじ
7/4	(17:16)	おうし
7/7	(4:01)	ふたご
7/9	(11:36)	かに
7/11	(16:08)	しし
7/13	(18:41)	おとめ
7/15	(20:39)	てんびん
7/17	(23:13)	さそり
7/20	(3:02)	いて
7/22	(8:26)	やぎ
7/24	(15:40)	みずがめ
7/27	(1:04)	うお
7/29	(12:39)	おひつじ
8/1	(1:17)	おうし
8/3	(12:47)	ふたご

月
水星
金星
太陽
火星
木星
土星
天王星
海王星
冥王星

日付	時刻	星座
4/6	（19:24）	さそり
4/8	（20:50）	いて
4/10	（22:33）	やぎ
4/13	（1:33）	みずがめ
4/15	（6:24）	うお
4/17	（13:24）	おひつじ
4/19	（22:43）	おうし
4/22	（10:10）	ふたご
4/24	（22:56）	かに
4/27	（11:14）	しし
4/29	（21:00）	おとめ
5/2	（3:03）	てんびん
5/4	（5:39）	さそり
5/6	（6:08）	いて
5/8	（6:17）	やぎ
5/10	（7:46）	みずがめ
5/12	（11:52）	うお
5/14	（19:02）	おひつじ
5/17	（4:57）	おうし
5/19	（16:47）	ふたご
5/22	（5:35）	かに
5/24	（18:07）	しし
5/27	（4:52）	おとめ
5/29	（12:22）	てんびん
5/31	（16:08）	さそり
6/2	（16:52）	いて
6/4	（16:12）	やぎ
6/6	（16:10）	みずがめ
6/8	（18:38）	うお
6/11	（0:49）	おひつじ
6/13	（10:37）	おうし
6/15	（22:44）	ふたご
6/18	（11:37）	かに
6/21	（0:05）	しし
6/23	（11:10）	おとめ
6/25	（19:50）	てんびん
6/28	（1:13）	さそり
6/30	（3:15）	いて
7/2	（3:01）	やぎ
7/4	（2:22）	みずがめ
7/6	（3:26）	うお
7/8	（8:03）	おひつじ
7/10	（16:51）	おうし
7/13	（4:45）	ふたご
7/15	（17:40）	かに
12/27	（20:10）	うお
12/30	（3:08）	おひつじ
2004年		
1/1	（14:02）	おうし
1/4	（2:58）	ふたご
1/6	（15:39）	かに
1/9	（2:38）	しし
1/11	（11:37）	おとめ
1/13	（18:38）	てんびん
1/15	（23:33）	さそり
1/18	（2:18）	いて
1/20	（3:24）	やぎ
1/22	（4:11）	みずがめ
1/24	（6:29）	うお
1/26	（12:06）	おひつじ
1/28	（21:46）	おうし
1/31	（10:18）	ふたご
2/2	（23:03）	かに
2/5	（9:50）	しし
2/7	（18:03）	おとめ
2/10	（0:12）	てんびん
2/12	（4:58）	さそり
2/14	（8:35）	いて
2/16	（11:14）	やぎ
2/18	（13:27）	みずがめ
2/20	（16:27）	うお
2/22	（21:45）	おひつじ
2/25	（6:30）	おうし
2/27	（18:22）	ふたご
3/1	（7:12）	かに
3/3	（18:18）	しし
3/6	（2:18）	おとめ
3/8	（7:31）	てんびん
3/10	（11:03）	さそり
3/12	（13:57）	いて
3/14	（16:51）	やぎ
3/16	（20:10）	みずがめ
3/19	（0:26）	うお
3/21	（6:29）	おひつじ
3/23	（15:10）	おうし
3/26	（2:35）	ふたご
3/28	（15:23）	かに
3/31	（3:07）	しし
4/2	（11:45）	おとめ
4/4	（16:52）	てんびん
9/17	（0:32）	ふたご
9/19	（13:07）	かに
9/21	（23:03）	しし
9/24	（5:05）	おとめ
9/26	（7:49）	てんびん
9/28	（8:52）	さそり
9/30	（9:57）	いて
10/2	（12:21）	やぎ
10/4	（16:45）	みずがめ
10/6	（23:20）	うお
10/9	（8:08）	おひつじ
10/11	（19:05）	おうし
10/14	（7:45）	ふたご
10/16	（20:41）	かに
10/19	（7:41）	しし
10/21	（15:01）	おとめ
10/23	（18:27）	てんびん
10/25	（19:08）	さそり
10/27	（18:55）	いて
10/29	（19:37）	やぎ
10/31	（22:41）	みずがめ
11/3	（4:52）	うお
11/5	（14:02）	おひつじ
11/8	（1:29）	おうし
11/10	（14:14）	ふたご
11/13	（3:10）	かに
11/15	（14:48）	しし
11/17	（23:36）	おとめ
11/20	（4:42）	てんびん
11/22	（6:24）	さそり
11/24	（6:03）	いて
11/26	（5:31）	やぎ
11/28	（6:48）	みずがめ
11/30	（11:25）	うお
12/2	（19:56）	おひつじ
12/5	（7:30）	おうし
12/7	（20:26）	ふたご
12/10	（9:11）	かに
12/12	（20:40）	しし
12/15	（6:07）	おとめ
12/17	（12:46）	てんびん
12/19	（16:20）	さそり
12/21	（17:16）	いて
12/23	（16:55）	やぎ
12/25	（17:13）	みずがめ
6/6	（23:51）	おとめ
6/9	（4:30）	てんびん
6/11	（6:39）	さそり
6/13	（7:12）	いて
6/15	（7:38）	やぎ
6/17	（9:41）	みずがめ
6/19	（14:57）	うお
6/22	（0:06）	おひつじ
6/24	（12:15）	おうし
6/27	（1:13）	ふたご
6/29	（12:52）	かに
7/1	（22:13）	しし
7/4	（5:16）	おとめ
7/6	（10:20）	てんびん
7/8	（13:43）	さそり
7/10	（15:48）	いて
7/12	（17:21）	やぎ
7/14	（19:38）	みずがめ
7/17	（0:14）	うお
7/19	（8:20）	おひつじ
7/21	（19:48）	おうし
7/24	（8:42）	ふたご
7/26	（20:23）	かに
7/29	（5:17）	しし
7/31	（11:27）	おとめ
8/2	（15:48）	てんびん
8/4	（19:12）	さそり
8/6	（22:11）	いて
8/9	（1:02）	やぎ
8/11	（4:23）	みずがめ
8/13	（9:19）	うお
8/15	（17:00）	おひつじ
8/18	（3:52）	おうし
8/20	（16:41）	ふたご
8/23	（4:44）	かに
8/25	（13:48）	しし
8/27	（19:27）	おとめ
8/29	（22:41）	てんびん
9/1	（1:00）	さそり
9/3	（3:32）	いて
9/5	（6:51）	やぎ
9/7	（11:15）	みずがめ
9/9	（17:07）	うお
9/12	（1:09）	おひつじ
9/14	（11:50）	おうし

5/19	(13:30)	てんびん
5/21	(20:49)	さそり
5/24	(0:38)	いて
5/26	(2:11)	やぎ
5/28	(3:10)	みずがめ
5/30	(5:09)	うお
6/1	(9:08)	おひつじ
6/3	(15:20)	おうし
6/5	(23:36)	ふたご
6/8	(9:46)	かに
6/10	(21:39)	しし
6/13	(10:22)	おとめ
6/15	(21:59)	てんびん
6/18	(6:24)	さそり
6/20	(10:45)	いて
6/22	(11:52)	やぎ
6/24	(11:36)	みずがめ
6/26	(12:03)	うお
6/28	(14:51)	おひつじ
6/30	(20:45)	おうし
7/3	(5:26)	ふたご
7/5	(16:07)	かに
7/8	(4:11)	しし
7/10	(16:57)	おとめ
7/13	(5:09)	てんびん
7/15	(14:51)	さそり
7/17	(20:35)	いて
7/19	(22:26)	やぎ
7/21	(21:55)	みずがめ
7/23	(21:11)	うお
7/25	(22:23)	おひつじ
7/28	(2:54)	おうし
7/30	(11:02)	ふたご
8/1	(21:52)	かに
8/4	(10:10)	しし
8/6	(22:54)	おとめ
8/9	(11:08)	てんびん
8/11	(21:35)	さそり
8/14	(4:47)	いて
8/16	(8:13)	やぎ
8/18	(8:39)	みずがめ
8/20	(7:52)	うお
8/22	(8:01)	おひつじ
8/24	(10:58)	おうし
8/26	(17:43)	ふたご

2/5	(23:32)	やぎ
2/7	(23:26)	みずがめ
2/9	(22:59)	うお
2/12	(0:21)	おひつじ
2/14	(5:18)	おうし
2/16	(14:18)	ふたご
2/19	(2:13)	かに
2/21	(14:54)	しし
2/24	(2:44)	おとめ
2/26	(12:59)	てんびん
2/28	(21:21)	さそり
3/3	(3:29)	いて
3/5	(7:12)	やぎ
3/7	(8:49)	みずがめ
3/9	(9:32)	うお
3/11	(11:03)	おひつじ
3/13	(15:05)	おうし
3/15	(22:44)	ふたご
3/18	(9:44)	かに
3/20	(22:17)	しし
3/23	(10:10)	おとめ
3/25	(20:00)	てんびん
3/28	(3:29)	さそり
3/30	(8:56)	いて
4/1	(12:48)	やぎ
4/3	(15:31)	みずがめ
4/5	(17:45)	うお
4/7	(20:28)	おひつじ
4/10	(0:50)	おうし
4/12	(7:55)	ふたご
4/14	(18:03)	かに
4/17	(6:17)	しし
4/19	(18:27)	おとめ
4/22	(4:27)	てんびん
4/24	(11:25)	さそり
4/26	(15:46)	いて
4/28	(18:33)	やぎ
4/30	(20:54)	みずがめ
5/2	(23:43)	うお
5/5	(3:36)	おひつじ
5/7	(9:01)	おうし
5/9	(16:29)	ふたご
5/12	(2:20)	かに
5/14	(14:17)	しし
5/17	(2:46)	おとめ

10/28	(2:37)	おうし
10/30	(12:11)	ふたご
11/1	(23:53)	かに
11/4	(12:32)	しし
11/7	(0:00)	おとめ
11/9	(8:23)	てんびん
11/11	(13:05)	さそり
11/13	(14:56)	いて
11/15	(15:33)	やぎ
11/17	(16:39)	みずがめ
11/19	(19:38)	うお
11/22	(1:11)	おひつじ
11/24	(9:16)	おうし
11/26	(19:25)	ふたご
11/29	(7:10)	かに
12/1	(19:50)	しし
12/4	(8:00)	おとめ
12/6	(17:46)	てんびん
12/8	(23:44)	さそり
12/11	(1:54)	いて
12/13	(1:42)	やぎ
12/15	(1:10)	みずがめ
12/17	(2:24)	うお
12/19	(6:52)	おひつじ
12/21	(14:52)	おうし
12/24	(1:32)	ふたご
12/26	(13:38)	かに
12/29	(2:14)	しし
12/31	(14:33)	おとめ

2005 年

1/3	(1:19)	てんびん
1/5	(9:00)	さそり
1/7	(12:44)	いて
1/9	(13:11)	やぎ
1/11	(12:07)	みずがめ
1/13	(11:50)	うお
1/15	(14:27)	おひつじ
1/17	(21:06)	おうし
1/20	(7:24)	ふたご
1/22	(19:42)	かに
1/25	(8:21)	しし
1/27	(20:24)	おとめ
1/30	(7:13)	てんびん
2/1	(15:51)	さそり
2/3	(21:21)	いて

7/18	(5:56)	しし
7/20	(16:44)	おとめ
7/23	(1:39)	てんびん
7/25	(8:08)	さそり
7/27	(11:48)	いて
7/29	(12:57)	やぎ
7/31	(12:54)	みずがめ
8/2	(13:34)	うお
8/4	(16:59)	おひつじ
8/7	(0:26)	おうし
8/9	(11:33)	ふたご
8/12	(0:20)	かに
8/14	(12:30)	しし
8/16	(22:49)	おとめ
8/19	(7:09)	てんびん
8/21	(13:37)	さそり
8/23	(18:08)	いて
8/25	(20:47)	やぎ
8/27	(22:08)	みずがめ
8/29	(23:33)	うお
9/1	(2:46)	おひつじ
9/3	(9:16)	おうし
9/5	(19:24)	ふたご
9/8	(7:50)	かに
9/10	(20:06)	しし
9/13	(6:16)	おとめ
9/15	(13:54)	てんびん
9/17	(19:25)	さそり
9/19	(23:30)	いて
9/22	(2:35)	やぎ
9/24	(5:10)	みずがめ
9/26	(7:55)	うお
9/28	(11:57)	おひつじ
9/30	(18:24)	おうし
10/3	(3:55)	ふたご
10/5	(15:54)	かに
10/8	(4:23)	しし
10/10	(15:00)	おとめ
10/12	(22:32)	てんびん
10/15	(3:10)	さそり
10/17	(5:58)	いて
10/19	(8:07)	やぎ
10/21	(10:38)	みずがめ
10/23	(14:13)	うお
10/25	(19:24)	おひつじ

6/30 (13:15) おとめ
7/3 (2:06) てんびん
7/5 (14:13) さそり
7/7 (23:14) いて
7/10 (4:25) やぎ
7/12 (6:46) みずがめ
7/14 (7:59) うお
7/16 (9:39) おひつじ
7/18 (12:44) おうし
7/20 (17:38) ふたご
7/23 (0:28) かに
7/25 (9:24) しし
7/27 (20:36) おとめ
7/30 (9:27) てんびん
8/1 (22:08) さそり
8/4 (8:13) いて
8/6 (14:19) やぎ
8/8 (16:47) みずがめ
8/10 (17:10) うお
8/12 (17:22) おひつじ
8/14 (19:00) おうし
8/16 (23:07) ふたご
8/19 (6:03) かに
8/21 (15:33) しし
8/24 (3:08) おとめ
8/26 (16:01) てんびん
8/29 (4:56) さそり
8/31 (16:00) いて
9/2 (23:34) やぎ
9/5 (3:15) みずがめ
9/7 (3:56) うお
9/9 (3:23) おひつじ
9/11 (3:30) おうし
9/13 (5:59) ふたご
9/15 (11:54) かに
9/17 (21:15) しし
9/20 (9:07) おとめ
9/22 (22:06) てんびん
9/25 (10:54) さそり
9/27 (22:16) いて
9/30 (7:01) やぎ
10/2 (12:24) みずがめ
10/4 (14:33) うお
10/6 (14:32) おひつじ
10/8 (14:04) おうし

3/20 (17:43) いて
3/23 (0:36) やぎ
3/25 (4:21) みずがめ
3/27 (5:33) うお
3/29 (5:31) おひつじ
3/31 (6:01) おうし
4/2 (8:49) ふたご
4/4 (15:15) かに
4/7 (1:25) しし
4/9 (13:58) おとめ
4/12 (2:47) てんびん
4/14 (14:08) さそり
4/16 (23:19) いて
4/19 (6:13) やぎ
4/21 (10:56) みずがめ
4/23 (13:43) うお
4/25 (15:12) おひつじ
4/27 (16:27) おうし
4/29 (18:58) ふたご
5/2 (0:17) かに
5/4 (9:18) しし
5/6 (21:20) おとめ
5/9 (10:10) てんびん
5/11 (21:25) さそり
5/14 (5:56) いて
5/16 (11:59) やぎ
5/18 (16:19) みずがめ
5/20 (19:39) うお
5/22 (22:24) おひつじ
5/25 (1:00) おうし
5/27 (4:19) ふたご
5/29 (9:34) かに
5/31 (17:52) しし
6/3 (5:17) おとめ
6/5 (18:08) てんびん
6/8 (5:41) さそり
6/10 (14:05) いて
6/12 (19:19) やぎ
6/14 (22:32) みずがめ
6/17 (1:05) うお
6/19 (3:54) おひつじ
6/21 (7:23) おうし
6/23 (11:49) ふたご
6/25 (17:48) かに
6/28 (2:09) しし

12/9 (18:02) おひつじ
12/11 (22:46) おうし
12/14 (4:59) ふたご
12/16 (13:01) かに
12/18 (23:18) しし
12/21 (11:39) おとめ
12/24 (0:26) てんびん
12/26 (11:04) さそり
12/28 (17:44) いて
12/30 (20:35) やぎ

2006年

1/1 (21:14) みずがめ
1/3 (21:44) うお
1/5 (23:44) おひつじ
1/8 (4:09) おうし
1/10 (10:58) ふたご
1/12 (19:50) かに
1/15 (6:31) しし
1/17 (18:49) おとめ
1/20 (7:49) てんびん
1/22 (19:28) さそり
1/25 (3:38) いて
1/27 (7:31) やぎ
1/29 (8:09) みずがめ
1/31 (7:32) うお
2/2 (7:46) おひつじ
2/4 (10:31) おうし
2/6 (16:32) ふたご
2/9 (1:33) かに
2/11 (12:44) しし
2/14 (1:13) おとめ
2/16 (14:09) てんびん
2/19 (2:11) さそり
2/21 (11:38) いて
2/23 (17:16) やぎ
2/25 (19:14) みずがめ
2/27 (18:56) うお
3/1 (18:19) おひつじ
3/3 (19:22) おうし
3/5 (23:38) ふたご
3/8 (7:38) かに
3/10 (18:42) しし
3/13 (7:24) おとめ
3/15 (20:12) てんびん
3/18 (7:59) さそり

8/29 (3:57) かに
8/31 (16:14) しし
9/3 (4:56) おとめ
9/5 (16:52) てんびん
9/8 (3:10) さそり
9/10 (11:03) いて
9/12 (15:57) やぎ
9/14 (18:02) みずがめ
9/16 (18:24) うお
9/18 (18:43) おひつじ
9/20 (20:47) おうし
9/23 (2:07) ふたご
9/25 (11:10) かに
9/27 (23:03) しし
9/30 (11:44) おとめ
10/2 (23:24) てんびん
10/5 (9:03) さそり
10/7 (16:28) いて
10/9 (21:43) やぎ
10/12 (1:05) みずがめ
10/14 (3:05) うお
10/16 (4:39) おひつじ
10/18 (7:04) おうし
10/20 (11:44) ふたご
10/22 (19:41) かに
10/25 (6:49) しし
10/27 (19:28) おとめ
10/30 (7:15) てんびん
11/1 (16:29) さそり
11/3 (22:55) いて
11/6 (3:17) やぎ
11/8 (6:31) みずがめ
11/10 (9:22) うお
11/12 (12:22) おひつじ
11/14 (16:02) おうし
11/16 (21:10) ふたご
11/19 (4:42) かに
11/21 (15:10) しし
11/24 (3:41) おとめ
11/26 (15:58) てんびん
11/29 (1:33) さそり
12/1 (7:32) いて
12/3 (10:42) やぎ
12/5 (12:36) みずがめ
12/7 (14:44) うお

日付	時刻	星座
8/11	(19:42)	しし
8/14	(3:03)	おとめ
8/16	(13:04)	てんびん
8/19	(1:13)	さそり
8/21	(13:44)	いて
8/24	(0:20)	やぎ
8/26	(7:35)	みずがめ
8/28	(11:34)	うお
8/30	(13:25)	おひつじ
9/1	(14:35)	おうし
9/3	(16:30)	ふたご
9/5	(20:08)	かに
9/8	(1:59)	しし
9/10	(10:10)	おとめ
9/12	(20:31)	てんびん
9/15	(8:37)	さそり
9/17	(21:21)	いて
9/20	(8:52)	やぎ
9/22	(17:18)	みずがめ
9/24	(21:55)	うお
9/26	(23:22)	おひつじ
9/28	(23:17)	おうし
9/30	(23:34)	ふたご
10/3	(1:57)	かに
10/5	(7:27)	しし
10/7	(16:03)	おとめ
10/10	(2:58)	てんびん
10/12	(15:13)	さそり
10/15	(3:58)	いて
10/17	(16:03)	やぎ
10/20	(1:52)	みずがめ
10/22	(8:02)	うお
10/24	(10:24)	おひつじ
10/26	(10:07)	おうし
10/28	(9:11)	ふたご
10/30	(9:49)	かに
11/1	(13:48)	しし
11/3	(21:45)	おとめ
11/6	(8:47)	てんびん
11/8	(21:18)	さそり
11/11	(9:59)	いて
11/13	(22:00)	やぎ
11/16	(8:30)	みずがめ
11/18	(16:15)	うお
11/20	(20:24)	おひつじ
5/1	(19:41)	さそり
5/4	(7:48)	いて
5/6	(18:21)	やぎ
5/9	(2:48)	みずがめ
5/11	(8:32)	うお
5/13	(11:19)	おひつじ
5/15	(11:48)	おうし
5/17	(11:34)	ふたご
5/19	(12:38)	かに
5/21	(16:57)	しし
5/24	(1:26)	おとめ
5/26	(13:16)	てんびん
5/29	(2:11)	さそり
5/31	(14:07)	いて
6/3	(0:09)	やぎ
6/5	(8:15)	みずがめ
6/7	(14:24)	うお
6/9	(18:26)	おひつじ
6/11	(20:29)	おうし
6/13	(21:24)	ふたご
6/15	(22:45)	かに
6/18	(2:25)	しし
6/20	(9:46)	おとめ
6/22	(20:43)	てんびん
6/25	(9:26)	さそり
6/27	(21:24)	いて
6/30	(7:05)	やぎ
7/2	(14:24)	みずがめ
7/4	(19:52)	うお
7/6	(23:57)	おひつじ
7/9	(2:54)	おうし
7/11	(5:10)	ふたご
7/13	(7:39)	かに
7/15	(11:43)	しし
7/17	(18:39)	おとめ
7/20	(4:53)	てんびん
7/22	(17:18)	さそり
7/25	(5:29)	いて
7/27	(15:21)	やぎ
7/29	(22:14)	みずがめ
8/1	(2:40)	うお
8/3	(5:43)	おひつじ
8/5	(8:16)	おうし
8/7	(11:01)	ふたご
8/9	(14:36)	かに
1/19	(15:16)	みずがめ
1/21	(17:48)	うお
1/23	(19:52)	おひつじ
1/25	(22:28)	おうし
1/28	(2:10)	ふたご
1/30	(7:16)	かに
2/1	(14:15)	しし
2/3	(23:34)	おとめ
2/6	(11:15)	てんびん
2/9	(0:09)	さそり
2/11	(12:01)	いて
2/13	(20:42)	やぎ
2/16	(1:34)	みずがめ
2/18	(3:30)	うお
2/20	(4:06)	おひつじ
2/22	(5:03)	おうし
2/24	(7:42)	ふたご
2/26	(12:48)	かに
2/28	(20:29)	しし
3/3	(6:32)	おとめ
3/5	(18:25)	てんびん
3/8	(7:17)	さそり
3/10	(19:37)	いて
3/13	(5:35)	やぎ
3/15	(11:52)	みずがめ
3/17	(14:30)	うお
3/19	(14:42)	おひつじ
3/21	(14:15)	おうし
3/23	(15:06)	ふたご
3/25	(18:49)	かに
3/28	(2:04)	しし
3/30	(12:27)	おとめ
4/2	(0:43)	てんびん
4/4	(13:36)	さそり
4/7	(1:57)	いて
4/9	(12:36)	やぎ
4/11	(20:23)	みずがめ
4/14	(0:39)	うお
4/16	(1:47)	おひつじ
4/18	(1:11)	おうし
4/20	(0:51)	ふたご
4/22	(2:50)	かに
4/24	(8:38)	しし
4/26	(18:24)	おとめ
4/29	(6:45)	てんびん
10/10	(15:06)	ふたご
10/12	(19:21)	かに
10/15	(3:38)	しし
10/17	(15:16)	おとめ
10/20	(4:19)	てんびん
10/22	(16:54)	さそり
10/25	(3:53)	いて
10/27	(12:47)	やぎ
10/29	(19:17)	みずがめ
10/31	(23:11)	うお
11/3	(0:46)	おひつじ
11/5	(1:05)	おうし
11/7	(1:46)	ふたご
11/9	(4:46)	かに
11/11	(11:34)	しし
11/13	(22:19)	おとめ
11/16	(11:14)	てんびん
11/18	(23:47)	さそり
11/21	(10:15)	いて
11/23	(18:25)	やぎ
11/26	(0:41)	みずがめ
11/28	(5:21)	うお
11/30	(8:30)	おひつじ
12/2	(10:26)	おうし
12/4	(12:05)	ふたご
12/6	(15:00)	かに
12/8	(20:52)	しし
12/11	(6:31)	おとめ
12/13	(19:00)	てんびん
12/16	(7:43)	さそり
12/18	(18:10)	いて
12/21	(1:39)	やぎ
12/23	(6:49)	みずがめ
12/25	(10:43)	うお
12/27	(14:04)	おひつじ
12/29	(17:08)	おうし
12/31	(20:16)	ふたご
2007年		
1/3	(0:14)	かに
1/5	(6:14)	しし
1/7	(15:18)	おとめ
1/10	(3:15)	てんびん
1/12	(16:08)	さそり
1/15	(3:11)	いて
1/17	(10:49)	やぎ

9/22 (14:49) かに
9/24 (18:13) しし
9/26 (22:52) おとめ
9/29 (5:05) てんびん
10/1 (13:26) さそり
10/4 (0:14) いて
10/6 (12:48) やぎ
10/9 (1:03) みずがめ
10/11 (10:31) うお
10/13 (16:07) おひつじ
10/15 (18:31) おうし
10/17 (19:25) ふたご
10/19 (20:40) かに
10/21 (23:35) しし
10/24 (4:40) おとめ
10/26 (11:48) てんびん
10/28 (20:47) さそり
10/31 (7:41) いて
11/2 (20:13) やぎ
11/5 (9:01) みずがめ
11/7 (19:43) うお
11/10 (2:26) おひつじ
11/12 (5:05) おうし
11/14 (5:11) ふたご
11/16 (4:52) かに
11/18 (6:07) しし
11/20 (10:13) おとめ
11/22 (17:20) てんびん
11/25 (2:54) さそり
11/27 (14:14) いて
11/30 (2:48) やぎ
12/2 (15:45) みずがめ
12/5 (3:23) うお
12/7 (11:44) おひつじ
12/9 (15:52) おうし
12/11 (16:33) ふたご
12/13 (15:40) かに
12/15 (15:23) しし
12/17 (17:36) おとめ
12/19 (23:23) てんびん
12/22 (8:37) さそり
12/24 (20:13) いて
12/27 (8:56) やぎ
12/29 (21:42) みずがめ

6/11 (18:55) てんびん
6/14 (5:53) さそり
6/16 (18:19) いて
6/19 (6:52) やぎ
6/21 (18:33) みずがめ
6/24 (4:32) うお
6/26 (11:49) おひつじ
6/28 (15:50) おうし
6/30 (17:03) ふたご
7/2 (16:53) かに
7/4 (17:15) しし
7/6 (20:04) おとめ
7/9 (2:31) てんびん
7/11 (12:35) さそり
7/14 (0:50) いて
7/16 (13:20) やぎ
7/19 (0:40) みずがめ
7/21 (10:08) うお
7/23 (17:22) おひつじ
7/25 (22:14) おうし
7/28 (0:55) ふたご
7/30 (2:12) かに
8/1 (3:22) しし
8/3 (5:59) おとめ
8/5 (11:28) てんびん
8/7 (20:26) さそり
8/10 (8:10) いて
8/12 (20:42) やぎ
8/15 (7:56) みずがめ
8/17 (16:46) うお
8/19 (23:10) おひつじ
8/22 (3:38) おうし
8/24 (6:48) ふたご
8/26 (9:19) かに
8/28 (11:51) しし
8/30 (15:18) おとめ
9/1 (20:44) てんびん
9/4 (5:02) さそり
9/6 (16:11) いて
9/9 (4:45) やぎ
9/11 (16:20) みずがめ
9/14 (1:04) うお
9/16 (6:39) おひつじ
9/18 (9:57) おうし
9/20 (12:17) ふたご

3/2 (3:33) やぎ
3/4 (13:24) みずがめ
3/6 (19:53) うお
3/8 (23:23) おひつじ
3/11 (1:14) おうし
3/13 (2:54) ふたご
3/15 (5:38) かに
3/17 (10:04) しし
3/19 (16:25) おとめ
3/22 (0:45) てんびん
3/24 (11:06) さそり
3/26 (23:11) いて
3/29 (11:43) やぎ
3/31 (22:34) みずがめ
4/3 (5:55) うお
4/5 (9:27) おひつじ
4/7 (10:20) おうし
4/9 (10:27) ふたご
4/11 (11:43) かに
4/13 (15:29) しし
4/15 (22:07) おとめ
4/18 (7:10) てんびん
4/20 (18:00) さそり
4/23 (6:07) いて
4/25 (18:47) やぎ
4/28 (6:27) みずがめ
4/30 (15:11) うお
5/2 (19:51) おひつじ
5/4 (20:58) おうし
5/6 (20:17) ふたご
5/8 (20:02) かに
5/10 (22:10) しし
5/13 (3:48) おとめ
5/15 (12:46) てんびん
5/17 (23:59) さそり
5/20 (12:19) いて
5/23 (0:55) やぎ
5/25 (12:52) みずがめ
5/27 (22:38) うお
5/30 (4:52) おひつじ
6/1 (7:19) おうし
6/3 (7:06) ふたご
6/5 (6:16) かに
6/7 (7:00) しし
6/9 (11:01) おとめ

11/22 (21:18) おうし
11/24 (20:29) ふたご
11/26 (20:07) かに
11/28 (22:23) しし
12/1 (4:44) おとめ
12/3 (15:01) てんびん
12/6 (3:31) さそり
12/8 (16:11) いて
12/11 (3:51) やぎ
12/13 (14:01) みずがめ
12/15 (22:15) うお
12/18 (3:52) おひつじ
12/20 (6:38) おうし
12/22 (7:14) ふたご
12/24 (7:18) かに
12/26 (8:52) しし
12/28 (13:44) おとめ
12/30 (22:37) てんびん

2008 年

1/2 (10:32) さそり
1/4 (23:13) いて
1/7 (10:43) やぎ
1/9 (20:13) みずがめ
1/12 (3:44) うお
1/14 (9:23) おひつじ
1/16 (13:13) おうし
1/18 (15:30) ふたご
1/20 (17:05) かに
1/22 (19:20) しし
1/24 (23:48) おとめ
1/27 (7:35) てんびん
1/29 (18:35) さそり
2/1 (7:08) いて
2/3 (18:52) やぎ
2/6 (4:10) みずがめ
2/8 (10:46) うお
2/10 (15:17) おひつじ
2/12 (18:34) おうし
2/14 (21:19) ふたご
2/17 (0:12) かに
2/19 (3:51) しし
2/21 (9:06) おとめ
2/23 (16:45) てんびん
2/26 (3:06) さそり
2/28 (15:22) いて

11/2 （9:45） おうし
11/4 （13:53） ふたご
11/6 （16:42） かに
11/8 （19:23） しし
11/10 （22:30） おとめ
11/13 （2:22） てんびん
11/15 （7:24） さそり
11/17 （14:22） いて
11/20 （0:01） やぎ
11/22 （12:11） みずがめ
11/25 （1:07） うお
11/27 （12:11） おひつじ
11/29 （19:34） おうし
12/1 （23:23） ふたご
12/4 （1:01） かに
12/6 （2:07） しし
12/8 （4:05） おとめ
12/10 （7:47） てんびん
12/12 （13:31） さそり
12/14 （21:25） いて
12/17 （7:32） やぎ
12/19 （19:39） みずがめ
12/22 （8:42） うお
12/24 （20:40） おひつじ
12/27 （5:26） おうし
12/29 （10:13） ふたご
12/31 （11:45） かに

2010 年

1/2 （11:41） しし
1/4 （11:52） おとめ
1/6 （13:58） てんびん
1/8 （19:00） さそり
1/11 （3:10） いて
1/13 （13:54） やぎ
1/16 （2:17） みずがめ
1/18 （15:17） うお
1/21 （3:36） おひつじ
1/23 （13:39） おうし
1/25 （20:11） ふたご
1/27 （23:01） かに
1/29 （23:10） しし
1/31 （22:23） おとめ
2/2 （22:42） てんびん
2/5 （1:55） さそり
2/7 （9:04） いて

7/22 （12:28） しし
7/24 （12:23） おとめ
7/26 （14:25） てんびん
7/28 （19:56） さそり
7/31 （5:10） いて
8/2 （17:08） やぎ
8/5 （6:08） みずがめ
8/7 （18:34） うお
8/10 （5:23） おひつじ
8/12 （13:50） おうし
8/14 （19:25） ふたご
8/16 （22:13） かに
8/18 （22:57） しし
8/20 （23:00） おとめ
8/23 （0:12） てんびん
8/25 （4:16） さそり
8/27 （12:16） いて
8/29 （23:44） やぎ
9/1 （12:43） みずがめ
9/4 （0:58） うお
9/6 （11:14） おひつじ
9/8 （19:18） おうし
9/11 （1:17） ふたご
9/13 （5:20） かに
9/15 （7:39） しし
9/17 （8:56） おとめ
9/19 （10:26） てんびん
9/21 （13:52） さそり
9/23 （20:43） いて
9/26 （7:19） やぎ
9/28 （20:07） みずがめ
10/1 （8:26） うお
10/3 （18:21） おひつじ
10/6 （1:33） おうし
10/8 （6:46） ふたご
10/10 （10:48） かに
10/12 （14:03） しし
10/14 （16:45） おとめ
10/16 （19:29） てんびん
10/18 （23:23） さそり
10/21 （5:49） いて
10/23 （15:39） やぎ
10/26 （4:08） みずがめ
10/28 （16:45） うお
10/31 （2:56） おひつじ

4/10 （18:23） さそり
4/13 （3:01） いて
4/15 （14:27） やぎ
4/18 （3:19） みずがめ
4/20 （14:55） うお
4/22 （23:09） おひつじ
4/25 （3:46） おうし
4/27 （6:02） ふたご
4/29 （7:38） かに
5/1 （9:56） しし
5/3 （13:37） おとめ
5/5 （18:51） てんびん
5/8 （1:48） さそり
5/10 （10:49） いて
5/12 （22:09） やぎ
5/15 （11:01） みずがめ
5/17 （23:17） うお
5/20 （8:30） おひつじ
5/22 （13:40） おうし
5/24 （15:34） ふたご
5/26 （15:58） かに
5/28 （16:44） しし
5/30 （19:17） おとめ
6/2 （0:17） てんびん
6/4 （7:44） さそり
6/6 （17:24） いて
6/9 （5:00） やぎ
6/11 （17:52） みずがめ
6/14 （6:32） うお
6/16 （16:52） おひつじ
6/18 （23:20） おうし
6/21 （2:00） ふたご
6/23 （2:12） かに
6/25 （1:50） しし
6/27 （2:47） おとめ
6/29 （6:24） てんびん
7/1 （13:19） さそり
7/3 （23:11） いて
7/6 （11:07） やぎ
7/9 （0:03） みずがめ
7/11 （12:44） うお
7/13 （23:40） おひつじ
7/16 （7:30） おうし
7/18 （11:41） ふたご
7/20 （12:51） かに

2009 年

1/1 （9:27） うお
1/3 （18:50） おひつじ
1/6 （0:46） おうし
1/8 （3:12） ふたご
1/10 （3:14） かに
1/12 （2:41） しし
1/14 （3:33） おとめ
1/16 （7:30） てんびん
1/18 （15:20） さそり
1/21 （2:30） いて
1/23 （15:18） やぎ
1/26 （3:56） みずがめ
1/28 （15:12） うお
1/31 （0:25） おひつじ
2/2 （7:09） おうし
2/4 （11:14） ふたご
2/6 （13:06） かに
2/8 （13:43） しし
2/10 （14:38） おとめ
2/12 （17:33） てんびん
2/14 （23:51） さそり
2/17 （9:53） いて
2/19 （22:25） やぎ
2/22 （11:06） みずがめ
2/24 （22:00） うお
2/27 （6:24） おひつじ
3/1 （12:33） おうし
3/3 （16:59） ふたご
3/5 （20:07） かに
3/7 （22:24） しし
3/10 （0:34） おとめ
3/12 （3:46） てんびん
3/14 （9:22） さそり
3/16 （18:21） いて
3/19 （6:19） やぎ
3/21 （19:06） みずがめ
3/24 （6:08） うお
3/26 （14:03） おひつじ
3/28 （19:09） おうし
3/30 （22:36） ふたご
4/2 （1:30） かに
4/4 （4:32） しし
4/6 （8:01） おとめ
4/8 （12:22） てんびん

日付	時刻	星座
12/14	(16:15)	おひつじ
12/17	(3:49)	おうし
12/19	(12:37)	ふたご
12/21	(18:22)	かに
12/23	(21:51)	しし
12/26	(0:14)	おとめ
12/28	(2:38)	てんびん
12/30	(5:49)	さそり
2011年		
1/1	(10:21)	いて
1/3	(16:39)	やぎ
1/6	(1:08)	みずがめ
1/8	(11:57)	うお
1/11	(0:24)	おひつじ
1/13	(12:37)	おうし
1/15	(22:23)	ふたご
1/18	(4:29)	かに
1/20	(7:16)	しし
1/22	(8:10)	おとめ
1/24	(8:59)	てんびん
1/26	(11:15)	さそり
1/28	(15:55)	いて
1/30	(23:04)	やぎ
2/2	(8:21)	みずがめ
2/4	(19:24)	うお
2/7	(7:45)	おひつじ
2/9	(20:22)	おうし
2/12	(7:20)	ふたご
2/14	(14:48)	かに
2/16	(18:14)	しし
2/18	(18:39)	おとめ
2/20	(18:01)	てんびん
2/22	(18:29)	さそり
2/24	(21:46)	いて
2/27	(4:32)	やぎ
3/1	(14:14)	みずがめ
3/4	(1:47)	うお
3/6	(14:14)	おひつじ
3/9	(2:52)	おうし
3/11	(14:31)	ふたご
3/13	(23:29)	かに
3/16	(4:33)	しし
3/18	(5:53)	おとめ
3/20	(5:03)	てんびん
3/22	(4:17)	さそり
9/3	(15:50)	かに
9/5	(18:45)	しし
9/7	(18:53)	おとめ
9/9	(18:01)	てんびん
9/11	(18:21)	さそり
9/13	(21:52)	いて
9/16	(5:30)	やぎ
9/18	(16:35)	みずがめ
9/21	(5:15)	うお
9/23	(17:47)	おひつじ
9/26	(5:17)	おうし
9/28	(15:10)	ふたご
9/30	(22:46)	かに
10/3	(3:21)	しし
10/5	(5:00)	おとめ
10/7	(4:52)	てんびん
10/9	(4:52)	さそり
10/11	(7:09)	いて
10/13	(13:17)	やぎ
10/15	(23:24)	みずがめ
10/18	(11:52)	うお
10/21	(0:23)	おひつじ
10/23	(11:30)	おうし
10/25	(20:47)	ふたご
10/28	(4:14)	かに
10/30	(9:39)	しし
11/1	(12:51)	おとめ
11/3	(14:19)	てんびん
11/5	(15:16)	さそり
11/7	(17:27)	いて
11/9	(22:36)	やぎ
11/12	(7:32)	みずがめ
11/14	(19:24)	うお
11/17	(7:59)	おひつじ
11/19	(19:04)	おうし
11/22	(3:46)	ふたご
11/24	(10:14)	かに
11/26	(15:01)	しし
11/28	(18:34)	おとめ
11/30	(21:15)	てんびん
12/2	(23:44)	さそり
12/5	(2:59)	いて
12/7	(8:16)	やぎ
12/9	(16:30)	みずがめ
12/12	(3:41)	うお
5/23	(11:50)	てんびん
5/25	(15:17)	さそり
5/27	(20:15)	いて
5/30	(3:44)	やぎ
6/1	(14:08)	みずがめ
6/4	(2:34)	うお
6/6	(14:50)	おひつじ
6/9	(0:41)	おうし
6/11	(7:11)	ふたご
6/13	(10:50)	かに
6/15	(12:54)	しし
6/17	(14:41)	おとめ
6/19	(17:13)	てんびん
6/21	(21:14)	さそり
6/24	(3:10)	いて
6/26	(11:21)	やぎ
6/28	(21:52)	みずがめ
7/1	(10:10)	うお
7/3	(22:44)	おひつじ
7/6	(9:29)	おうし
7/8	(16:51)	ふたご
7/10	(20:38)	かに
7/12	(21:53)	しし
7/14	(22:15)	おとめ
7/16	(23:24)	てんびん
7/19	(2:42)	さそり
7/21	(8:48)	いて
7/23	(17:39)	やぎ
7/26	(4:38)	みずがめ
7/28	(17:00)	うお
7/31	(5:42)	おひつじ
8/2	(17:13)	おうし
8/5	(1:54)	ふたご
8/7	(6:50)	かに
8/9	(8:23)	しし
8/11	(8:01)	おとめ
8/13	(7:43)	てんびん
8/15	(9:26)	さそり
8/17	(14:34)	いて
8/19	(23:17)	やぎ
8/22	(10:37)	みずがめ
8/24	(23:11)	うお
8/27	(11:49)	おひつじ
8/29	(23:35)	おうし
9/1	(9:19)	ふたご
2/9	(19:44)	やぎ
2/12	(8:24)	みずがめ
2/14	(21:23)	うお
2/17	(9:30)	おひつじ
2/19	(19:55)	おうし
2/22	(3:47)	ふたご
2/24	(8:29)	かに
2/26	(10:08)	しし
2/28	(9:52)	おとめ
3/2	(9:31)	てんびん
3/4	(11:11)	さそり
3/6	(16:36)	いて
3/9	(2:13)	やぎ
3/11	(14:42)	みずがめ
3/14	(3:44)	うお
3/16	(15:32)	おひつじ
3/19	(1:29)	おうし
3/21	(9:28)	ふたご
3/23	(15:16)	かに
3/25	(18:39)	しし
3/27	(19:57)	おとめ
3/29	(20:21)	てんびん
3/31	(21:41)	さそり
4/3	(1:52)	いて
4/5	(10:07)	やぎ
4/7	(21:51)	みずがめ
4/10	(10:48)	うお
4/12	(22:31)	おひつじ
4/15	(7:55)	おうし
4/17	(15:08)	ふたご
4/19	(20:39)	かに
4/22	(0:42)	しし
4/24	(3:24)	おとめ
4/26	(5:16)	てんびん
4/28	(7:28)	さそり
4/30	(11:36)	いて
5/2	(19:00)	やぎ
5/5	(5:52)	みずがめ
5/7	(18:34)	うお
5/10	(6:29)	おひつじ
5/12	(15:48)	おうし
5/14	(22:18)	ふたご
5/17	(2:46)	かに
5/19	(6:06)	しし
5/21	(8:58)	おとめ

1/23（11:53）みずがめ
1/25（18:11）うお
1/28（3:28）おひつじ
1/30（15:28）おうし
2/2（4:14）ふたご
2/4（15:04）かに
2/6（22:24）しし
2/9（2:32）おとめ
2/11（4:54）てんびん
2/13（7:01）さそり
2/15（9:56）いて
2/17（14:03）やぎ
2/19（19:28）みずがめ
2/22（2:31）うお
2/24（11:48）おひつじ
2/26（23:29）おうし
2/1（12:27）ふたご
3/3（0:08）かに
3/5（8:17）しし
3/7（12:27）おとめ
3/9（13:50）てんびん
3/11（14:24）さそり
3/13（15:53）いて
3/15（19:24）やぎ
3/18（1:11）みずがめ
3/20（9:05）うお
3/22（18:57）おひつじ
3/25（6:43）おうし
3/27（19:43）ふたご
3/30（8:07）かに
4/1（17:35）しし
4/3（22:53）おとめ
4/6（0:32）てんびん
4/8（0:17）さそり
4/10（0:12）いて
4/12（2:02）やぎ
4/14（6:48）みずがめ
4/16（14:38）うお
4/19（0:59）おひつじ
4/21（13:05）おうし
4/24（2:05）ふたご
4/26（14:42）かに
4/29（1:10）しし
5/1（8:02）おとめ
5/3（11:04）てんびん
10/15（23:15）ふたご
10/18（10:38）かに
10/20（19:06）しし
10/22（23:41）おとめ
10/25（0:49）てんびん
10/27（0:08）さそり
10/28（23:45）いて
10/31（1:39）やぎ
11/2（7:08）みずがめ
11/4（16:18）うお
11/7（4:02）おひつじ
11/9（16:45）おうし
11/12（5:10）ふたご
11/14（16:19）かに
11/17（1:17）しし
11/19（7:19）おとめ
11/21（10:16）てんびん
11/23（10:58）さそり
11/25（10:57）いて
11/27（12:04）やぎ
11/29（16:02）みずがめ
12/1（23:45）うお
12/4（10:51）おひつじ
12/6（23:34）おうし
12/9（11:52）ふたご
12/11（22:26）かに
12/14（6:48）しし
12/16（12:58）おとめ
12/18（17:06）てんびん
12/20（19:33）さそり
12/22（21:03）いて
12/24（22:47）やぎ
12/27（2:14）みずがめ
12/29（8:45）うお
12/31（18:48）おひつじ

2012年

1/3（7:16）おうし
1/5（19:44）ふたご
1/8（6:05）かに
1/10（13:35）しし
1/12（18:44）おとめ
1/14（22:28）てんびん
1/17（1:33）さそり
1/19（4:29）いて
1/21（7:40）やぎ
7/5（10:15）おとめ
7/7（12:54）てんびん
7/9（15:31）さそり
7/11（18:47）いて
7/13（23:14）やぎ
7/16（5:30）みずがめ
7/18（14:13）うお
7/21（1:25）おひつじ
7/23（13:58）おうし
7/26（1:34）ふたご
7/28（10:11）かに
7/30（15:16）しし
8/1（17:41）おとめ
8/3（19:04）てんびん
8/5（20:57）さそり
8/8（0:21）いて
8/10（5:38）やぎ
8/12（12:47）みずがめ
8/14（21:54）うお
8/17（9:01）おひつじ
8/19（21:36）おうし
8/22（9:53）ふたご
8/24（19:31）かに
8/27（1:09）しし
8/29（3:13）おとめ
8/31（3:25）てんびん
9/2（3:48）さそり
9/4（6:03）いて
9/6（11:03）やぎ
9/8（18:42）みずがめ
9/11（4:26）うお
9/13（15:49）おひつじ
9/16（4:25）おうし
9/18（17:06）ふたご
9/21（3:53）かに
9/23（10:55）しし
9/25（13:49）おとめ
9/27（13:51）てんびん
9/29（13:05）さそり
10/1（13:42）いて
10/3（17:16）やぎ
10/6（0:18）みずがめ
10/8（10:13）うお
10/10（21:57）おひつじ
10/13（10:35）おうし
3/24（5:45）いて
3/26（10:57）やぎ
3/28（20:00）みずがめ
3/31（7:38）うお
4/2（20:16）おひつじ
4/5（8:46）おうし
4/7（20:21）ふたご
4/10（6:02）かに
4/12（12:37）しし
4/14（15:40）おとめ
4/16（15:59）てんびん
4/18（15:19）さそり
4/20（15:50）いて
4/22（19:24）やぎ
4/25（2:59）みずがめ
4/27（13:57）うお
4/30（2:33）おひつじ
5/2（14:58）おうし
5/5（2:09）ふたご
5/7（11:32）かに
5/9（18:35）しし
5/11（22:59）おとめ
5/14（0:56）てんびん
5/16（1:31）さそり
5/18（2:22）いて
5/20（5:16）やぎ
5/22（11:32）みずがめ
5/24（21:24）うお
5/27（9:36）おひつじ
5/29（22:02）おうし
6/1（8:56）ふたご
6/3（17:36）かに
6/6（0:03）しし
6/8（4:33）おとめ
6/10（7:31）てんびん
6/12（9:33）さそり
6/14（11:38）いて
6/16（14:59）やぎ
6/18（20:47）みずがめ
6/21（5:45）うお
6/23（17:24）おひつじ
6/26（5:53）おうし
6/28（16:56）ふたご
7/1（1:13）かに
7/3（6:43）しし

3/6 (9:14) やぎ
3/8 (12:01) みずがめ
3/10 (15:19) うお
3/12 (20:17) おひつじ
3/15 (4:08) おうし
3/17 (15:09) ふたご
3/20 (3:55) かに
3/22 (15:50) しし
3/25 (0:49) おとめ
3/27 (6:32) てんびん
3/29 (9:53) さそり
3/31 (12:13) いて
4/2 (14:35) やぎ
4/4 (17:41) みずがめ
4/6 (22:00) うお
4/9 (4:02) おひつじ
4/11 (12:22) おうし
4/13 (23:13) ふたご
4/16 (11:49) かに
4/19 (0:13) しし
4/21 (10:08) おとめ
4/23 (16:25) てんびん
4/25 (19:25) さそり
4/27 (20:32) いて
4/29 (21:21) やぎ
5/1 (23:19) みずがめ
5/4 (3:25) うお
5/6 (10:03) おひつじ
5/8 (19:09) おうし
5/11 (6:21) ふたご
5/13 (18:57) かに
5/16 (7:38) しし
5/18 (18:33) おとめ
5/21 (2:07) てんびん
5/23 (5:55) さそり
5/25 (6:49) いて
5/27 (6:28) やぎ
5/29 (6:48) みずがめ
5/31 (9:30) うお
6/2 (15:33) おひつじ
6/5 (0:53) おうし
6/7 (12:32) ふたご
6/10 (1:16) かに
6/12 (13:58) しし
6/15 (1:26) おとめ
11/25 (21:18) おうし
11/28 (9:58) ふたご
11/30 (22:55) かに
12/3 (10:57) しし
12/5 (20:51) おとめ
12/8 (3:35) てんびん
12/10 (6:51) さそり
12/12 (7:22) いて
12/14 (6:42) やぎ
12/16 (6:53) みずがめ
12/18 (9:48) うお
12/20 (16:43) おひつじ
12/23 (3:25) おうし
12/25 (16:13) ふたご
12/28 (5:06) かに
12/30 (16:45) しし

2013年

1/2 (2:35) おとめ
1/4 (10:11) てんびん
1/6 (15:09) さそり
1/8 (17:28) いて
1/10 (17:54) やぎ
1/12 (18:01) みずがめ
1/14 (19:49) うお
1/17 (1:07) おひつじ
1/19 (10:36) おうし
1/21 (23:04) ふたご
1/24 (12:00) かに
1/26 (23:20) しし
1/29 (8:27) おとめ
1/31 (15:36) てんびん
2/2 (21:02) さそり
2/5 (0:45) いて
2/7 (2:55) やぎ
2/9 (4:16) みずがめ
2/11 (6:19) うお
2/13 (10:51) おひつじ
2/15 (19:08) おうし
2/18 (6:50) ふたご
2/20 (19:45) かに
2/23 (7:12) しし
2/25 (15:52) おとめ
2/27 (22:02) てんびん
3/2 (2:33) さそり
3/4 (6:11) いて
8/16 (3:05) しし
8/18 (9:33) おとめ
8/20 (13:45) てんびん
8/22 (16:54) さそり
8/24 (19:50) いて
8/26 (22:58) やぎ
8/29 (2:38) みずがめ
8/31 (7:31) うお
9/2 (14:37) おひつじ
9/5 (0:41) おうし
9/7 (13:10) ふたご
9/10 (1:49) かに
9/12 (12:00) しし
9/14 (18:30) おとめ
9/16 (21:55) てんびん
9/18 (23:46) さそり
9/21 (1:34) いて
9/23 (4:20) やぎ
9/25 (8:32) みずがめ
9/27 (14:23) うお
9/29 (22:14) おひつじ
10/2 (8:26) おうし
10/4 (20:47) ふたご
10/7 (9:45) かに
10/9 (20:55) しし
10/12 (4:23) おとめ
10/14 (8:02) てんびん
10/16 (9:06) さそり
10/18 (9:26) いて
10/20 (10:41) やぎ
10/22 (14:02) みずがめ
10/24 (20:00) うお
10/27 (4:31) おひつじ
10/29 (15:15) おうし
11/1 (3:40) ふたご
11/3 (16:43) かに
11/6 (4:39) しし
11/8 (13:35) おとめ
11/10 (18:35) てんびん
11/12 (20:10) さそり
11/14 (19:52) いて
11/16 (19:35) やぎ
11/18 (21:10) みずがめ
11/21 (1:55) うお
11/23 (10:12) おひつじ
5/5 (11:20) さそり
5/7 (10:39) いて
5/9 (11:00) やぎ
5/11 (14:03) みずがめ
5/13 (20:42) うお
5/16 (6:45) おひつじ
5/18 (19:03) おうし
5/21 (8:05) ふたご
5/23 (20:31) かに
5/26 (7:11) しし
5/28 (15:06) おとめ
5/30 (19:46) てんびん
6/1 (21:31) さそり
6/3 (21:32) いて
6/5 (21:31) やぎ
6/7 (23:17) みずがめ
6/10 (4:22) うお
6/12 (13:21) おひつじ
6/15 (1:22) おうし
6/17 (14:24) ふたご
6/20 (2:34) かに
6/22 (12:47) しし
6/24 (20:42) おとめ
6/27 (2:15) てんびん
6/29 (5:32) さそり
7/1 (7:04) いて
7/3 (7:51) やぎ
7/5 (9:26) みずがめ
7/7 (13:29) うお
7/9 (21:14) おひつじ
7/12 (8:30) おうし
7/14 (21:26) ふたご
7/17 (9:31) かに
7/19 (19:13) しし
7/22 (2:24) おとめ
7/24 (7:38) てんびん
7/26 (11:29) さそり
7/28 (14:18) いて
7/30 (16:29) やぎ
8/1 (18:56) みずがめ
8/3 (22:58) うお
8/6 (5:58) おひつじ
8/8 (16:28) おうし
8/11 (5:11) ふたご
8/13 (17:27) かに

4/18 (6:44) いて
4/20 (10:28) やぎ
4/22 (13:18) みずがめ
4/24 (15:55) うお
4/26 (19:01) おひつじ
4/28 (23:23) おうし
5/1 (5:56) ふたご
5/3 (15:13) かに
5/6 (2:55) しし
5/8 (15:24) おとめ
5/11 (2:19) てんびん
5/13 (10:07) さそり
5/15 (14:44) いて
5/17 (17:12) やぎ
5/19 (18:58) みずがめ
5/21 (21:18) うお
5/24 (1:01) おひつじ
5/26 (6:28) おうし
5/28 (13:47) ふたご
5/30 (23:13) かに
6/2 (10:43) しし
6/4 (23:20) おとめ
6/7 (11:01) てんびん
6/9 (19:38) さそり
6/12 (0:23) いて
6/14 (2:04) やぎ
6/16 (2:27) みずがめ
6/18 (3:26) うお
6/20 (6:26) おひつじ
6/22 (12:03) おうし
6/24 (20:05) ふたご
6/27 (6:05) かに
6/29 (17:43) しし
7/2 (6:23) おとめ
7/4 (18:43) てんびん
7/7 (4:33) さそり
7/9 (10:24) いて
7/11 (12:24) やぎ
7/13 (12:07) みずがめ
7/15 (11:40) うお
7/17 (13:07) おひつじ
7/19 (17:42) おうし
7/22 (1:36) ふたご
7/24 (11:59) かに
7/26 (23:55) しし

1/5 (1:58) うお
1/7 (4:45) おひつじ
1/9 (11:24) おうし
1/11 (21:26) ふたご
1/14 (9:25) かに
1/16 (22:00) しし
1/19 (10:23) おとめ
1/21 (21:43) てんびん
1/24 (6:43) さそり
1/26 (12:13) いて
1/28 (14:04) やぎ
1/30 (13:33) みずがめ
2/1 (12:44) うお
2/3 (13:55) おひつじ
2/5 (18:46) おうし
2/8 (3:44) ふたご
2/10 (15:33) かに
2/13 (4:15) しし
2/15 (16:26) おとめ
2/18 (3:22) てんびん
2/20 (12:33) さそり
2/22 (19:12) いて
2/24 (22:50) やぎ
2/26 (23:55) みずがめ
2/28 (23:52) うお
3/3 (0:40) おひつじ
3/5 (4:12) おうし
3/7 (11:37) ふたご
3/9 (22:33) かに
3/12 (11:09) しし
3/14 (23:17) おとめ
3/17 (9:46) てんびん
3/19 (18:13) さそり
3/22 (0:39) いて
3/24 (5:03) やぎ
3/26 (7:39) みずがめ
3/28 (9:10) うお
3/30 (10:54) おひつじ
4/1 (14:20) おうし
4/3 (20:48) ふたご
4/6 (6:40) かに
4/8 (18:50) しし
4/11 (7:08) おとめ
4/13 (17:33) てんびん
4/16 (1:20) さそり

9/27 (4:24) かに
9/29 (16:57) しし
10/2 (3:52) おとめ
10/4 (11:59) てんびん
10/6 (17:33) さそり
10/8 (21:21) いて
10/11 (0:17) やぎ
10/13 (3:00) みずがめ
10/15 (6:06) うお
10/17 (10:17) おひつじ
10/19 (16:27) おうし
10/22 (1:14) ふたご
10/24 (12:36) かに
10/27 (1:12) しし
10/29 (12:45) おとめ
10/31 (21:22) てんびん
11/3 (2:35) さそり
11/5 (5:14) いて
11/7 (6:44) やぎ
11/9 (8:30) みずがめ
11/11 (11:36) うお
11/13 (16:39) おひつじ
11/15 (23:49) おうし
11/18 (9:07) ふたご
11/20 (20:23) かに
11/23 (8:56) しし
11/25 (21:11) おとめ
11/28 (7:00) てんびん
11/30 (13:03) さそり
12/2 (15:31) いて
12/4 (15:49) やぎ
12/6 (15:53) みずがめ
12/8 (17:34) うお
12/10 (22:05) おひつじ
12/13 (5:40) おうし
12/15 (15:41) ふたご
12/18 (3:17) かに
12/20 (15:48) しし
12/23 (4:19) おとめ
12/25 (15:17) てんびん
12/27 (22:58) さそり
12/30 (2:37) いて

2014年

1/1 (3:01) やぎ
1/3 (2:03) みずがめ

6/17 (10:19) てんびん
6/19 (15:38) さそり
6/21 (17:31) いて
6/23 (17:08) やぎ
6/25 (16:26) みずがめ
6/27 (17:32) うお
6/29 (22:06) おひつじ
7/2 (6:43) おうし
7/4 (18:22) ふたご
7/7 (7:14) かに
7/9 (19:48) しし
7/12 (7:12) おとめ
7/14 (16:41) てんびん
7/16 (23:24) さそり
7/19 (2:54) いて
7/21 (3:39) やぎ
7/23 (3:07) みずがめ
7/25 (3:22) うお
7/27 (6:29) おひつじ
7/29 (13:43) おうし
8/1 (0:42) ふたご
8/3 (13:29) かに
8/6 (1:58) しし
8/8 (12:57) おとめ
8/10 (22:08) てんびん
8/13 (5:18) さそり
8/15 (10:04) いて
8/17 (12:25) やぎ
8/19 (13:07) みずがめ
8/21 (13:43) うお
8/23 (16:13) おひつじ
8/25 (22:13) おうし
8/28 (8:08) ふたご
8/30 (20:33) かに
9/2 (9:01) しし
9/4 (19:43) おとめ
9/7 (4:12) てんびん
9/9 (10:44) さそり
9/11 (15:36) いて
9/13 (18:56) やぎ
9/15 (21:05) みずがめ
9/17 (22:58) うお
9/20 (1:58) おひつじ
9/22 (7:33) おうし
9/24 (16:34) ふたご

5/30 (18:34) さそり
6/2 (3:39) いて
6/4 (9:50) やぎ
6/6 (14:02) みずがめ
6/8 (17:16) うお
6/10 (20:14) おひつじ
6/12 (23:16) おうし
6/15 (2:51) ふたご
6/17 (7:51) かに
6/19 (15:22) しし
6/22 (1:59) おとめ
6/24 (14:41) てんびん
6/27 (2:57) さそり
6/29 (12:21) いて
7/1 (18:11) やぎ
7/3 (21:21) みずがめ
7/5 (23:23) うお
7/8 (1:37) おひつじ
7/10 (4:49) おうし
7/12 (9:16) ふたご
7/14 (15:14) かに
7/16 (23:15) しし
7/19 (9:47) おとめ
7/21 (22:23) てんびん
7/24 (11:07) さそり
7/26 (21:24) いて
7/29 (3:47) やぎ
7/31 (6:40) みずがめ
8/2 (7:36) うお
8/4 (8:24) おひつじ
8/6 (10:29) おうし
8/8 (14:40) ふたご
8/10 (21:08) かに
8/13 (5:52) しし
8/15 (16:45) おとめ
8/18 (5:22) てんびん
8/20 (18:24) さそり
8/23 (5:41) いて
8/25 (13:22) やぎ
8/27 (17:03) みずがめ
8/29 (17:51) うお
8/31 (17:33) おひつじ
9/2 (18:02) おうし
9/4 (20:48) ふたご
9/7 (2:40) かに
2/17 (9:13) みずがめ
2/19 (8:47) うお
2/21 (8:13) おひつじ
2/23 (9:28) おうし
2/25 (13:54) ふたご
2/27 (21:50) かに
3/2 (8:34) しし
3/4 (20:58) おとめ
3/7 (9:52) てんびん
3/9 (22:10) さそり
3/12 (8:30) いて
3/14 (15:40) やぎ
3/16 (19:14) みずがめ
3/18 (19:58) うお
3/20 (19:28) おひつじ
3/22 (19:40) おうし
3/24 (22:22) ふたご
3/27 (4:45) かに
3/29 (14:48) しし
4/1 (3:12) おとめ
4/3 (16:07) てんびん
4/6 (4:04) さそり
4/8 (14:08) いて
4/10 (21:47) やぎ
4/13 (2:44) みずがめ
4/15 (5:12) うお
4/17 (6:00) おひつじ
4/19 (6:31) おうし
4/21 (8:28) ふたご
4/23 (13:25) かに
4/25 (22:13) しし
4/28 (10:07) おとめ
4/30 (23:03) てんびん
5/3 (10:47) さそり
5/5 (20:13) いて
5/8 (3:16) やぎ
5/10 (8:22) みずがめ
5/12 (11:53) うお
5/14 (14:13) おひつじ
5/16 (16:02) おうし
5/18 (18:27) ふたご
5/20 (22:56) かに
5/23 (6:42) しし
5/25 (17:52) おとめ
5/28 (6:42) てんびん
11/8 (10:45) ふたご
11/10 (17:38) かに
11/13 (3:44) しし
11/15 (16:08) おとめ
11/18 (4:30) てんびん
11/20 (14:31) さそり
11/22 (21:19) いて
11/25 (1:31) やぎ
11/27 (4:23) みずがめ
11/29 (7:03) うお
12/1 (10:14) おひつじ
12/3 (14:15) おうし
12/5 (19:28) ふたご
12/8 (2:34) かに
12/10 (12:14) しし
12/13 (0:19) おとめ
12/15 (13:05) てんびん
12/17 (23:52) さそり
12/20 (6:55) いて
12/22 (10:25) やぎ
12/24 (11:52) みずがめ
12/26 (13:07) うお
12/28 (15:35) おひつじ
12/30 (19:56) おうし

2015年

1/2 (2:09) ふたご
1/4 (10:07) かに
1/6 (20:03) しし
1/9 (7:58) おとめ
1/11 (20:57) てんびん
1/14 (8:44) さそり
1/16 (17:01) いて
1/18 (21:04) やぎ
1/20 (21:59) みずがめ
1/22 (21:48) うお
1/24 (22:31) おひつじ
1/27 (1:37) おうし
1/29 (7:36) ふたご
1/31 (16:09) かに
2/3 (2:41) しし
2/5 (14:46) おとめ
2/8 (3:44) てんびん
2/10 (16:05) さそり
2/13 (1:46) いて
2/15 (7:24) やぎ
7/29 (12:37) おとめ
8/1 (1:09) てんびん
8/3 (11:57) さそり
8/5 (19:19) いて
8/7 (22:38) やぎ
8/9 (22:52) みずがめ
8/11 (21:55) うお
8/13 (22:00) おひつじ
8/16 (0:58) おうし
8/18 (7:41) ふたご
8/20 (17:45) かに
8/23 (5:49) しし
8/25 (18:33) おとめ
8/28 (6:54) てんびん
8/30 (17:53) さそり
9/2 (2:17) いて
9/4 (7:15) やぎ
9/6 (8:59) みずがめ
9/8 (8:47) うお
9/10 (8:33) おひつじ
9/12 (10:17) おうし
9/14 (15:26) ふたご
9/17 (0:24) かに
9/19 (12:10) しし
9/22 (0:54) おとめ
9/24 (12:59) てんびん
9/26 (23:29) さそり
9/29 (7:50) いて
10/1 (13:41) やぎ
10/3 (17:00) みずがめ
10/5 (18:24) うお
10/7 (19:07) おひつじ
10/9 (20:44) おうし
10/12 (0:51) ふたご
10/14 (8:30) かに
10/16 (19:29) しし
10/19 (8:08) おとめ
10/21 (20:12) てんびん
10/24 (6:10) さそり
10/26 (13:40) いて
10/28 (19:03) やぎ
10/30 (22:52) みずがめ
11/2 (1:37) うお
11/4 (3:53) おひつじ
11/6 (6:33) おうし

7/10 (17:32) てんびん
7/13 (5:52) さそり
7/15 (18:14) いて
7/18 (4:33) やぎ
7/20 (12:10) みずがめ
7/22 (17:35) うお
7/24 (21:33) おひつじ
7/27 (0:37) おうし
7/29 (3:17) ふたご
7/31 (6:09) かに
8/2 (10:12) しし
8/4 (16:34) おとめ
8/7 (1:56) てんびん
8/9 (13:51) さそり
8/12 (2:24) いて
8/14 (13:11) やぎ
8/16 (20:52) みずがめ
8/19 (1:34) うお
8/21 (4:18) おひつじ
8/23 (6:19) おうし
8/25 (8:40) ふたご
8/27 (12:06) かに
8/29 (17:11) しし
9/1 (0:22) おとめ
9/3 (9:55) てんびん
9/5 (21:38) さそり
9/8 (10:20) いて
9/10 (21:55) やぎ
9/13 (6:28) みずがめ
9/15 (11:23) うお
9/17 (13:22) おひつじ
9/19 (13:58) おうし
9/21 (14:53) ふたご
9/23 (17:33) かに
9/25 (22:48) しし
9/28 (6:43) おとめ
9/30 (16:52) てんびん
10/3 (4:43) さそり
10/5 (17:26) いて
10/8 (5:40) やぎ
10/10 (15:33) みずがめ
10/12 (21:43) うお
10/15 (0:08) おひつじ
10/17 (0:04) おうし
10/18 (23:30) ふたご
3/31 (2:45) やぎ
4/2 (10:37) みずがめ
4/4 (14:45) うお
4/6 (15:46) おひつじ
4/8 (15:10) おうし
4/10 (14:59) ふたご
4/12 (17:06) かに
4/14 (22:53) しし
4/17 (8:23) おとめ
4/19 (20:24) てんびん
4/22 (9:17) さそり
4/24 (21:46) いて
4/27 (8:54) やぎ
4/29 (17:47) みずがめ
5/1 (23:33) うお
5/4 (2:04) おひつじ
5/6 (2:10) おうし
5/8 (1:34) ふたご
5/10 (2:24) かに
5/12 (6:32) しし
5/14 (14:52) おとめ
5/17 (2:33) てんびん
5/19 (15:29) さそり
5/22 (3:48) いて
5/24 (14:34) やぎ
5/26 (23:27) みずがめ
5/29 (6:06) うお
5/31 (10:09) おひつじ
6/2 (11:46) おうし
6/4 (12:01) ふたご
6/6 (12:41) かに
6/8 (15:47) しし
6/10 (22:45) おとめ
6/13 (9:33) てんびん
6/15 (22:18) さそり
6/18 (10:34) いて
6/20 (20:55) やぎ
6/23 (5:08) みずがめ
6/25 (11:30) うお
6/27 (16:08) おひつじ
6/29 (19:03) おうし
7/1 (20:44) ふたご
7/3 (22:20) かに
7/6 (1:28) しし
7/8 (7:41) おとめ
12/21 (9:13) おうし
12/23 (11:31) ふたご
12/25 (14:26) かに
12/27 (19:31) しし
12/30 (3:58) おとめ

2016 年

1/1 (15:41) てんびん
1/4 (4:36) さそり
1/6 (15:56) いて
1/9 (0:07) やぎ
1/11 (5:22) みずがめ
1/13 (8:53) うお
1/15 (11:48) おひつじ
1/17 (14:48) おうし
1/19 (18:13) ふたご
1/21 (22:28) かに
1/24 (4:21) しし
1/26 (12:46) おとめ
1/28 (23:59) てんびん
1/31 (12:50) さそり
2/3 (0:50) いて
2/5 (9:44) やぎ
2/7 (14:59) みずがめ
2/9 (17:31) うお
2/11 (18:55) おひつじ
2/13 (20:35) おうし
2/15 (23:34) ふたご
2/18 (4:24) かに
2/20 (11:17) しし
2/22 (20:24) おとめ
2/25 (7:41) てんびん
2/27 (20:26) さそり
3/1 (8:56) いて
3/3 (19:01) やぎ
3/6 (1:22) みずがめ
3/8 (4:08) うお
3/10 (4:40) おひつじ
3/12 (4:44) おうし
3/14 (6:03) ふたご
3/16 (9:56) かに
3/18 (16:54) しし
3/21 (2:39) おとめ
3/23 (14:23) てんびん
3/26 (3:09) さそり
3/28 (15:46) いて
9/9 (11:36) しし
9/11 (22:55) おとめ
9/14 (11:41) てんびん
9/17 (0:43) さそり
9/19 (12:31) いて
9/21 (21:33) やぎ
9/24 (2:51) みずがめ
9/26 (4:43) うお
9/28 (4:29) おひつじ
9/30 (3:57) おうし
10/2 (5:03) ふたご
10/4 (9:22) かに
10/6 (17:31) しし
10/9 (4:50) おとめ
10/11 (17:45) てんびん
10/14 (6:38) さそり
10/16 (18:18) いて
10/19 (3:52) やぎ
10/21 (10:38) みずがめ
10/23 (14:18) うお
10/25 (15:22) おひつじ
10/27 (15:07) おうし
10/29 (15:24) ふたご
10/31 (18:09) かに
11/3 (0:48) しし
11/5 (11:22) おとめ
11/8 (0:14) てんびん
11/10 (13:02) さそり
11/13 (0:14) いて
11/15 (9:21) やぎ
11/17 (16:24) みずがめ
11/19 (21:21) うお
11/22 (0:12) おひつじ
11/24 (1:26) おうし
11/26 (2:15) ふたご
11/28 (4:27) かに
11/30 (9:47) しし
12/2 (19:09) おとめ
12/5 (7:33) てんびん
12/7 (20:26) さそり
12/10 (7:25) いて
12/12 (15:46) やぎ
12/14 (21:59) みずがめ
12/17 (2:45) うお
12/19 (6:26) おひつじ

日付	時刻	星座
8/22	(5:25)	おとめ
8/24	(10:04)	てんびん
8/26	(17:53)	さそり
8/29	(4:47)	いて
8/31	(17:18)	やぎ
9/3	(5:06)	みずがめ
9/5	(14:28)	うお
9/7	(21:01)	おひつじ
9/10	(1:22)	おうし
9/12	(4:29)	ふたご
9/14	(7:12)	かに
9/16	(10:09)	しし
9/18	(13:52)	おとめ
9/20	(19:06)	てんびん
9/23	(2:40)	さそり
9/25	(13:01)	いて
9/28	(1:24)	やぎ
9/30	(13:40)	みずがめ
10/2	(23:26)	うお
10/5	(5:40)	おひつじ
10/7	(8:56)	おうし
10/9	(10:44)	ふたご
10/11	(12:38)	かに
10/13	(15:41)	しし
10/15	(20:19)	おとめ
10/18	(2:35)	てんびん
10/20	(10:41)	さそり
10/22	(20:57)	いて
10/25	(9:12)	やぎ
10/27	(21:59)	みずがめ
10/30	(8:46)	うお
11/1	(15:43)	おひつじ
11/3	(18:46)	おうし
11/5	(19:26)	ふたご
11/7	(19:44)	かに
11/9	(21:29)	しし
11/12	(1:41)	おとめ
11/14	(8:26)	てんびん
11/16	(17:19)	さそり
11/19	(3:59)	いて
11/21	(16:14)	やぎ
11/24	(5:14)	みずがめ
11/26	(17:04)	うお
11/29	(1:30)	おひつじ
12/1	(5:38)	おうし
5/12	(1:59)	いて
5/14	(14:37)	やぎ
5/17	(2:50)	みずがめ
5/19	(12:52)	うお
5/21	(19:10)	おひつじ
5/23	(21:33)	おうし
5/25	(21:15)	ふたご
5/27	(20:24)	かに
5/29	(21:12)	しし
6/1	(1:16)	おとめ
6/3	(9:04)	てんびん
6/5	(19:46)	さそり
6/8	(7:59)	いて
6/10	(20:36)	やぎ
6/13	(8:45)	みずがめ
6/15	(19:17)	うお
6/18	(2:55)	おひつじ
6/20	(6:53)	おうし
6/22	(7:44)	ふたご
6/24	(7:07)	かに
6/26	(7:06)	しし
6/28	(9:41)	おとめ
6/30	(16:02)	てんびん
7/3	(1:59)	さそり
7/5	(14:08)	いて
7/8	(2:44)	やぎ
7/10	(14:35)	みずがめ
7/13	(0:51)	うお
7/15	(8:52)	おひつじ
7/17	(14:04)	おうし
7/19	(16:31)	ふたご
7/21	(17:09)	かに
7/23	(17:33)	しし
7/25	(19:32)	おとめ
7/28	(0:37)	てんびん
7/30	(9:23)	さそり
8/1	(21:01)	いて
8/4	(9:36)	やぎ
8/6	(21:15)	みずがめ
8/9	(6:56)	うお
8/11	(14:22)	おひつじ
8/13	(19:40)	おうし
8/15	(23:06)	ふたご
8/18	(1:13)	かに
8/20	(2:55)	しし
1/30	(1:10)	うお
2/1	(6:46)	おひつじ
2/3	(10:50)	おうし
2/5	(13:44)	ふたご
2/7	(16:03)	かに
2/9	(18:41)	しし
2/11	(22:52)	おとめ
2/14	(5:43)	てんびん
2/16	(15:41)	さそり
2/19	(3:52)	いて
2/21	(16:08)	やぎ
2/24	(2:17)	みずがめ
2/26	(9:24)	うお
2/28	(13:52)	おひつじ
3/2	(16:42)	おうし
3/4	(19:05)	ふたご
3/6	(21:54)	かに
3/9	(1:45)	しし
3/11	(7:07)	おとめ
3/13	(14:28)	てんびん
3/16	(0:11)	さそり
3/18	(12:00)	いて
3/21	(0:31)	やぎ
3/23	(11:28)	みずがめ
3/25	(19:06)	うお
3/27	(23:11)	おひつじ
3/30	(0:48)	おうし
4/1	(1:40)	ふたご
4/3	(3:27)	かに
4/5	(7:13)	しし
4/7	(13:20)	おとめ
4/9	(21:34)	てんびん
4/12	(7:41)	さそり
4/14	(19:27)	いて
4/17	(8:04)	やぎ
4/19	(19:52)	みずがめ
4/22	(4:43)	うお
4/24	(9:32)	おひつじ
4/26	(10:56)	おうし
4/28	(10:39)	ふたご
4/30	(10:48)	かに
5/2	(13:12)	しし
5/4	(18:46)	おとめ
5/7	(3:20)	てんびん
5/9	(14:00)	さそり
10/21	(0:28)	かに
10/23	(4:34)	しし
10/25	(12:16)	おとめ
10/27	(22:51)	てんびん
10/30	(11:01)	さそり
11/1	(23:43)	いて
11/4	(12:05)	やぎ
11/6	(22:55)	みずがめ
11/9	(6:45)	うお
11/11	(10:45)	おひつじ
11/13	(11:24)	おうし
11/15	(10:23)	ふたご
11/17	(9:57)	かに
11/19	(12:14)	しし
11/21	(18:34)	おとめ
11/24	(4:42)	てんびん
11/26	(17:01)	さそり
11/29	(5:46)	いて
12/1	(17:52)	やぎ
12/4	(4:44)	みずがめ
12/6	(13:31)	うお
12/8	(19:15)	おひつじ
12/10	(21:41)	おうし
12/12	(21:41)	ふたご
12/14	(21:08)	かに
12/16	(22:15)	しし
12/19	(2:52)	おとめ
12/21	(11:39)	てんびん
12/23	(23:32)	さそり
12/26	(12:19)	いて
12/29	(0:12)	やぎ
12/31	(10:29)	みずがめ
2017年		
1/2	(18:57)	うお
1/5	(1:20)	おひつじ
1/7	(5:18)	おうし
1/9	(7:06)	ふたご
1/11	(7:49)	かに
1/13	(9:08)	しし
1/15	(12:52)	おとめ
1/17	(20:16)	てんびん
1/20	(7:09)	さそり
1/22	(19:45)	いて
1/25	(7:43)	やぎ
1/27	(17:36)	みずがめ

10/4（6:12）しし
10/6（8:19）おとめ
10/8（10:10）てんびん
10/10（13:09）さそり
10/12（18:53）いて
10/15（4:17）やぎ
10/17（16:36）みずがめ
10/20（5:20）うお
10/22（15:58）おひつじ
10/24（23:33）おうし
10/27（4:41）ふたご
10/29（8:27）かに
10/31（11:42）しし
11/2（14:47）おとめ
11/4（18:01）てんびん
11/6（22:02）さそり
11/9（3:59）いて
11/11（12:54）やぎ
11/14（0:45）みずがめ
11/16（13:41）うお
11/19（0:56）おひつじ
11/21（8:43）おうし
11/23（13:10）ふたご
11/25（15:38）かに
11/27（17:35）しし
11/29（20:08）おとめ
12/1（23:49）てんびん
12/4（4:55）さそり
12/6（11:49）いて
12/8（21:01）やぎ
12/11（8:39）みずがめ
12/13（21:40）うお
12/16（9:44）おひつじ
12/18（18:37）おうし
12/20（23:34）ふたご
12/23（1:28）かに
12/25（1:58）しし
12/27（2:50）おとめ
12/29（5:23）てんびん
12/31（10:23）さそり

2019年

1/2（17:58）いて
1/5（3:55）やぎ
1/7（15:46）みずがめ
1/10（4:44）うお
6/23（4:10）さそり
6/25（13:29）いて
6/28（0:52）やぎ
6/30（13:37）みずがめ
7/3（2:31）うお
7/5（13:49）おひつじ
7/7（21:51）おうし
7/10（1:58）ふたご
7/12（2:58）かに
7/14（2:31）しし
7/16（2:31）おとめ
7/18（4:42）てんびん
7/20（10:13）さそり
7/22（19:12）いて
7/25（6:48）やぎ
7/27（19:41）みずがめ
7/30（8:28）うお
8/1（19:54）おひつじ
8/4（4:51）おうし
8/6（10:32）ふたご
8/8（13:01）かに
8/10（13:17）しし
8/12（12:59）おとめ
8/14（13:57）てんびん
8/16（17:54）さそり
8/19（1:45）いて
8/21（13:00）やぎ
8/24（1:55）みずがめ
8/26（14:32）うお
8/29（1:35）おひつじ
8/31（10:30）おうし
9/2（17:01）ふたご
9/4（21:03）かに
9/6（22:54）しし
9/8（23:29）おとめ
9/11（0:20）てんびん
9/13（3:15）さそり
9/15（9:45）いて
9/17（20:07）やぎ
9/20（8:51）みずがめ
9/22（21:27）うお
9/25（8:03）おひつじ
9/27（16:15）おうし
9/29（22:26）ふたご
10/2（3:00）かに
3/13（7:44）みずがめ
3/15（19:12）うお
3/18（3:57）おひつじ
3/20（10:07）おうし
3/22（14:30）ふたご
3/24（17:53）かに
3/26（20:45）しし
3/28（23:30）おとめ
3/31（2:52）てんびん
4/2（7:57）さそり
4/4（15:55）いて
4/7（3:01）やぎ
4/9（15:50）みずがめ
4/12（3:40）うお
4/14（12:25）おひつじ
4/16（17:51）おうし
4/18（21:02）ふたご
4/20（23:26）かに
4/23（2:09）しし
4/25（5:40）おとめ
4/27（10:13）てんびん
4/29（16:11）さそり
5/2（0:19）いて
5/4（11:06）やぎ
5/6（23:48）みずがめ
5/9（12:11）うお
5/11（21:40）おひつじ
5/14（3:15）おうし
5/16（5:43）ふたご
5/18（6:47）かに
5/20（8:10）しし
5/22（11:03）おとめ
5/24（15:52）てんびん
5/26（22:39）さそり
5/29（7:29）いて
5/31（18:26）やぎ
6/3（7:06）みずがめ
6/5（19:53）うお
6/8（6:26）おひつじ
6/10（13:04）おうし
6/12（15:53）ふたご
6/14（16:20）かに
6/16（16:20）しし
6/18（17:40）おとめ
6/20（21:29）てんびん
12/3（6:21）ふたご
12/5（5:37）かに
12/7（5:37）しし
12/9（8:08）おとめ
12/11（14:01）てんびん
12/13（22:59）さそり
12/16（10:07）いて
12/18（22:33）やぎ
12/21（11:29）みずがめ
12/23（23:42）うお
12/26（9:27）おひつじ
12/28（15:23）おうし
12/30（17:31）ふたご

2018年

1/1（17:10）かに
1/3（16:22）しし
1/5（17:12）おとめ
1/7（21:14）てんびん
1/10（5:05）さそり
1/12（16:04）いて
1/15（4:42）やぎ
1/17（17:32）みずがめ
1/20（5:26）うお
1/22（15:27）おひつじ
1/24（22:39）おうし
1/27（2:39）ふたご
1/29（3:57）かに
1/31（3:53）しし
2/2（4:13）おとめ
2/4（6:47）てんびん
2/6（12:56）さそり
2/8（22:53）いて
2/11（11:21）やぎ
2/14（0:11）みずがめ
2/16（11:41）うお
2/18（21:04）おひつじ
2/21（4:12）おうし
2/23（9:07）ふたご
2/25（12:06）かに
2/27（13:42）しし
3/1（14:57）おとめ
3/3（17:20）てんびん
3/5（22:23）さそり
3/8（7:03）いて
3/10（18:52）やぎ

11/16（1:15）かに
11/18（6:57）しし
11/20（10:54）おとめ
11/22（13:19）てんびん
11/24（14:58）さそり
11/26（17:11）いて
11/28（21:32）やぎ
12/1（5:13）みずがめ
12/3（16:10）うお
12/6（4:44）おひつじ
12/8（16:29）おうし
12/11（1:47）ふたご
12/13（8:23）かに
12/15（12:56）しし
12/17（16:16）おとめ
12/19（19:04）てんびん
12/21（21:57）さそり
12/24（1:34）いて
12/26（6:45）やぎ
12/28（14:20）みずがめ
12/31（0:41）うお

2020年

1/2（13:00）おひつじ
1/5（1:15）おうし
1/7（11:11）ふたご
1/9（17:43）かに
1/11（21:16）しし
1/13（23:06）おとめ
1/16（0:43）てんびん
1/18（3:20）さそり
1/20（7:41）いて
1/22（14:00）やぎ
1/24（22:20）みずがめ
1/27（8:44）うお
1/29（20:50）おひつじ
2/1（9:28）おうし
2/3（20:29）ふたご
2/6（4:03）かに
2/8（7:45）しし
2/10（8:39）おとめ
2/12（8:37）てんびん
2/14（9:37）さそり
2/16（13:07）いて
2/18（19:37）やぎ
2/21（4:42）みずがめ
8/4（22:30）てんびん
8/7（0:31）さそり
8/9（5:35）いて
8/11（13:50）やぎ
8/14（0:35）みずがめ
8/16（12:49）うお
8/19（1:33）おひつじ
8/21（13:37）おうし
8/23（23:34）ふたご
8/26（6:05）かに
8/28（8:53）しし
8/30（8:57）おとめ
9/1（8:08）てんびん
9/3（8:35）さそり
9/5（12:08）いて
9/7（19:37）やぎ
9/10（6:24）みずがめ
9/12（18:51）うお
9/15（7:32）おひつじ
9/17（19:31）おうし
9/20（5:58）ふたご
9/22（13:50）かに
9/24（18:19）しし
9/26（19:37）おとめ
9/28（19:03）てんびん
9/30（18:42）さそり
10/2（20:44）いて
10/5（2:43）やぎ
10/7（12:42）みずがめ
10/10（1:05）うお
10/12（13:46）おひつじ
10/15（1:24）おうし
10/17（11:30）ふたご
10/19（19:43）かに
10/22（1:28）しし
10/24（4:29）おとめ
10/26（5:20）てんびん
10/28（5:29）さそり
10/30（6:58）いて
11/1（11:38）やぎ
11/3（20:19）みずがめ
11/6（8:08）うお
11/8（20:49）おひつじ
11/11（8:18）おうし
11/13（17:46）ふたご
4/24（7:50）やぎ
4/26（18:27）みずがめ
4/29（7:11）うお
5/1（19:24）おひつじ
5/4（5:18）おうし
5/6（12:40）ふたご
5/8（18:06）かに
5/10（22:14）しし
5/13（1:22）おとめ
5/15（3:51）てんびん
5/17（6:26）さそり
5/19（10:21）いて
5/21（16:56）やぎ
5/24（2:49）みずがめ
5/26（15:07）うお
5/29（3:32）おひつじ
5/31（13:43）おうし
6/2（20:48）ふたご
6/5（1:17）かに
6/7（4:16）しし
6/9（6:45）おとめ
6/11（9:29）てんびん
6/13（13:02）さそり
6/15（18:03）いて
6/18（1:13）やぎ
6/20（11:00）みずがめ
6/22（23:01）うお
6/25（11:38）おひつじ
6/27（22:32）おうし
6/30（6:09）ふたご
7/2（10:24）かに
7/4（12:19）しし
7/6（13:25）おとめ
7/8（15:07）てんびん
7/10（18:28）さそり
7/13（0:05）いて
7/15（8:05）やぎ
7/17（18:19）みずがめ
7/20（6:19）うお
7/22（19:02）おひつじ
7/25（6:42）おうし
7/27（15:29）ふたご
7/29（20:31）かに
7/31（22:18）しし
8/2（22:20）おとめ
1/12（17:18）おひつじ
1/15（3:31）おうし
1/17（10:00）ふたご
1/19（12:44）かに
1/21（12:54）しし
1/23（12:22）おとめ
1/25（13:02）てんびん
1/27（16:31）さそり
1/29（23:33）いて
2/1（9:47）やぎ
2/3（22:03）みずがめ
2/6（11:02）うお
2/8（23:34）おひつじ
2/11（10:28）おうし
2/13（18:32）ふたご
2/15（23:03）かに
2/18（0:21）しし
2/19（23:47）おとめ
2/21（23:17）てんびん
2/24（0:56）さそり
2/26（6:19）いて
2/28（15:48）やぎ
3/3（4:06）みずがめ
3/5（17:11）うお
3/8（5:27）おひつじ
3/10（16:10）おうし
3/13（0:48）ふたご
3/15（6:49）かに
3/17（9:57）しし
3/19（10:41）おとめ
3/21（10:28）てんびん
3/23（11:16）さそり
3/25（15:06）いて
3/27（23:07）やぎ
3/30（10:46）みずがめ
4/1（23:48）うお
4/4（11:56）おひつじ
4/6（22:06）おうし
4/9（6:15）ふたご
4/11（12:31）かに
4/13（16:50）しし
4/15（19:14）おとめ
4/17（20:22）てんびん
4/19（21:40）さそり
4/22（0:59）いて

12/27（8:32）ふたご
12/29（19:28）かに

2021年

1/1（3:58）しし
1/3（10:13）おとめ
1/5（14:42）てんびん
1/7（17:53）さそり
1/9（20:15）いて
1/11（22:30）やぎ
1/14（1:44）みずがめ
1/16（7:17）うお
1/18（16:07）おひつじ
1/21（3:56）おうし
1/23（16:43）ふたご
1/26（3:52）かに
1/28（11:54）しし
1/30（17:02）おとめ
2/1（20:25）てんびん
2/3（23:14）さそり
2/6（2:16）いて
2/8（5:52）やぎ
2/10（10:20）みずがめ
2/12（16:23）うお
2/15（0:54）おひつじ
2/17（12:11）おうし
2/20（1:03）ふたご
2/22（12:53）かに
2/24（21:23）しし
2/27（2:07）おとめ
3/1（4:17）てんびん
3/3（5:38）さそり
3/5（7:43）いて
3/7（11:20）やぎ
3/9（16:41）みずがめ
3/11（23:44）うお
3/14（8:44）おひつじ
3/16（19:56）おうし
3/19（8:47）ふたご
3/21（21:17）かに
3/24（6:56）しし
3/26（12:25）おとめ
3/28（14:22）てんびん
3/30（14:33）さそり
4/1（14:58）いて
4/3（17:13）やぎ

9/16（3:37）おとめ
9/18（3:56）てんびん
9/20（3:33）さそり
9/22（4:31）いて
9/24（8:16）やぎ
9/26（15:08）みずがめ
9/29（0:34）うお
10/1（11:47）おひつじ
10/4（0:12）おうし
10/6（13:02）ふたご
10/9（0:45）かに
10/11（9:24）しし
10/13（13:56）おとめ
10/15（14:54）てんびん
10/17（14:05）さそり
10/19（13:43）いて
10/21（15:43）やぎ
10/23（21:17）みずがめ
10/26（6:18）うお
10/28（17:44）おひつじ
10/31（6:19）おうし
11/2（18:59）ふたご
11/5（6:45）かに
11/7（16:18）しし
11/9（22:30）うお
11/12（1:09）てんびん
11/14（1:19）さそり
11/16（0:47）いて
11/18（1:34）やぎ
11/20（5:25）みずがめ
11/22（13:06）うお
11/25（0:05）おひつじ
11/27（12:43）おうし
11/30（1:16）ふたご
12/2（12:33）かに
12/4（21:53）しし
12/7（4:46）おとめ
12/9（9:01）てんびん
12/11（10:58）さそり
12/13（11:39）いて
12/15（12:35）やぎ
12/17（15:27）みずがめ
12/19（21:39）うお
12/22（7:32）おひつじ
12/24（19:55）おうし

6/5（2:17）いて
6/7（4:44）やぎ
6/9（9:54）みずがめ
6/11（18:31）うお
6/14（6:03）おひつじ
6/16（18:35）おうし
6/19（6:00）ふたご
6/21（15:02）かに
6/23（21:33）しし
6/26（2:05）おとめ
6/28（5:16）てんびん
6/30（7:47）さそり
7/2（10:21）いて
7/4（13:48）やぎ
7/6（19:08）みずがめ
7/9（3:12）うお
7/11（14:06）おひつじ
7/14（2:34）おうし
7/16（14:19）ふたご
7/18（23:24）かに
7/21（5:16）しし
7/23（8:40）おとめ
7/25（10:53）てんびん
7/27（13:12）さそり
7/29（16:25）いて
7/31（20:58）やぎ
8/3（3:11）みずがめ
8/5（11:27）うお
8/7（22:04）おひつじ
8/10（10:28）おうし
8/12（22:46）ふたご
8/15（8:35）かに
8/17（14:38）しし
8/19（17:20）おとめ
8/21（18:16）てんびん
8/23（19:16）さそり
8/25（21:49）いて
8/28（2:37）やぎ
8/30（9:37）みずがめ
9/1（18:34）うお
9/4（5:22）おひつじ
9/6（17:43）おうし
9/9（6:27）ふたご
9/11（17:23）かに
9/14（0:32）しし

2/23（15:37）うお
2/26（3:47）おひつじ
2/28（16:30）おうし
3/2（4:21）ふたご
3/4（13:25）かに
3/6（18:27）しし
3/8（19:47）おとめ
3/10（19:03）てんびん
3/12（18:28）さそり
3/14（20:09）いて
3/17（1:25）やぎ
3/19（10:16）みずがめ
3/21（21:33）うお
3/24（9:58）おひつじ
3/26（22:37）おうし
3/29（10:38）ふたご
3/31（20:43）かに
4/3（3:26）しし
4/5（6:18）おとめ
4/7（6:16）てんびん
4/9（5:17）さそり
4/11（5:35）いて
4/13（9:05）やぎ
4/15（16:37）みずがめ
4/18（3:29）うお
4/20（16:00）おひつじ
4/23（4:36）おうし
4/25（16:20）ふたご
4/28（2:28）かに
4/30（10:06）しし
5/2（14:35）おとめ
5/4（16:09）てんびん
5/6（16:05）さそり
5/8（16:15）いて
5/10（18:38）やぎ
5/13（0:38）みずがめ
5/15（10:24）うお
5/17（22:36）おひつじ
5/20（11:10）おうし
5/22（22:36）ふたご
5/25（8:09）かに
5/27（15:33）しし
5/29（20:40）おとめ
5/31（23:38）てんびん
6/3（1:05）さそり

日付	時刻	星座
2/4	（23:56）	おひつじ
2/7	（7:52）	おうし
2/9	（19:27）	ふたご
2/12	（8:26）	かに
2/14	（20:17）	しし
2/17	（5:42）	おとめ
2/19	（12:51）	てんびん
2/21	（18:19）	さそり
2/23	（22:29）	いて
2/26	（1:27）	やぎ
2/28	（3:35）	みずがめ
3/2	（5:53）	うお
3/4	（9:52）	おひつじ
3/6	（17:00）	おうし
3/9	（3:39）	ふたご
3/11	（16:24）	かに
3/14	（4:31）	しし
3/16	（13:58）	おとめ
3/18	（20:26）	てんびん
3/21	（0:44）	さそり
3/23	（3:59）	いて
3/25	（6:54）	やぎ
3/27	（9:55）	みずがめ
3/29	（13:31）	うお
3/31	（18:30）	おひつじ
4/3	（1:50）	おうし
4/5	（12:04）	ふたご
4/8	（0:30）	かに
4/10	（12:59）	しし
4/12	（23:07）	おとめ
4/15	（5:46）	てんびん
4/17	（9:22）	さそり
4/19	（11:16）	いて
4/21	（12:52）	やぎ
4/23	（15:17）	みずがめ
4/25	（19:14）	うお
4/28	（1:10）	おひつじ
4/30	（9:19）	おうし
5/2	（19:46）	ふたご
5/5	（8:05）	かに
5/7	（20:50）	しし
5/10	（7:53）	おとめ
5/12	（15:34）	てんびん
5/14	（19:34）	さそり
5/16	（20:50）	いて
10/28	（18:07）	しし
10/31	（3:09）	おとめ
11/2	（8:11）	てんびん
11/4	（9:52）	さそり
11/6	（9:52）	いて
11/8	（10:03）	やぎ
11/10	（12:03）	みずがめ
11/12	（16:53）	うお
11/15	（0:48）	おひつじ
11/17	（11:18）	おうし
11/19	（23:33）	ふたご
11/22	（12:33）	かに
11/25	（0:58）	しし
11/27	（11:12）	おとめ
11/29	（17:55）	てんびん
12/1	（20:55）	さそり
12/3	（21:12）	いて
12/5	（20:30）	やぎ
12/7	（20:48）	みずがめ
12/9	（23:53）	うお
12/12	（6:46）	おひつじ
12/14	（17:11）	おうし
12/17	（5:42）	ふたご
12/19	（18:42）	かに
12/22	（6:53）	しし
12/24	（17:24）	おとめ
12/27	（1:24）	てんびん
12/29	（6:16）	さそり
12/31	（8:08）	いて
2022年		
1/2	（8:02）	やぎ
1/4	（7:44）	みずがめ
1/6	（9:16）	うお
1/8	（14:26）	おひつじ
1/10	（23:47）	おうし
1/13	（12:08）	ふたご
1/16	（1:10）	かに
1/18	（13:03）	しし
1/20	（23:02）	おとめ
1/23	（7:02）	てんびん
1/25	（12:57）	さそり
1/27	（16:34）	いて
1/29	（18:09）	やぎ
1/31	（18:42）	みずがめ
2/2	（19:59）	うお
7/18	（3:38）	さそり
7/20	（6:08）	いて
7/22	（7:36）	やぎ
7/24	（9:12）	みずがめ
7/26	（12:30）	うお
7/28	（18:57）	おひつじ
7/31	（5:08）	おうし
8/2	（17:46）	ふたご
8/5	（6:17）	かに
8/7	（16:31）	しし
8/9	（23:55）	おとめ
8/12	（5:08）	てんびん
8/14	（9:01）	さそり
8/16	（12:11）	いて
8/18	（14:58）	やぎ
8/20	（17:49）	みずがめ
8/22	（21:42）	うお
8/25	（3:57）	おひつじ
8/27	（13:26）	おうし
8/30	（1:42）	ふたご
9/1	（14:26）	かに
9/4	（0:58）	しし
9/6	（8:05）	おとめ
9/8	（12:20）	てんびん
9/10	（15:05）	さそり
9/12	（17:34）	いて
9/14	（20:34）	やぎ
9/17	（0:23）	みずがめ
9/19	（5:22）	うお
9/21	（12:13）	おひつじ
9/23	（21:38）	おうし
9/26	（9:36）	ふたご
9/28	（22:34）	かに
10/1	（9:53）	しし
10/3	（17:37）	おとめ
10/5	（21:41）	てんびん
10/7	（23:22）	さそり
10/10	（0:24）	いて
10/12	（2:15）	やぎ
10/14	（5:47）	みずがめ
10/16	（11:22）	うお
10/18	（19:04）	おひつじ
10/21	（4:59）	おうし
10/23	（16:57）	ふたご
10/26	（6:00）	かに
4/5	（22:03）	みずがめ
4/8	（5:30）	うお
4/10	（15:11）	おひつじ
4/13	（2:44）	おうし
4/15	（15:35）	ふたご
4/18	（4:25）	かに
4/20	（15:10）	しし
4/22	（22:08）	おとめ
4/25	（1:06）	てんびん
4/27	（1:18）	さそり
4/29	（0:42）	いて
5/1	（1:16）	やぎ
5/3	（4:31）	みずがめ
5/5	（11:08）	うお
5/7	（20:52）	おひつじ
5/10	（8:46）	おうし
5/12	（21:43）	ふたご
5/15	（10:30）	かに
5/17	（21:44）	しし
5/20	（5:59）	おとめ
5/22	（10:35）	てんびん
5/24	（12:00）	さそり
5/26	（11:39）	いて
5/28	（11:23）	やぎ
5/30	（13:04）	みずがめ
6/1	（18:07）	うお
6/4	（2:58）	おひつじ
6/6	（14:46）	おうし
6/9	（3:47）	ふたご
6/11	（16:22）	かに
6/14	（3:22）	しし
6/16	（12:02）	おとめ
6/18	（17:53）	てんびん
6/20	（20:58）	さそり
6/22	（21:55）	いて
6/24	（22:05）	やぎ
6/26	（23:08）	みずがめ
6/29	（2:51）	うお
7/1	（10:21）	おひつじ
7/3	（21:28）	おうし
7/6	（10:23）	ふたご
7/8	（22:51）	かに
7/11	（9:20）	しし
7/13	（17:30）	おとめ
7/15	（23:31）	てんびん

3/20	(0:12)	うお
3/22	(1:01)	おひつじ
3/24	(3:42)	おうし
3/26	(9:41)	ふたご
3/28	(19:22)	かに
3/31	(7:31)	しし
4/2	(19:57)	おとめ
4/5	(6:51)	てんびん
4/7	(15:29)	さそり
4/9	(21:56)	いて
4/12	(2:33)	やぎ
4/14	(5:42)	みずがめ
4/16	(7:57)	うお
4/18	(10:09)	おひつじ
4/20	(13:29)	おうし
4/22	(19:11)	ふたご
4/25	(3:58)	かに
4/27	(15:30)	しし
4/30	(3:59)	おとめ
5/2	(15:09)	てんびん
5/4	(23:32)	さそり
5/7	(5:04)	いて
5/9	(8:33)	やぎ
5/11	(11:05)	みずがめ
5/13	(13:39)	うお
5/15	(16:55)	おひつじ
5/17	(21:27)	おうし
5/20	(3:48)	ふたご
5/22	(12:28)	かに
5/24	(23:34)	しし
5/27	(12:05)	おとめ
5/29	(23:50)	てんびん
6/1	(8:45)	さそり
6/3	(14:03)	いて
6/5	(16:31)	やぎ
6/7	(17:41)	みずがめ
6/9	(19:14)	うお
6/11	(22:20)	おひつじ
6/14	(3:31)	おうし
6/16	(10:45)	ふたご
6/18	(19:57)	かに
6/21	(7:04)	しし
6/23	(19:35)	おとめ
6/26	(7:57)	てんびん
6/28	(17:55)	さそり
12/9	(16:49)	かに
12/12	(5:08)	しし
12/14	(17:45)	おとめ
12/17	(4:49)	てんびん
12/19	(12:30)	さそり
12/21	(16:12)	いて
12/23	(16:49)	やぎ
12/25	(16:13)	みずがめ
12/27	(16:34)	うお
12/29	(19:36)	おひつじ
2023年		
1/1	(2:08)	おうし
1/3	(11:44)	ふたご
1/5	(23:15)	かに
1/8	(11:40)	しし
1/11	(0:15)	おとめ
1/13	(11:56)	てんびん
1/15	(21:08)	さそり
1/18	(2:33)	いて
1/20	(4:11)	やぎ
1/22	(3:29)	みずがめ
1/24	(2:36)	うお
1/26	(3:48)	おひつじ
1/28	(8:42)	おうし
1/30	(17:35)	ふたご
2/2	(5:11)	かに
2/4	(17:48)	しし
2/7	(6:14)	おとめ
2/9	(17:46)	てんびん
2/12	(3:34)	さそり
2/14	(10:31)	いて
2/16	(13:59)	やぎ
2/18	(14:34)	みずがめ
2/20	(13:56)	うお
2/22	(14:14)	おひつじ
2/24	(17:29)	おうし
2/27	(0:47)	ふたご
3/1	(11:40)	かに
3/4	(0:16)	しし
3/6	(12:38)	おとめ
3/8	(23:44)	てんびん
3/11	(9:05)	さそり
3/13	(16:21)	いて
3/15	(21:05)	やぎ
3/17	(23:25)	みずがめ
8/29	(18:45)	てんびん
9/1	(2:11)	さそり
9/3	(7:39)	いて
9/5	(11:02)	やぎ
9/7	(12:41)	みずがめ
9/9	(13:42)	うお
9/11	(15:47)	おひつじ
9/13	(20:39)	おうし
9/16	(5:16)	ふたご
9/18	(16:59)	かに
9/21	(5:37)	しし
9/23	(16:53)	おとめ
9/26	(1:43)	てんびん
9/28	(8:14)	さそり
9/30	(13:03)	いて
10/2	(16:37)	やぎ
10/4	(19:20)	みずがめ
10/6	(21:47)	うお
10/9	(0:56)	おひつじ
10/11	(6:03)	おうし
10/13	(14:08)	ふたご
10/16	(1:11)	かに
10/18	(13:44)	しし
10/21	(1:25)	おとめ
10/23	(10:24)	てんびん
10/25	(16:18)	さそり
10/27	(19:54)	いて
10/29	(22:21)	やぎ
11/1	(0:43)	みずがめ
11/3	(3:46)	うお
11/5	(8:07)	おひつじ
11/7	(14:14)	おうし
11/9	(22:37)	ふたご
11/12	(9:22)	かに
11/14	(21:48)	しし
11/17	(10:03)	おとめ
11/19	(19:57)	てんびん
11/22	(2:16)	さそり
11/24	(5:15)	いて
11/26	(6:18)	やぎ
11/28	(7:07)	みずがめ
11/30	(9:15)	うお
12/2	(13:41)	おひつじ
12/4	(20:38)	おうし
12/7	(5:48)	ふたご
5/18	(21:02)	やぎ
5/20	(21:53)	みずがめ
5/23	(0:49)	うお
5/25	(6:39)	おひつじ
5/27	(15:22)	おうし
5/30	(2:22)	ふたご
6/1	(14:49)	かに
6/4	(3:38)	しし
6/6	(15:22)	おとめ
6/9	(0:22)	てんびん
6/11	(5:41)	さそり
6/13	(7:31)	いて
6/15	(7:14)	やぎ
6/17	(6:44)	みずがめ
6/19	(8:01)	うお
6/21	(12:37)	おひつじ
6/23	(20:58)	おうし
6/26	(8:13)	ふたご
6/28	(20:53)	かに
7/1	(9:39)	しし
7/3	(21:31)	おとめ
7/6	(7:25)	てんびん
7/8	(14:15)	さそり
7/10	(17:34)	いて
7/12	(18:01)	やぎ
7/14	(17:13)	みずがめ
7/16	(17:18)	うお
7/18	(20:17)	おひつじ
7/21	(3:22)	おうし
7/23	(14:11)	ふたご
7/26	(2:54)	かに
7/28	(15:36)	しし
7/31	(3:10)	おとめ
8/2	(13:05)	てんびん
8/4	(20:47)	さそり
8/7	(1:38)	いて
8/9	(3:39)	やぎ
8/11	(3:45)	みずがめ
8/13	(3:44)	うお
8/15	(5:43)	おひつじ
8/17	(11:22)	おうし
8/19	(21:06)	ふたご
8/22	(9:29)	かに
8/24	(22:09)	しし
8/27	(9:24)	おとめ

日付	時刻	星座
5/1	(0:19)	みずがめ
5/3	(3:51)	うお
5/5	(5:40)	おひつじ
5/7	(6:42)	おうし
5/9	(8:20)	ふたご
5/11	(12:13)	かに
5/13	(19:36)	しし
5/16	(6:33)	おとめ
5/18	(19:22)	てんびん
5/21	(7:34)	さそり
5/23	(17:24)	いて
5/26	(0:36)	やぎ
5/28	(5:44)	みずがめ
5/30	(9:32)	うお
6/1	(12:28)	おひつじ
6/3	(14:55)	おうし
6/5	(17:36)	ふたご
6/7	(21:41)	かに
6/10	(4:29)	しし
6/12	(14:38)	おとめ
6/15	(3:12)	てんびん
6/17	(15:38)	さそり
6/20	(1:31)	いて
6/22	(8:08)	やぎ
6/24	(12:14)	みずがめ
6/26	(15:07)	うお
6/28	(17:52)	おひつじ
6/30	(21:00)	おうし
7/3	(0:50)	ふたご
7/5	(5:51)	かに
7/7	(12:56)	しし
7/9	(22:47)	おとめ
7/12	(11:06)	てんびん
7/14	(23:52)	さそり
7/17	(10:25)	いて
7/19	(17:13)	やぎ
7/21	(20:43)	みずがめ
7/23	(22:23)	うお
7/25	(23:52)	おひつじ
7/28	(2:22)	おうし
7/30	(6:27)	ふたご
8/1	(12:19)	かに
8/3	(20:09)	しし
8/6	(6:16)	おとめ
8/8	(18:31)	てんびん
1/18	(17:12)	おうし
1/20	(22:58)	ふたご
1/23	(6:51)	かに
1/25	(16:36)	しし
1/28	(4:11)	おとめ
1/30	(17:04)	てんびん
2/2	(5:37)	さそり
2/4	(15:28)	いて
2/6	(21:08)	やぎ
2/8	(22:59)	みずがめ
2/10	(22:42)	うお
2/12	(22:26)	おひつじ
2/15	(0:02)	おうし
2/17	(4:39)	ふたご
2/19	(12:25)	かに
2/21	(22:40)	しし
2/24	(10:37)	おとめ
2/26	(23:29)	てんびん
2/29	(12:09)	さそり
3/2	(22:56)	いて
3/5	(6:15)	やぎ
3/7	(9:38)	みずがめ
3/9	(10:03)	うお
3/11	(9:19)	おひつじ
3/13	(9:28)	おうし
3/15	(12:15)	ふたご
3/17	(18:40)	かに
3/20	(4:32)	しし
3/22	(16:41)	おとめ
3/25	(5:37)	てんびん
3/27	(18:02)	さそり
3/30	(4:51)	いて
4/1	(13:05)	やぎ
4/3	(18:08)	みずがめ
4/5	(20:12)	うお
4/7	(20:25)	おひつじ
4/9	(20:23)	おうし
4/11	(21:58)	ふたご
4/14	(2:45)	かに
4/16	(11:24)	しし
4/18	(23:10)	おとめ
4/21	(12:08)	てんびん
4/24	(0:20)	さそり
4/26	(10:37)	いて
4/28	(18:37)	やぎ
10/10	(21:02)	おとめ
10/13	(9:22)	てんびん
10/15	(20:04)	さそり
10/18	(4:36)	いて
10/20	(10:54)	やぎ
10/22	(15:06)	みずがめ
10/24	(17:33)	うお
10/26	(19:01)	おひつじ
10/28	(20:44)	おうし
10/31	(0:08)	ふたご
11/2	(6:30)	かに
11/4	(16:21)	しし
11/7	(4:39)	おとめ
11/9	(17:08)	てんびん
11/12	(3:39)	さそり
11/14	(11:23)	いて
11/16	(16:41)	やぎ
11/18	(20:27)	みずがめ
11/20	(23:29)	うお
11/23	(2:19)	おひつじ
11/25	(5:28)	おうし
11/27	(9:40)	ふたご
11/29	(15:53)	かに
12/2	(1:00)	しし
12/4	(12:50)	おとめ
12/7	(1:34)	てんびん
12/9	(12:35)	さそり
12/11	(20:11)	いて
12/14	(0:31)	やぎ
12/16	(2:56)	みずがめ
12/18	(4:58)	うお
12/20	(7:46)	おひつじ
12/22	(11:50)	おうし
12/24	(17:14)	ふたご
12/27	(0:15)	かに
12/29	(9:23)	しし
12/31	(20:53)	おとめ
2024年		
1/3	(9:47)	てんびん
1/5	(21:39)	さそり
1/8	(6:08)	いて
1/10	(10:33)	やぎ
1/12	(12:01)	みずがめ
1/14	(12:29)	うお
1/16	(13:48)	おひつじ
6/30	(23:59)	いて
7/3	(2:20)	やぎ
7/5	(2:30)	みずがめ
7/7	(2:32)	うお
7/9	(4:19)	おひつじ
7/11	(8:55)	おうし
7/13	(16:26)	ふたご
7/16	(2:13)	かに
7/18	(13:39)	しし
7/21	(2:12)	おとめ
7/23	(14:54)	てんびん
7/26	(1:55)	さそり
7/28	(9:24)	いて
7/30	(12:44)	やぎ
8/1	(12:58)	みずがめ
8/3	(12:05)	うお
8/5	(12:19)	おひつじ
8/7	(15:24)	おうし
8/9	(22:05)	ふたご
8/12	(7:52)	かに
8/14	(19:36)	しし
8/17	(8:14)	おとめ
8/19	(20:53)	てんびん
8/22	(8:22)	さそり
8/24	(17:07)	いて
8/26	(22:05)	やぎ
8/28	(23:31)	みずがめ
8/30	(22:56)	うお
9/1	(22:25)	おひつじ
9/4	(0:00)	おうし
9/6	(5:06)	ふたご
9/8	(14:00)	かに
9/11	(1:36)	しし
9/13	(14:18)	おとめ
9/16	(2:44)	てんびん
9/18	(13:58)	さそり
9/20	(23:06)	いて
9/23	(5:20)	やぎ
9/25	(8:29)	みずがめ
9/27	(9:18)	うお
9/29	(9:17)	おひつじ
10/1	(10:18)	おうし
10/3	(14:03)	ふたご
10/5	(21:32)	かに
10/8	(8:24)	しし

6/12（10:55）やぎ
6/14（20:00）みずがめ
6/17（3:08）うお
6/19（8:08）おひつじ
6/21（10:53）おうし
6/23（11:57）ふたご
6/25（12:44）かに
6/27（15:05）しし
6/29（20:43）おとめ
7/2（6:16）てんびん
7/4（18:33）さそり
7/7（7:06）いて
7/9（17:54）やぎ
7/12（2:21）みずがめ
7/14（8:45）うお
7/16（13:32）おひつじ
7/18（16:58）おうし
7/20（19:21）ふたご
7/22（21:26）かに
7/25（0:28）しし
7/27（5:55）おとめ
7/29（14:43）てんびん
8/1（2:25）さそり
8/3（15:00）いて
8/6（2:04）やぎ
8/8（10:18）みずがめ
8/10（15:50）うお
8/12（19:33）おひつじ
8/14（22:22）おうし
8/17（1:00）ふたご
8/19（4:05）かに
8/21（8:16）しし
8/23（14:24）おとめ
8/25（23:08）てんびん
8/28（10:27）さそり
8/30（23:04）いて
9/2（10:44）やぎ
9/4（19:32）みずがめ
9/7（0:54）うお
9/9（3:37）おひつじ
9/11（5:03）おうし
9/13（6:38）ふたご
9/15（9:30）かに
9/17（14:20）しし
9/19（21:23）おとめ
3/1（18:52）おひつじ
3/3（19:36）おうし
3/5（21:29）ふたご
3/8（1:29）かに
3/10（7:59）しし
3/12（16:55）おとめ
3/15（3:59）てんびん
3/17（16:30）さそり
3/20（5:17）いて
3/22（16:28）やぎ
3/25（0:24）みずがめ
3/27（4:31）うお
3/29（5:36）おひつじ
3/31（5:15）おうし
4/2（5:25）ふたご
4/4（7:50）かに
4/6（13:34）しし
4/8（22:40）おとめ
4/11（10:12）てんびん
4/13（22:54）さそり
4/16（11:37）いて
4/18（23:12）やぎ
4/21（8:21）みずがめ
4/23（14:06）うお
4/25（16:24）おひつじ
4/27（16:17）おうし
4/29（15:34）ふたご
5/1（16:22）かに
5/3（20:29）しし
5/6（4:39）おとめ
5/8（16:06）てんびん
5/11（4:58）さそり
5/13（17:34）いて
5/16（4:57）やぎ
5/18（14:29）みずがめ
5/20（21:28）うお
5/23（1:25）おひつじ
5/25（2:38）おうし
5/27（2:21）ふたご
5/29（2:32）かに
5/31（5:16）しし
6/2（12:00）おとめ
6/4（22:38）てんびん
6/7（11:22）さそり
6/9（23:55）いて
11/20（22:51）しし
11/23（8:01）おとめ
11/25（20:19）てんびん
11/28（9:20）さそり
11/30（20:53）いて
12/3（6:09）やぎ
12/5（13:21）みずがめ
12/7（18:49）うお
12/9（22:37）おひつじ
12/12（0:55）おうし
12/14（2:21）ふたご
12/16（4:21）かに
12/18（8:39）しし
12/20（16:37）おとめ
12/23（4:07）てんびん
12/25（17:06）さそり
12/28（4:46）いて
12/30（13:37）やぎ

2025年

1/1（19:49）みずがめ
1/4（0:21）うお
1/6（4:01）おひつじ
1/8（7:11）おうし
1/10（10:06）ふたご
1/12（13:24）かに
1/14（18:12）しし
1/17（1:46）おとめ
1/19（12:33）てんびん
1/22（1:20）さそり
1/24（13:29）いて
1/26（22:42）やぎ
1/29（4:31）みずがめ
1/31（7:52）うお
2/2（10:10）おひつじ
2/4（12:33）おうし
2/6（15:43）ふたご
2/8（20:04）かに
2/11（2:00）しし
2/13（10:07）おとめ
2/15（20:45）てんびん
2/18（9:19）さそり
2/20（21:54）いて
2/23（8:08）やぎ
2/25（14:40）みずがめ
2/27（17:46）うお
8/11（7:34）さそり
8/13（19:00）いて
8/16（2:51）やぎ
8/18（6:44）みずがめ
8/20（7:51）うお
8/22（8:01）おひつじ
8/24（9:00）おうし
8/26（12:04）ふたご
8/28（17:47）かに
8/31（2:09）しし
9/2（12:48）おとめ
9/5（1:11）てんびん
9/7（14:18）さそり
9/10（2:25）いて
9/12（11:37）やぎ
9/14（16:53）みずがめ
9/16（18:39）うお
9/18（18:24）おひつじ
9/20（18:02）おうし
9/22（19:24）ふたご
9/24（23:50）かに
9/27（7:47）しし
9/29（18:41）おとめ
10/2（7:19）てんびん
10/4（20:22）さそり
10/7（8:34）いて
10/9（18:38）やぎ
10/12（1:31）みずがめ
10/14（4:55）うお
10/16（5:34）おひつじ
10/18（4:59）おうし
10/20（5:07）ふたご
10/22（7:49）かに
10/24（14:24）しし
10/27（0:47）おとめ
10/29（13:29）てんびん
11/1（2:29）さそり
11/3（14:19）いて
11/6（0:17）やぎ
11/8（7:57）みずがめ
11/10（13:00）うお
11/12（15:25）おひつじ
11/14（15:59）おうし
11/16（16:08）ふたご
11/18（17:50）かに

7/24 (10:07) いて
7/26 (22:44) やぎ
7/29 (10:46) みずがめ
7/31 (21:14) うお
8/3 (5:36) おひつじ
8/5 (11:35) おうし
8/7 (15:07) ふたご
8/9 (16:45) かに
8/11 (17:38) しし
8/13 (19:18) おとめ
8/15 (23:19) てんびん
8/18 (6:46) さそり
8/20 (17:30) いて
8/23 (5:59) やぎ
8/25 (18:01) みずがめ
8/28 (4:03) うお
8/30 (11:37) おひつじ
9/1 (17:01) おうし
9/3 (20:47) ふたご
9/5 (23:30) かに
9/8 (1:49) しし
9/10 (4:35) おとめ
9/12 (8:51) てんびん
9/14 (15:44) さそり
9/17 (1:41) いて
9/19 (13:55) やぎ
9/22 (2:14) みずがめ
9/24 (12:23) うお
9/26 (19:23) おひつじ
9/28 (23:40) おうし
10/1 (2:26) ふたご
10/3 (4:54) かに
10/5 (7:54) しし
10/7 (11:52) おとめ
10/9 (17:10) てんびん
10/12 (0:21) さそり
10/14 (9:59) いて
10/16 (21:57) やぎ
10/19 (10:40) みずがめ
10/21 (21:35) うお
10/24 (4:53) おひつじ
10/26 (8:34) おうし
10/28 (10:02) ふたご
10/30 (11:05) かに
11/1 (13:18) しし

4/13 (17:55) うお
4/15 (23:04) おひつじ
4/18 (0:57) おうし
4/20 (1:17) ふたご
4/22 (2:00) かに
4/24 (4:40) しし
4/26 (10:04) おとめ
4/28 (18:02) てんびん
5/1 (4:02) さそり
5/3 (15:33) いて
5/6 (4:06) やぎ
5/8 (16:27) みずがめ
5/11 (2:39) うお
5/13 (9:03) おひつじ
5/15 (11:31) おうし
5/17 (11:23) ふたご
5/19 (10:46) かに
5/21 (11:47) しし
5/23 (15:57) おとめ
5/25 (23:34) てんびん
5/28 (9:52) さそり
5/30 (21:45) いて
6/2 (10:19) やぎ
6/4 (22:45) みずがめ
6/7 (9:42) うお
6/9 (17:33) おひつじ
6/11 (21:28) おうし
6/13 (22:06) ふたご
6/15 (21:14) かに
6/17 (21:05) しし
6/19 (23:37) おとめ
6/22 (5:55) てんびん
6/24 (15:43) さそり
6/27 (3:41) いて
6/29 (16:18) やぎ
7/2 (4:33) みずがめ
7/4 (15:30) うお
7/7 (0:07) おひつじ
7/9 (5:30) おうし
7/11 (7:41) ふたご
7/13 (7:46) かに
7/15 (7:35) しし
7/17 (9:07) おとめ
7/19 (13:56) てんびん
7/21 (22:34) さそり

2026年

1/2 (22:09) かに
1/4 (22:43) しし
1/7 (1:56) おとめ
1/9 (9:05) てんびん
1/11 (19:55) さそり
1/14 (8:34) いて
1/16 (20:47) やぎ
1/19 (7:18) みずがめ
1/21 (15:49) うお
1/23 (22:25) おひつじ
1/26 (3:05) おうし
1/28 (5:55) ふたご
1/30 (7:31) かに
2/1 (9:09) しし
2/3 (12:21) おとめ
2/5 (18:32) てんびん
2/8 (4:13) さそり
2/10 (16:22) いて
2/13 (4:44) やぎ
2/15 (15:16) みずがめ
2/17 (23:09) うお
2/20 (4:39) おひつじ
2/22 (8:31) おうし
2/24 (11:29) ふたご
2/26 (14:11) かに
2/28 (17:16) しし
3/2 (21:33) おとめ
3/5 (3:55) てんびん
3/7 (13:01) さそり
3/10 (0:36) いて
3/12 (13:07) やぎ
3/15 (0:13) みずがめ
3/17 (8:15) うお
3/19 (13:03) おひつじ
3/21 (15:35) おうし
3/23 (17:18) ふたご
3/25 (19:33) かに
3/27 (23:10) しし
3/30 (4:33) おとめ
4/1 (11:50) てんびん
4/3 (21:11) さそり
4/6 (8:31) いて
4/8 (21:04) やぎ
4/11 (8:55) みずがめ

9/22 (6:41) てんびん
9/24 (18:00) さそり
9/27 (6:37) いて
9/29 (18:55) やぎ
10/2 (4:51) みずがめ
10/4 (11:07) うお
10/6 (13:48) おひつじ
10/8 (14:12) おうし
10/10 (14:12) ふたご
10/12 (15:37) かに
10/14 (19:47) しし
10/17 (3:05) おとめ
10/19 (13:01) てんびん
10/22 (0:42) さそり
10/24 (13:19) いて
10/27 (1:53) やぎ
10/29 (12:55) みずがめ
10/31 (20:46) うお
11/3 (0:39) おひつじ
11/5 (1:15) おうし
11/7 (0:20) ふたご
11/9 (0:06) かに
11/11 (2:33) しし
11/13 (8:52) おとめ
11/15 (18:43) てんびん
11/18 (6:44) さそり
11/20 (19:26) いて
11/23 (7:52) やぎ
11/25 (19:15) みずがめ
11/28 (4:23) うお
11/30 (10:07) おひつじ
12/2 (12:13) おうし
12/4 (11:48) ふたご
12/6 (10:54) かに
12/8 (11:48) しし
12/10 (16:20) おとめ
12/13 (1:04) てんびん
12/15 (12:51) さそり
12/18 (1:38) いて
12/20 (13:52) やぎ
12/23 (0:52) みずがめ
12/25 (10:09) うお
12/27 (17:01) おひつじ
12/29 (20:57) おうし
12/31 (22:13) ふたご

9/4 (16:44) さそり
9/6 (23:01) いて
9/9 (9:11) やぎ
9/11 (21:50) みずがめ
9/14 (10:39) うお
9/16 (21:56) おひつじ
9/19 (7:05) おうし
9/21 (14:05) ふたご
9/23 (19:02) かに
9/25 (22:00) しし
9/27 (23:28) おとめ
9/30 (0:30) てんびん
10/2 (2:45) さそり
10/4 (7:56) いて
10/6 (16:59) やぎ
10/9 (5:09) みずがめ
10/11 (18:01) うお
10/14 (5:09) おひつじ
10/16 (13:37) おうし
10/18 (19:46) ふたご
10/21 (0:25) かに
10/23 (4:03) しし
10/25 (6:53) おとめ
10/27 (9:21) てんびん
10/29 (12:22) さそり
10/31 (17:24) いて
11/3 (1:40) やぎ
11/5 (13:13) みずがめ
11/8 (2:09) うお
11/10 (13:38) おひつじ
11/12 (21:57) おうし
11/15 (3:14) ふたご
11/17 (6:39) かに
11/19 (9:27) しし
11/21 (12:25) おとめ
11/23 (15:52) てんびん
11/25 (20:10) さそり
11/28 (2:00) いて
11/30 (10:18) やぎ
12/2 (21:26) みずがめ
12/5 (10:20) うお
12/7 (22:30) おひつじ
12/10 (7:35) おうし
12/12 (12:54) ふたご
12/14 (15:24) かに

5/25 (20:05) みずがめ
5/28 (8:55) うお
5/30 (19:39) おひつじ
6/2 (2:33) おうし
6/4 (5:43) ふたご
6/6 (6:39) かに
6/8 (7:13) しし
6/10 (9:00) おとめ
6/12 (12:57) てんびん
6/14 (19:17) さそり
6/17 (3:53) いて
6/19 (14:35) やぎ
6/22 (3:00) みずがめ
6/24 (16:01) うお
6/27 (3:35) おひつじ
6/29 (11:46) おうし
7/1 (15:56) ふたご
7/3 (16:58) かに
7/5 (16:40) しし
7/7 (16:57) おとめ
7/9 (19:23) てんびん
7/12 (0:54) さそり
7/14 (9:33) いて
7/16 (20:39) やぎ
7/19 (9:15) みずがめ
7/21 (22:14) うお
7/24 (10:09) おひつじ
7/26 (19:28) おうし
7/29 (1:10) ふたご
7/31 (3:25) かに
8/2 (3:25) しし
8/4 (2:57) おとめ
8/6 (3:54) てんびん
8/8 (7:52) さそり
8/10 (15:35) いて
8/13 (2:34) やぎ
8/15 (15:19) みずがめ
8/18 (4:11) うお
8/20 (15:54) おひつじ
8/23 (1:32) おうし
8/25 (8:26) ふたご
8/27 (12:20) かに
8/29 (13:42) しし
8/31 (13:43) おとめ
9/2 (14:07) てんびん

2/12 (19:44) おうし
2/15 (0:58) ふたご
2/17 (3:38) かに
2/19 (4:31) しし
2/21 (4:59) おとめ
2/23 (6:44) てんびん
2/25 (11:24) さそり
2/27 (19:52) いて
3/2 (7:35) やぎ
3/4 (20:31) みずがめ
3/7 (8:25) うお
3/9 (18:02) おひつじ
3/12 (1:16) おうし
3/14 (6:30) ふたご
3/16 (10:10) かに
3/18 (12:40) しし
3/20 (14:37) おとめ
3/22 (17:01) てんびん
3/24 (21:18) さそり
3/27 (4:43) いて
3/29 (15:33) やぎ
4/1 (4:19) みずがめ
4/3 (16:25) うお
4/6 (1:48) おひつじ
4/8 (8:09) おうし
4/10 (12:21) ふたご
4/12 (15:32) かに
4/14 (18:30) しし
4/16 (21:39) おとめ
4/19 (1:22) てんびん
4/21 (6:20) さそり
4/23 (13:37) いて
4/25 (23:52) やぎ
4/28 (12:23) みずがめ
5/1 (0:52) うお
5/3 (10:42) おひつじ
5/5 (16:52) おうし
5/7 (20:06) ふたご
5/9 (21:59) かに
5/12 (0:00) しし
5/14 (3:05) おとめ
5/16 (7:33) てんびん
5/18 (13:33) さそり
5/20 (21:27) いて
5/23 (7:42) やぎ

11/3 (17:27) おとめ
11/5 (23:38) てんびん
11/8 (7:40) さそり
11/10 (17:35) いて
11/13 (5:27) やぎ
11/15 (18:24) みずがめ
11/18 (6:19) うお
11/20 (14:52) おひつじ
11/22 (19:09) おうし
11/24 (20:09) ふたご
11/26 (19:51) かに
11/28 (20:20) しし
11/30 (23:12) おとめ
12/3 (5:04) てんびん
12/5 (13:35) さそり
12/8 (0:06) いて
12/10 (12:08) やぎ
12/13 (1:05) みずがめ
12/15 (13:35) うお
12/17 (23:34) おひつじ
12/20 (5:29) おうし
12/22 (7:27) ふたご
12/24 (6:58) かに
12/26 (6:12) しし
12/28 (7:13) おとめ
12/30 (11:26) てんびん

2027年

1/1 (19:16) さそり
1/4 (5:57) いて
1/6 (18:17) やぎ
1/9 (7:11) みずがめ
1/11 (19:35) うお
1/14 (6:13) おひつじ
1/16 (13:43) おうし
1/18 (17:32) ふたご
1/20 (18:21) かに
1/22 (17:45) しし
1/24 (17:45) おとめ
1/26 (20:12) てんびん
1/29 (2:21) さそり
1/31 (12:13) いて
2/3 (0:33) やぎ
2/5 (13:28) みずがめ
2/8 (1:31) うお
2/10 (11:48) おひつじ

12/16（16:41）しし
12/18（18:16）おとめ
12/20（21:13）てんびん
12/23（2:00）さそり
12/25（8:50）いて
12/27（17:51）やぎ
12/30（5:04）みずがめ

2028年

1/1（17:52）うお
1/4（6:35）おひつじ
1/6（16:56）おうし
1/8（23:26）ふたご
1/11（2:15）かに
1/13（2:43）しし
1/15（2:40）おとめ
1/17（3:51）てんびん
1/19（7:35）さそり
1/21（14:23）いて
1/24（0:02）やぎ
1/26（11:43）みずがめ
1/29（0:33）うお
1/31（13:22）おひつじ
2/3（0:37）おうし
2/5（8:46）ふたご
2/7（13:06）かに
2/9（14:12）しし
2/11（13:35）おとめ
2/13（13:12）てんびん
2/15（15:03）さそり
2/17（20:29）いて
2/20（5:45）やぎ
2/22（17:43）みずがめ
2/25（6:43）うお
2/27（19:22）おひつじ
3/1（6:41）おうし
3/3（15:49）ふたご
3/5（21:54）かに
3/8（0:42）しし
3/10（0:59）おとめ
3/12（0:21）てんびん
3/14（0:53）さそり
3/16（4:33）いて
3/18（12:26）やぎ
3/20（23:57）みずがめ
3/23（13:00）うお
3/26（1:30）おひつじ
3/28（12:24）おうし
3/30（21:23）ふたご
4/2（4:14）かに
4/4（8:37）しし
4/6（10:36）おとめ
4/8（11:03）てんびん
4/10（11:36）さそり
4/12（14:18）いて
4/14（20:45）やぎ
4/17（7:11）みずがめ
4/19（19:56）うお
4/22（8:26）おひつじ
4/24（18:58）おうし
4/27（3:14）ふたご
4/29（9:37）かに
5/1（14:23）しし
5/3（17:35）おとめ
5/5（19:34）てんびん
5/7（21:15）さそり
5/10（0:12）いて
5/12（6:00）やぎ
5/14（15:26）みずがめ
5/17（3:38）うお
5/19（16:12）おひつじ
5/22（2:48）おうし
5/24（10:35）ふたご
5/26（16:00）かに
5/28（19:55）しし
5/30（23:01）おとめ
6/2（1:47）てんびん
6/4（4:44）さそり
6/6（8:44）いて
6/8（14:53）やぎ
6/10（23:57）みずがめ
6/13（11:41）うお
6/16（0:18）おひつじ
6/18（11:25）おうし
6/20（19:25）ふたご
6/23（0:17）かに
6/25（3:02）しし
6/27（4:57）おとめ
6/29（7:10）てんびん
7/1（10:27）さそり
7/3（15:24）いて
7/5（22:25）やぎ
7/8（7:49）みずがめ
7/10（19:24）うお
7/13（8:04）おひつじ
7/15（19:51）おうし
7/18（4:46）ふたご
7/20（10:02）かに
7/22（12:17）しし
7/24（12:55）おとめ
7/26（13:41）てんびん
7/28（16:02）さそり
7/30（20:54）いて
8/2（4:32）やぎ
8/4（14:34）みずがめ
8/7（2:20）うお
8/9（15:01）おひつじ
8/12（3:17）おうし
8/14（13:22）ふたご
8/16（19:55）かに
8/18（22:45）しし
8/20（22:59）おとめ
8/22（22:28）てんびん
8/24（23:12）さそり
8/27（2:51）いて
8/29（10:07）やぎ
8/31（20:26）みずがめ
9/3（8:33）うお
9/5（21:15）おひつじ
9/8（9:34）おうし
9/10（20:24）ふたご
9/13（4:26）かに
9/15（8:48）しし
9/17（9:51）おとめ
9/19（9:06）てんびん
9/21（8:38）さそり
9/23（10:39）いて
9/25（16:33）やぎ
9/28（2:21）みずがめ
9/30（14:33）うお
10/3（3:18）おひつじ
10/5（15:22）おうし
10/8（2:10）ふたご
10/10（10:57）かに
10/12（16:53）しし
10/14（19:38）おとめ
10/16（19:55）てんびん
10/18（19:29）さそり
10/20（20:29）いて
10/23（0:51）やぎ
10/25（9:22）みずがめ
10/27（21:06）うお
10/30（9:51）おひつじ
11/1（21:44）おうし
11/4（7:58）ふたご
11/6（16:24）かに
11/8（22:50）しし
11/11（2:59）おとめ
11/13（4:59）てんびん
11/15（5:48）さそり
11/17（7:05）いて
11/19（10:42）やぎ
11/21（17:56）みずがめ
11/24（4:44）うお
11/26（17:19）おひつじ
11/29（5:17）おうし
12/1（15:09）ふたご
12/3（22:42）かに
12/6（4:19）しし
12/8（8:28）おとめ
12/10（11:29）てんびん
12/12（13:51）さそり
12/14（16:28）いて
12/16（20:34）やぎ
12/19（3:20）みずがめ
12/21（13:16）うお
12/24（1:28）おひつじ
12/26（13:46）おうし
12/28（23:58）ふたご
12/31（7:06）かに

2029年

1/2（11:35）しし
1/4（14:27）おとめ
1/6（16:50）てんびん
1/8（19:38）さそり
1/10（23:26）いて
1/13（4:46）やぎ
1/15（12:05）みずがめ
1/17（21:47）うお
1/20（9:38）おひつじ
1/22（22:14）おうし

日付	時刻	星座
11/28	(20:15)	おとめ
12/1	(0:28)	てんびん
12/3	(1:54)	さそり
12/5	(1:52)	いて
12/7	(2:11)	やぎ
12/9	(4:41)	みずがめ
12/11	(10:43)	うお
12/13	(20:31)	おひつじ
12/16	(8:48)	おうし
12/18	(21:33)	ふたご
12/21	(9:03)	かに
12/23	(18:31)	しし
12/26	(1:46)	おとめ
12/28	(6:50)	てんびん
12/30	(9:55)	さそり
2030年		
1/1	(11:35)	いて
1/3	(12:54)	やぎ
1/5	(15:17)	みずがめ
1/7	(20:15)	うお
1/10	(4:46)	おひつじ
1/12	(16:26)	おうし
1/15	(5:15)	ふたご
1/17	(16:46)	かに
1/20	(1:36)	しし
1/22	(7:50)	おとめ
1/24	(12:13)	てんびん
1/26	(15:36)	さそり
1/28	(18:32)	いて
1/30	(21:24)	やぎ
2/2	(0:52)	みずがめ
2/4	(5:58)	うお
2/6	(13:48)	おひつじ
2/9	(0:44)	おうし
2/11	(13:30)	ふたご
2/14	(1:29)	かに
2/16	(10:27)	しし
2/18	(15:57)	おとめ
2/20	(19:04)	てんびん
2/22	(21:17)	さそり
2/24	(23:52)	いて
2/27	(3:25)	やぎ
3/1	(8:07)	みずがめ
3/3	(14:12)	うお
3/5	(22:17)	おひつじ
8/17	(13:52)	いて
8/19	(18:17)	やぎ
8/22	(0:29)	みずがめ
8/24	(8:33)	うお
8/26	(18:42)	おひつじ
8/29	(6:46)	おうし
8/31	(19:28)	ふたご
9/3	(6:30)	かに
9/5	(13:53)	しし
9/7	(17:22)	おとめ
9/9	(18:12)	てんびん
9/11	(18:24)	さそり
9/13	(19:50)	いて
9/15	(23:41)	やぎ
9/18	(6:13)	みずがめ
9/20	(14:59)	うお
9/23	(1:35)	おひつじ
9/25	(13:41)	おうし
9/28	(2:33)	ふたご
9/30	(14:28)	かに
10/2	(23:14)	しし
10/5	(3:48)	おとめ
10/7	(4:48)	てんびん
10/9	(4:08)	さそり
10/11	(4:00)	いて
10/13	(6:16)	やぎ
10/15	(11:52)	みずがめ
10/17	(20:38)	うお
10/20	(7:38)	おひつじ
10/22	(19:56)	おうし
10/25	(8:45)	ふたご
10/27	(20:57)	かに
10/30	(6:54)	しし
11/1	(13:09)	おとめ
11/3	(15:34)	てんびん
11/5	(15:22)	さそり
11/7	(14:34)	いて
11/9	(15:16)	やぎ
11/11	(19:09)	みずがめ
11/14	(2:49)	うお
11/16	(13:37)	おひつじ
11/19	(2:05)	おうし
11/21	(14:48)	ふたご
11/24	(2:42)	かに
11/26	(12:50)	しし
5/6	(23:42)	うお
5/9	(11:49)	おひつじ
5/12	(0:30)	おうし
5/14	(12:23)	ふたご
5/16	(22:45)	かに
5/19	(6:59)	しし
5/21	(12:33)	おとめ
5/23	(15:22)	てんびん
5/25	(16:14)	さそり
5/27	(16:36)	いて
5/29	(18:20)	やぎ
5/31	(23:00)	みずがめ
6/3	(7:23)	うお
6/5	(18:50)	おひつじ
6/8	(7:26)	おうし
6/10	(19:13)	ふたご
6/13	(5:01)	かに
6/15	(12:34)	しし
6/17	(18:00)	おとめ
6/19	(21:35)	てんびん
6/21	(23:50)	さそり
6/24	(1:37)	いて
6/26	(4:05)	やぎ
6/28	(8:34)	みずがめ
6/30	(16:05)	うお
7/3	(2:43)	おひつじ
7/5	(15:08)	おうし
7/8	(3:04)	ふたご
7/10	(12:42)	かに
7/12	(19:28)	しし
7/14	(23:54)	おとめ
7/17	(2:58)	てんびん
7/19	(5:34)	さそり
7/21	(8:26)	いて
7/23	(12:08)	やぎ
7/25	(17:20)	みずがめ
7/28	(0:48)	うお
7/30	(10:55)	おひつじ
8/1	(23:07)	おうし
8/4	(11:26)	ふたご
8/6	(21:32)	かに
8/9	(4:09)	しし
8/11	(7:40)	おとめ
8/13	(9:28)	てんびん
8/15	(11:07)	さそり
1/25	(9:19)	ふたご
1/27	(17:05)	かに
1/29	(21:15)	しし
1/31	(22:53)	おとめ
2/2	(23:39)	てんびん
2/5	(1:15)	さそり
2/7	(4:51)	いて
2/9	(10:52)	やぎ
2/11	(19:08)	みずがめ
2/14	(5:19)	うお
2/16	(17:07)	おひつじ
2/19	(5:48)	おうし
2/21	(17:45)	ふたご
2/24	(2:53)	かに
2/26	(8:00)	しし
2/28	(9:33)	おとめ
3/2	(9:10)	てんびん
3/4	(9:01)	さそり
3/6	(11:02)	いて
3/8	(16:20)	やぎ
3/11	(0:49)	みずがめ
3/13	(11:35)	うお
3/15	(23:39)	おひつじ
3/18	(12:19)	おうし
3/21	(0:37)	ふたご
3/23	(10:58)	かに
3/25	(17:44)	しし
3/27	(20:29)	おとめ
3/29	(20:18)	てんびん
3/31	(19:15)	さそり
4/2	(19:36)	いて
4/4	(23:10)	やぎ
4/7	(6:39)	みずがめ
4/9	(17:19)	うお
4/12	(5:38)	おひつじ
4/14	(18:18)	おうし
4/17	(6:28)	ふたご
4/19	(17:12)	かに
4/22	(1:14)	しし
4/24	(5:42)	おとめ
4/26	(6:55)	てんびん
4/28	(6:19)	さそり
4/30	(6:03)	いて
5/2	(8:08)	やぎ
5/4	(14:00)	みずがめ

9/29 (13:58) さそり	6/18 (12:51) みずがめ	3/8 (8:55) おうし
10/1 (15:49) いて	6/20 (16:23) うお	3/10 (21:33) ふたご
10/3 (18:12) やぎ	6/22 (23:45) おひつじ	3/13 (10:08) かに
10/5 (21:46) みずがめ	6/25 (10:41) おうし	3/15 (19:59) しし
10/8 (2:46) うお	6/27 (23:33) ふたご	3/18 (1:49) おとめ
10/10 (9:32) おひつじ	6/30 (12:18) かに	3/20 (4:18) てんびん
10/12 (18:33) おうし	7/2 (23:33) しし	3/22 (5:08) さそり
10/15 (6:00) ふたご	7/5 (8:37) おとめ	3/24 (6:12) いて
10/17 (18:58) かに	7/7 (15:16) てんびん	3/26 (8:51) やぎ
10/20 (7:12) しし	7/9 (19:29) さそり	3/28 (13:37) みずがめ
10/22 (16:23) おとめ	7/11 (21:33) いて	3/30 (20:30) うお
10/24 (21:36) てんびん	7/13 (22:20) やぎ	4/2 (5:22) おひつじ
10/26 (23:38) さそり	7/15 (23:14) みずがめ	4/4 (16:14) おうし
10/29 (0:11) いて	7/18 (1:57) うお	4/7 (4:50) ふたご
10/31 (0:59) やぎ	7/20 (8:01) おひつじ	4/9 (17:47) かに
11/2 (3:25) みずがめ	7/22 (17:56) おうし	4/12 (4:44) しし
11/4 (8:15) うお	7/25 (6:29) ふたご	4/14 (11:49) おとめ
11/6 (15:37) おひつじ	7/27 (19:14) かに	4/16 (14:53) てんびん
11/9 (1:20) おうし	7/30 (6:07) しし	4/18 (15:16) さそり
11/11 (13:02) ふたご	8/1 (14:29) おとめ	4/20 (14:59) いて
11/14 (1:57) かに	8/3 (20:40) てんびん	4/22 (15:56) やぎ
11/16 (14:38) しし	8/6 (1:11) さそり	4/24 (19:26) みずがめ
11/19 (1:03) おとめ	8/8 (4:24) いて	4/27 (1:57) うお
11/21 (7:46) てんびん	8/10 (6:40) やぎ	4/29 (11:13) おひつじ
11/23 (10:40) さそり	8/12 (8:40) みずがめ	5/1 (22:34) おうし
11/25 (10:58) いて	8/14 (11:39) うお	5/4 (11:16) ふたご
11/27 (10:28) やぎ	8/16 (17:08) おひつじ	5/7 (0:17) かに
11/29 (11:07) みずがめ	8/19 (2:08) おうし	5/9 (11:55) しし
12/1 (14:27) うお	8/21 (14:11) ふたご	5/11 (20:24) おとめ
12/3 (21:14) おひつじ	8/24 (3:01) かに	5/14 (0:57) てんびん
12/6 (7:13) おうし	8/26 (13:58) しし	5/16 (2:10) さそり
12/8 (19:20) ふたご	8/28 (21:51) おとめ	5/18 (1:39) いて
12/11 (8:17) かに	8/31 (3:03) てんびん	5/20 (1:22) やぎ
12/13 (20:53) しし	9/2 (6:43) さそり	5/22 (3:09) みずがめ
12/16 (7:55) おとめ	9/4 (9:49) いて	5/24 (8:16) うお
12/18 (16:09) てんびん	9/6 (12:50) やぎ	5/26 (16:57) おひつじ
12/20 (20:51) さそり	9/8 (16:06) みずがめ	5/29 (4:26) おうし
12/22 (22:20) いて	9/10 (20:08) うお	5/31 (17:18) ふたご
12/24 (21:54) やぎ	9/13 (1:59) おひつじ	6/3 (6:11) かに
12/26 (21:26) みずがめ	9/15 (10:39) おうし	6/5 (17:49) しし
12/28 (22:58) うお	9/17 (22:14) ふたご	6/8 (3:04) おとめ
12/31 (4:07) おひつじ	9/20 (11:10) かに	6/10 (9:07) てんびん
	9/22 (22:41) しし	6/12 (11:56) さそり
	9/25 (6:49) おとめ	6/14 (12:24) いて
	9/27 (11:30) てんびん	6/16 (12:06) やぎ

水星

2/1 （21:57） うお
2/12 （3:54） みずがめ
3/17 （23:45） うお
4/7 （10:01） おひつじ
4/23 （1:18） おうし
5/7 （7:56） ふたご
5/30 （7:44） かに
6/14 （7:32） ふたご
7/13 （10:30） かに
7/31 （15:11） しし
8/15 （9:53） おとめ
9/2 （1:59） てんびん
9/28 （23:40） さそり
10/8 （7:46） てんびん
11/8 （20:00） さそり
11/27 （21:47） いて
12/16 （23:11） やぎ

1969 年

1/4 （21:18） みずがめ
3/13 （0:19） うお
3/30 （18:59） おひつじ
4/14 （14:55） おうし
5/1 （0:18） ふたご
7/8 （12:58） かに
7/23 （4:11） しし
8/7 （13:21） おとめ
8/27 （15:50） てんびん
10/7 （11:57） おとめ
10/10 （1:56） てんびん
11/2 （1:53） さそり
11/20 （15:00） いて
12/9 （22:21） やぎ

1970 年

2/13 （22:08） みずがめ
3/6 （5:10） うお
3/22 （16:59） おひつじ
4/6 （16:40） おうし
6/13 （21:46） ふたご
6/30 （15:22） かに
7/14 （17:06） しし
7/31 （14:21） おとめ
10/8 （3:04） てんびん
10/25 （15:16） さそり

5/15 （22:19） おうし
6/2 （12:47） ふたご
6/16 （11:04） かに
7/2 （0:55） しし
7/31 （20:24） おとめ
8/3 （17:09） しし
9/9 （2:14） おとめ
9/25 （14:49） てんびん
10/13 （6:15） さそり
11/2 （15:04） いて

1966 年

1/8 （3:26） やぎ
1/27 （13:10） みずがめ
2/13 （19:17） うお
3/3 （11:57） おひつじ
3/22 （11:34） うお
4/18 （6:31） おひつじ
5/9 （23:48） おうし
5/25 （2:59） ふたご
6/8 （4:11） かに
6/27 （4:05） しし
9/1 （19:35） おとめ
9/17 （17:19） てんびん
10/6 （7:03） さそり
10/30 （16:38） いて
11/13 （12:26） さそり
12/12 （0:27） いて

1967 年

1/1 （9:52） やぎ
1/20 （2:05） みずがめ
2/6 （9:38） うお
4/14 （23:38） おひつじ
5/2 （8:26） おうし
5/16 （12:27） ふたご
6/1 （3:02） かに
8/9 （7:09） しし
8/24 （15:17） おとめ
9/10 （1:53） てんびん
9/30 （10:46） さそり
12/5 （22:41） いて
12/25 （5:33） やぎ

1968 年

1/12 （16:19） みずがめ

8/11 （4:29） おとめ
8/30 （0:48） てんびん
11/5 （11:20） さそり
11/24 （2:31） いて
12/13 （5:51） やぎ

1963 年

1/2 （10:10） みずがめ
1/20 （13:59） やぎ
2/15 （19:08） みずがめ
3/9 （14:26） うお
3/26 （12:52） おひつじ
4/10 （7:03） おうし
5/3 （13:17） ふたご
5/11 （5:39） おうし
6/15 （8:21） ふたご
7/4 （12:00） かに
7/18 （15:19） しし
8/3 （18:20） おとめ
8/27 （5:33） てんびん
9/17 （5:29） おとめ
10/11 （1:44） てんびん
10/29 （4:54） さそり
11/16 （20:07） いて
12/6 （14:17） やぎ

1964 年

2/11 （6:30） みずがめ
3/1 （7:50） うお
3/17 （8:54） おひつじ
4/2 （9:57） おうし
6/10 （0:45） ふたご
6/25 （2:17） かに
7/9 （9:38） しし
7/27 （20:35） おとめ
10/3 （9:12） てんびん
10/20 （16:11） さそり
11/8 （20:02） いて
12/1 （4:30） やぎ
12/16 （23:31） いて

1965 年

1/13 （12:12） やぎ
2/3 （18:02） みずがめ
2/21 （14:40） うお
3/9 （11:19） おひつじ

1959 年

12/14 （0:42） いて

1960 年

1/4 （17:24） やぎ
1/23 （15:16） みずがめ
2/9 （19:13） うお
4/16 （11:22） おひつじ
5/5 （1:45） おうし
5/19 （12:27） ふたご
6/3 （5:31） かに
7/1 （10:13） しし
7/6 （10:23） かに
8/11 （2:49） しし
8/27 （12:11） おとめ
9/12 （15:29） てんびん
10/2 （2:17） さそり
12/8 （2:30） いて
12/27 （16:21） やぎ

1961 年

1/15 （3:58） みずがめ
2/2 （6:39） うお
2/25 （5:22） みずがめ
3/18 （19:16） うお
4/10 （18:22） おひつじ
4/26 （23:34） おうし
5/11 （1:34） ふたご
5/29 （2:23） かに
8/4 （10:15） しし
8/19 （5:52） おとめ
9/5 （7:32） てんびん
9/27 （21:16） さそり
10/22 （11:29） てんびん
11/11 （8:53） さそり
12/1 （7:54） いて
12/20 （10:04） やぎ

1962 年

1/8 （0:08） みずがめ
3/15 （20:43） うお
4/3 （11:32） おひつじ
4/18 （13:10） おうし
5/3 （15:05） ふたご
7/11 （16:36） かに
7/27 （3:50） しし

4/17（21:48）おひつじ
5/11（7:03）おうし
5/26（16:44）ふたご
6/9（15:32）かに
6/27（18:51）しし
9/3（6:39）おとめ
9/19（3:59）てんびん
10/7（12:55）さそり
10/30（16:06）いて
11/18（12:09）さそり
12/12（22:34）いて

1980年

1/2（17:02）やぎ
1/21（11:18）みずがめ
2/7（17:07）うお
4/15（0:58）おひつじ
5/2（19:56）おうし
5/17（2:06）ふたご
6/1（7:05）かに
8/9（12:31）しし
8/25（3:47）おとめ
9/10（11:00）てんびん
9/30（10:16）さそり
12/6（4:45）いて
12/25（13:46）やぎ

1981年

1/13（0:48）みずがめ
2/1（2:35）うお
2/16（17:02）みずがめ
3/18（13:33）うお
4/8（18:11）おひつじ
4/24（14:31）おうし
5/8（18:42）ふたご
5/29（2:04）かに
6/23（7:51）ふたご
7/13（6:08）かに
8/2（3:30）しし
8/16（21:47）おとめ
9/3（7:40）てんびん
9/27（20:02）さそり
10/14（11:09）てんびん
11/9（22:14）さそり
11/29（5:52）いて
12/18（7:21）やぎ

6/14（4:20）ふたご
7/4（23:18）かに
7/19（4:35）しし
8/4（1:41）おとめ
8/26（5:52）てんびん
9/21（16:15）おとめ
10/10（23:47）てんびん
10/29（13:55）さそり
11/17（4:02）いて
12/6（18:25）やぎ

1977年

2/11（8:55）みずがめ
3/2（17:09）うお
3/18（20:56）おひつじ
4/3（11:46）おうし
6/11（6:07）ふたご
6/26（16:07）かに
7/10（21:00）しし
7/28（19:15）おとめ
10/4（18:16）てんびん
10/22（1:23）さそり
11/10（2:20）いて
12/1（15:43）やぎ
12/21（16:18）いて

1978年

1/14（5:07）やぎ
2/5（0:54）みずがめ
2/23（1:11）うお
3/10（21:10）おひつじ
5/16（17:20）おうし
6/4（0:26）ふたご
6/18（0:49）かに
7/3（7:28）しし
7/27（15:10）おとめ
8/13（16:05）しし
9/10（4:23）おとめ
9/27（1:40）てんびん
10/14（14:30）さそり
11/3（16:48）いて

1979年

1/9（7:33）やぎ
1/28（21:49）みずがめ
2/15（5:38）うお
3/4（6:32）おひつじ
3/28（19:39）うお

8/11（21:21）しし
8/29（0:22）おとめ
9/14（1:16）てんびん
10/3（5:12）さそり
12/9（6:29）いて
12/29（0:14）やぎ

1974年

1/16（12:56）みずがめ
2/3（7:42）うお
3/3（2:49）みずがめ
3/18（5:11）うお
4/12（0:20）おひつじ
4/28（12:10）おうし
5/12（13:55）ふたご
5/29（17:03）かに
8/5（20:42）しし
8/20（18:04）おとめ
9/6（14:48）てんびん
9/28（9:20）さそり
10/27（8:21）てんびん
11/12（1:05）さそり
12/2（15:17）いて
12/21（18:16）やぎ

1975年

1/9（6:58）みずがめ
3/16（20:50）うお
4/4（21:28）おひつじ
4/20（2:20）おうし
5/4（20:55）ふたご
7/12（17:56）かに
7/28（17:05）しし
8/12（15:12）おとめ
8/31（2:20）てんびん
11/6（17:58）さそり
11/25（10:44）いて
12/14（13:10）やぎ

1976年

1/3（5:22）みずがめ
1/25（10:30）やぎ
2/16（4:03）みずがめ
3/9（21:02）うお
3/27（0:36）おひつじ
4/10（18:29）おうし
4/30（8:11）ふたご
5/20（4:21）おうし

11/13（10:16）いて
12/3（19:14）やぎ

1971年

1/3（8:36）いて
1/14（11:16）やぎ
2/8（5:51）みずがめ
2/26（16:57）うお
3/14（13:46）おひつじ
4/1（23:11）おうし
4/19（6:52）おひつじ
5/17（12:32）おうし
6/7（15:45）ふたご
6/22（1:25）かに
7/6（17:53）しし
7/27（2:03）おとめ
8/30（5:41）しし
9/11（15:45）おとめ
9/30（18:19）てんびん
10/18（2:49）さそり
11/6（15:59）いて

1972年

1/12（3:18）やぎ
2/1（8:46）みずがめ
2/18（21:53）うお
3/6（1:59）おひつじ
5/13（8:45）おうし
5/29（15:46）ふたご
6/12（11:56）かに
6/29（1:52）しし
9/5（20:36）おとめ
9/21（21:11）てんびん
10/9（20:11）さそり
10/31（4:27）いて
11/29（16:08）さそり
12/13（8:20）いて

1973年

1/4（23:41）やぎ
1/24（0:23）みずがめ
2/10（4:30）うお
4/17（6:17）おひつじ
5/6（11:55）おうし
5/21（2:24）ふたご
6/4（13:42）かに
6/27（15:42）しし
7/16（17:03）かに

7/12 （8:48） しし
7/29 （20:10） おとめ
10/6 （2:44） てんびん
10/23 （10:46） さそり
11/11 （9:06） いて
12/2 （9:13） やぎ
12/26 （7:57） いて

1991 年

1/14 （17:02） やぎ
2/6 （7:20） みずがめ
2/24 （11:35） うお
3/12 （7:40） おひつじ
5/17 （7:45） おうし
6/5 （11:24） ふたご
6/19 （14:40） かに
7/4 （15:05） しし
7/26 （22:00） おとめ
8/20 （6:40） しし
9/11 （2:14） おとめ
9/28 （12:26） てんびん
10/15 （23:01） さそり
11/4 （19:41） いて

1992 年

1/10 （10:46） やぎ
1/30 （6:15） みずがめ
2/16 （16:04） うお
3/4 （6:45） おひつじ
4/4 （8:52） うお
4/15 （2:35） おひつじ
5/11 （13:10） おうし
5/27 （6:16） ふたご
6/10 （3:27） かに
6/27 （14:11） しし
9/3 （17:03） おとめ
9/19 （14:41） てんびん
10/7 （19:13） さそり
10/30 （2:02） いて
11/22 （4:44） さそり
12/12 （17:05） いて

1993 年

1/2 （23:47） やぎ
1/21 （20:25） みずがめ
2/8 （1:19） うお
4/16 （0:18） おひつじ
5/4 （6:54） おうし

9/7 （22:52） てんびん
9/29 （2:21） さそり
11/1 （10:57） てんびん
11/12 （6:57） さそり
12/3 （22:33） いて
12/23 （2:40） やぎ

1988 年

1/10 （14:28） みずがめ
3/16 （19:09） うお
4/5 （7:04） おひつじ
4/20 （15:42） おうし
5/5 （4:40） ふたご
7/12 （15:42） かに
7/29 （6:19） しし
8/13 （2:29） おとめ
8/31 （5:25） てんびん
11/6 （23:57） さそり
11/25 （19:04） いて
12/14 （20:53） やぎ

1989 年

1/3 （4:41） みずがめ
1/29 （13:06） やぎ
2/15 （3:11） みずがめ
3/11 （3:07） うお
3/28 （12:16） おひつじ
4/12 （6:36） おうし
4/30 （4:53） ふたご
5/29 （7:53） おうし
6/12 （17:56） ふたご
7/6 （9:55） かに
7/20 （18:04） しし
8/5 （9:54） おとめ
8/26 （15:14） てんびん
9/27 （0:28） おとめ
10/11 （15:11） てんびん
10/30 （22:53） さそり
11/18 （12:10） いて
12/7 （23:30） やぎ

1990 年

2/12 （10:11） みずがめ
3/4 （2:14） うお
3/20 （9:04） おひつじ
4/4 （16:35） おうし
6/12 （9:29） ふたご
6/28 （5:46） かに

12/8 （6:46） いて

1985 年

1/12 （3:25） やぎ
2/1 （16:43） みずがめ
2/19 （8:41） うお
3/7 （9:07） おひつじ
5/14 （11:10） おうし
5/31 （4:44） ふたご
6/14 （1:11） かに
6/30 （4:34） しし
9/7 （4:39） おとめ
9/23 （8:13） てんびん
10/11 （3:50） さそり
11/1 （1:44） いて
12/5 （4:23） さそり
12/12 （20:05） いて

1986 年

1/6 （5:42） やぎ
1/25 （9:33） みずがめ
2/11 （14:21） うお
3/3 （16:22） おひつじ
3/12 （2:36） うお
4/17 （21:33） おひつじ
5/7 （21:33） おうし
5/22 （16:26） ふたご
6/5 （23:06） かに
6/26 （23:15） しし
7/24 （6:51） かに
8/12 （6:09） しし
8/30 （12:28） おとめ
9/15 （11:28） てんびん
10/4 （9:19） さそり
12/10 （9:34） いて
12/30 （8:09） やぎ

1987 年

1/17 （22:08） みずがめ
2/4 （11:31） うお
3/12 （6:56） みずがめ
3/14 （6:08） うお
4/13 （5:23） おひつじ
4/30 （0:39） おうし
5/14 （2:50） ふたご
5/30 （13:21） かに
8/7 （6:20） しし
8/22 （6:36） おとめ

1982 年

1/6 （1:49） みずがめ
3/14 （4:11） うお
4/1 （5:59） おひつじ
4/16 （3:54） おうし
5/1 （22:29） ふたご
7/9 （20:26） かに
7/24 （17:48） しし
8/8 （23:06） おとめ
8/28 （12:22） てんびん
11/3 （10:10） さそり
11/21 （23:28） いて
12/11 （5:04） やぎ

1983 年

1/1 （22:32） みずがめ
1/12 （15:55） やぎ
2/14 （18:36） みずがめ
3/7 （13:24） うお
3/24 （5:09） おひつじ
4/8 （2:04） おうし
6/14 （17:06） ふたご
7/2 （4:18） かに
7/16 （5:57） しし
8/1 （19:22） おとめ
8/29 （15:07） てんびん
9/6 （11:30） おとめ
10/9 （8:44） てんびん
10/27 （0:47） さそり
11/14 （17:56） いて
12/4 （20:22） やぎ

1984 年

2/9 （10:50） みずがめ
2/28 （3:07） うお
3/15 （1:27） おひつじ
4/1 （5:25） おうし
4/25 （20:49） おひつじ
5/15 （21:33） おうし
6/8 （0:45） ふたご
6/22 （15:39） かに
7/7 （3:56） しし
7/26 （15:49） おとめ
10/1 （4:44） てんびん
10/18 （12:01） さそり
11/6 （21:09） いて
12/2 （1:29） やぎ

12/16	(4:55)	やぎ
2002年		
1/4	(6:38)	みずがめ
2/4	(13:18)	やぎ
2/14	(2:20)	みずがめ
3/12	(8:34)	うお
3/29	(23:44)	おひつじ
4/13	(19:10)	おうし
4/30	(16:15)	ふたご
7/7	(19:35)	かに
7/22	(7:41)	しし
8/6	(18:51)	おとめ
8/27	(6:10)	てんびん
10/2	(18:26)	おとめ
10/11	(14:56)	てんびん
11/1	(7:43)	さそり
11/19	(20:29)	いて
12/9	(5:21)	やぎ
2003年		
2/13	(10:00)	みずがめ
3/5	(11:04)	うお
3/21	(21:16)	おひつじ
4/5	(23:37)	おうし
6/13	(10:34)	ふたご
6/29	(19:17)	かに
7/13	(21:10)	しし
7/30	(23:05)	おとめ
10/7	(10:28)	てんびん
10/24	(20:20)	さそり
11/12	(16:19)	いて
12/3	(6:34)	やぎ
12/31	(4:52)	いて
2004年		
1/14	(20:02)	やぎ
2/7	(13:20)	みずがめ
2/25	(21:58)	うお
3/12	(18:44)	おひつじ
4/1	(11:27)	おうし
4/13	(10:23)	おひつじ
5/16	(15:54)	おうし
6/5	(21:47)	ふたご
6/20	(4:49)	かに
7/4	(23:52)	しし
7/25	(22:58)	おとめ
8/25	(10:33)	しし
3/3	(7:50)	おひつじ
3/18	(18:23)	うお
4/18	(7:09)	おひつじ
5/9	(6:22)	おうし
5/24	(6:22)	ふたご
6/7	(9:18)	かに
6/27	(0:39)	しし
8/1	(3:44)	かに
8/11	(13:25)	しし
9/1	(0:15)	おとめ
9/16	(21:53)	てんびん
10/5	(14:12)	さそり
10/31	(5:08)	いて
11/10	(5:13)	さそり
12/11	(11:09)	いて
12/31	(15:48)	やぎ
2000年		
1/19	(7:20)	みずがめ
2/5	(17:09)	うお
4/13	(9:17)	おひつじ
4/30	(12:53)	おうし
5/14	(16:10)	ふたご
5/30	(13:27)	かに
8/7	(14:42)	しし
8/22	(19:11)	おとめ
9/8	(7:22)	てんびん
9/28	(22:28)	さそり
11/7	(16:28)	てんびん
11/9	(6:42)	さそり
12/4	(5:26)	いて
12/23	(11:03)	やぎ
2001年		
1/10	(22:26)	みずがめ
2/1	(16:13)	うお
2/7	(4:57)	みずがめ
3/17	(15:05)	うお
4/6	(16:14)	おひつじ
4/22	(5:08)	おうし
5/6	(13:53)	ふたご
7/13	(7:47)	かに
7/30	(19:18)	しし
8/14	(14:04)	おとめ
9/1	(9:37)	てんびん
11/8	(4:53)	さそり
11/27	(3:23)	いて
3/24	(17:03)	おひつじ
4/8	(12:16)	おうし
6/14	(6:45)	ふたご
7/2	(16:37)	かに
7/16	(18:56)	しし
8/2	(1:17)	おとめ
8/26	(14:17)	てんびん
9/12	(18:32)	おとめ
10/9	(12:13)	てんびん
10/27	(10:01)	さそり
11/15	(1:36)	いて
12/4	(22:48)	やぎ
1997年		
2/9	(14:53)	みずがめ
2/28	(12:54)	うお
3/16	(13:13)	おひつじ
4/1	(22:45)	おうし
5/5	(10:48)	おひつじ
5/12	(19:25)	おうし
6/9	(8:25)	ふたご
6/24	(5:41)	かに
7/8	(14:28)	しし
7/27	(9:42)	おとめ
10/2	(14:38)	てんびん
10/19	(21:08)	さそり
11/8	(2:42)	いて
12/1	(4:11)	やぎ
12/14	(3:06)	いて
1998年		
1/13	(1:20)	やぎ
2/3	(0:15)	みずがめ
2/20	(19:22)	うお
3/8	(17:28)	おひつじ
5/15	(11:10)	おうし
6/1	(17:07)	ふたご
6/15	(14:33)	かに
7/1	(8:52)	しし
9/8	(10:58)	おとめ
9/24	(19:13)	てんびん
10/12	(11:44)	さそり
11/2	(1:02)	いて
1999年		
1/7	(11:04)	やぎ
1/26	(18:32)	みずがめ
2/13	(0:28)	うお
5/18	(15:53)	ふたご
6/2	(12:54)	かに
8/10	(14:51)	しし
8/26	(16:06)	おとめ
9/11	(20:18)	てんびん
10/1	(11:09)	さそり
12/7	(10:04)	いて
12/26	(21:47)	やぎ
1994年		
1/14	(9:25)	みずがめ
2/1	(19:28)	うお
2/22	(0:15)	みずがめ
3/18	(21:03)	うお
4/10	(1:30)	おひつじ
4/26	(3:27)	おうし
5/10	(6:08)	ふたご
5/28	(23:52)	かに
7/3	(8:18)	ふたご
7/10	(21:41)	かに
8/3	(15:09)	しし
8/18	(9:44)	おとめ
9/4	(13:55)	てんびん
9/27	(17:51)	さそり
10/19	(15:19)	てんびん
11/10	(21:46)	さそり
11/30	(13:38)	いて
12/19	(15:26)	やぎ
1995年		
1/7	(7:17)	みずがめ
3/15	(6:35)	うお
4/2	(16:29)	おひつじ
4/17	(16:54)	おうし
5/3	(0:18)	ふたご
7/11	(1:58)	かに
7/26	(7:19)	しし
8/10	(9:13)	おとめ
8/29	(11:07)	てんびん
11/4	(17:50)	さそり
11/23	(7:46)	いて
12/12	(11:57)	やぎ
1996年		
1/2	(3:06)	みずがめ
1/17	(18:37)	やぎ
2/15	(11:44)	みずがめ
3/7	(20:53)	うお

日付	時刻	星座
5/2	（0:37）	おうし
5/16	（5:41）	ふたご
5/31	（16:07）	かに
8/8	（21:13）	しし
8/24	（7:36）	おとめ
9/9	（16:07）	てんびん
9/29	（20:38）	さそり
12/5	（11:42）	いて
12/24	（19:12）	やぎ
2014年		
1/12	（6:35）	みずがめ
1/31	（23:29）	うお
2/13	（12:30）	みずがめ
3/18	（7:24）	うお
4/8	（0:35）	おひつじ
4/23	（18:16）	おうし
5/7	（23:57）	ふたご
5/29	（18:12）	かに
6/17	（19:04）	ふたご
7/13	（13:45）	かに
8/1	（7:46）	しし
8/16	（1:44）	おとめ
9/2	（14:38）	てんびん
9/28	（7:39）	さそり
10/11	（2:27）	てんびん
11/9	（8:09）	さそり
11/28	（11:26）	いて
12/17	（12:53）	やぎ
2015年		
1/5	（10:08）	みずがめ
3/13	（12:52）	うお
3/31	（10:44）	おひつじ
4/15	（7:51）	おうし
5/1	（11:00）	ふたご
7/9	（3:52）	かに
7/23	（21:14）	しし
8/8	（4:15）	おとめ
8/28	（0:44）	てんびん
11/2	（16:06）	さそり
11/21	（4:43）	いて
12/10	（11:34）	やぎ
2016年		
1/2	（11:20）	みずがめ
1/9	（4:36）	やぎ
2/14	（7:43）	みずがめ

日付	時刻	星座
6/25	（19:32）	かに
7/10	（1:29）	しし
7/28	（6:43）	おとめ
10/4	（0:04）	てんびん
10/21	（6:19）	さそり
11/9	（8:43）	いて
12/1	（9:10）	やぎ
12/18	（23:53）	いて
2011年		
1/13	（20:25）	やぎ
2/4	（7:19）	みずがめ
2/22	（5:53）	うお
3/10	（2:47）	おひつじ
5/16	（8:18）	おうし
6/3	（5:02）	ふたご
6/17	（4:09）	かに
7/2	（14:38）	しし
7/29	（2:59）	おとめ
8/8	（18:46）	しし
9/9	（14:58）	おとめ
9/26	（6:09）	てんびん
10/13	（19:52）	さそり
11/3	（1:54）	いて
2012年		
1/8	（15:34）	やぎ
1/28	（3:12）	みずがめ
2/14	（10:38）	うお
3/2	（20:41）	おひつじ
3/23	（22:22）	うお
4/17	（7:42）	おひつじ
5/9	（14:14）	おうし
5/24	（20:12）	ふたご
6/7	（20:16）	かに
6/26	（11:24）	しし
9/1	（11:32）	おとめ
9/17	（8:22）	てんびん
10/5	（19:35）	さそり
10/29	（15:18）	いて
11/14	（16:42）	さそり
12/11	（10:40）	いて
12/31	（23:03）	やぎ
2013年		
1/19	（16:25）	みずがめ
2/5	（23:55）	うお
4/14	（11:37）	おひつじ

日付	時刻	星座
8/19	（22:01）	おとめ
9/5	（21:02）	てんびん
9/28	（2:18）	さそり
10/24	（12:36）	てんびん
11/11	（17:41）	さそり
12/1	（21:21）	いて
12/20	（23:43）	やぎ
2008年		
1/8	（13:46）	みずがめ
3/15	（7:46）	うお
4/3	（2:45）	おひつじ
4/18	（6:07）	おうし
5/3	（5:00）	ふたご
7/11	（5:17）	かに
7/26	（20:48）	しし
8/10	（19:51）	おとめ
8/29	（11:50）	てんびん
11/5	（1:00）	さそり
11/23	（16:09）	いて
12/12	（19:13）	やぎ
2009年		
1/1	（18:51）	みずがめ
1/21	（14:36）	やぎ
2/15	（0:39）	みずがめ
3/9	（3:56）	うお
3/26	（4:55）	おひつじ
4/9	（23:21）	おうし
5/1	（7:29）	ふたご
5/14	（8:53）	おうし
6/14	（11:47）	ふたご
7/4	（4:20）	かに
7/18	（8:08）	しし
8/3	（8:07）	おとめ
8/26	（5:18）	てんびん
9/18	（12:26）	おとめ
10/10	（12:46）	てんびん
10/28	（19:09）	さそり
11/16	（9:28）	いて
12/6	（2:24）	やぎ
2010年		
2/10	（18:06）	みずがめ
3/1	（22:28）	うお
3/18	（1:12）	おひつじ
4/2	（22:06）	おうし
6/10	（14:41）	ふたご

日付	時刻	星座
9/10	（16:38）	おとめ
9/28	（23:13）	てんびん
10/16	（7:57）	さそり
11/4	（23:40）	いて
2005年		
1/10	（13:09）	やぎ
1/30	（14:37）	みずがめ
2/17	（2:46）	うお
3/5	（10:34）	おひつじ
5/12	（18:14）	おうし
5/28	（19:44）	ふたご
6/11	（16:03）	かに
6/28	（13:01）	しし
9/5	（2:52）	おとめ
9/21	（1:40）	てんびん
10/9	（2:15）	さそり
10/30	（18:02）	いて
11/26	（20:53）	さそり
12/13	（6:19）	いて
2006年		
1/4	（6:26）	やぎ
1/23	（5:41）	みずがめ
2/9	（10:22）	うお
4/16	（21:20）	おひつじ
5/5	（17:28）	おうし
5/20	（5:52）	ふたご
6/3	（20:21）	かに
6/29	（4:57）	しし
7/11	（5:18）	かに
8/11	（13:09）	しし
8/28	（4:31）	おとめ
9/13	（6:08）	てんびん
10/2	（13:38）	さそり
12/8	（14:52）	いて
12/28	（5:55）	やぎ
2007年		
1/15	（18:25）	みずがめ
2/2	（18:20）	うお
2/27	（12:00）	みずがめ
3/18	（18:35）	うお
4/11	（8:07）	おひつじ
4/27	（16:16）	おうし
5/11	（18:17）	ふたご
5/29	（9:56）	かに
8/5	（2:15）	しし

9/26 （17:08） てんびん
10/14 （4:23） さそり
11/3 （4:17） いて

2025年

1/8 （19:30） やぎ
1/28 （11:52） みずがめ
2/14 （21:06） うお
3/3 （18:03） おひつじ
3/30 （11:18） うお
4/16 （15:25） おひつじ
5/10 （21:15） おうし
5/26 （9:59） ふたご
6/9 （7:58） かに
6/27 （4:09） しし
9/2 （22:23） おとめ
9/18 （19:06） てんびん
10/7 （1:40） さそり
10/29 （20:02） いて
11/19 （12:20） さそり
12/12 （7:39） いて

2026年

1/2 （6:10） やぎ
1/21 （1:41） みずがめ
2/7 （7:48） うお
4/15 （12:21） おひつじ
5/3 （11:57） おうし
5/17 （19:26） ふたご
6/1 （20:55） かに
8/10 （1:28） しし
8/25 （20:04） おとめ
9/11 （1:20） てんびん
9/30 （20:44） さそり
12/6 （17:33） いて
12/26 （3:22） やぎ

2027年

1/13 （15:06） みずがめ
2/1 （10:25） うお
2/18 （21:15） みずがめ
3/18 （19:02） うお
4/9 （8:20） おひつじ
4/25 （7:18） おうし
5/9 （10:57） ふたご
5/29 （2:06） かに
6/26 （16:19） ふたご
7/12 （22:48） かに

2022年

1/2 （16:09） みずがめ
1/26 （12:05） やぎ
2/15 （6:53） みずがめ
3/10 （10:32） うお
3/27 （16:44） おひつじ
4/11 （11:09） おうし
4/30 （7:23） ふたご
5/23 （10:15） おうし
6/14 （0:26） ふたご
7/5 （15:25） かに
7/19 （21:35） しし
8/4 （15:58） おとめ
8/26 （10:02） てんびん
9/23 （21:04） おとめ
10/11 （8:51） てんびん
10/30 （4:22） さそり
11/17 （17:42） いて
12/7 （7:08） やぎ

2023年

2/11 （20:22） みずがめ
3/3 （7:52） うお
3/19 （13:24） おひつじ
4/4 （1:22） おうし
6/11 （19:26） ふたご
6/27 （9:24） かに
7/11 （13:11） しし
7/29 （6:31） おとめ
10/5 （9:08） てんびん
10/22 （15:49） さそり
11/10 （15:25） いて
12/1 （23:31） やぎ
12/23 （15:17） いて

2024年

1/14 （11:49） やぎ
2/5 （14:10） みずがめ
2/23 （16:29） うお
3/10 （13:03） おひつじ
5/16 （2:05） おうし
6/3 （16:36） ふたご
6/17 （18:07） かに
7/2 （21:50） しし
7/26 （7:42） おとめ
8/15 （9:15） しし
9/9 （15:50） おとめ

1/5 （12:40） やぎ
1/24 （14:49） みずがめ
2/10 （19:50） うお
4/17 （15:00） おひつじ
5/7 （3:25） おうし
5/21 （19:52） ふたご
6/5 （5:04） かに
6/27 （9:19） しし
7/19 （16:06） かに
8/12 （4:45） しし
8/29 （16:48） おとめ
9/14 （16:14） てんびん
10/3 （17:14） さそり
12/9 （18:41） いて
12/29 （13:55） やぎ

2020年

1/17 （3:31） みずがめ
2/3 （20:37） うお
3/4 （20:07） みずがめ
3/16 （16:42） うお
4/11 （13:48） おひつじ
4/28 （4:53） おうし
5/12 （6:58） ふたご
5/29 （3:09） かに
8/5 （12:32） しし
8/20 （10:30） おとめ
9/6 （4:46） てんびん
9/27 （16:40） さそり
10/28 （10:33） てんびん
11/11 （6:55） さそり
12/2 （4:51） いて
12/21 （8:07） やぎ

2021年

1/8 （20:59） みずがめ
3/16 （7:26） うお
4/4 （12:41） おひつじ
4/19 （19:29） おうし
5/4 （11:49） ふたご
7/12 （5:35） かに
7/28 （10:11） しし
8/12 （6:57） おとめ
8/30 （14:10） てんびん
11/6 （7:35） さそり
11/25 （0:36） いて
12/14 （2:52） やぎ

3/5 （19:23） うお
3/22 （9:19） おひつじ
4/6 （8:09） おうし
6/13 （8:22） ふたご
6/30 （8:24） かに
7/14 （9:47） しし
7/31 （3:18） おとめ
10/7 （16:55） てんびん
10/25 （5:46） さそり
11/12 （23:39） いて
12/3 （6:18） やぎ

2017年

1/4 （23:17） いて
1/12 （23:03） やぎ
2/7 （18:35） みずがめ
2/26 （8:07） うお
3/14 （6:07） おひつじ
4/1 （2:30） おうし
4/21 （2:37） おひつじ
5/16 （13:07） おうし
6/7 （7:15） ふたご
6/21 （18:57） かに
7/6 （9:20） しし
7/26 （8:41） おとめ
9/1 （0:28） しし
9/10 （11:52） おとめ
9/30 （9:42） てんびん
10/17 （16:58） さそり
11/6 （4:19） いて

2018年

1/11 （14:09） やぎ
1/31 （22:39） みずがめ
2/18 （13:28） うお
3/6 （16:34） おひつじ
5/13 （21:40） おうし
5/30 （8:49） ふたご
6/13 （4:59） かに
6/29 （14:16） しし
9/6 （11:39） おとめ
9/22 （12:39） てんびん
10/10 （9:40） さそり
10/31 （13:38） いて
12/1 （20:12） さそり
12/13 （8:43） いて

2019年

6/8（15:31）ふたご
6/23（8:56）かに
7/7（19:22）しし
7/26（23:53）おとめ
10/1（19:49）てんびん
10/19（2:03）さそり
11/7（9:30）いて
12/1（11:27）やぎ
12/11（0:10）いて

7/15（22:37）しし
8/1（8:35）おとめ
8/27（11:20）てんびん
9/8（19:59）おとめ
10/8（21:40）てんびん
10/26（15:03）さそり
11/14（7:09）いて
12/4（7:47）やぎ

2030年

2/8（23:03）みずがめ
2/27（17:59）うお
3/15（17:41）おひつじ
4/1（13:47）おうし
4/28（22:44）おひつじ
5/15（10:30）おうし

7/24（10:50）しし
8/8（14:09）おとめ
8/27（22:08）てんびん
11/3（0:04）さそり
11/21（12:59）いて
12/10（18:12）やぎ
12/31（23:49）みずがめ

2029年

1/13（21:13）やぎ
2/14（2:52）みずがめ
3/7（3:15）うお
3/23（21:18）おひつじ
4/7（17:51）おうし
6/14（1:46）ふたご
7/1（21:01）かに

8/2（19:52）しし
8/17（13:43）おとめ
9/3（20:37）てんびん
9/27（18:09）さそり
10/16（16:36）てんびん
11/10（9:26）さそり
11/29（19:23）いて
12/18（20:58）やぎ

2028年

1/6（14:57）みずがめ
3/13（16:07）うお
3/31（21:27）おひつじ
4/15（20:48）おうし
5/1（10:42）ふたご
7/9（10:37）かに

金星

4/18（23:31）おうし
5/13（7:08）ふたご
6/6（17:39）かに
7/1（6:59）しし
7/25（23:51）おとめ
8/19（22:06）てんびん
9/14（4:50）さそり
10/10（1:46）いて
11/6（4:36）やぎ
12/7（13:37）みずがめ

1966年

2/6（21:46）やぎ
2/25（19:55）みずがめ
4/7（0:53）うお
5/5（13:33）おひつじ
6/1（3:00）おうし
6/26（20:40）ふたご
7/22（2:11）かに
8/15（21:47）しし
9/9（8:40）おとめ
10/3（12:44）てんびん
10/27（12:28）さそり
11/20（10:06）いて
12/14（7:09）やぎ

1967年

8/1（7:38）しし
8/25（14:49）おとめ
9/18（18:43）てんびん
10/12（20:50）さそり
11/5（22:25）いて
11/30（0:21）やぎ
12/24（3:53）みずがめ

1964年

1/17（11:54）うお
2/11（6:09）おひつじ
3/7（21:38）おうし
4/4（12:03）ふたご
5/9（12:16）かに
6/18（3:17）ふたご
8/5（17:53）かに
9/8（13:53）しし
10/6（3:10）おとめ
10/31（17:54）てんびん
11/25（10:25）さそり
12/19（16:02）いて

1965年

1/12（17:00）やぎ
2/5（16:41）みずがめ
3/1（16:55）うお
3/25（18:54）おひつじ

9/24（0:43）おとめ
10/18（11:58）てんびん
11/11（14:33）さそり
12/5（12:40）いて
12/29（9:07）やぎ

1962年

1/22（5:31）みずがめ
2/15（3:09）うお
3/11（3:28）おひつじ
4/4（8:05）おうし
4/28（18:23）ふたご
5/23（11:46）かに
6/17（14:31）しし
7/13（7:32）おとめ
8/9（2:13）てんびん
9/7（9:11）さそり

1963年

1/7（2:35）いて
2/6（5:36）やぎ
3/4（20:41）みずがめ
3/30（10:00）うお
4/24（12:39）おひつじ
5/19（10:21）おうし
6/13（4:57）ふたご
7/7（20:18）かに

1959年

12/8（1:41）さそり

1960年

1/2（17:43）いて
1/27（13:46）やぎ
2/21（1:47）みずがめ
3/16（10:53）うお
4/9（19:32）おひつじ
5/4（4:56）おうし
5/28（15:11）ふたご
6/22（1:34）かに
7/16（11:11）しし
8/9（19:54）おとめ
9/3（4:29）てんびん
9/27（14:13）さそり
10/22（2:12）いて
11/15（17:57）やぎ
12/10（17:34）みずがめ

1961年

1/5（12:31）うお
2/2（13:46）おひつじ
6/6（4:25）おうし
7/7（13:32）ふたご
8/4（0:28）かに
8/29（23:18）しし

10/21（2:22）いて
11/14（19:42）やぎ
12/9（21:53）みずがめ

1977年

1/4（22:01）うお
2/2（14:54）おひつじ
6/6（15:10）おうし
7/7（0:09）ふたご
8/3（4:19）かに
8/29（0:09）しし
9/23（0:05）おとめ
10/17（10:37）てんびん
11/10（12:52）さそり
12/4（10:49）いて
12/28（7:09）やぎ

1978年

1/21（3:29）みずがめ
2/14（1:07）うお
3/10（1:29）おひつじ
4/3（6:14）おうし
4/27（16:53）ふたご
5/22（11:03）かに
6/16（15:19）しし
7/12（11:14）おとめ
8/8（12:08）てんびん
9/7（14:07）さそり

1979年

1/7（15:38）いて
2/5（18:16）やぎ
3/4（2:18）みずがめ
3/29（12:18）うお
4/23（13:02）おひつじ
5/18（9:29）おうし
6/12（3:13）ふたご
7/6（18:02）かに
7/31（5:07）しし
8/24（12:16）おとめ
9/17（16:21）てんびん
10/11（18:48）さそり
11/4（20:50）いて
11/28（23:20）やぎ
12/23（3:35）みずがめ

1980年

1/16（12:37）うお
2/10（8:39）おひつじ

8/19（10:10）てんびん
9/13（18:05）さそり
10/9（17:08）いて
11/6（0:39）やぎ
12/8（6:37）みずがめ

1974年

1/30（4:51）やぎ
2/28（23:25）みずがめ
4/6（23:17）うお
5/5（5:21）おひつじ
5/31（16:19）おうし
6/26（8:44）ふたご
7/21（13:34）かに
8/15（8:47）しし
9/8（19:28）おとめ
10/2（23:27）てんびん
10/26（23:12）さそり
11/19（20:56）いて
12/13（18:06）やぎ

1975年

1/6（15:39）みずがめ
1/30（15:05）うお
2/23（18:53）おひつじ
3/20（6:42）おうし
4/14（7:26）ふたご
5/10（5:11）かに
6/6（19:54）しし
7/9（20:06）おとめ
9/3（0:34）しし
10/4（14:19）おとめ
11/9（22:52）てんびん
12/7（9:29）さそり

1976年

1/1（21:14）いて
1/26（15:09）やぎ
2/20（1:50）みずがめ
3/15（9:59）うお
4/8（17:56）おひつじ
5/3（2:49）おうし
5/27（12:43）ふたご
6/20（22:56）かに
7/15（8:36）しし
8/8（17:36）おとめ
9/2（2:44）てんびん
9/26（13:17）さそり

4/28（5:33）ふたご
5/22（23:19）かに
6/17（2:49）しし
7/12（21:16）おとめ
8/8（18:59）てんびん
9/7（10:54）さそり

1971年

1/7（10:00）いて
2/5（23:57）やぎ
3/4（11:24）みずがめ
3/29（23:02）うお
4/24（0:44）おひつじ
5/18（21:48）おうし
6/12（15:58）ふたご
7/7（7:02）かに
7/31（18:15）しし
8/25（1:25）おとめ
9/18（5:25）てんびん
10/12（7:43）さそり
11/5（9:30）いて
11/29（11:41）やぎ
12/23（15:32）みずがめ

1972年

1/17（0:01）うお
2/10（19:08）おひつじ
3/7（12:25）おうし
4/4（7:48）ふたご
5/10（22:51）かに
6/12（5:08）ふたご
8/6（10:26）かに
9/8（8:27）しし
10/5（17:33）おとめ
10/31（6:40）てんびん
11/24（22:23）さそり
12/19（3:34）いて

1973年

1/12（4:15）やぎ
2/5（3:43）みずがめ
3/1（3:45）うお
3/25（5:34）おひつじ
4/18（10:05）おうし
5/12（17:42）ふたご
6/6（4:20）かに
6/30（17:55）しし
7/25（11:13）おとめ

1/7（4:36）みずがめ
1/31（3:53）うお
2/24（7:30）おひつじ
3/20（18:56）おうし
4/14（18:54）ふたご
5/10（15:05）かに
6/7（1:48）しし
7/9（7:11）おとめ
9/9（20:58）しし
10/2（3:07）おとめ
11/10（1:32）てんびん
12/7（17:48）さそり

1968年

1/2（7:37）いて
1/27（2:35）やぎ
2/20（13:55）みずがめ
3/15（22:32）うお
4/9（6:48）おひつじ
5/3（15:56）おうし
5/28（2:02）ふたご
6/21（12:20）かに
7/15（21:59）しし
8/9（6:49）おとめ
9/2（15:39）てんびん
9/27（1:45）さそり
10/21（14:16）いて
11/15（6:48）やぎ
12/10（7:40）みずがめ

1969年

1/5（5:07）うお
2/2（13:45）おひつじ
6/6（10:48）おうし
7/7（7:04）ふたご
8/3（14:30）かに
8/29（11:48）しし
9/23（12:26）おとめ
10/17（23:17）てんびん
11/11（1:40）さそり
12/4（23:41）いて
12/28（20:04）やぎ

1970年

1/21（16:26）みずがめ
2/14（14:04）うお
3/10（14:25）おひつじ
4/3（19:05）おうし

1990年

1/17 (0:23) やぎ
3/4 (2:52) みずがめ
4/6 (18:13) うお
5/4 (12:52) おひつじ
5/30 (19:13) おうし
6/25 (9:14) ふたご
7/20 (12:41) かに
8/14 (7:05) しし
9/7 (17:21) おとめ
10/1 (21:13) てんびん
10/25 (21:03) さそり
11/18 (18:58) いて
12/12 (16:18) やぎ

1991年

1/5 (14:03) みずがめ
1/29 (13:44) うお
2/22 (18:02) おひつじ
3/19 (6:45) おうし
4/13 (9:10) ふたご
5/9 (10:28) かに
6/6 (10:16) しし
7/11 (14:06) おとめ
8/22 (0:06) しし
10/7 (6:15) おとめ
11/9 (15:37) てんびん
12/6 (16:21) さそり

1992年

1/1 (0:19) いて
1/25 (16:14) やぎ
2/19 (1:40) みずがめ
3/14 (8:57) うお
4/7 (16:16) おひつじ
5/2 (0:41) おうし
5/26 (10:18) ふたご
6/19 (20:22) かに
7/14 (6:07) しし
8/7 (15:26) おとめ
9/1 (1:09) てんびん
9/25 (12:31) さそり
10/20 (2:47) いて
11/13 (21:48) やぎ
12/9 (2:49) みずがめ

1993年

1/4 (8:54) うお

9/7 (19:15) さそり

1987年

1/7 (19:20) いて
2/5 (12:03) やぎ
3/3 (16:55) みずがめ
3/29 (1:20) うお
4/23 (1:07) おひつじ
5/17 (20:56) おうし
6/11 (14:15) ふたご
7/6 (4:50) かに
7/30 (15:49) しし
8/23 (23:00) おとめ
9/17 (3:12) てんびん
10/11 (5:49) さそり
11/4 (8:04) いて
11/28 (10:51) やぎ
12/22 (15:29) みずがめ

1988年

1/16 (1:04) うお
2/9 (22:04) おひつじ
3/6 (19:21) おうし
4/4 (2:07) ふたご
5/18 (1:26) かに
5/27 (16:36) ふたご
8/7 (8:24) かに
9/7 (20:37) しし
10/4 (22:15) おとめ
10/30 (8:20) てんびん
11/23 (22:34) さそり
12/18 (2:56) いて

1989年

1/11 (3:08) やぎ
2/4 (2:15) みずがめ
2/28 (1:59) うお
3/24 (3:32) おひつじ
4/17 (7:52) おうし
5/11 (15:28) ふたご
6/5 (2:17) かに
6/29 (16:21) しし
7/24 (10:31) おとめ
8/18 (10:58) てんびん
9/12 (21:22) さそり
10/9 (1:00) いて
11/5 (19:13) やぎ
12/10 (13:54) みずがめ

5/9 (19:56) かに
6/6 (15:04) しし
7/10 (14:25) おとめ
8/27 (20:43) しし
10/6 (4:35) おとめ
11/9 (19:52) てんびん
12/7 (1:15) さそり

1984年

1/1 (11:00) いて
1/26 (3:51) やぎ
2/19 (13:53) みずがめ
3/14 (21:35) うお
4/8 (5:13) おひつじ
5/2 (13:53) おうし
5/26 (23:40) ふたご
6/20 (9:48) かに
7/14 (19:30) しし
8/8 (4:40) おとめ
9/1 (14:07) てんびん
9/26 (1:05) さそり
10/20 (14:45) いて
11/14 (8:54) やぎ
12/9 (12:26) みずがめ

1985年

1/4 (15:23) うお
2/2 (17:29) おひつじ
6/6 (17:53) おうし
7/6 (17:01) ふたご
8/2 (18:10) かに
8/28 (12:39) しし
9/22 (11:53) おとめ
10/16 (22:04) てんびん
11/10 (0:08) さそり
12/3 (22:00) いて
12/27 (18:17) やぎ

1986年

1/20 (14:36) みずがめ
2/13 (12:11) うお
3/9 (12:32) おひつじ
4/2 (17:19) おうし
4/27 (4:10) ふたご
5/21 (22:46) かに
6/16 (3:52) しし
7/12 (1:23) おとめ
8/8 (5:46) てんびん

3/7 (3:54) おうし
4/4 (4:46) ふたご
5/13 (5:53) かに
6/5 (14:44) ふたご
8/6 (23:25) かに
9/8 (2:57) しし
10/5 (8:07) おとめ
10/30 (19:38) てんびん
11/24 (10:35) さそり
12/18 (15:21) いて

1981年

1/11 (15:48) やぎ
2/4 (15:07) みずがめ
2/28 (15:01) うお
3/24 (16:43) おひつじ
4/17 (21:08) おうし
5/12 (4:45) ふたご
6/5 (15:29) かに
6/30 (5:20) しし
7/24 (23:04) おとめ
8/18 (22:44) てんびん
9/13 (7:51) さそり
10/9 (9:04) いて
11/5 (21:39) やぎ
12/9 (5:52) みずがめ

1982年

1/23 (11:56) やぎ
3/2 (20:25) みずがめ
4/6 (21:20) うお
5/4 (21:27) おひつじ
5/31 (6:02) おうし
6/25 (21:13) ふたご
7/21 (1:21) かに
8/14 (20:09) しし
9/8 (6:38) おとめ
10/2 (10:32) てんびん
10/26 (10:19) さそり
11/19 (8:07) いて
12/13 (5:20) やぎ

1983年

1/6 (2:58) みずがめ
1/30 (2:31) うお
2/23 (6:35) おひつじ
3/19 (18:51) おうし
4/13 (20:26) ふたご

5/16 (19:58) おうし
6/10 (12:32) ふたご
7/5 (2:39) かに
7/29 (13:25) しし
8/22 (20:36) おとめ
9/16 (0:58) てんびん
10/10 (3:56) さそり
11/3 (6:42) いて
11/27 (10:07) やぎ
12/21 (15:32) みずがめ

2004 年

1/15 (2:16) うお
2/9 (1:20) おひつじ
3/6 (3:12) おうし
4/3 (23:57) ふたご
8/7 (20:02) かに
9/7 (7:16) しし
10/4 (2:20) おとめ
10/29 (9:39) てんびん
11/22 (22:31) さそり
12/17 (2:10) いて

2005 年

1/10 (1:56) やぎ
2/3 (0:42) みずがめ
2/27 (0:07) うお
3/23 (1:25) おひつじ
4/16 (5:37) おうし
5/10 (13:14) ふたご
6/4 (0:18) かに
6/28 (14:53) しし
7/23 (10:01) おとめ
8/17 (12:05) てんびん
9/12 (1:14) さそり
10/8 (10:00) いて
11/5 (17:10) やぎ
12/16 (0:57) みずがめ

2006 年

1/2 (5:18) やぎ
3/5 (17:39) みずがめ
4/6 (10:21) うお
5/3 (19:25) おひつじ
5/29 (21:41) おうし
6/24 (9:31) ふたご
7/19 (11:41) かに
8/13 (5:21) しし

12/31 (13:54) いて

2000 年

1/25 (4:52) やぎ
2/18 (13:43) みずがめ
3/13 (20:36) うお
4/7 (3:37) おひつじ
5/1 (11:49) おうし
5/25 (21:15) ふたご
6/19 (7:15) かに
7/13 (17:02) しし
8/7 (2:32) おとめ
8/31 (12:35) てんびん
9/25 (0:26) さそり
10/19 (15:18) いて
11/13 (11:14) やぎ
12/8 (17:48) みずがめ

2001 年

1/4 (3:14) うお
2/3 (4:14) おひつじ
6/6 (19:25) おうし
7/6 (1:44) ふたご
8/1 (21:18) かに
8/27 (13:12) しし
9/21 (11:09) おとめ
10/15 (20:42) てんびん
11/8 (22:28) さそり
12/2 (20:11) いて
12/26 (16:25) やぎ

2002 年

1/19 (12:42) みずがめ
2/12 (10:18) うお
3/8 (10:42) おひつじ
4/1 (15:39) おうし
4/26 (2:57) ふたご
5/20 (22:27) かに
6/15 (5:16) しし
7/11 (6:09) おとめ
8/7 (18:09) てんびん
9/8 (12:05) さそり

2003 年

1/7 (22:07) いて
2/4 (22:27) やぎ
3/2 (21:40) みずがめ
3/28 (3:14) うお
4/22 (1:18) おひつじ

10/29 (21:02) てんびん
11/23 (10:34) さそり
12/17 (14:34) いて

1997 年

1/10 (14:32) やぎ
2/3 (13:28) みずがめ
2/27 (13:01) うお
3/23 (14:26) おひつじ
4/16 (18:43) おうし
5/11 (2:20) ふたご
6/4 (13:18) かに
6/29 (3:38) しし
7/23 (22:16) おとめ
8/17 (23:31) てんびん
9/12 (11:17) さそり
10/8 (17:25) いて
11/5 (17:50) やぎ
12/12 (13:39) みずがめ

1998 年

1/10 (6:03) やぎ
3/5 (1:14) みずがめ
4/6 (14:38) うお
5/4 (4:16) おひつじ
5/30 (8:32) おうし
6/24 (21:27) ふたご
7/20 (0:17) かに
8/13 (18:19) しし
9/7 (4:24) おとめ
10/1 (8:13) てんびん
10/25 (8:06) さそり
11/18 (6:06) いて
12/12 (3:33) やぎ

1999 年

1/5 (1:25) みずがめ
1/29 (1:17) うお
2/22 (5:49) おひつじ
3/18 (18:59) おうし
4/12 (22:17) ふたご
5/9 (1:29) かに
6/6 (6:25) しし
7/13 (0:18) おとめ
8/15 (23:12) しし
10/8 (1:51) おとめ
11/9 (11:19) てんびん
12/6 (7:41) さそり

2/2 (21:37) おひつじ
6/6 (19:03) おうし
7/6 (9:21) ふたご
8/2 (7:38) かに
8/28 (0:48) しし
9/21 (23:22) おとめ
10/16 (9:13) てんびん
11/9 (11:07) さそり
12/3 (8:54) いて
12/27 (5:09) やぎ

1994 年

1/20 (1:28) みずがめ
2/12 (23:04) うお
3/8 (23:28) おひつじ
4/2 (4:20) おうし
4/26 (15:24) ふたご
5/21 (10:26) かに
6/15 (16:23) しし
7/11 (15:33) おとめ
8/7 (23:36) てんびん
9/8 (2:12) さそり

1995 年

1/7 (21:07) いて
2/5 (5:12) やぎ
3/3 (7:10) みずがめ
3/28 (14:10) うお
4/22 (13:07) おひつじ
5/17 (8:22) おうし
6/11 (1:18) ふたご
7/5 (15:39) かに
7/30 (2:32) しし
8/23 (9:43) おとめ
9/16 (14:01) てんびん
10/10 (16:48) さそり
11/3 (19:18) いて
11/27 (22:23) やぎ
12/22 (3:23) みずがめ

1996 年

1/15 (13:30) うお
2/9 (11:30) おひつじ
3/6 (11:01) おうし
4/4 (0:26) ふたご
8/7 (15:15) かに
9/7 (14:07) しし
10/4 (12:22) おとめ

5/24　（18:44）ふたご
6/18　（4:39）かに
7/12　（14:34）しし
8/6　（0:27）おとめ
8/30　（11:06）てんびん
9/23　（23:51）さそり
10/18（16:01）いて
11/12（13:54）やぎ
12/7　（23:51）みずがめ

2017年

1/3　（16:46）うお
2/4　（0:51）おひつじ
4/3　（9:25）うお
4/28　（22:13）おひつじ
6/6　（16:26）おうし
7/5　（9:11）ふたご
7/31　（23:54）かに
8/26　（13:30）しし
9/20　（10:15）おとめ
10/14（19:11）てんびん
11/7　（20:38）さそり
12/1　（18:14）いて
12/25（14:26）やぎ

2018年

1/18　（10:43）みずがめ
2/11　（8:19）うお
3/7　（8:45）おひつじ
3/31　（13:54）おうし
4/25　（1:40）ふたご
5/19　（22:10）かに
6/14　（6:54）しし
7/10　（11:32）おとめ
8/7　（8:27）てんびん
9/9　（18:25）さそり
11/1　（4:42）てんびん
12/3　（2:02）さそり

2019年

1/7　（20:18）いて
2/4　（7:29）やぎ
3/2　（1:45）みずがめ
3/27　（4:43）うお
4/21　（1:10）おひつじ
5/15　（18:46）おうし
6/9　（10:37）ふたご
7/4　（0:18）かに

2/2　（11:47）みずがめ
2/26　（11:03）うお
3/22　（12:15）おひつじ
4/15　（16:25）おうし
5/10　（0:03）ふたご
6/3　（11:13）かに
6/28　（2:03）しし
7/22　（21:41）おとめ
8/17　（0:37）てんびん
9/11　（15:16）さそり
10/8　（2:54）いて
11/5　（17:43）やぎ

2014年

3/6　（6:03）みずがめ
4/6　（5:31）うお
5/3　（10:21）おひつじ
5/29　（10:45）おうし
6/23　（21:33）ふたご
7/18　（23:06）かに
8/12　（16:24）しし
9/6　（2:07）おとめ
9/30　（5:52）てんびん
10/24（5:52）さそり
11/17（4:03）いて
12/11（1:42）やぎ

2015年

1/3　（23:48）みずがめ
1/28　（0:00）うお
2/21　（5:05）おひつじ
3/17　（19:15）おうし
4/12　（0:28）ふたご
5/8　（7:52）かに
6/6　（0:33）しし
7/19　（7:38）おとめ
8/1　（0:27）しし
10/9　（2:29）おとめ
11/9　（0:31）てんびん
12/5　（13:15）さそり
12/30（16:16）いて

2016年

1/24　（5:31）やぎ
2/17　（13:17）みずがめ
3/12　（19:24）うお
4/6　（1:50）おひつじ
4/30　（9:36）おうし

11/8　（9:23）さそり
12/2　（7:04）いて
12/26（3:17）やぎ

2010年

1/18　（23:35）みずがめ
2/11　（21:10）うお
3/7　（21:33）おひつじ
4/1　（2:35）おうし
4/25　（14:05）ふたご
5/20　（10:05）かに
6/14　（17:50）しし
7/10　（20:32）おとめ
8/7　（12:47）てんびん
9/9　（0:44）さそり
11/8　（12:06）てんびん
11/30（9:33）さそり

2011年

1/7　（21:30）いて
2/4　（14:58）やぎ
3/2　（11:39）みずがめ
3/27　（15:53）うお
4/21　（13:06）おひつじ
5/16　（7:12）おうし
6/9　（23:23）ふたご
7/4　（13:17）かに
7/28　（23:59）しし
8/22　（7:11）おとめ
9/15　（11:40）てんびん
10/9　（14:50）さそり
11/2　（17:51）いて
11/26（21:36）やぎ
12/21（3:26）みずがめ

2012年

1/14　（14:47）うお
2/8　（15:01）おひつじ
3/5　（19:25）おうし
4/4　（0:18）ふたご
8/7　（22:43）かに
9/6　（23:48）しし
10/3　（15:59）おとめ
10/28（22:04）てんびん
11/22（10:20）さそり
12/16（13:38）いて

2013年

1/9　（13:11）やぎ

9/6　（15:15）おとめ
9/30　（19:02）てんびん
10/24（18:58）さそり
11/17（17:02）いて
12/11（14:33）やぎ

2007年

1/4　（12:31）みずがめ
1/28　（12:32）うお
2/21　（17:21）おひつじ
3/18　（7:00）おうし
4/12　（11:15）ふたご
5/8　（16:28）かに
6/6　（2:59）しし
7/15　（3:23）おとめ
8/9　（10:10）しし
10/8　（15:53）おとめ
11/9　（6:05）てんびん
12/5　（22:29）さそり
12/31（3:02）いて

2008年

1/24　（17:06）やぎ
2/18　（1:22）みずがめ
3/13　（7:51）うお
4/6　（14:35）おひつじ
4/30　（22:34）おうし
5/25　（7:52）ふたご
6/18　（17:48）かに
7/13　（3:39）しし
8/6　（13:20）おとめ
8/30　（23:41）てんびん
9/24　（11:59）さそり
10/19（3:31）いて
11/13（0:25）やぎ
12/8　（8:37）みずがめ

2009年

1/3　（21:35）うお
2/3　（12:41）おひつじ
4/11　（21:47）うお
4/24　（16:18）おひつじ
6/6　（18:07）おうし
7/5　（17:23）ふたご
8/1　（10:28）かに
8/27　（1:12）しし
9/20　（22:32）おとめ
10/15（7:46）てんびん

7/21 (21:20) おとめ
8/16 (2:06) てんびん
9/10 (19:54) さそり
10/7 (13:47) いて
11/5 (22:38) やぎ

2030年

3/6 (21:51) みずがめ
4/5 (18:18) うお
5/2 (15:37) おひつじ
5/28 (12:32) おうし
6/22 (21:23) ふたご
7/17 (21:46) かに
8/11 (14:24) しし
9/4 (23:50) おとめ
9/29 (3:33) てんびん
10/23 (3:39) さそり
11/16 (2:00) いて
12/9 (23:51) やぎ

3/31 (1:01) おうし
4/24 (13:03) ふたご
5/19 (10:05) かに
6/13 (19:46) しし
7/10 (2:22) おとめ
8/7 (4:12) てんびん
9/10 (17:06) さそり
10/25 (18:10) てんびん
12/4 (17:12) さそり

2027年

1/7 (17:53) いて
2/3 (23:30) やぎ
3/1 (15:32) みずがめ
3/26 (17:16) うお
4/20 (12:57) おひつじ
5/15 (6:01) おうし
6/8 (21:32) ふたご
7/3 (11:01) かに
7/27 (21:31) しし
8/21 (4:42) おとめ
9/14 (9:24) てんびん
10/8 (12:59) さそり
11/1 (16:34) いて
11/25 (20:59) やぎ
12/20 (3:40) みずがめ

2028年

1/13 (16:20) うお
2/7 (19:01) おひつじ
3/5 (5:01) おうし
4/4 (5:27) ふたご
8/8 (0:26) かに
9/6 (8:18) しし
10/2 (19:08) おとめ
10/27 (22:51) てんびん
11/21 (9:58) さそり
12/15 (12:39) いて

2029年

1/8 (11:47) やぎ
2/1 (10:03) みずがめ
2/25 (9:03) うお
3/21 (10:03) おひつじ
4/14 (14:06) おうし
5/8 (21:46) ふたご
6/2 (9:10) かに
6/27 (0:37) しし

2023年

1/3 (11:09) みずがめ
1/27 (11:33) うお
2/20 (16:55) おひつじ
3/17 (7:34) おうし
4/11 (13:47) ふたご
5/7 (23:24) かに
6/5 (22:46) しし
10/9 (10:10) おとめ
11/8 (18:30) てんびん
12/5 (3:51) さそり
12/30 (5:23) いて

2024年

1/23 (17:50) やぎ
2/17 (1:05) みずがめ
3/12 (6:50) うお
4/5 (13:00) おひつじ
4/29 (20:31) おうし
5/24 (5:30) ふたご
6/17 (15:20) かに
7/12 (1:19) しし
8/5 (11:23) おとめ
8/29 (22:22) てんびん
9/23 (11:36) さそり
10/18 (4:28) いて
11/12 (3:25) やぎ
12/7 (15:13) みずがめ

2025年

1/3 (12:24) うお
2/4 (16:57) おひつじ
3/27 (17:40) うお
5/1 (2:16) おひつじ
6/6 (13:42) おうし
7/5 (0:31) ふたご
7/31 (12:57) かに
8/26 (1:27) しし
9/19 (21:39) おとめ
10/14 (6:18) てんびん
11/7 (7:39) さそり
12/1 (5:13) いて
12/25 (1:26) やぎ

2026年

1/17 (21:43) みずがめ
2/10 (19:18) うお
3/6 (19:45) おひつじ

7/28 (10:54) しし
8/21 (18:06) おとめ
9/14 (22:43) てんびん
10/9 (2:06) さそり
11/2 (5:25) いて
11/26 (9:28) やぎ
12/20 (15:41) みずがめ

2020年

1/14 (3:39) うお
2/8 (5:02) おひつじ
3/5 (12:07) おうし
4/4 (2:10) ふたご
8/8 (0:21) かに
9/6 (16:21) しし
10/3 (5:48) おとめ
10/28 (10:41) てんびん
11/21 (22:22) さそり
12/16 (1:21) いて

2021年

1/9 (0:41) やぎ
2/1 (23:05) みずがめ
2/25 (22:11) うお
3/21 (23:16) おひつじ
4/15 (3:22) おうし
5/9 (11:01) ふたご
6/2 (22:18) かに
6/27 (13:27) しし
7/22 (9:37) おとめ
8/16 (13:26) てんびん
9/11 (5:39) さそり
10/7 (20:21) いて
11/5 (19:44) やぎ

2022年

3/6 (15:30) みずがめ
4/6 (0:17) うお
5/3 (1:10) おひつじ
5/28 (23:46) おうし
6/23 (9:34) ふたご
7/18 (10:32) かに
8/12 (3:30) しし
9/5 (13:05) おとめ
9/29 (16:49) てんびん
10/23 (16:52) さそり
11/16 (15:08) いて
12/10 (12:54) やぎ

太陽

1959年

12/22（23:34）やぎ

1960年

1/21（10:10）みずがめ
2/20（0:26）うお
3/20（23:43）おひつじ
4/20（11:06）おうし
5/21（10:34）ふたご
6/21（18:42）かに
7/23（5:37）しし
8/23（12:34）おとめ
9/23（9:59）てんびん
10/23（19:02）さそり
11/22（16:18）いて
12/22（5:26）やぎ

1961年

1/20（16:01）みずがめ
2/19（6:16）うお
3/21（5:32）おひつじ
4/20（16:55）おうし
5/21（16:22）ふたご
6/22（0:30）かに
7/23（11:24）しし
8/23（18:19）おとめ
9/23（15:42）てんびん
10/24（0:47）さそり
11/22（22:08）いて
12/22（11:19）やぎ

1962年

1/20（21:58）みずがめ
2/19（12:15）うお
3/21（11:30）おひつじ
4/20（22:51）おうし
5/21（22:17）ふたご
6/22（6:24）かに
7/23（17:18）しし
8/24（0:12）おとめ
9/23（21:35）てんびん
10/24（6:40）さそり
11/23（4:02）いて
12/22（17:15）やぎ

1963年

1/21（3:54）みずがめ
2/19（18:09）うお
3/21（17:20）おひつじ
4/21（4:36）おうし
5/22（3:58）ふたご
6/22（12:04）かに
7/23（22:59）しし
8/24（5:58）おとめ
9/24（3:24）てんびん
10/24（12:29）さそり
11/23（9:49）いて
12/22（23:02）やぎ

1964年

1/21（9:41）みずがめ
2/19（23:57）うお
3/20（23:10）おひつじ
4/20（10:27）おうし
5/21（9:50）ふたご
6/21（17:57）かに
7/23（4:53）しし
8/23（11:51）おとめ
9/23（9:17）てんびん
10/23（18:21）さそり
11/22（15:39）いて
12/22（4:50）やぎ

1965年

1/20（15:29）みずがめ
2/19（5:48）うお
3/21（5:05）おひつじ
4/20（16:26）おうし
5/21（15:50）ふたご
6/21（23:56）かに
7/23（10:48）しし
8/23（17:43）おとめ
9/23（15:06）てんびん
10/24（0:10）さそり
11/22（21:29）いて
12/22（10:40）やぎ

1966年

1/20（21:20）みずがめ
2/19（11:38）うお
3/21（10:53）おひつじ
4/20（22:12）おうし
5/21（21:32）ふたご
6/22（5:33）かに
7/23（16:23）しし
8/23（23:18）おとめ
9/23（20:43）てんびん
10/24（5:51）さそり
11/23（3:14）いて
12/22（16:28）やぎ

1967年

1/21（3:08）みずがめ
2/19（17:24）うお
3/21（16:37）おひつじ
4/21（3:55）おうし
5/22（3:18）ふたご
6/22（11:23）かに
7/23（22:16）しし
8/24（5:12）おとめ
9/24（2:38）てんびん
10/24（11:44）さそり
11/23（9:04）いて
12/22（22:16）やぎ

1968年

1/21（8:54）みずがめ
2/19（23:09）うお
3/20（22:22）おひつじ
4/20（9:41）おうし
5/21（9:06）ふたご
6/21（17:13）かに
7/23（4:07）しし
8/23（11:03）おとめ
9/23（8:26）てんびん
10/23（17:30）さそり
11/22（14:49）いて
12/22（4:00）やぎ

1969年

1/20（14:38）みずがめ
2/19（4:55）うお
3/21（4:08）おひつじ
4/20（15:27）おうし
5/21（14:50）ふたご
6/21（22:55）かに
7/23（9:48）しし
8/23（16:43）おとめ
9/23（14:07）てんびん
10/23（23:11）さそり
11/22（20:31）いて
12/22（9:44）やぎ

1970年

1/20（20:24）みずがめ
2/19（10:42）うお
3/21（9:56）おひつじ
4/20（21:15）おうし
5/21（20:37）ふたご
6/22（4:43）かに
7/23（15:37）しし
8/23（22:34）おとめ
9/23（19:59）てんびん
10/24（5:04）さそり
11/23（2:25）いて
12/22（15:36）やぎ

1971年

1/21（2:13）みずがめ
2/19（16:27）うお
3/21（15:38）おひつじ
4/21（2:54）おうし
5/22（2:15）ふたご
6/22（10:20）かに
7/23（21:15）しし
8/24（4:15）おとめ
9/24（1:45）てんびん
10/24（10:53）さそり
11/23（8:14）いて
12/22（21:24）やぎ

1972年

1/21（7:59）みずがめ
2/19（22:11）うお
3/20（21:21）おひつじ
4/20（8:37）おうし
5/21（8:00）ふたご
6/21（16:06）かに
7/23（3:03）しし
8/23（10:03）おとめ
9/23（7:33）てんびん
10/23（16:41）さそり
11/22（14:03）いて
12/22（3:13）やぎ

1973年

6/22 （8:09） かに
7/23 （19:04） しし
8/24 （2:07） おとめ
9/23 （23:42） てんびん
10/24 （8:54） さそり
11/23 （6:18） いて
12/22 （19:30） やぎ

1984 年

1/21 （6:05） みずがめ
2/19 （20:16） うお
3/20 （19:24） おひつじ
4/20 （6:38） おうし
5/21 （5:58） ふたご
6/21 （14:02） かに
7/23 （0:58） しし
8/23 （8:00） おとめ
9/23 （5:33） てんびん
10/23 （14:46） さそり
11/22 （12:11） いて
12/22 （1:23） やぎ

1985 年

1/20 （11:58） みずがめ
2/19 （2:07） うお
3/21 （1:14） おひつじ
4/20 （12:26） おうし
5/21 （11:43） ふたご
6/21 （19:44） かに
7/23 （6:36） しし
8/23 （13:36） おとめ
9/23 （11:07） てんびん
10/23 （20:22） さそり
11/22 （17:51） いて
12/22 （7:08） やぎ

1986 年

1/20 （17:46） みずがめ
2/19 （7:58） うお
3/21 （7:03） おひつじ
4/20 （18:12） おうし
5/21 （17:28） ふたご
6/22 （1:30） かに
7/23 （12:24） しし
8/23 （19:26） おとめ
9/23 （16:59） てんびん
10/24 （2:14） さそり
11/22 （23:44） いて

1980 年

1/21 （6:49） みずがめ
2/19 （21:02） うお
3/20 （20:10） おひつじ
4/20 （7:23） おうし
5/21 （6:42） ふたご
6/21 （14:47） かに
7/23 （1:42） しし
8/23 （8:41） おとめ
9/23 （6:09） てんびん
10/23 （15:18） さそり
11/22 （12:41） いて
12/22 （1:56） やぎ

1981 年

1/20 （12:36） みずがめ
2/19 （2:52） うお
3/21 （2:03） おひつじ
4/20 （13:19） おうし
5/21 （12:39） ふたご
6/21 （20:45） かに
7/23 （7:40） しし
8/23 （14:38） おとめ
9/23 （12:05） てんびん
10/23 （21:13） さそり
11/22 （18:36） いて
12/22 （7:51） やぎ

1982 年

1/20 （18:31） みずがめ
2/19 （8:47） うお
3/21 （7:56） おひつじ
4/20 （19:07） おうし
5/21 （18:23） ふたご
6/22 （2:23） かに
7/23 （13:15） しし
8/23 （20:15） おとめ
9/23 （17:46） てんびん
10/24 （2:58） さそり
11/23 （0:23） いて
12/22 （13:38） やぎ

1983 年

1/21 （0:17） みずがめ
2/19 （14:31） うお
3/21 （13:39） おひつじ
4/21 （0:50） おうし
5/22 （0:06） ふたご

7/23 （2:18） しし
8/23 （9:18） おとめ
9/23 （6:48） てんびん
10/23 （15:58） さそり
11/22 （13:22） いて
12/22 （2:35） やぎ

1977 年

1/20 （13:14） みずがめ
2/19 （3:30） うお
3/21 （2:42） おひつじ
4/20 （13:57） おうし
5/21 （13:14） ふたご
6/21 （21:14） かに
7/23 （8:04） しし
8/23 （15:00） おとめ
9/23 （12:29） てんびん
10/23 （21:41） さそり
11/22 （19:07） いて
12/22 （8:23） やぎ

1978 年

1/20 （19:04） みずがめ
2/19 （9:21） うお
3/21 （8:34） おひつじ
4/20 （19:50） おうし
5/21 （19:08） ふたご
6/22 （3:10） かに
7/23 （14:00） しし
8/23 （20:57） おとめ
9/23 （18:25） てんびん
10/24 （3:37） さそり
11/23 （1:05） いて
12/22 （14:21） やぎ

1979 年

1/21 （1:00） みずがめ
2/19 （15:13） うお
3/21 （14:22） おひつじ
4/21 （1:35） おうし
5/22 （0:54） ふたご
6/22 （8:56） かに
7/23 （19:49） しし
8/24 （2:47） おとめ
9/24 （0:16） てんびん
10/24 （9:28） さそり
11/23 （6:54） いて
12/22 （20:10） やぎ

1/20 （13:48） みずがめ
2/19 （4:01） うお
3/21 （3:12） おひつじ
4/20 （14:30） おうし
5/21 （13:54） ふたご
6/21 （22:01） かに
7/23 （8:56） しし
8/23 （15:53） おとめ
9/23 （13:21） てんびん
10/23 （22:30） さそり
11/22 （19:54） いて
12/22 （9:08） やぎ

1974 年

1/20 （19:46） みずがめ
2/19 （9:59） うお
3/21 （9:07） おひつじ
4/20 （20:19） おうし
5/21 （19:36） ふたご
6/22 （3:38） かに
7/23 （14:30） しし
8/23 （21:29） おとめ
9/23 （18:58） てんびん
10/24 （4:11） さそり
11/23 （1:38） いて
12/22 （14:56） やぎ

1975 年

1/21 （1:36） みずがめ
2/19 （15:50） うお
3/21 （14:57） おひつじ
4/21 （2:07） おうし
5/22 （1:24） ふたご
6/22 （9:26） かに
7/23 （20:22） しし
8/24 （3:24） おとめ
9/24 （0:55） てんびん
10/24 （10:06） さそり
11/23 （7:31） いて
12/22 （20:46） やぎ

1976 年

1/21 （7:25） みずがめ
2/19 （21:40） うお
3/20 （20:50） おひつじ
4/20 （8:03） おうし
5/21 （7:21） ふたご
6/21 （15:24） かに

12/22（13:02）やぎ

1987年

1/20（23:40）みずがめ
2/19（13:50）うお
3/21（12:52）おひつじ
4/20（23:58）おうし
5/21（23:10）ふたご
6/22（7:11）かに
7/23（18:06）しし
8/24（1:10）おとめ
9/23（22:45）てんびん
10/24（8:01）さそり
11/23（5:29）いて
12/22（18:46）やぎ

1988年

1/21（5:24）みずがめ
2/19（19:35）うお
3/20（18:39）おひつじ
4/20（5:45）おうし
5/21（4:57）ふたご
6/21（12:57）かに
7/22（23:51）しし
8/23（6:54）おとめ
9/23（4:29）てんびん
10/23（13:44）さそり
11/22（11:12）いて
12/22（0:28）やぎ

1989年

1/20（11:07）みずがめ
2/19（1:21）うお
3/21（0:28）おひつじ
4/20（11:39）おうし
5/21（10:54）ふたご
6/21（18:53）かに
7/23（5:45）しし
8/23（12:46）おとめ
9/23（10:20）てんびん
10/23（19:35）さそり
11/22（17:05）いて
12/22（6:22）やぎ

1990年

1/20（17:02）みずがめ
2/19（7:14）うお
3/21（6:19）おひつじ
4/20（17:27）おうし
5/21（16:37）ふたご
6/22（0:33）かに
7/23（11:22）しし
8/23（18:21）おとめ
9/23（15:56）てんびん
10/24（1:14）さそり
11/22（22:47）いて
12/22（12:07）やぎ

1991年

1/20（22:47）みずがめ
2/19（12:58）うお
3/21（12:02）おひつじ
4/20（23:08）おうし
5/21（22:20）ふたご
6/22（6:19）かに
7/23（17:11）しし
8/24（0:13）おとめ
9/23（21:48）てんびん
10/24（7:05）さそり
11/23（4:36）いて
12/22（17:54）やぎ

1992年

1/21（4:32）みずがめ
2/19（18:43）うお
3/20（17:48）おひつじ
4/20（4:57）おうし
5/21（4:12）ふたご
6/21（12:14）かに
7/22（23:09）しし
8/23（6:10）おとめ
9/23（3:43）てんびん
10/23（12:57）さそり
11/22（10:26）いて
12/21（23:43）やぎ

1993年

1/20（10:23）みずがめ
2/19（0:35）うお
3/20（23:41）おひつじ
4/20（10:49）おうし
5/21（10:02）ふたご
6/21（18:00）かに
7/23（4:51）しし
8/23（11:50）おとめ
9/23（9:22）てんびん
10/23（18:37）さそり
11/22（16:07）いて
12/22（5:26）やぎ

1994年

1/20（16:07）みずがめ
2/19（6:22）うお
3/21（5:28）おひつじ
4/20（16:36）おうし
5/21（15:48）ふたご
6/21（23:48）かに
7/23（10:41）しし
8/23（17:44）おとめ
9/23（15:19）てんびん
10/24（0:36）さそり
11/22（22:06）いて
12/22（11:23）やぎ

1995年

1/20（22:00）みずがめ
2/19（12:11）うお
3/21（11:14）おひつじ
4/20（22:21）おうし
5/21（21:34）ふたご
6/22（5:34）かに
7/23（16:30）しし
8/23（23:35）おとめ
9/23（21:13）てんびん
10/24（6:32）さそり
11/23（4:01）いて
12/22（17:17）やぎ

1996年

1/21（3:52）みずがめ
2/19（18:01）うお
3/20（17:03）おひつじ
4/20（4:10）おうし
5/21（3:23）ふたご
6/21（11:24）かに
7/22（22:19）しし
8/23（5:23）おとめ
9/23（3:00）てんびん
10/23（12:19）さそり
11/22（9:49）いて
12/21（23:06）やぎ

1997年

1/20（9:43）みずがめ
2/18（23:51）うお
3/20（22:55）おひつじ
4/20（10:03）おうし
5/21（9:18）ふたご
6/21（17:20）かに
7/23（4:15）しし
8/23（11:19）おとめ
9/23（8:56）てんびん
10/23（18:15）さそり
11/22（15:48）いて
12/22（5:07）やぎ

1998年

1/20（15:46）みずがめ
2/19（5:55）うお
3/21（4:55）おひつじ
4/20（15:57）おうし
5/21（15:05）ふたご
6/21（23:03）かに
7/23（9:55）しし
8/23（16:59）おとめ
9/23（14:37）てんびん
10/23（23:59）さそり
11/22（21:34）いて
12/22（10:56）やぎ

1999年

1/20（21:37）みずがめ
2/19（11:47）うお
3/21（10:46）おひつじ
4/20（21:46）おうし
5/21（20:52）ふたご
6/22（4:49）かに
7/23（15:44）しし
8/23（22:51）おとめ
9/23（20:31）てんびん
10/24（5:52）さそり
11/23（3:25）いて
12/22（16:44）やぎ

2000年

1/21（3:23）みずがめ
2/19（17:33）うお
3/20（16:35）おひつじ
4/20（3:40）おうし
5/21（2:49）ふたご
6/21（10:48）かに
7/22（21:43）しし
8/23（4:49）おとめ
9/23（2:28）てんびん

2/19 (9:25) うお
3/21 (8:21) おひつじ
4/20 (19:17) おうし
5/21 (18:21) ふたご
6/22 (2:16) かに
7/23 (13:12) しし
8/23 (20:21) おとめ
9/23 (18:05) てんびん
10/24 (3:30) さそり
11/23 (1:08) いて
12/22 (14:30) やぎ

2012年

1/21 (1:10) みずがめ
2/19 (15:18) うお
3/20 (14:14) おひつじ
4/20 (1:12) おうし
5/21 (0:16) ふたご
6/21 (8:09) かに
7/22 (19:01) しし
8/23 (2:07) おとめ
9/22 (23:49) てんびん
10/23 (9:14) さそり
11/22 (6:50) いて
12/21 (20:12) やぎ

2013年

1/20 (6:52) みずがめ
2/18 (21:02) うお
3/20 (20:02) おひつじ
4/20 (7:03) おうし
5/21 (6:09) ふたご
6/21 (14:04) かに
7/23 (0:56) しし
8/23 (8:02) おとめ
9/23 (5:44) てんびん
10/23 (15:10) さそり
11/22 (12:48) いて
12/22 (2:11) やぎ

2014年

1/20 (12:51) みずがめ
2/19 (2:59) うお
3/21 (1:57) おひつじ
4/20 (12:56) おうし
5/21 (11:59) ふたご
6/21 (19:51) かに
7/23 (6:41) しし

9/23 (18:51) てんびん
10/24 (4:15) さそり
11/23 (1:50) いて
12/22 (15:08) やぎ

2008年

1/21 (1:44) みずがめ
2/19 (15:50) うお
3/20 (14:48) おひつじ
4/20 (1:51) おうし
5/21 (1:01) ふたご
6/21 (8:59) かに
7/22 (19:55) しし
8/23 (3:02) おとめ
9/23 (0:44) てんびん
10/23 (10:09) さそり
11/22 (7:44) いて
12/21 (21:04) やぎ

2009年

1/20 (7:40) みずがめ
2/18 (21:46) うお
3/20 (20:44) おひつじ
4/20 (7:44) おうし
5/21 (6:51) ふたご
6/21 (14:46) かに
7/23 (1:36) しし
8/23 (8:39) おとめ
9/23 (6:19) てんびん
10/23 (15:43) さそり
11/22 (13:23) いて
12/22 (2:47) やぎ

2010年

1/20 (13:28) みずがめ
2/19 (3:36) うお
3/21 (2:32) おひつじ
4/20 (13:30) おうし
5/21 (12:34) ふたご
6/21 (20:28) かに
7/23 (7:21) しし
8/23 (14:27) おとめ
9/23 (12:09) てんびん
10/23 (21:35) さそり
11/22 (19:15) いて
12/22 (8:38) やぎ

2011年

1/20 (19:19) みずがめ

3/20 (15:49) おひつじ
4/20 (2:50) おうし
5/21 (1:59) ふたご
6/21 (9:57) かに
7/22 (20:50) しし
8/23 (3:53) おとめ
9/23 (1:30) てんびん
10/23 (10:49) さそり
11/22 (8:22) いて
12/21 (21:42) やぎ

2005年

1/20 (8:22) みずがめ
2/18 (22:32) うお
3/20 (21:33) おひつじ
4/20 (8:37) おうし
5/21 (7:47) ふたご
6/21 (15:46) かに
7/23 (2:41) しし
8/23 (9:45) おとめ
9/23 (7:23) てんびん
10/23 (16:42) さそり
11/22 (14:15) いて
12/22 (3:35) やぎ

2006年

1/20 (14:15) みずがめ
2/19 (4:26) うお
3/21 (3:26) おひつじ
4/20 (14:26) おうし
5/21 (13:32) ふたご
6/21 (21:26) かに
7/23 (8:18) しし
8/23 (15:23) おとめ
9/23 (13:03) てんびん
10/23 (22:26) さそり
11/22 (20:02) いて
12/22 (9:22) やぎ

2007年

1/20 (20:01) みずがめ
2/19 (10:09) うお
3/21 (9:07) おひつじ
4/20 (20:07) おうし
5/21 (19:12) ふたご
6/22 (3:06) かに
7/23 (14:00) しし
8/23 (21:08) おとめ

10/23 (11:47) さそり
11/22 (9:19) いて
12/21 (22:37) やぎ

2001年

1/20 (9:16) みずがめ
2/18 (23:27) うお
3/20 (22:31) おひつじ
4/20 (9:36) おうし
5/21 (8:44) ふたご
6/21 (16:38) かに
7/23 (3:26) しし
8/23 (10:27) おとめ
9/23 (8:04) てんびん
10/23 (17:26) さそり
11/22 (15:00) いて
12/22 (4:21) やぎ

2002年

1/20 (15:02) みずがめ
2/19 (5:13) うお
3/21 (4:16) おひつじ
4/20 (15:20) おうし
5/21 (14:29) ふたご
6/21 (22:24) かに
7/23 (9:15) しし
8/23 (16:17) おとめ
9/23 (13:55) てんびん
10/23 (23:18) さそり
11/22 (20:54) いて
12/22 (10:14) やぎ

2003年

1/20 (20:53) みずがめ
2/19 (11:00) うお
3/21 (10:00) おひつじ
4/20 (21:03) おうし
5/21 (20:12) ふたご
6/22 (4:10) かに
7/23 (15:04) しし
8/23 (22:08) おとめ
9/23 (19:47) てんびん
10/24 (5:08) さそり
11/23 (2:43) いて
12/22 (16:04) やぎ

2004年

1/21 (2:42) みずがめ
2/19 (16:50) うお

2025年

1/20 (5:00) みずがめ
2/18 (19:06) うお
3/20 (18:01) おひつじ
4/20 (4:56) おうし
5/21 (3:54) ふたご
6/21 (11:42) かに
7/22 (22:29) しし
8/23 (5:34) おとめ
9/23 (3:19) てんびん
10/23 (12:51) さそり
11/22 (10:35) いて
12/22 (0:03) やぎ

2026年

1/20 (10:45) みずがめ
2/19 (0:52) うお
3/20 (23:46) おひつじ
4/20 (10:39) おうし
5/21 (9:36) ふたご
6/21 (17:24) かに
7/23 (4:13) しし
8/23 (11:18) おとめ
9/23 (9:05) てんびん
10/23 (18:38) さそり
11/22 (16:23) いて
12/22 (5:50) やぎ

2027年

1/20 (16:30) みずがめ
2/19 (6:33) うお
3/21 (5:24) おひつじ
4/20 (16:17) おうし
5/21 (15:18) ふたご
6/21 (23:10) かに
7/23 (10:04) しし
8/23 (17:14) おとめ
9/23 (15:01) てんびん
10/24 (0:33) さそり
11/22 (22:16) いて
12/22 (11:42) やぎ

2028年

1/20 (22:22) みずがめ
2/19 (12:26) うお
3/20 (11:17) おひつじ
4/19 (22:09) おうし
5/20 (21:09) ふたご

7/22 (23:26) しし
8/23 (6:35) おとめ
9/23 (4:21) てんびん
10/23 (13:51) さそり
11/22 (11:34) いて
12/22 (0:59) やぎ

2022年

1/20 (11:39) みずがめ
2/19 (1:43) うお
3/21 (0:33) おひつじ
4/20 (11:24) おうし
5/21 (10:22) ふたご
6/21 (18:14) かに
7/23 (5:07) しし
8/23 (12:16) おとめ
9/23 (10:03) てんびん
10/23 (19:35) さそり
11/22 (17:20) いて
12/22 (6:48) やぎ

2023年

1/20 (17:29) みずがめ
2/19 (7:34) うお
3/21 (6:24) おひつじ
4/20 (17:13) おうし
5/21 (16:09) ふたご
6/21 (23:58) かに
7/23 (10:50) しし
8/23 (18:01) おとめ
9/23 (15:50) てんびん
10/24 (1:21) さそり
11/22 (23:02) いて
12/22 (12:27) やぎ

2024年

1/20 (23:07) みずがめ
2/19 (13:13) うお
3/20 (12:06) おひつじ
4/19 (22:59) おうし
5/20 (21:59) ふたご
6/21 (5:51) かに
7/22 (16:44) しし
8/22 (23:55) おとめ
9/22 (21:43) てんびん
10/23 (7:14) さそり
11/22 (4:56) いて
12/21 (18:20) やぎ

1/20 (12:09) みずがめ
2/19 (2:18) うお
3/21 (1:15) おひつじ
4/20 (12:12) おうし
5/21 (11:15) ふたご
6/21 (19:07) かに
7/23 (6:00) しし
8/23 (13:08) おとめ
9/23 (10:54) てんびん
10/23 (20:22) さそり
11/22 (18:01) いて
12/22 (7:23) やぎ

2019年

1/20 (17:59) みずがめ
2/19 (8:04) うお
3/21 (6:58) おひつじ
4/20 (17:55) おうし
5/21 (16:59) ふたご
6/22 (0:54) かに
7/23 (11:50) しし
8/23 (19:02) おとめ
9/23 (16:50) てんびん
10/24 (2:20) さそり
11/22 (23:59) いて
12/22 (13:19) やぎ

2020年

1/20 (23:55) みずがめ
2/19 (13:57) うお
3/20 (12:49) おひつじ
4/19 (23:45) おうし
5/20 (22:49) ふたご
6/21 (6:44) かに
7/22 (17:37) しし
8/23 (0:45) おとめ
9/22 (22:30) てんびん
10/23 (7:59) さそり
11/22 (5:40) いて
12/21 (19:02) やぎ

2021年

1/20 (5:40) みずがめ
2/18 (19:44) うお
3/20 (18:37) おひつじ
4/20 (5:33) おうし
5/21 (4:37) ふたご
6/21 (12:32) かに

8/23 (13:46) おとめ
9/23 (11:29) てんびん
10/23 (20:57) さそり
11/22 (18:38) いて
12/22 (8:03) やぎ

2015年

1/20 (18:43) みずがめ
2/19 (8:50) うお
3/21 (7:45) おひつじ
4/20 (18:42) おうし
5/21 (17:45) ふたご
6/22 (1:38) かに
7/23 (12:30) しし
8/23 (19:37) おとめ
9/23 (17:20) てんびん
10/24 (2:47) さそり
11/23 (0:25) いて
12/22 (13:48) やぎ

2016年

1/21 (0:27) みずがめ
2/19 (14:34) うお
3/20 (13:30) おひつじ
4/20 (0:29) おうし
5/20 (23:36) ふたご
6/21 (7:34) かに
7/22 (18:30) しし
8/23 (1:38) おとめ
9/22 (23:21) てんびん
10/23 (8:45) さそり
11/22 (6:22) いて
12/21 (19:44) やぎ

2017年

1/20 (6:24) みずがめ
2/18 (20:31) うお
3/20 (19:29) おひつじ
4/20 (6:27) おうし
5/21 (5:31) ふたご
6/21 (13:24) かに
7/23 (0:15) しし
8/23 (7:20) おとめ
9/23 (5:02) てんびん
10/23 (14:27) さそり
11/22 (12:05) いて
12/22 (1:28) やぎ

2018年

7/23 (3:24) しし
8/23 (10:36) おとめ
9/23 (8:26) てんびん
10/23 (18:00) さそり
11/22 (15:44) いて
12/22 (5:09) やぎ

11/22 (9:49) いて
12/21 (23:14) やぎ

2030 年

1/20 (9:54) みずがめ
2/19 (0:00) うお
3/20 (22:52) おひつじ
4/20 (9:43) おうし
5/21 (8:41) ふたご
6/21 (16:31) かに

2/18 (18:08) うお
3/20 (17:02) おひつじ
4/20 (3:55) おうし
5/21 (2:55) ふたご
6/21 (10:48) かに
7/22 (21:42) しし
8/23 (4:51) おとめ
9/23 (2:38) てんびん
10/23 (12:08) さそり

6/21 (5:02) かに
7/22 (15:54) しし
8/22 (23:01) おとめ
9/22 (20:45) てんびん
10/23 (6:13) さそり
11/22 (3:54) いて
12/21 (17:19) やぎ

2029 年

1/20 (4:00) みずがめ

火星

12/27 (3:04) おひつじ

1972 年

2/10 (23:04) おうし
3/27 (13:30) ふたご
5/12 (22:14) かに
6/29 (1:09) しし
8/15 (9:59) おとめ
10/1 (8:23) てんびん
11/16 (7:17) さそり
12/31 (1:12) いて

1973 年

2/12 (14:51) やぎ
3/27 (5:59) みずがめ
5/8 (13:09) うお
6/21 (5:54) おひつじ
8/12 (23:56) おうし
10/30 (7:56) おひつじ
12/24 (17:09) おうし

1974 年

2/27 (19:11) ふたご
4/20 (17:18) かに
6/9 (9:54) しし
7/27 (23:04) おとめ
9/13 (4:08) てんびん
10/28 (16:05) さそり
12/11 (7:05) いて

1975 年

1/22 (3:49) やぎ
3/3 (14:32) みずがめ
4/12 (4:15) うお
5/21 (17:14) おひつじ

10/23 (11:14) やぎ
12/2 (5:12) みずがめ

1968 年

1/9 (18:49) うお
2/17 (12:18) おひつじ
3/28 (8:43) おうし
5/8 (23:14) ふたご
6/21 (14:03) かに
8/6 (2:07) しし
9/22 (3:39) おとめ
11/9 (15:10) てんびん
12/30 (7:07) さそり

1969 年

2/25 (15:21) いて
9/21 (15:35) やぎ
11/5 (3:51) みずがめ
12/15 (23:22) うお

1970 年

1/25 (6:29) おひつじ
3/7 (10:28) おうし
4/19 (3:59) ふたご
6/2 (15:51) かに
7/18 (15:43) しし
9/3 (13:57) おとめ
10/20 (19:57) てんびん
12/7 (1:34) さそり

1971 年

1/23 (10:34) いて
3/12 (19:11) やぎ
5/4 (5:57) みずがめ
11/6 (21:31) うお

10/26 (2:31) いて
12/5 (18:03) やぎ

1964 年

1/13 (15:13) みずがめ
2/20 (16:33) うお
3/29 (20:24) おひつじ
5/7 (23:41) おうし
6/17 (20:43) ふたご
7/31 (3:23) かに
9/15 (14:22) しし
11/6 (12:20) おとめ

1965 年

6/29 (10:12) てんびん
8/20 (21:16) さそり
10/4 (15:46) いて
11/14 (16:19) やぎ
12/23 (14:36) みずがめ

1966 年

1/30 (16:01) うお
3/9 (21:55) おひつじ
4/18 (5:35) おうし
5/29 (7:07) ふたご
7/11 (12:15) かに
8/26 (0:52) しし
10/13 (3:37) おとめ
12/4 (9:55) てんびん

1967 年

2/12 (21:20) さそり
3/31 (15:10) てんびん
7/20 (7:56) さそり
9/10 (10:44) いて

1959 年

12/4 (3:09) いて

1960 年

1/14 (13:59) やぎ
2/23 (13:11) みずがめ
4/2 (15:24) うお
5/11 (16:19) おひつじ
6/20 (18:05) おうし
8/2 (13:32) ふたご
9/21 (13:06) かに

1961 年

2/5 (9:23) ふたご
2/7 (14:25) かに
5/6 (10:13) しし
6/29 (8:47) おとめ
8/17 (9:41) てんびん
10/2 (5:02) さそり
11/14 (6:50) いて
12/25 (2:50) やぎ

1962 年

2/2 (8:06) みずがめ
3/12 (16:58) うお
4/20 (1:58) おひつじ
5/29 (8:47) おうし
7/9 (12:50) ふたご
8/22 (20:37) かに
10/12 (8:54) しし

1963 年

6/3 (15:30) おとめ
7/27 (13:14) てんびん
9/12 (18:11) さそり

6/15 (0:56) おうし
7/27 (3:59) ふたご
9/12 (15:05) かに

1993年

4/28 (8:40) しし
6/23 (16:42) おとめ
8/12 (10:10) てんびん
9/27 (11:15) さそり
11/9 (14:29) いて
12/20 (9:34) やぎ

1994年

1/28 (13:05) みずがめ
3/7 (20:01) うお
4/15 (3:02) おひつじ
5/24 (7:37) おうし
7/4 (7:30) ふたご
8/17 (4:15) かに
10/5 (0:48) しし
12/12 (20:32) おとめ

1995年

1/23 (8:48) しし
5/26 (1:09) おとめ
7/21 (18:21) てんびん
9/7 (16:00) さそり
10/21 (6:02) いて
11/30 (22:57) やぎ

1996年

1/8 (20:02) みずがめ
2/15 (20:50) うお
3/25 (0:12) おひつじ
5/3 (3:16) おうし
6/12 (23:42) ふたご
7/26 (3:32) かに
9/10 (5:02) しし
10/30 (16:13) おとめ

1997年

1/3 (17:10) てんびん
3/9 (4:49) おとめ
6/19 (17:30) てんびん
8/14 (17:42) さそり
9/29 (7:22) いて
11/9 (14:33) やぎ
12/18 (15:37) みずがめ

1998年

1/25 (18:26) うお
2/20 (23:44) おうし
4/6 (1:37) ふたご
5/21 (12:01) かに
7/7 (1:46) しし
8/23 (4:51) おとめ
10/9 (4:27) てんびん
11/24 (12:19) さそり

1988年

1/9 (0:24) いて
2/22 (19:15) やぎ
4/7 (6:44) みずがめ
5/22 (16:42) うお
7/14 (5:00) おひつじ
10/24 (7:01) うお
11/1 (21:57) おひつじ

1989年

1/19 (17:11) おうし
3/11 (17:51) ふたご
4/29 (13:37) かに
6/16 (23:10) しし
8/3 (22:35) おとめ
9/19 (23:38) てんびん
11/4 (14:29) さそり
12/18 (13:57) いて

1990年

1/29 (23:10) やぎ
3/12 (0:54) みずがめ
4/21 (7:09) うお
5/31 (16:11) おひつじ
7/12 (23:44) おうし
8/31 (20:40) ふたご
12/14 (16:46) おうし

1991年

1/21 (10:15) ふたご
4/3 (9:49) かに
5/26 (21:19) しし
7/15 (21:36) おとめ
9/1 (15:38) てんびん
10/17 (4:05) さそり
11/29 (11:19) いて

1992年

1/9 (18:47) やぎ
2/18 (13:38) みずがめ
3/28 (11:04) うお
5/6 (6:36) おひつじ

1981年

2/7 (7:48) うお
3/17 (11:40) おひつじ
4/25 (16:17) おうし
6/5 (14:26) ふたご
7/18 (17:54) かに
9/2 (10:52) しし
10/21 (10:56) おとめ
12/16 (9:14) てんびん

1982年

8/3 (20:45) さそり
9/20 (10:20) いて
11/1 (8:05) やぎ
12/10 (15:17) みずがめ

1983年

1/17 (22:10) うお
2/25 (9:19) おひつじ
4/5 (23:03) おうし
5/17 (6:43) ふたご
6/29 (15:54) かに
8/14 (1:54) しし
9/30 (9:12) おとめ
11/18 (19:26) てんびん

1984年

1/11 (12:20) さそり
8/18 (4:50) いて
10/5 (15:02) やぎ
11/16 (3:09) みずがめ
12/25 (15:38) うお

1985年

2/3 (2:19) おひつじ
3/15 (14:06) おうし
4/26 (18:13) ふたご
6/9 (19:40) かに
7/25 (13:04) しし
9/10 (10:31) おとめ
10/28 (0:16) てんびん
12/15 (3:59) さそり

1986年

2/2 (15:27) いて
3/28 (12:47) やぎ
10/9 (10:01) みずがめ
11/26 (11:35) うお

1987年

1/8 (21:20) おひつじ
7/1 (12:53) おうし
8/15 (5:47) ふたご
10/17 (17:44) かに
11/26 (3:30) ふたご

1976年

3/18 (22:15) かに
5/16 (20:10) しし
7/7 (8:27) おとめ
8/24 (14:55) てんびん
10/9 (5:23) さそり
11/21 (8:53) いて

1977年

1/1 (9:42) やぎ
2/9 (20:57) みずがめ
3/20 (11:19) うお
4/28 (0:46) おひつじ
6/6 (12:00) おうし
7/18 (0:13) ふたご
9/1 (9:20) かに
10/27 (3:56) しし

1978年

1/26 (10:59) かに
4/11 (3:50) しし
6/14 (11:38) おとめ
8/4 (18:07) てんびん
9/20 (5:57) さそり
11/2 (10:20) いて
12/13 (2:39) やぎ

1979年

1/21 (2:07) みずがめ
2/28 (5:25) うお
4/7 (10:08) おひつじ
5/16 (13:25) おうし
6/26 (10:55) ふたご
8/8 (22:28) かに
9/25 (6:21) しし
11/20 (6:36) おとめ

1980年

3/12 (5:46) しし
5/4 (11:27) おとめ
7/11 (2:59) てんびん
8/29 (14:50) さそり
10/12 (15:27) いて
11/22 (10:42) やぎ
12/31 (7:30) みずがめ

11/13（6:41）てんびん

2016 年

1/3（23:32）さそり
3/6（11:29）いて
5/27（22:51）さそり
8/3（2:49）いて
9/27（17:07）やぎ
11/9（14:51）みずがめ
12/19（18:23）うお

2017 年

1/28（14:39）おひつじ
3/10（9:34）おうし
4/21（19:32）ふたご
6/5（1:16）かに
7/20（21:19）しし
9/5（18:35）おとめ
10/23（3:29）てんびん
12/9（17:59）さそり

2018 年

1/26（21:56）いて
3/18（1:40）やぎ
5/16（13:55）みずがめ
8/13（11:14）やぎ
9/11（9:56）みずがめ
11/16（7:21）うお

2019 年

1/1（11:20）おひつじ
2/14（19:51）おうし
3/31（15:12）ふたご
5/16（12:09）かに
7/2（8:19）しし
8/18（14:18）おとめ
10/4（13:22）てんびん
11/19（16:40）さそり

2020 年

1/3（18:37）いて
2/16（20:33）やぎ
3/31（4:43）みずがめ
5/13（13:17）うお
6/28（10:45）おひつじ

2021 年

1/7（7:27）おうし
3/4（12:29）ふたご
4/23（20:49）かに
6/11（22:34）しし
8/26（2:15）かに
10/17（0:32）しし

2010 年

6/7（15:11）おとめ
7/30（8:46）てんびん
9/15（7:38）さそり
10/28（15:48）いて
12/8（8:49）やぎ

2011 年

1/16（7:41）みずがめ
2/23（10:06）うお
4/2（13:51）おひつじ
5/11（16:03）おうし
6/21（11:50）ふたご
8/3（18:22）かに
9/19（10:51）しし
11/11（13:15）おとめ

2012 年

7/3（21:32）てんびん
8/24（0:24）さそり
10/7（12:21）いて
11/17（11:36）やぎ
12/26（9:49）みずがめ

2013 年

2/2（10:54）うお
3/12（15:26）おひつじ
4/20（20:48）おうし
5/31（19:39）ふたご
7/13（22:22）かに
8/28（11:05）しし
10/15（20:05）おとめ
12/8（5:41）てんびん

2014 年

7/26（11:25）さそり
9/14（6:57）いて
10/26（19:43）やぎ
12/5（8:57）みずがめ

2015 年

1/12（19:20）うお
2/20（9:11）おひつじ
4/1（1:26）おうし
5/12（11:40）ふたご
6/24（22:33）かに
8/9（8:32）しし
9/25（11:18）おとめ
2/3（19:04）おうし
3/21（16:39）ふたご
5/7（17:46）かに
6/24（5:50）しし
8/10（19:14）おとめ
9/26（18:15）てんびん
11/11（14:11）さそり
12/26（1:04）いて

2005 年

2/7（3:32）やぎ
3/21（3:02）みずがめ
5/1（11:58）うお
6/12（11:30）おひつじ
7/28（14:12）おうし

2006 年

2/18（7:44）ふたご
4/14（9:59）かに
6/4（3:43）しし
7/23（3:53）おとめ
9/8（13:18）てんびん
10/24（1:38）さそり
12/6（13:58）いて

2007 年

1/17（5:54）やぎ
2/26（10:32）みずがめ
4/6（17:49）うお
5/15（23:06）おひつじ
6/25（6:27）おうし
8/7（15:01）ふたご
9/29（8:55）かに

2008 年

1/1（1:00）ふたご
3/4（19:01）かに
5/10（5:20）しし
7/2（1:21）おとめ
8/19（19:03）てんびん
10/4（13:34）さそり
11/16（17:27）いて
12/27（16:30）やぎ

2009 年

2/5（0:55）みずがめ
3/15（12:20）うお
4/22（22:44）おひつじ
6/1（6:18）おうし
7/12（11:56）ふたご
3/5（1:18）おひつじ
4/13（10:05）おうし
5/24（12:42）ふたご
7/6（18:00）かに
8/21（4:16）しし
10/7（21:28）おとめ
11/27（19:10）てんびん

1999 年

1/26（20:59）さそり
5/6（6:32）てんびん
7/5（12:59）さそり
9/3（4:29）いて
10/17（10:35）やぎ
11/26（15:56）みずがめ

2000 年

1/4（12:01）うお
2/12（10:04）おひつじ
3/23（10:25）おうし
5/4（4:18）ふたご
6/16（21:30）かに
8/1（10:21）しし
9/17（9:19）おとめ
11/4（11:00）てんびん
12/23（23:37）さそり

2001 年

2/15（5:06）いて
9/9（2:51）やぎ
10/28（2:19）みずがめ
12/9（6:52）うお

2002 年

1/19（7:53）おひつじ
3/2（0:05）おうし
4/14（2:36）ふたご
5/28（20:43）かに
7/14（0:23）しし
8/29（23:38）おとめ
10/16（2:38）てんびん
12/1（23:26）さそり

2003 年

1/17（13:22）いて
3/5（6:17）やぎ
4/22（8:48）みずがめ
6/17（11:25）うお
12/16（22:24）おひつじ

2004 年

12/21 (17:46) てんびん

2029年

4/7 (22:09) おとめ
6/5 (13:49) てんびん
8/8 (1:02) さそり
9/23 (17:14) いて
11/4 (9:32) やぎ
12/13 (14:24) みずがめ

2030年

1/20 (19:27) うお
2/28 (4:07) おひつじ
4/8 (14:26) おうし
5/19 (18:28) ふたご
7/2 (0:19) かに
8/16 (8:56) しし
10/2 (18:42) おとめ
11/21 (16:54) てんびん

6/29 (4:29) ふたご
8/11 (17:30) かに
9/28 (11:49) しし
11/26 (8:37) おとめ

2027年

2/21 (23:13) しし
5/14 (23:47) おとめ
7/15 (14:40) てんびん
9/2 (10:52) さそり
10/16 (8:14) いて
11/26 (3:38) やぎ

2028年

1/4 (1:01) みずがめ
2/11 (1:31) うお
3/20 (4:35) おひつじ
4/28 (7:21) おうし
6/8 (3:20) ふたご
7/21 (5:10) かに
9/4 (23:36) しし
10/24 (10:10) おとめ

2/13 (15:05) みずがめ
3/23 (8:47) うお
5/1 (0:33) おひつじ
6/9 (13:35) おうし
7/21 (5:43) ふたご
9/5 (4:46) かに
11/4 (13:09) しし

2025年

1/6 (19:44) かに
4/18 (13:20) しし
6/17 (17:35) おとめ
8/7 (8:23) てんびん
9/22 (16:54) さそり
11/4 (22:01) いて
12/15 (16:33) やぎ

2026年

1/23 (18:16) みずがめ
3/2 (23:16) うお
4/10 (4:36) おひつじ
5/19 (7:25) おうし

7/30 (5:32) おとめ
9/15 (9:14) てんびん
10/30 (23:21) さそり
12/13 (18:53) いて

2022年

1/24 (21:53) やぎ
3/6 (15:23) みずがめ
4/15 (12:05) うお
5/25 (8:17) おひつじ
7/5 (15:04) おうし
8/20 (16:56) ふたご

2023年

3/25 (20:45) かに
5/21 (0:31) しし
7/10 (20:40) おとめ
8/27 (22:20) てんびん
10/12 (13:04) さそり
11/24 (19:15) いて

2024年

1/4 (23:58) やぎ

木星

1978年

4/12 (9:12) かに
9/5 (17:31) しし

1979年

3/1 (8:35) かに
4/20 (17:30) しし
9/29 (19:23) おとめ

1980年

10/27 (19:10) てんびん

1981年

11/27 (11:19) さそり

1982年

12/26 (10:57) いて

1984年

1/20 (0:04) やぎ

1985年

2/7 (0:35) みずがめ

1986年

2/21 (1:05) うお

1987年

6/5 (11:12) さそり
9/12 (0:33) いて

1972年

2/7 (4:37) やぎ
7/25 (1:42) いて
9/26 (3:20) やぎ

1973年

2/23 (18:28) みずがめ

1974年

3/8 (20:11) うお

1975年

3/19 (1:47) おひつじ

1976年

3/26 (19:25) おうし
8/23 (19:24) ふたご
10/17 (5:24) おうし

1977年

4/4 (0:42) ふたご
8/20 (21:43) かに
12/31 (8:50) ふたご

5/5 (23:52) かに

1966年

9/27 (22:19) しし

1967年

1/16 (12:50) かに
5/23 (17:21) しし
10/19 (19:51) おとめ

1968年

2/27 (12:33) しし
6/15 (23:44) おとめ
11/16 (7:44) てんびん

1969年

3/31 (6:36) おとめ
7/15 (22:30) てんびん
12/17 (0:55) さそり

1970年

4/30 (15:43) てんびん
8/16 (2:58) さそり

1971年

1/14 (17:49) いて

1959年

10/5 (23:40) いて

1960年

3/1 (22:10) やぎ
6/10 (10:52) いて
10/26 (12:01) やぎ

1961年

3/15 (17:01) みずがめ
8/12 (17:54) やぎ
11/4 (11:49) みずがめ

1962年

3/26 (7:07) うお

1963年

4/4 (12:19) おひつじ

1964年

4/12 (15:52) おうし

1965年

4/22 (23:32) ふたご
9/21 (13:40) かに
11/17 (12:08) ふたご

12/29 (13:09) うお

2022年

5/11 (8:22) おひつじ
10/28 (14:10) うお
12/20 (23:32) おひつじ

2023年

5/17 (2:20) おうし

2024年

5/26 (8:14) ふたご

2025年

6/10 (6:02) かに

2026年

6/30 (14:52) しし

2027年

7/26 (13:49) おとめ

2028年

8/24 (14:08) てんびん

2029年

9/24 (15:23) さそり

2030年

10/23 (8:14) いて

9/9 (13:50) うお

2011年

1/23 (2:11) おひつじ
6/4 (22:56) おうし

2012年

6/12 (2:22) ふたご

2013年

6/26 (10:40) かに

2014年

7/16 (19:30) しし

2015年

8/11 (20:11) おとめ

2016年

9/9 (20:18) てんびん

2017年

10/10 (22:20) さそり

2018年

11/8 (21:38) いて

2019年

12/3 (3:20) やぎ

2020年

12/19 (22:07) みずがめ

2021年

5/14 (7:36) うお
7/28 (21:42) みずがめ

2/13 (10:23) おひつじ
6/28 (18:29) おうし
10/23 (14:48) おひつじ

2000年

2/15 (6:40) おうし
6/30 (16:35) ふたご

2001年

7/13 (9:03) かに

2002年

8/2 (2:20) しし

2003年

8/27 (18:26) おとめ

2004年

9/25 (12:23) てんびん

2005年

10/26 (11:52) さそり

2006年

11/24 (13:43) いて

2007年

12/19 (5:11) やぎ

2009年

1/6 (0:41) みずがめ

2010年

1/18 (11:10) うお
6/6 (15:28) おひつじ

3/3 (3:41) おひつじ

1988年

3/9 (0:44) おうし
7/22 (9:00) ふたご
12/1 (5:53) おうし

1989年

3/11 (12:26) ふたご
7/31 (8:50) かに

1990年

8/18 (16:30) しし

1991年

9/12 (15:00) おとめ

1992年

10/10 (22:26) てんびん

1993年

11/10 (17:15) さそり

1994年

12/9 (19:54) いて

1996年

1/3 (16:22) やぎ

1997年

1/22 (0:13) みずがめ

1998年

2/4 (19:52) うお

1999年

土星

1991年

2/7 (3:51) みずがめ

1993年

5/21 (13:58) うお
6/30 (17:29) みずがめ

1994年

1/29 (8:43) うお

1996年

4/7 (17:49) おひつじ

1998年

6/9 (15:07) おうし
10/26 (3:41) おひつじ

1999年

3/1 (10:26) おうし

1/5 (9:44) しし
7/26 (21:02) おとめ

1980年

9/21 (19:48) てんびん

1982年

11/29 (19:29) さそり

1983年

5/7 (4:29) てんびん
8/24 (20:54) さそり

1985年

11/17 (11:10) いて

1988年

2/14 (8:51) やぎ
6/10 (14:22) いて
11/12 (18:26) やぎ

1/10 (12:43) おうし
2/21 (23:52) ふたご

1973年

8/2 (7:20) かに

1974年

1/8 (5:26) ふたご
4/19 (7:34) かに

1975年

9/17 (13:57) しし

1976年

1/14 (22:16) かに
6/5 (14:09) しし

1977年

11/17 (11:43) おとめ

1978年

1959年

1/5 (22:33) やぎ

1962年

1/4 (4:01) みずがめ

1964年

3/24 (13:18) うお
9/17 (6:04) みずがめ
12/16 (14:39) うお

1967年

3/4 (6:32) おひつじ

1969年

4/30 (7:23) おうし

1971年

6/19 (1:09) ふたご

1972年

2000 年
8/10 (11:26) ふたご
10/16 (9:44) おうし
2001 年
4/21 (6:59) ふたご
2003 年
6/4 (10:28) かに
2005 年
7/16 (21:31) しし
2007 年
9/2 (22:49) おとめ
2009 年
10/30 (2:09) てんびん
2010 年
4/8 (3:51) おとめ
7/22 (0:10) てんびん
2012 年
10/6 (5:34) さそり
2014 年
12/24 (1:34) いて
2015 年
6/15 (9:36) さそり
9/18 (11:49) いて
2017 年
12/20 (13:49) やぎ
2020 年
3/22 (12:58) みずがめ
7/2 (8:37) やぎ
12/17 (14:04) みずがめ
2023 年
3/7 (22:34) うお
2025 年
5/25 (12:35) おひつじ
9/1 (17:06) うお
2026 年
2/14 (9:11) おひつじ
2028 年
4/13 (12:39) おうし
2030 年
1/1 (11:34) ふたご

天王星

1956 年
10/10 (10:48) しし
1961 年
11/2 (1:01) おとめ
1962 年
1/10 (14:53) しし
8/10 (10:19) おとめ
1968 年
9/29 (1:09) てんびん
1969 年
5/21 (5:51) おとめ
6/24 (19:36) てんびん
1974 年
11/21 (18:32) さそり
1975 年
5/2 (2:46) てんびん
9/8 (14:16) さそり
1981 年
2/17 (18:02) いて
3/21 (8:15) さそり
11/16 (21:05) いて
1988 年
2/15 (9:11) やぎ
5/27 (10:17) いて
12/3 (0:35) やぎ
1995 年
4/1 (21:11) みずがめ
6/9 (10:42) やぎ
1996 年
1/12 (16:13) みずがめ
2003 年
3/11 (5:53) うお
9/15 (12:47) みずがめ
12/30 (18:14) うお
2010 年
5/28 (10:44) おひつじ
8/14 (12:36) うお
2011 年
3/12 (9:49) おひつじ
2018 年
5/16 (0:16) おうし
11/7 (3:59) おひつじ
2019 年
3/6 (17:26) おうし
2025 年
7/7 (16:45) ふたご
11/8 (11:22) おうし
2026 年
4/26 (9:49) ふたご

海王星

1957 年
8/6 (17:25) さそり
1970 年
1/5 (4:55) いて
5/3 (10:31) さそり
11/7 (1:32) いて
1984 年
1/19 (11:55) やぎ
6/23 (10:10) いて
11/21 (22:21) やぎ
1998 年
1/29 (11:52) みずがめ
8/23 (9:13) やぎ
11/28 (10:19) みずがめ
2011 年
4/4 (22:50) うお
8/5 (11:54) みずがめ
2012 年
2/4 (4:03) うお
2025 年
3/30 (20:59) おひつじ
10/22 (18:48) うお
2026 年
1/27 (2:37) おひつじ

冥王星

6/14　(14:13) いて	1984 年	1958 年
11/27 (10:03) やぎ	5/18　(23:35) てんびん	6/11　(3:50) おとめ
2023 年	8/28　(13:44) さそり	1971 年
3/23　(21:13) みずがめ	1995 年	10/5　(15:14) てんびん
6/11　(18:47) やぎ	1/17　(18:16) いて	1972 年
2024 年	4/21　(11:56) さそり	4/17　(16:49) おとめ
1/21　(9:50) みずがめ	11/11 (4:11) いて	7/30　(20:39) てんびん
9/2　(9:10) やぎ	2008 年	1983 年
11/20 (5:28) みずがめ	1/26　(11:37) やぎ	11/6　(6:07) さそり

【惑星運行表について】

本書に掲載されている惑星の運行データは米国・Cosmic Patterns Software 社のご厚意により、同社製の占星術ソフトウェア "Sirius" によって作成させていただきました。
Cosmic Patterns Software
6212 NW 43rd St, Suite B, Gainesville, FL 32653 USA www.astrosoftware.com

惑星運行表作成：芳垣宗久

監修の言葉

松村　潔

この本が最初に出たのは、今から20年前らしく、ずいぶんと古い話だと思いました。記憶をたどると、そのころ、わたしは目黒から原宿に引っ越して、原宿駅前に近いアコスタジオというところで講座室を借りて、「原宿占星術虎の穴」という勉強会を開催していました。

「虎の穴」の会を作るというのは、ある日の深夜に思いついたもので、そのままホームページに掲載したところ、それから2時間しないうちに、入会申し込みのメールが来ました。最終的には400人くらいの会員になったと思います。で、この本に関係した人たちは、この中でもとくに熱心に勉強していた人たちで、結局、今でも占星術をやめていない人たちです。

そのころは、東京アナウンス学院や新宿の朝日カルチャーセンターでも教えていたのですが、今は、会場に出かけて講座を開くことはしていません。ただ、本は毎年数冊は出していますから、活動を停止したわけではないのです。

通常の占星術というのは、太陽系の中にある惑星、水星、金星、地球（これは占星術では、太陽と扱われる）、火星、木星、土星、天王星、海王星、冥王星と、地球の周りを回転している月を入れた10個の天体の位置を、ホロスコープという図面に書き込み、占います。

その人の生まれた時間は、できる限り正確なほうがよくて、できれば秒単位のほうが好ましい。生まれた場所、そして生年月日というものから計算して、世界でひとりだけという図を作ります。双子でさえ、実は、ホロスコープは微妙に違うのです。

テレビや雑誌で掲載されている星占いは、太陽（地球の意味）の位置だけを考えて占うものです。この理由は、太陽は毎年同じような時期に、同じような位置に来るから計算は必要ないのに対し、10個の天体の位置を割り出すには、どうしてもパソコンが必要になるからです。

もちろん、これをリーディングするには、大変なスキルが必要です。おそらく、初心者が多少慣れてくるのに、3年くらいはかかるのではないでしょうか。

占星術は心理学のように類型的に考えるのでなく、ひとりひとりのホロスコープが異なるので、これを見たことがあるという前例は何ひとつなく、それを見ていくのはかなり興味をひかれます。占星術は、人間の可能性について、かなり細かいところまで推理できるツールではないでしょうか。

わたし個人は、この太陽系の中の天体だけを考える占星術では、遠い未来までの可能性を探索するのは無理だと考えています。最近は、太陽系の外の恒星などを考慮に入れたシステムを、ズーム講座などで、気が向いたときや、あるいは一週間に一度くらい開催しています。

2018年あたりから、改めて星占いなどの雑誌を復刊させるという動きがありますが、そもそも天体の位置を割り出すには、どうしてもパソコンが必要です。最近は、インターネットなどで天体計算ができるサービスが複数ありますから、これらを利用すると、詳細なホロスコープを作ることができます。これらと併用して、雑誌を作ると現代的なものができるのではないかと思います。昔式の「生まれ星座占い」などというものは、まったく妥当性はないし、まず当たることもほとんどありませんから、この方式は絶滅したほうがいいのではないかと思います。

「占星術は普及したほうがいいのか」という点では、わたしはあまり賛成の立場ではありませんというのも、占星術はかなり複雑で、簡単に習得できるものではなく、それでもあえてわかりやすくしようとすると、また「生まれ星座占い」のように、でたらめなものを作りだざるを得ないからです。ならば、一部のマニアックな人たちが意見交換をしながら極めていくほうがいいのではないでしょうか。

ちなみに、占星術とタロットカードには密接な関係があります。

占星術は、古典的には7つの惑星、12のサインということで、「7と12の法則」のシステムです。7とは「3足す4」で、12とは「3かける4」です。タロットカードは、大アルカナが22枚ありますが、このうち愚者のカードは番号がついていない番外的なもので、基本は21枚。「3かける7」ということです。突き詰めていくと、宇宙法則の基本は「3と4の数字」になり、占星術のシステムとタロットカードは共通しています。そもそも、占星術とタロットを考案したグループは同じひとつのものだったという意見もあります。

今は、パソコンの画面は平面ですが、将来的に、空中に三次元的に表示できるようになれば、ホロスコープも三次元で表示するのがよいと考えています。惑星の位置は、これまでは二次元的に表示されていますが、実際には惑星は赤緯の位置に微妙な違いがあり、このバーティカルな差というのは、テンションの違いを示しています。赤緯占星術というのもあるくらいです。

三次元的に表示できるホロスコープがあると、より細かいことがわかるでしょう。そうすると、研究会も空中の図を取り囲んで議論をするような場になるし、プラネタリウムで考えるということもできるでしょう。

通常の占星術とは、個人を宇宙の中心にして見ていくという、激エゴ主義のものですが、宇宙全体から見ていくということも可能になるのです。

占星術は、人間の可能性を考えるとき、かなり優れたツールになりますが、ひとりひとりを見たとき、ここに類型化とかステレオタイプ化ができないので、量産型人間になることが奨励されている今日、まったく逆の方向に推進する傾向があります。ひとりひとりが自由になり、まるで蜘蛛の子を散らすように、共同体で固まった人たちを散らすことになります。

ホロスコープの読み手も、頭の中に決まりきったマニュアルがあると、相手のホロスコープをまったく読めなくなってきます。つまり、占星術を仕事にしている人は、毎日自分の能力を試されているとも言えます。毎日が試合、みたいな気分になるかもしれません。故河合隼雄氏（編集部注・臨床心理学者）は、ちゃんとご飯を食べなかった日はクライアントにやり込められてしまうと書いていましたが、毎日試合気分で取り組むのも、なかなか楽しいのではないでしょうか。

量産型に抵抗するという点では、占星術は比較的反社会的だし、これを好む人は、基本的に反抗心いっぱいの人たちです。タロットカードはそれをもっと極端にしていきます。

２０１９年11月９日　代々木にて

あとがき

何もかも、本書の監修者・松村潔さんのおかげです。

当時通った初級講座のノートそのままに、メモや落書きや所感を書き足したものを勢いだけで「初級者向けの本にしたい」と申し出たら、すぐに快諾してくださいました。

私が松村さんの初級講座に通っていた時期は、ちょうど松村さんが「きちんとホロスコープが読み解けるプロの占星術師を養成する」ということに燃えていて、私はちょうどその時期にすっぽり入っていたという幸運があり、本書も松村計画の一部なのでは、と勝手に考えています。

そして当時、松村クラス（正式名称は「原宿占星術虎の穴」といいました）で一緒に学習した仲間たちと、帰り道に食事やお茶をしながら、たくさんおしゃべりしたことは、私の占星術に関する理解の大変な助けになっています。

この本を作るときも、惜しみなく手助けしてもらいました。当時の同窓生のみなさんには、本当に感謝しています。

監修の松村潔さん以下、「原宿占星術虎の穴」に参加していただいけだ笑みさん、浦沢久美子さん、登石麻恭子さん、長澤さん、芳垣宗久さんほかみなさん、改めてありがとうございました。

松村潔さんの思惑通り、当時の同窓生たちは、プロの鑑定士や講師や執筆者として活躍されている方が多く、その才能の密林のような時代と場所に居合わせて、どさくさに紛れて学習できたことは、本当に幸運だったと感謝してもしきれません。

最初に本を書いたときと同じように、私は今でも、西洋占術の初級の学習が大好きです。確かに覚えなければならないパーツは多いのですが、その連続性のある美しさと合理性に、感嘆し続けて、現在に至ります。

いちばん好きな初級の教則本である本書を、多くの人の手に取ってもらえて、こんなにしあわせなことはありません。

どうぞ、本書を手に取ったみなさんも、自分のことを自分で考える手助けのひとつとして、ホロスコープを活用してください。

そしてどこかでいつか、ホロスコープと親しむという、同じ目的を持った仲間と、巡り合う機会がありますようにと祈っています。

2019年11月　まついなつき

あとがき
悔しくて「しあわせ占星術」
昔話
松村潔さんの講座はママ友Y浅さんに誘われて行き始めた
松村さん、本はむずかしいが直接話を聞けばよくわかる
わかっぱ
私、初級講座もう一回する
えっ！マジ？じゃがんばれ
西新宿のカルチャースクール
確か38才
子どもが5才、3才、1才。
なにやってんだか。
初級を2周して
初級はほんとにおもしろい
「原宿占星術虎の穴」松村さん主催のプロ養成コースに入る
原宿占星術虎の穴は松村さんが後進指導に本気を出していた時期の集まりだったので
プロ出現率はとても高いです
ハーモはアスペクトの勉強になるよ
今、考えるとすごくしんせつなあれこれ、てんこもり
最終的に講師育成のために「教える」プログラムが始まった時私は子どもがいてどうにもならず
ずんずん
わーん
日曜日・昼はあずけ先がないんじゃー
悔しくて悔しくて悔しくて「しあわせ占星術」を書きました
よかった....

★参考文献★

「最新占星術入門」松村潔著／学研
「神秘のサビアン占星術」松村潔著／学研
「占星術のシクミがわかる本」松村潔著／シャングリラプレス
「占星術研究会」松村潔著／シャングリラプレス
「女性の生きかたは、惑星にあらわれる」松村潔著／ VOICE
「正統占星術入門」秋月さやか著／学研
「占星学」ルル・ラブア著／実業之日本社
「ホロスコープ占星術」ルル・ラブア著／学研
「アスペクト占星術」ルル・ラブア著／学研
「占いはなぜ当たるのですか」鏡リュウジ著／講談社
「Stargazer for Windows ではじめるパソコン占星学」小曽根秋男著／技術評論社
「ジョーン・キグリーの大占星術」ジョーン・キグリー著／主婦と生活社
「『西洋占星術講座』テキスト（2000 年刊）」学校法人東放学園 東放オンデマンドスクール編

本書は、2000 年 11 月に株式会社情報センター出版局より単行本『しあわせ占星術』として刊行された内容に新規書き下ろし原稿を加え再編集し、改題したものです。

それからの
しあわせ占星術
人生が思うようにならずくやしくて書いた「しあわせ占星術」ですが
きみは
良い
大丈夫
これっ
当たる？
その後プロの占い師になってしまいました！
本を出した時は素人だったんだよ
講座もやった！
講座のスタイルは、いろいろ
自主講座
フリー
占い学校
カルチャースクール
有志の皆さんにまねかれて…
いきおいで!!
自分のお店を持ってしまったり
占い庵
自分の人生をちゃんと占ってなかった気がする…
でもしあわせ
しあわせ占星術
2008.11月～2019.7月 おつかれさま！
今は、もうないよ(^_^)

まついなつき
1960年生まれ。高校在学中よりマンガ・イラスト・コラム執筆等の仕事を始める。1994年自らの出産育児の体験をエッセイ化した「笑う出産」シリーズがベストセラーに。1998年頃から松村潔氏の講座に参加したことをきっかけに、2002年占い師としてプロデビュー。主に初心者向けの占星術とタロットの講座を主宰している。

松村潔（まつむらきよし）
1953年生まれ。西洋占星術、タロットカード、神秘哲学における日本の第一人者。「原宿占星術虎の穴」にて多数の講座を主宰し、多くの占星術師を育成。現在も東京、大阪、福岡など全国各地で後進の育成を精力的に行う。

新版（しんぱん）　しあわせ占星術（せんせいじゅつ）
自分（じぶん）でホロスコープが読（よ）める本（ほん）

2019年12月19日　初版発行
2024年12月5日　11版発行

著者／まついなつき
監修／松村 潔（まつむらきよし）
発行者／山下直久
発行／株式会社 KADOKAWA

〒102-8177
東京都千代田区富士見 2-13-3
0570-002-301（ナビダイヤル）

印刷所／ TOPPAN クロレ株式会社

ISBN 978-4-04-604614-7　C0076